Sir Arthur Conan Doyle

# Das große
# Sherlock-Holmes-Buch

Fischer Taschenbuch Verlag

5. Auflage: Mai 2015

Veröffentlicht im Fischer Taschenbuch Verlag,
einem Unternehmen der S. Fischer Verlag GmbH,
Frankfurt am Main, Mai 2009

Für diese Ausgabe:
© S. Fischer Verlag GmbH, Frankfurt am Main 2009
Satz: Druckerei C.H. Beck, Nördlingen
Druck und Bindung: CPI books GmbH, Leck
Printed in Germany
ISBN 978-3-596-90182-1

*Unsere Adresse im Internet: www.fischerverlage.de*

# Inhalt

# Eine Skandalgeschichte im Fürstentum O.

Ich hatte mich vor kurzem verheiratet und daher in letzter Zeit nur wenig von meinem Freunde Sherlock Holmes gesehen. Mein eigenes Glück und meine häuslichen Interessen nahmen mich völlig gefangen, wie es wohl jedem Mann ergehen wird, der sich ein eigenes Heim gegründet hat, während Holmes, seiner Zigeunernatur entsprechend, jeder Art von Geselligkeit aus dem Wege ging. Er wohnte noch immer in unserem alten Logis in der Baker Street, begrub sich unter seinen alten Büchern und wechselte zwischen Kokain und Ehrgeiz, zwischen künstlicher Erschlaffung und der aufflammenden Energie seiner scharfsinnigen Natur. Noch immer wandte er dem Verbrecherstudium sein ganzes Interesse zu, und seine bedeutenden Fähigkeiten, sowie seine ungewöhnliche Beobachtungsgabe ließen ihn den Schlüssel zu Geheimnissen finden, welche die Polizei längst als hoffnungslos aufgegeben hatte. Von Zeit zu Zeit drang irgend ein unbestimmtes Gerücht über seine Tätigkeit zu mir. Ich hörte von seiner Berufung nach Odessa wegen der Mordaffäre Trepoff, von seiner Aufklärung der einzig dastehenden Tragödie der Gebrüder Atkinson in Trimonale und schließlich von der Mission, die er im Auftrage des holländischen Herrscherhauses so taktvoll und erfolgreich zu Ende geführt hatte. Sonst wußte ich von meinem alten Freund und Gefährten wenig mehr als alle Leser der täglichen Zeitungen.

Eines Abends, es war am 20. März 1888, führte mich mein Weg durch die Baker Street; ich kam gerade von einer Konsultation her, da ich wieder meine Privatpraxis aufgenommen hatte. Als ich mich der wohlbekannten Tür näherte, ergriff mich der unwiderstehliche Drang, Holmes aufzusuchen, um zu erfahren, welcher Angelegenheit er augenblicklich sein außergewöhnliches Talent widmete. Seine Zimmer waren glänzend erleuchtet, und beim Hinaufsehen gewahrte ich den Schatten seiner großen, mageren Gestalt. Den Kopf auf die Brust gesenkt und die Hände auf dem Rücken, durchmaß er schnell und eifrig das Zimmer. Ich kannte seine Stimmungen und Angewohnheiten viel zu genau, um nicht sofort zu wissen, daß er wieder in voller Tätigkeit war. Er hatte sich aus seinen künstlich erzeugten Träumen emporgerafft und war nun einem neuen Rätsel auf der Spur. Ich zog die Glocke und wurde in das Zimmer geführt, das ich früher mit ihm geteilt hatte.

Sein Benehmen war nicht übermäßig herzlich zu nennen. Das war bei ihm überhaupt selten der Fall, und doch hatte ich das Gefühl, daß er sich freute, mich zu sehen. Er sprach kaum ein Wort, aber nötigte mich mit freundlichem Gesicht in einen Lehnstuhl, reichte mir seinen Zigarrenkasten herüber und zeigte auf ein Likörschränkchen in der Ecke. Dann stellte er sich vor das Feuer und betrachtet mich in seiner sonderbar forschenden Manier.

»Die Ehe bekommt dir, Watson«, bemerkte er. »Ich glaube, du hast siebeneinhalb Pfund zugenommen, seit ich dich zuletzt sah.«

»Sieben«, antwortete ich.

»Wirklich? Ich hätte es für etwas mehr gehalten. Nur eine Kleinigkeit mehr, Watson. Und du praktizierst wieder, wie ich bemerke; du erzähltest mir nichts von deiner Absicht, wieder ins Joch gehen zu wollen.«

»Woher weißt du es denn?«

»Ich sehe es, ich folgere es eben. Ich weiß auch, daß du kürzlich in einem tüchtigen Unwetter draußen gewesen bist, und daß du ein sehr ungeschicktes, nachlässiges Dienstmädchen haben mußt.«

»Mein lieber Holmes«, sagte ich, »nun hör' auf; vor einigen Jahrhunderten würden sie dich wahrscheinlich verbrannt haben. Ich habe allerdings am vorigen Donnerstag eine Landtour gemacht und kam furchtbar durchnäßt und beschmutzt nach Hause, aber woraus du das schließen willst, weiß ich doch nicht, da ich ja sofort meine Kleider wechselte. Und Marie Johanne ist wirklich unverbesserlich, meine Frau hat ihr schon den Dienst gekündigt, aber um alles in der Welt, wie kannst du das wissen?«

Er lachte in sich hinein und rieb seine schmalen, nervösen Hände.

»Das ist doch so einfach«, meinte er; »meine Augen sehen deutlich, daß auf der Innenseite deines linken Stiefels, die gerade jetzt vom Licht erhellt wird, das Leder durch sechs nebeneinander laufende Schnitte beschädigt ist. Das kann nur jemand getan haben, der sehr achtlos den getrockneten Schmutz von den Rändern der Sohle abkratzen wollte. Daher meine doppelte Vermutung, daß du erstens bei schlechtem Wetter ausgegangen bist, und zweitens, ein besonders nichtswürdiges, stiefelaufschlitzendes Exemplar der Londoner Dienstbotenwelt hast. Und was nun deine Praxis betrifft, so müßte ich doch wirklich schwachköpfig sein, wenn ich einen Herrn, der nach Jodoform riecht, auf dessen rechtem Zeigefinger ein schwarzer Fleck von Höllenstein prangt, während die Erhöhung seiner linken Brusttasche deutlich das Versteck seines Stethoskops verrät, nicht auf der Stelle für einen praktischen Arzt halten würde.«

Ich mußte lachen, mit welcher Leichtigkeit er diese Folgerungen entwickelte. »Wenn ich deine logischen Schlüsse anhöre, erscheint mir die Sache lächerlich einfach, und ich glaube es ebensogut zu können«, bemerkte ich. »Und doch überrascht mich jeder Beweis deines Scharfsinnes auf neue, bis du mir den ganzen Vorgang erklärt hast. Nichtsdestoweniger sehe ich genau so gut wie du.«

»Sehr richtig«, entgegnete er, steckte sich eine Zigarette an und warf sich in den Lehnstuhl. »Du siehst wohl, aber du beobachtest nicht. Der Unterschied ist ganz klar. Du hast z. B. häufig die Stufen gesehen, die vom Flur in dies Zimmer hinaufführen.«

»Sehr häufig.«

»Wie oft?«

»Nun sicher einige hundertmal.«

»Dann wirst du mir auch wohl sagen können, wieviel es sind?«

»Wieviel? Nein, davon hab' ich keine Ahnung.«

»Siehst du wohl, du hast zwar gesehen, aber nicht beobachtet. Das meine ich ja eben. Ich weiß ganz genau, daß die Treppe siebzehn Stufen hat, weil ich nicht nur gesehen, sondern auch beobachtet habe. – A propos, da ich dein Interesse für meine kleinen Kriminalfälle kenne, – du hattest sogar die Güte, eine oder zwei meiner geringen Erfahrungen aufzuzeichnen, – wird dich vermutlich auch dies interessieren.« Er reichte mir einen Bogen dikken, rosenfarbenen Briefpapiers, der geöffnet auf dem Tisch lag. »Dies Schreiben kam mit der letzten Post an, bitte lies vor.«

Der Brief, der weder Datum noch Unterschrift und Adresse trug, lautete: »Ein Herr, der Sie in einer sehr bedeutungsvollen Angelegenheit zu sprechen wünscht, wird Sie heute abend um dreiviertel acht aufsuchen. Die Dienste, die Sie unlängst einem regierenden europäischen Hause erwiesen, geben den Beweis, daß man Ihnen Dinge von allerhöchster Wichtigkeit anvertrauen kann. Dies Urteil wurde uns von allen Seiten bestätigt. Bitte also zur bezeichneten Zeit zu Hause zu sein, und es nicht falsch zu deuten, wenn Ihr Besucher eine Maske trägt.«

»Dahinter steckt ein Geheimnis«, bemerkte ich. »Kannst du dir das erklären?«

»Bis jetzt habe ich noch keine Anhaltspunkte. Es ist aber ein Hauptfehler, ohne dieselben Vermutungen anzustellen. Unmerklich kommt man so der Theorie zuliebe zum Konstruieren von Tatsachen, statt es umgekehrt zu machen. Doch was schließt du aus dem Brief selbst?«

Ich prüfte sorgfältig Schrift und Papier.

»Der Schreiber lebt augenscheinlich in guten Verhältnissen«, meinte ich, bemüht, das Verfahren meines Freundes so getreu als möglich zu kopieren. »Das Papier ist sicher kostspielig, es ist ganz besonders stark und steif.«

»Ganz richtig bemerkt«, sagte Holmes. »Auf keinen Fall ist es englisches Fabrikat. Halte es mal gegen das Licht.«

Ich tat es und sah links als Wasserzeichen ein großes E. und C. und auf der rechten Seite ein fremdartig aussehendes Wappen in das Papier gestempelt. »Nun, was schließt du daraus?« fragte Holmes.

»Links ist der Namenszug des Fabrikanten.«

»Gut, aber rechts?«

»Ein Wappen als Fabrikzeichen, ich kenne es jedenfalls nicht«, antwortete ich.

»Dank meiner heraldischen Liebhaberei, kann ich es dir verraten«, sagte Holmes. »Es ist das Wappen des Fürstentums O.«

»Dann ist der Fabrikant vielleicht Hoflieferant«, meinte ich.

»So ist's. Doch der Schreiber dieses Briefes ist ein Deutscher. Fiel dir nicht der eigentümliche Satzbau auf? ›This account of you we have from all quarters received.‹ Ein Franzose oder Russe kann das nicht geschrieben haben, nur der Deutsche ist so unhöflich gegen seine Verben. Ha, ha, mein Junge, was sagst du dazu?«

Seine Augen funkelten, und aus seiner Zigarette blies er große, blaue Triumphwolken.

»Nun müssen wir noch herausfinden, was dieser Deutsche wünscht, der auf diesem fremdartigen Papier schreibt und es vorzieht, sich unter der Maske vorzustellen. Wenn ich nicht irre, kommt er jetzt selbst, um den Schleier des Geheimnisses zu lüften.«

Der scharfe Ton von Pferdehufen und das knirschende Geräusch von Rädern ließ sich hören, dann wurde stark an der Glocke gezogen. Holmes pfiff. »Das klingt ja, als wären es zwei Pferde«, sagte er. Er blickte aus dem Fenster. »Ja«, fuhr er fort, »ein hübscher Brougham und ein Paar Prachtgäule, jeder mindestens seine hundertundfünfzig Guineen wert. Na, Watson, wenn auch sonst nichts an der Sache ist, jedenfalls ist da Geld zu holen.«

»Ich glaube, es ist wohl besser, ich gehe jetzt.«

»Auf keinen Fall, Doktor, du bleibst, wo du bist; was sollte ich wohl ohne dich anfangen? Außerdem verspricht die Geschichte interessant zu werden, und warum willst du dir das entgehen lassen?«

»Aber dein Klient?«

»Darüber mach' dir keine Skrupel. Vielleicht brauchen wir beide wirklich deine Hilfe. Er kommt jetzt. Setz' dich ruhig in den Lehnstuhl und paß auf.«

Ein langsamer, schwerer Tritt, den man auf der Treppe und dem Gange gehört hatte, hielt plötzlich vor der Tür an. Gleich darauf wurde laut und energisch geklopft.

»Herein!« sagte Holmes.

Ein Mann trat ins Zimmer, dessen Größe wohl sechs Fuß sechs Zoll betragen mochte, er hatte die Brust und die Glieder eines Herkules. Seine Kleidung war auffallend reich, aber kein feiner Engländer hätte sie für geschmackvoll gehalten. Breite Streifen von Astrachan schmückten die Ärmel und den Kragen seines doppelreihigen Rockes, der tiefblaue Mantel, den er über die Schultern geworfen hatte, war mit flammendroter Seide gefüttert und wurde am Halse durch einen funkelnden Beryll zusammengehalten. Seine Stiefel reichten bis zur halben Wade und waren oben mit reichem braunem Pelzwerk besetzt; sie vervollständigten den Eindruck fremdartiger Pracht, den seine ganze Erscheinung hervorbrachte. Er trug einen breitkrempigen Hut in der Hand; die schwarze Halbmaske, die den oberen Teil seines Gesichtes bedeckte, mußte wohl eben erst angelegt sein, denn seine Hand hielt sie noch beim Eintritt gefaßt. Die starke, etwas vorstehende Unterlippe und das lange, gerade Kinn sprachen von Entschlossenheit, wenn nicht Eigensinn.

»Sie haben meinen Brief erhalten?« fragte er mit tiefer, rauher Stimme und ausgeprägt deutschem Akzent. »Ich habe Sie auf mein Erscheinen vorbereitet« – er blickte ungewiß von einem zum andern.

»Bitte, nehmen Sie Platz«, sagte Holmes. »Dies ist mein Freund und Kollege Dr. Watson, der die Güte hat, mir gelegentlich bei schwierigen Fällen zu helfen. Mit wem habe ich die Ehre?«

»Nennen Sie mich Graf v. Kramm – aus X. Ich nehme an, daß ich in Ihrem Freunde einen Mann von Ehre und Diskretion vor mir habe, dem ich eine Sache von höchster Wichtigkeit anvertrauen darf. Sonst würde ich es vorziehen, mit Ihnen allein zu verhandeln.«

Ich erhob mich sofort, um das Zimmer zu verlassen, doch Holmes ergriff mich am Handgelenk und drückte mich auf meinen Sitz nieder. »Entweder beide oder keiner«, erklärte er fest. »Was Sie mir zu sagen haben, darf dieser Herr ebensogut anhören.«

Der Graf zuckte seine breiten Schultern. »Dann muß ich Sie beide auf zwei Jahre zu absolutem Schweigen verpflichten. Später hat die Sache bis auf meinen Namen keine Bedeutung mehr. Es ist aber nicht zuviel gesagt, wenn ich behaupte, daß augenblicklich die betreffende Angelegenheit imstande wäre, einen Einfluß auf die europäische Geschichte auszuüben.«

»Ich verpflichte mich zu schweigen«, sagte Holmes.

»Ich ebenfalls.«

»Sie entschuldigen diese Maske«, fuhr unser seltsamer Besucher fort, »doch ist es der Wunsch der hohen Persönlichkeit, in deren Auftrag ich handle, daß sein Agent Ihnen unbekannt bleibe. Gleichzeitig muß ich bekennen, daß ich mich unter falschem Namen eingeführt habe.«

»Das wußte ich«, sagte Holmes trocken.

»Die Umstände erfordern das äußerste Zartgefühl. Ein großer Skandal muß unter allen Umständen von einem fürstlichen Hause abgewendet werden, der es ernstlich kompromittieren könnte. Offen gestanden, die Angelegenheit betrifft das erlauchte Geschlecht der ..., das regierende Haus in O.«

Holmes lehnte sich bequem in den Lehnstuhl zurück und schloß die Augen. »Das wußt' ich auch schon«, murmelte er.

Anscheinend überrascht blickte der Fremde auf die lässig hingestreckte Gestalt des geschicktesten und tatkräftigsten Polizeiagenten Europas. Holmes hob langsam die Lider und sah ungeduldig zu seinem hünenhaften Klienten auf.

»Wenn Eure Hoheit nur geruhen wollten, mir den Fall zu erzählen«, bemerke er, »ich wäre dann viel besser imstande, einen Rat zu erteilen.«

Der Mann sprang von seinem Stuhle auf und schritt erregt im Zimmer auf und ab. Zuletzt riß er mit einer Gebärde der Verzweiflung die Maske vom Gesicht und warf sie zu Boden. »Sie haben recht«, rief er, »ich bin der Fürst. Warum soll ich es zu verbergen suchen?«

»Ja, warum eigentlich?« murmelte Holmes. »Bevor Eure Hoheit ein Wort äußerten, wußte ich, mit wem ich die Ehre hatte, zu unterhandeln.«

Unser sonderbarer Besucher nahm wieder Platz und strich mit der Hand über seine hohe, weiße Stirn. »Aber Sie verstehen, Sie müssen verstehen, daß ich nicht gewöhnt bin, mich persönlich mit solchen Dingen zu befassen. Und doch konnte ich diese delikate Angelegenheit keinem Vermittler anvertrauen, ohne mich gänzlich in seine Hand zu geben. In der Hoffnung auf Ihren Rat bin ich inkognito nach London gekommen.«

»Dann bitte sprechen Eure Hoheit«, sagte Holmes, wieder die Augen schließend.

»Die Tatsachen sind in Kürze folgende: Vor fünf Jahren machte ich während eines längeren Aufenthaltes in Warschau die Bekanntschaft einer wohlbekannten Abenteurerin: Irene Adler. Der Name wird Ihnen wahrscheinlich nicht fremd sein.«

»Sei doch so gut, Doktor, und schlage in meinem Verzeichnis nach«, sagte Holmes, ohne die Augen zu öffnen. Schon vor Jahren hatte er angefangen, alles ihm wichtig Erscheinende, mochte es nun Menschen oder Dinge betreffen, systematisch einzutragen, so daß man kaum eine Person oder Sache erwähnen konnte, von der er nichts Näheres zu berichten wußte. Diesmal fand ich die gesuchte Biographie zwischen der eines hebräischen Rabbiners und der eines Kontre-Admirals, des Verfassers einer Abhandlung über die Tiefseefische.

»Nun wollen wir mal sehen«, meinte Holmes. »Hm! Geboren in Neu-Jersey im Jahre 1858. Altstimme hm. La Scala hm! Primadonna an der kaiserlichen Oper in Warschau – ja! Von der Bühne zurückgetreten – aha. Lebt in London – ganz recht! Eure Hoheit knüpften nun mit dieser jungen Person Beziehungen an und schrieben ihr einige kompromittierende Briefe, deren Rückgabe jetzt wünschenswert wäre. Ist's nicht so?«

»Ganz genau so – aber wie –«

»Hat eine heimliche Ehe stattgefunden?«

»Nein.«

»Es existieren auch keine Verträge oder Abmachungen?«

»Keine.«

»Dann begreife ich Eure Hoheit nicht recht. Wenn diese junge Person die fraglichen Briefe behufs Erpressung oder zu anderen Zwecken benutzen wollte, wie vermöchte sie dann deren Echtheit zu beweisen?«

»Aber die Handschrift?«

»Pah! Fälschung!«

»Doch mein besonderes Briefpapier?«

»Ist gestohlen.«

»Mein Siegel?«

»Nachgeahmt.«

»Meine Photographie?«

»Gekauft.«

»Aber wir sind ja beide zusammen auf dem Bilde.«

»O weh! Das ist sehr bös. Damit haben Hoheit allerdings eine Unvorsichtigkeit begangen.«

»Ich war verrückt – von Sinnen.«

»Euer Hoheit haben sich ernstlich kompromittiert.«

»Ich war damals noch sehr jung und nicht an der Regierung. Ich zähle jetzt erst dreißig.«

»Das Bild muß wieder herbeigeschafft werden.«

»Bis jetzt war alles vergebens.«

»Haben Sie es mit Geld versucht?«

»Sie gibt es um keinen Preis her.«

»Na, dann wird es gestohlen.«

»Das ist schon fünfmal versucht worden. Zweimal ließ ich in ihrer Wohnung einbrechen, einmal wurde ihr Gepäck auf einer Reise durchstöbert. Zweimal wurde sie überfallen. Alles umsonst.«

»Keine Spur davon?«

»Nicht die geringste.«

Holmes lachte. »Die kleine Geschichte ist ja recht nett.«

»Aber für mich ist sie verteufelt ernst«, meinte der Fürst vorwurfsvoll.

»Das stimmt. Was beabsichtigt sie nur mit der Photographie?«

»Sie will mich ins Unglück stürzen.«

»Wie das?«

»Ich stehe im Begriffe, mich zu verheiraten.«

»Ich hörte davon.«

»Und zwar mit Klotilde, der zweiten Tochter des Königs von .... Sie kennen wahrscheinlich die starren Grundsätze dieser Familie, die Prinzessin selbst ist die personifizierte Empfindsamkeit. Fiele der leiseste Schatten auf mich, würde man den Plan sofort aufgeben.«

»Und Irene Adler?«

»Droht, ihnen das Bild zu schicken. Sie tut es auch, ich weiß, daß sie es tut; Sie kennen ihren eisernen Willen nicht. Ach, ihr liebliches Madonnenantlitz verrät ja leider nichts davon. Es gibt nichts, dessen sie nicht fähig wäre, um diese Heirat zu verhindern, absolut nichts!«

»Es ist gewiß, daß sich das Bild noch in ihrem Besitz befindet?«

»Sicher.«

»Woher wissen Sie's?«

»Sie hat geschworen, es erst am Tage der Bekanntmachung der Verlobung abzuschicken. Der ist am nächsten Montag.«

»O, dann haben wir noch drei Tage vor uns«, sagte Holmes gemütlich. »Das trifft sich ja sehr glücklich, denn jetzt muß ich mich noch ein oder zwei wichtigen Angelegenheiten widmen. Hoheit bleiben doch fürs erste in London?«

»Gewiß. Sie finden mich bei Langham unter dem Namen des Grafen v. Kramm.«

»Dann werde ich also dorthin über unsern Erfolg berichten.«

»Ich bitte darum. Sie können sich meine Aufregung vorstellen.«

»Nun bleibt noch die Geldfrage zu erledigen.«

»Sie haben carte blanche.«

»Vollständig?«

»Eines meiner Schlösser wäre mir nicht zu viel für das Bild.«

»Und die augenblicklichen Ausgaben?«

Der Fürst zog ein dickes Portefeuille unter dem Mantel hervor und legte es auf den Tisch.

»Hier sind dreihundert Pfund in Gold und siebenhundert in Papier«, sagte er.

Holmes kritzelte eine Empfangsbescheinigung auf ein Blatt seines Notizbuches und überreichte es ihm.

»Die Adresse der Dame?«

»Ist Briony Lodge, Serpentine Avenue, St. Johns Wood.«

Holmes notierte sie sich. »Noch eine andere Frage: war es ein Kabinettbild?«

»Allerdings.«

»Nun gute Nacht, Hoheit, und ich darf wohl die Hoffnung aussprechen, bald günstige Nachrichten senden zu können. Gute Nacht auch, Watson«, fügte er hinzu, als die Räder des fürstlichen Wagens die Straße hinabrollten. »Ich würde mich sehr freuen, wenn du mich morgen nachmittag um drei Uhr aufsuchen würdest, ich möchte gern mit dir über die Sache plaudern.«

II.

Pünktlich um drei Uhr erschien ich in der Baker Street, aber Holmes war noch nicht heimgekehrt. Die Wirtin erzählte mir, er wäre kurz vor acht Uhr morgens fortgegangen. Ich setzte mich mit der festen Absicht an den Kamin, ihn unter allen Umständen zu erwarten. Der vorliegende Fall erregte mein höchstes Interesse, und wenn er auch nicht den schrecklichen, seltsamen Charakter trug, wie die beiden Verbrechen, die ich schon früher aufzeichnete, so gab ihm doch die Natur der Sache und die erlauchte Persönlichkeit des Klienten ein ganz eigenartiges Gepräge. Nebenbei gewährte es mir stets aufs neue ein Vergnügen, die klare, schlagende Logik meines Freundes zu beobachten und den meisterhaften Griff, mit dem er eine Situation erfaßte. Ich war an das beständige Gelingen seiner Aufgaben so gewöhnt, daß mir die Möglichkeit eines Mißerfolges überhaupt nie in den Sinn kam. Kurz vor vier Uhr wurde die Tür von einem angetrunken aussehenden Reitknecht mit schlechtgekämmtem Haar und Backenbart geöffnet, das gerötete Gesicht und die nachlässige Kleidung machten entschieden einen heruntergekommenen Eindruck. Trotzdem ich die auffallende Geschicklichkeit meines Freundes in Verkleidungen kannte, dauerte es doch geraume Zeit, bis ich sicher war, ihn vor mir zu haben. Mit einem leichten Kopfnicken verschwand er im Schlafzimmer und erschien nach fünf Minuten elegant gekleidet und tadellos wie immer. Die Hände in den Taschen streckte er sich behaglich vor dem Kamin aus und fing herzlich an zu lachen.

»Das ist wirklich gut«, rief er und brach wieder in sein anhaltendes Lachen aus, bis er atemlos und erschöpft innehalten mußte.

»Was ist denn los?«

»Es ist zu komisch. Du errätst sicher nicht, womit ich mich heute beschäftigt habe, und wie ich meine Tätigkeit beschloß.«

»Keine Ahnung. Vermutlich hast du Haus und Gewohnheiten von Fräulein Irene beobachtet?«

»Ganz recht, und ich habe allerlei Merkwürdiges erlebt. Laß dir erzählen. Ich verließ also als stellenloser Groom heute früh meine Wohnung. Ich sage dir, unter diesen Pferdemenschen herrscht eine wunderbare Kameradschaft, ein wahres Freimaurertum. Gehöre zu ihnen, und du erfährst alles, was du wissen willst. Ich fand denn auch bald die Wohnung. Die zweistöckige Villa ist wirklich ein *bijou*, hinten dehnt sich ein Garten aus, während die Vorderseite des Hauses bis dicht an die Straße grenzt. Rechter Hand befindet sich ein geräumiges, schön ausgestattetes Wohnzimmer, mit großen, fast zum Boden reichenden Fenstern und jenem dummen englischen Fensterverschluß, den jedes Kind öffnen kann. Sonst war nichts Bemerkenswertes zu entdecken, höchstens die Möglichkeit, vom Dach des Kutscherhauses in das Flurfenster zu gelangen. Ich schlenderte die Straße hinab und fand richtig meine Erwartungen nicht getäuscht; in einem Gäßchen, das sich an einer der Gartenmauern entlang zog, lag ein Pferdestall. Ich half den Stallknechten beim Abreiben ihrer Pferde und verdiente damit ein Trinkgeld, ein Glas Bier und so viel Auskunft über Fräulein Adler, als ich nur wünschte. Natürlich mußte ich dafür die Biographien von mindestens zwölf Leuten aus der Nachbarschaft, die mich nicht im geringsten interessierten, mit in Kauf nehmen.«

»Nun und Irene Adler?« fragte ich.

»O, sie hat allen Männern im ganzen Stadtteil die Köpfe verdreht. Sie ist das entzückendste Geschöpf unter der Sonne, darüber herrscht nur eine Stimme in den Pferdeställen der Serpentine Avenue. Sie lebt sehr zurückgezogen, singt in Konzerten und fährt täglich um fünf Uhr aus, um sieben kehrt sie dann zum Essen zurück. Zu anderer Tageszeit verläßt sie selten das Haus. Sie empfängt nur die häufigen Besuche eines brünetten und auffallend hübschen Herrn. Er kommt täglich ein-, ja auch zweimal und ist ein Herr Godfroy Norton aus dem ›Inner Temple‹. Da siehst du, welch einen Vorteil es bringt, Kutscher zu Vertrauten zu haben! Sie hatten ihn mindestens ein dutzendmal nach Hause gefahren und waren genau über ihn orientiert. Als ihr Redefluß versiegt war, wanderte ich langsam in der Nähe auf und ab und entwarf meinen Feldzugsplan.

Dieser Herr Norton war entschieden ein nicht zu unterschätzender Faktor in dieser Angelegenheit. Er war Jurist, das klang fatal. Welche Beziehungen bestanden zwischen diesen beiden und welchen Grund hatte er zu seinen häufigen Besuchen? War sie seine Klientin, Freundin oder seine Geliebte? Im ersteren Falle hatte sie ihm wahrscheinlich das Bild in Verwahrsam gegeben, im letzteren war das weniger zu befürchten. Hiervon hing es aber doch ab, ob ich in der Villa meine Nachforschungen fortsetzen oder das Feld meiner Tätigkeit in die Wohnung des Herrn verlegen mußte. Das war ein sehr knifflicher Punkt und machte die ganze Sache weit verwickelter. Ich fürchte, diese Details langweilen dich, aber zum weiteren Verständnis der Situation sind sie durchaus notwendig.«

»Ich folge dir sehr aufmerksam«, antwortete ich.

»Ich war mit der Geschichte noch nicht im klaren, als eine Droschke sich näherte und vor der Villa hielt. Ein auffallend hübscher Mann, mit einer Adlernase in seinem bärtigen Gesicht, sprang heraus, zweifellos derselbe, der mir beschrieben wurde. Er schien große Eile zu haben, befahl dem Kutscher zu warten und eilte an dem öffnenden Mädchen mit der Miene eines Mannes vorüber, der sich völlig zu Hause fühlt. Sein Aufenthalt dauerte ungefähr eine halbe Stunde, ich konnte ihn zuweilen durch das Fenster des Wohnzimmers erblicken, in dem er erregt sprechend und lebhaft gestikulierend auf und nieder schritt. Von ihr war keine Spur zu entdecken. Plötzlich kam er in verstärkter Aufregung wieder heraus. Bevor er einstieg, warf er einen Blick auf seine Uhr. ›Fahren Sie wie der Teufel‹, befahl er, ›zuerst zu Gross und Hankey in Regents Street und dann nach der Kirche St. Monica in Edgeware Road. Eine halbe Guinee, wenn die Fahrt nur zwanzig Minuten dauert!‹

Fort ging es, und ich überlegte eben, ob ich ihnen nicht folgen sollte, als ich einen hübschen kleinen Landauer das Gäßchen heraufkommen sah. Der Kutscher hatte kaum vor der Türe gehalten und war noch nicht damit fertig, die Knöpfe seines Rockes zu schließen, als sie schon eilig aus der Haustür schlüpfte und selbst den Schlag aufriß. ›Nach der Kirche St. Monica, John‹, rief sie, ›und einen halben Sovereign, wenn du in zwanzig Minuten dort bist.‹

Ich sah sie nur ganz flüchtig, doch es genügte, um jede Torheit eines Mannes begreiflich zu finden. – Die Gelegenheit durfte ich mir nicht entgehen lassen, Watson. Glücklicherweise fand ich eine Droschke in der Nähe, die mich aller Zweifel enthob, auf welche Weise ich dasselbe Ziel erreichen konnte. Der Kutscher wußte nicht recht, was er aus seinem schäbigen Fahrgast machen sollte, aber ehe er noch Zeit zu irgendwelchen Einwendungen fand, saß ich schon im Wagen. ›Ein halber Sovereign, wenn Sie die Kirche von St. Monica in zwanzig Minuten erreichen!‹ Es fehlten noch fünfundzwanzig Minuten an zwölf Uhr, und es lag klar auf der Hand, was vor sich gehen sollte. Mein Wagen fuhr sehr rasch, aber sie waren doch früher zur Stelle. Als ich ankam, hielten die beiden Wagen mit ihren dampfenden Pferden schon vor der Kirchentür. Ich bezahlte meinen Kutscher und ging schnell hinein. Außer den beiden Gesuchten und einem sehr bestürzt aussehenden Geistlichen, der eifrig auf sie einsprach, war keine Seele weiter dort zu sehen. Alle drei standen in einer dichten Gruppe vor dem Altar. Ich schlenderte mit der Miene eines Müßiggängers, der zufällig in eine Kirche geraten ist, durch das Seitenschiff. Zu meiner großen Überraschung richteten plötzlich die drei ihre Aufmerksamkeit auf mich, und Godfroy Norton schritt rasch auf mich zu.

›Gott sei Dank!‹ rief er, ›Sie können uns einen sehr großen Dienst erweisen. Kommen Sie schnell, schnell!‹

›Was soll ich denn?‹ fragte ich.

›Kommen Sie nur, kommen Sie nur, es fehlen nur noch drei Minuten, sonst ist die Sache ungültig.‹

Ich wurde halb zum Altar geschleppt, und bevor ich recht wußte, was geschah, hörte ich mich Antworten murmeln, die in mein Ohr geflüstert wurden, und Dinge bezeugen, von denen ich keine Ahnung hatte, kurzum ich assistierte bei der feierlichen Verbindung von Jungfrau Irene Adler mit dem Junggesellen Godfroy Norton. Im Augenblick war alles vorüber, und dann dankte mir ein Herr rechts und eine Dame links, während mir der Prediger von vorn seine Zufriedenheit ausdrückte. Ich sage dir, ich habe mich nie in einer alberneren Lage befunden, und es war die Erinnerung daran, die mich vorhin so zum Lachen brachte. Mit dem Trauschein hatte es sicher einen Haken, und der Geistliche weigerte sich außerdem ganz entschieden, die Zeremonie ohne Zeugen vorzunehmen. Wäre ich nicht zufällig dort gewesen, so hätte sich der Bräutigam seinen Trauzeugen von der Straße holen müssen. Die Braut schenkte mir einen Sovereign, den ich zum Andenken an meiner Uhrkette tragen werde.«

»Das ist ja eine sehr unerwartete Wendung«, sagte ich. »Was nun?«

»Ja, mein Vorhaben wurde jetzt ernstlich bedroht. Es hatte den Anschein, als wollte das Paar sofort abreisen, und da galt es meinerseits die schnellsten und energischsten Maßregeln zu treffen. Doch an der Kirchentür trennten sie sich, er fuhr nach dem ›Temple‹ und sie nach ihrer Wohnung. ›Um fünf Uhr fahre ich wie gewöhnlich in den Park‹, rief sie ihm zu. Mehr hörte ich nicht. Sie entfernten sich nach verschiedenen Richtungen, und ich machte mich auf den Weg, um mich meinen eigenen Angelegenheiten zu widmen.«

»Und die sind?«

»Etwas kaltes Roastbeef und ein Glas Bier dazu«, antwortete er, indem er klingelte. »Ich habe bis jetzt keine Zeit gehabt, an Essen und Trinken zu denken, und der Abend wird mir wahrscheinlich noch mehr Arbeit bringen. Ich möchte übrigens um deine Unterstützung bitten, Doktor.«

»Mit Vergnügen.«

»Du hast doch keine Angst, einen Verstoß gegen das Gesetz zu begehen?«

»Nicht im geringsten.«

»Ebensowenig fürchtest du dich, gegebenen Falls eingesteckt zu werden?«

»Für eine gute Sache nie.«

»O, die Sache ist vortrefflich.«

»Also bestimme über mich.«

»Ich wußte, daß ich mich auf dich verlassen könnte.«

»Was hast du denn vor?«

»Wenn Frau Turner alles hereingebracht hat, will ich dir's erzählen. Verzeih«, sagte er, sich hungrig dem einfachen Mahl zuwendend, das unsere Wirtin bereit gehalten hatte, »ich muß schon während des Essens meinen Vortrag halten, mir bleibt nur wenig Zeit übrig. In zwei Stunden müssen wir uns auf dem Schauplatz unserer Tätigkeit befinden, denn Fräulein, oder vielmehr Frau Irene kehrt um sieben von ihrem Ausflug zurück. Wenn wir sie treffen wollen, müssen wir deshalb nach Briony Lodge.«

»Und dann?«

»Alles Weitere überlaß mir. Ich habe schon alle Vorkehrungen getroffen. Doch auf etwas muß ich bestehen, was auch immer kommen mag, du darfst dich in keiner Weise einmischen. Verstanden?«

»Ich soll also neutral bleiben?«

»Vollständig. Wahrscheinlich wird es zu einigen Mißhelligkeiten kommen; kümmere dich nicht darum. Wenn ich, was die Hauptsache ist, ins Haus geschafft werde, hört jeder Streit auf. Vier bis fünf Minuten später wird das Fenster des Wohnzimmers geöffnet werden. Du mußt dich in der Nähe dieses offenen Fensters halten.«

»Ja.«

»Du kannst mich von draußen erblicken und darfst mich nicht aus den Augen lassen.«

»Ja.«

»Sobald ich nun meine Hand erhebe, wirfst du den Gegenstand ins Zimmer, den ich dir geben werde, und schreist zur selben Zeit: Feuer! Merkst du auch alles?«

»Aufs genaueste.«

»Es ist nichts Gefährliches«, sagte er und zog eine lange, zigarrenförmige Rolle aus der Tasche. »Es ist nur eine gewöhnliche Rauchrakete, wie sie die Bleiarbeiter bei uns gebrauchen, an beiden Enden mit Zündhütchen versehen, welche die Selbstentzündung verursachen. Darauf beschränkt sich deine ganze Aufgabe. Dein Feuerruf wird rasch verbreitet werden. Du gehst dann ruhig die Straße hinunter, und in ungefähr zehn Minuten bin ich wahrscheinlich bei dir. Hoffentlich habe ich mich deutlich ausgedrückt?«

»Ich muß neutral bleiben, mich dem Fenster nähern, dich beobachten, auf dein Zeichen dies hineinwerfen, dann Feuer schreien und dich an der Straßenecke erwarten?«

»Ganz richtig.«

»Du kannst dich völlig auf mich verlassen.«

»Vortrefflich. Doch nun ist's wohl Zeit, mich auf meine Rolle vorzubereiten.«

Er begab sich in sein Schlafzimmer und kehrte nach wenigen Minuten als ein liebenswürdiger, schlicht aussehender Methodisten-Prediger zurück. Sein breiter, schwarzer Hut, seine weiten Beinkleider, die weiße Perücke, das milde Lächeln und der eigentümliche, stets damit verbundene Ausdruck im Verein mit wohlwollender Neugier konnten kaum treffender dargestellt werden. Aber Holmes wechselte nicht nur seinen Anzug. Seine Züge, sein Benehmen, ja sein ganzes Wesen schien ebenfalls mit jeder neuen Rolle zu wechseln.

Zehn Minuten vor sieben waren wir in der Serpentine Avenue. Es war schon dämmerig, und die Laternen wurden eben angesteckt; wir wanderten vor der Villa auf und ab, um ihre Bewohnerin zu erwarten. Das Haus war genau so, wie ich es mir nach Holmes' kurzer Beschreibung vorgestellt hatte, doch die Gegend hatte ich mir viel einsamer gedacht. Sie erschien mir für eine kleine Straße in ruhiger Nachbarschaft sogar sehr belebt. In einer Ecke plauderte ein Gruppe fröhlicher, rauchender Müßiggänger, drüben hielt ein Scherenschleifer mit seinem Rade, und in der Nähe schäkerten zwei Soldaten mit einem Kindermädchen. Mehrere gut gekleidete junge Leute schlenderten, die Zigarre im Munde, langsam auf und ab.

»Siehst du«, bemerkte Holmes, »diese Heirat vereinfacht die Sache außerordentlich. Jetzt ist die Photographie ein zweischneidiges Schwert geworden. Ich glaube nicht, daß ihr viel daran liegt, sie Herrn Norton zu zeigen, ebensowenig wie unser Klient sie von seiner Prinzessin bewundert sehen möchte. Die Frage ist nur, wo finden wir das Bild?«

»Ja, wo?«

»Es ist höchst unwahrscheinlich, daß sie es stets mit sich herumträgt. Ein Bild in Kabinettformat ist viel zu groß, um es leicht in einem Frauenkleide zu verbergen. Vermutlich hat sie es daher nicht bei sich.«

»Wo mag es dann stecken?«

»Vielleicht bei ihrem Bankier oder ihrem Rechtsanwalt. Beide Möglichkeiten sind nicht ausgeschlossen, aber unwahrscheinlich. Warum sollte sie es einem anderen übergeben? Auf sich selbst konnte sie sich verlassen, aber sie wußte nicht, ob auch ein Geschäftsmann jedem politischen oder indirekten Einfluß widerstehen würde. Bedenke außerdem, daß sie entschlossen ist, es in den nächsten Tagen zu gebrauchen, es muß ihr deshalb stets zur Hand sein. Folglich kann sie es nur in ihrer eigenen Wohnung haben.«

»Hat man dort nicht schon zweimal eingebrochen?«

»Pah! Sie verstanden eben nicht zu suchen.«

»Und wie willst du das anfangen?«

»Ich werde gar nicht suchen.«

»Was denn?«

»Sie soll es mir selbst zeigen.«

»Sie wird sich sicher weigern.«

»Dazu gebe ich ihr keine Möglichkeit. Horch, der Wagen kommt! Nun befolge ganz genau meine Vorschrift!«

Der Schein der Wagenlaterne wurde sichtbar, und ein eleganter, kleiner Landauer rollte auf die Villa zu. Er hielt kaum, als schon einer der herumlungernden Leute herbeistürzte, um für das Öffnen des Schlages ein Trinkgeld zu erlangen. Ein anderer hegte dieselbe Absicht und stieß ihn beiseite. Ein heftiger Streit brach aus, die beiden Soldaten mischten sich hinein und nahmen für den ersten Partei, während der Scherenschleifer sich auf die Seite des andern schlug. Es kam zu einer förmlichen Schlägerei, und im Augenblick war die aus dem Wagen gestiegene Dame der Mittelpunkt einer Gruppe aufgeregter, zankender Menschen, die mit Fäusten und Stöcken aufeinander losgingen. Holmes stürzte sich zum Schutze der Dame mitten ins Gewühl, aber er hatte sie noch nicht erreicht, als er einen Schrei ausstieß und mit blutüberströmtem Gesicht zu Boden fiel. Dieser Anblick veranlaßte die ganze Bande, nach verschiedenen Seiten Reißaus zu nehmen, nur einige Personen aus dem besser gekleideten Publikum, die teilnahmslose Zuschauer bei der Szene geblieben waren, beeilten sich, der Dame und dem Verletzten zu Hilfe zu kommen. Irene Adler war die Stufen emporgeeilt, auf der Schwelle blieb sie zögernd stehen und blickte auf die Straße zurück, wobei sich ihre prachtvolle Figur vom erleuchteten Hintergrunde scharf abhob.

»Ist der arme Herr schwer verletzt?« fragte sie.

»Er ist tot«, schrieen mehrere Stimmen.

»Nein, noch ist Leben in ihm«, meinte ein anderer, »aber ehe er ins Hospital kommt, ist's aus mit ihm.«

»Das ist 'n braver Mensch«, sagte eine Frau. »Wär' er nicht dazu gekommen, hätten sie der Dame Uhr und Kette weggerissen. Das war 'ne böse Sorte. Da, er rührt sich noch!«

»Hier kann er nicht länger liegen blieben, dürfen wir ihn hineintragen, Madamchen?«

»Gewiß, bringen Sie ihn ins Wohnzimmer, da ist ein bequemes Sofa. Bitte hier.«

Langsam und feierlich wurde er ins Haus getragen und im besten Zimmer niedergelegt; vom Fenster aus konnte ich den ganzen Vorgang genau beobachten. Ich sah Holmes auf dem Sofa liegen, da die Vorhänge hinter den erleuchteten Scheiben noch nicht zugezogen waren. Verursachte ihm sein falsches Spiel in diesem Augenblick nicht doch Gewissensbisse? Jedenfalls fühlte ich mich tief beschämt, gegen diese schöne Frau Ränke zu schmieden, die mit so entzückender Freundlichkeit und Grazie für den Verwundeten sorgte. Und doch, jetzt konnte und durfte er nicht mehr zurück und darum versuchte auch ich jedes Reuegefühl abzuschütteln und zog die Rauchrakete aus meinem Überrock. Ich beruhigte mich damit, daß ihr selbst ja kein Leid geschehen sollte, und wir sie nur daran hindern wollten, anderen zu schaden. Holmes hatte sich aufgerichtet, er machte eine Bewegung, als wenn er ersticken müßte.

Ein Dienstmädchen beeilte sich, das Fenster zu öffnen. Im selben Moment sah ich ihn die Hand erheben, warf meine Rakete ins Zimmer und schrie aus Leibeskräften: Feuer! Mit Windesschnelle verbreitete sich der Ruf weiter und lockte eine Menge

Menschen herbei. Dicke Rauchwolken ballten sich im Zimmer und zogen aus dem geöffneten Fenster. Ich sah undeutlich die Schatten von hin und her laufenden Menschen und hörte gleich darauf die Stimme Holmes' von innen versichern, es sei nur ein falscher Alarm gewesen. Ich drückte mich aus dem lärmenden Haufen und hatte noch nicht zehn Minuten an der Ecke gewartet, als Holmes seinen Arm in den meinigen schob, und wir erleichtert und befriedigt den Heimweg antraten. Einige Minuten ging er rasch und schweigend neben mir, bis wir in die ruhigen Straßen von Edgeware Road einbogen.

»Du hast es sehr geschickt gemacht, Doktor«, bemerkte er. »Besser konnte es gar nicht gehen. Nun ist alles in Ordnung.«

»Du hast also die Photographie?«

»Das nicht, aber ich weiß, wo sie ist.«

»Wie hast du das nur herausbekommen?«

»Sie hat's mir gezeigt, – wie ich dir voraussagte.«

»Das ist mir noch unklar.«

»Nun, ein Geheimnis will ich nicht daraus machen«, sagte er lachend. »Die ganze Geschichte ist höchst einfach. Du wirst natürlich erraten haben, daß auf der Straße alle im Einverständnis waren. Sie waren alle für den Abend engagiert.«

»Ich hab' es mir fast gedacht.«

»Als nun der Skandal losging, hielt ich etwas feuchten, roten Farbstoff in meiner Handfläche. Bei Hinstürzen schlug ich sie mir vors Gesicht und sah nun natürlich zum Erbarmen aus. Das ist ein alter Kniff.«

»Das ahnte ich auch.«

»Man trug mich hinein. Was konnte sie dagegen machen? Und gerade in ihr Wohnzimmer, auf welches ich mein Hauptaugenmerk hatte. Es stößt an ihr Schlafzimmer, mir konnte also nichts entgehen. Sie legten mich nieder, ich schnappte nach Luft, das Fenster wurde geöffnet, und du kamst an die Reihe.«

»Was konnte dir das helfen?«

»O, sehr viel. Wenn eine Frau glaubt, ihr Haus brenne, wird sie instinktmäßig auf den Gegenstand losstürzen, der ihr am teuersten ist. Das ist vollständig naturgemäß, und ich habe es mehr als einmal zu meinem Vorteil ausgebeutet. Eine verheiratete Frau und Mutter greift nach ihrem Kinde, eine unverheiratete Frau nimmt ihren Schmuckkasten. Für mich stand es fest, daß für unsere Dame das wertvollste Gut eben der in Frage kommende Gegenstand sein mußte. Sie würde alles aufbieten, ihn in Sicherheit zu bringen. Der Feuerlärm wurde großartig ausgeführt. Der Rauch und das Geschrei hätten selbst Nerven von Stahl erschüttert. Sie reagierte denn auch vortrefflich darauf. Die Photographie befindet sich in einer Nische hinter einer verschiebbaren Wandfüllung, gerade über dem Glockenzug. Frau Irene war sofort zu Stelle, und ich überzeugte mich mit einem raschen Seitenblick, daß sie wirklich ein Bild erfaßt hatte. Als ich dann rief, es wäre alles nur ein falscher Lärm gewesen, legte sie es wieder zurück, besah sich die Rakete und eilte aus dem Zimmer. Nachher habe ich sie nicht wieder gesehen. Ich stand auf und machte mich mit vielen Entschuldigungen aus dem Staube. Ich zögerte allerdings, ob ich nicht schnell die Photographie in meinen Besitz bringen sollte, doch der Kutscher war hereingekommen und ließ mich nicht aus den Augen. So hielt ich es denn für besser, zu warten, da eine kleine Überstürzung alles verderben konnte.«

»Und jetzt?« fragte ich.

»Ja, eigentlich bleibt kaum noch etwas zu tun. Morgen früh statte ich mit dem Fürsten einen Besuch ab, und falls du Lust hast, kannst du uns begleiten. Wir werden dann ersucht werden, im Wohnzimmer auf die Dame zu warten, aber ob sie uns oder die Photographie bei ihrem Erscheinen noch vorfindet, ist fraglich. Vielleicht bereitet es seiner Hoheit eine besondere Genugtuung, das Bild mit eigener Hand wiederzugewinnen.«

»Wann soll der Besuch stattfinden?«

»Morgens acht Uhr. Dann wird die Dame noch nicht aufgestanden sein, und wir haben freie Bahn. Wir müssen natürlich pünktlich sein, da man nicht wissen kann, welche Veränderungen diese Heirat in ihrem Leben und ihren Gewohnheiten hervorruft. Ich werde sofort den Fürsten benachrichtigen.«

Während unseres Gespräches hatten wir die Baker Street erreicht und standen vor der Haustüre. Er suchte in der Tasche nach dem Schlüssel, als ihm ein Vorübergehender zurief: »Gute Nacht, Herr Holmes!« Das Trottoir war um diese Zeit ziemlich belebt, doch der Gruß schien von einem jungen Menschen in einem faltigen Überrock herzurühren, der eilig vorwärts schritt.

»Die Stimme habe ich schon irgendwo gehört«, sagte Holmes, die schwach erleuchtete Straße hinunterblickend, »wer, zum Teufel, mag das gewesen sein?«

## III.

Ich schlief diese Nacht in der Baker Street, und wir nahmen am andern Morgen eben unser Frühstück ein, als der Fürst hereinstürmte. »Sie haben es wirklich?« rief er, Holmes bei den Schultern packend und ihm gespannt ins Gesicht sehend.

»Bis jetzt noch nicht.«

»Aber Sie haben doch Hoffnung?«

»Die hab' ich.«

»Dann, bitte, kommen Sie, ich vergehe vor Ungeduld.«

»Wir müssen erst einen Wagen holen lassen.«

»Mein Brougham hält vor der Tür.«

»Um so besser.« Wir stiegen ein, und fort ging es nach Briony Lodge.

»Irene Adler ist verheiratet«, bemerkte Holmes.

»Verheiratet? Seit wann?«

»Seit gestern.«

»Und mit wem?«

»Mit einem englischen Rechtsanwalt, namens Norton.«

»Wirklich? Nun, lieben kann sie ihn jedenfalls nicht.«

»Und doch wäre das im Interesse Eurer Hoheit nur zu wünschen.«

»Aber aus welchem Grunde?«

»Weil das Euer Hoheit vor jeder späteren Unannehmlichkeit

sichern würde. Falls die Dame ihren Gatten liebt, liebt sie nicht Euer Hoheit. Und liebt sie Euer Hoheit nicht, warum sollte sie dann Dero Zukunftspläne zerstören wollen?«

»Sehr richtig! Und dennoch – Ach, ich wünschte, sie wäre mir ebenbürtig – welch' eine Fürstin wäre sie gewesen!« Er versank in nachdenkliches Schweigen, das auch bis zu unserem Ziel nicht unterbrochen wurde. Die Haustür von Briony Lodge war weit geöffnet, auf der Schwelle stand eine ältliche Frau. Sie verfolgte unser Aussteigen mit wahrhaft sardonischem Lächeln.

»Herr Sherlock Holmes, nicht wahr?« fragte sie.

Mein Freund warf ihr einen fragenden, ja bestürzten Blick zu. »Allerdings, ich bin Herr Holmes.«

»Wirklich! Meine Herrin hat mich schon auf Ihr wahrscheinliches Kommen vorbereitet. Sie ist heute früh in Begleitung ihres Gatten mit dem 5.15-Zuge von Charing Cross nach dem Kontinent abgereist.«

»Was?« Bleich bis in die Lippen fuhr Sherlock Holmes zurück. »Wollen Sie damit sagen, daß sie England verlassen hat?«

»Ja, für immer.«

»Und die Papiere?« fragte der Fürst heiser. »Also alles verloren?«

»Wir müssen zusehen.« Er schob die Dienerin zur Seite und eilte ins Zimmer, der Fürst und ich folgten ihm auf dem Fuße. Die Möbel standen verschoben und unordentlich im Zimmer umher, die offenstehenden Schränke und Schubladen schienen vor der plötzlichen Abreise noch schnell durchwühlt und teilweise geleert zu sein. Holmes flog zum Glockenzug, schob ein kleines Türchen in der Täfelung zurück und zog eine Photographie und einen Brief aus der Öffnung. Das Bild zeigte Irene Adler in Gesellschaftstoilette, der Brief war an Herrn Sherlock Holmes adressiert. Mein Freund riß das Couvert auf und wir lasen ihn alle drei gleichzeitig. Er war um Mitternacht des vorigen Tages geschrieben und lautete folgendermaßen:

»Mein lieber Herr Holmes!

Sie führten Ihre Rolle wirklich bewunderungswürdig durch, und es gelang Ihnen vollständig mein Vertrauen zu gewinnen. Bis der Feuerlärm vorüber war, hegte ich nicht den geringsten Argwohn, doch dann sah ich ein, daß ich mich verraten hatte, und wurde nachdenklich. Vor Monaten wurde ich schon vor Ihnen gewarnt, und Sie mir als der Einzige bezeichnet, den der Fürst als Agenten verwenden würde. Ihre Adresse erfuhr ich ebenfalls. Doch dies alles bringt mich auf Ihren Wunsch zurück. Anfangs schämte ich mich meines Mißtrauens gegen einen so liebenswürdigen, alten Prediger, aber Sie wissen, ich bin selbst Schauspielerin gewesen und verstehe mich daher auf eine gute Maske. Ich habe sogar oft genug selbst von Verkleidungen Gebrauch gemacht. Ich schickte meinen Kutscher John als Aufpasser ins Zimmer und warf mich oben in meinen ›Wanderanzug‹, wie ich ihn nenne. Ich wurde noch rechtzeitig fertig, um Ihnen bis zu Ihrer Haustür folgen zu können und mich selbst zu überzeugen, daß ich für den berühmten Herrn Holmes ein Gegenstand des Interesses sei. Unvorsichtig wünschte ich Ihnen sogar ›Gute Nacht‹ und beeilte mich meinen Gatten aufzusuchen. Wir hielten es beide für das beste, uns einem so furchtbaren Gegner durch die Flucht zu entziehen. Sie werden daher morgen nur ein leeres Nest vorfinden. Wegen des Bildes mag Ihr Klient völlig beruhigt sein. Ich liebe und werde von einem viel edleren Manne, als er ist, geliebt. Der Fürst mag völlig nach seinem Belieben handeln, ich werde ihm, trotz seiner schweren Schuld gegen mich, nicht mehr in den Weg treten. Das Bild behalte ich in meiner sicheren Hut, es soll mich nur gegen spätere Angriffe schützen. Ich hinterlasse eine Photographie, auf deren Besitz der Fürst vielleicht Wert legt, und verbleibe, lieber Herr Sherlock Holmes, für immer Ihre ergebene

Irene Norton, geb. Adler.«

»Welch eine Frau – nein, welch eine Frau«, rief der Fürst, als wir das Schriftstück beendet hatten. »Sagte ich Ihnen nicht, wie schnell und entschlossen sie handelt? Würde sie nicht eine großartige Fürstin geworden sein? Es ist ein Jammer, daß sie nicht mit mir auf gleicher Höhe steht!«

»Nach dem, was ich von ihr gesehen habe, scheint sie mir allerdings einen ganz anderen Standpunkt einzunehmen als Euer Hoheit«, äußerte Holmes kühl. »Ich bedauere nur, die Angelegenheit nicht zu einem besseren Abschluß gebracht zu haben.«

»Im Gegenteil, mein lieber Herr«, rief der Fürst lebhaft, »einen besseren Erfolg kann ich mir gar nicht wünschen. Ihr Wort steht felsenfest. Die Photographie ist jetzt ebenso sicher, als wäre sie ins Feuer geworfen.«

»Die Worte Eurer Hoheit machen mich sehr glücklich.«

»Ich bin tief in Ihrer Schuld. Bitte sagen Sie mir, womit ich Ihnen danken kann. Dieser Ring« – – er zog einen Smaragdreifen vom Finger und hielt ihn Holmes auf der offenen Hand hin.

»Hoheit besitzen etwas, das viel höheren Wert für mich hätte.«

»Bitte nennen Sie es nur.«

»Diese Photographie.«

Der Fürst sah ihn erstaunt an. »Irenes Photographie? Aber natürlich, wenn Sie sie haben wollen.«

»Besten Dank, Hoheit. In der Sache läßt sich nun nichts mehr tun. Ich habe die Ehre, guten Morgen zu wünschen.« Er verbeugte sich und ging, ohne die ausgestreckte Hand des Fürsten zu bemerken.

Auf diese Weise wurde der drohende Skandal im Fürstentum O. glücklich verhütet und die scharfsinnigsten Pläne Sherlock Holmes' durch die Schlauheit einer Frau vereitelt. Sonst hatte er sich stets über die Weiberschlauheit lustig gemacht, später habe ich nie mehr ein spöttisches Wort darüber von ihm gehört.

# Ein Fall geschickter Täuschung

»Lieber Freund«, sagte Sherlock Holmes, als wir behaglich beisammen an seinem Kamin in der Baker Street saßen, »das Leben selbst bringt weit Merkwürdigeres hervor, als alles, was der menschliche Geist zu erfinden vermag. Könnten wir jetzt Hand in Hand aus diesem Fenster fliegen und, über der Riesenstadt schwebend, die Dächer abheben, um zu beobachten, was sich in den Häusern zuträgt, wir würden staunen über alle die Pläne, die seltsamen Vorfälle, die Verkettung von Umständen, die sich durch Generationen hinzieht und zu den wunderbarsten Ergebnissen führt. Jegliche Dichtung mit ihren althergebrachten Formen, ihrem leicht vorauszusehenden Ausgang müßte uns schal und wertlos erscheinen.«

»Und doch bin ich hiervon nicht ganz überzeugt«, erwiderte ich. »Die Fälle, welche die Zeitungen bringen, sind meist trocken und alltäglich genug. In unsern Polizeiberichten ist der Realismus auf die Spitze getrieben, und doch ist der Eindruck, den sie machen – das läßt sich nicht leugnen – weder spannend noch künstlerisch.«

»Um eine realistische Wirkung zu erzielen«, bemerke Holmes, »bedarf es einer gewissen Auswahl und Umsicht; hieran gebricht es den polizeilichen Berichten, die vielleicht auf die seichte Darstellung des Beamten mehr Wert legen, als auf die interessanten Nebenumstände, in denen der ernstere Beobachter die Beweggründe zu erblicken versteht, welche die Tat herbeiführten. Glaube mir, nichts ist so außernatürlich wie das Alltägliche.«

Ich lächelte ungläubig. »Mich wundert nicht, daß du so denkst«, sagte ich, »weil du, als außerordentlicher Helfer und Berater aller Ratlosen in drei Weltteilen, nur mit Ungewöhnlichem und Seltsamem in Berührung kommst. Laß mich«, bat ich, die Zeitung vom Boden aufhebend, »meine Behauptung praktisch beweisen. Ich nehme die erste beste Notiz: ›Grausamkeit eines Gatten gegen seine Frau.‹ Die Geschichte füllt eine halbe Druckspalte, und ich kann sie ungelesen erzählen. Unbedingt ist eine andere Frau im Spiel, im übrigen entwickelt sich die Geschichte wie folgt: Trunkenheit, rohe Behandlung, Gewalttat, Verwundung, Erscheinen der hilfreichen Schwester oder Wirtin. Der gewöhnliche Schriftsteller könnte nichts Gewöhnlicheres erfinden.«

»Fehlgeschossen, dein Beispiel paßt auf deine Behauptung wie die Faust aufs Auge«, meinte Holmes, das Blatt überfliegend. »Es handelt sich hier um die Ehescheidung der Dundas, und zufällig hatte ich einige Punkte dabei aufzuklären. Der Mann ist ›Teetotaler‹, ein Mensch, der geistigen Getränken entsagt, eine andere Frau ist nicht im Spiel; die Anklage lautet: Der Mann habe sich angewöhnt, stets die Mahlzeit damit zu beschließen, daß er sein falsches Gebiß herausnahm und es seiner Frau an den Kopf warf, ein Gebaren, das – du wirst mir das zugeben – nicht so leicht dem ersten besten Schriftsteller einfallen wird. Nimm eine Prise, Doktor, und gib zu, daß dein Beispiel nicht stichhaltig ist.«

Er hielt mir seine Dose hin; sie war aus altem Gold und ein großer Amethyst schmückte den Deckel. Das Kleinod paßte wenig zu Holmes' sonstiger Umgebung und einfacher Lebensweise; ich konnte nicht umhin, eine Bemerkung darüber zu machen.

»Ja so«, sagte er, »ich vergaß, daß ich dich seit einigen Wochen nicht gesehen habe. Das verehrte mir der Fürst von O … als kleines Andenken für meine Bemühungen um die Papiere der Irene Adler.«

»Und dieser Ring?« fragte ich und blickte auf einen auffallend schönen Diamanten, der an seinem Finger glänzte.

»Den erhielt ich von einem Mitglied des holländischen Königshauses; doch die Sache, mit der ich betraut war, ist so subtiler Art, daß ich sie nicht einmal dir anvertrauen kann, da du so freundlich gewesen bist, einige meiner kleinen Erlebnisse niederzuschreiben.«

»Ist wieder etwas im Werk?« fragte ich begierig.

»Wohl zehn bis zwölf verschiedene Fälle, doch ist keiner besonders interessant, wenn sie auch wichtig genug sind. Geringfügige Angelegenheiten bieten meist ein weites Feld für die Beobachtung und die rasche Ergründung von Ursache und Wirkung, welche einer Untersuchung den Hauptreiz verleiht. Große Verbrechen spielen sich meist einfach ab, denn, je größer das Verbrechen, um so klarer ist der Regel nach der Beweggrund dazu. Unter meinen jetzigen Fällen ist, bis auf eine dunkle Geschichte, die mir von Marseille aus vorgelegt wurde, keiner erwähnenswert. Vielleicht aber bringen uns die nächsten Minuten das Gewünschte, denn, irre ich nicht, so kommt da drüben eine Klientin für mich.«

Holmes hatte sich von seinem Stuhl erhoben, er stand am Fenster und blickte auf die düstere, graue Straße hinab. Ich trat hinter ihn und sah auf der andern Seite der Straße eine große Frau mit einer schweren Pelzboa um den Hals und einer großen roten Schwungfeder auf der breiten Krempe ihres Hutes, der ihr kokett auf einem Ohre saß. Unter diesem breiten Dach blickte sie unruhig und unschlüssig zu unsern Fenstern herauf; sie schien zu schwanken, ob sie vor- oder rückwärts gehen sollte, und ihre Finger zupften nervös an den Handschuhknöpfen. Plötzlich eilte sie rasch über die Straße, wie der Schwimmer, der vom Ufer abstößt, und laut ertönte der schrille Klang der Hausglocke.

»Diese Symptome kenne ich«, sagte Holmes und warf seine Zigarre ins Feuer. »Unentschlossenheit an der Türschwelle – weist stets auf eine Liebesgeschichte hin. Sie möchte sich Rat holen, doch schwankt sie noch, ob nicht die Angelegenheit zu zart für einen Dritten ist. Aber selbst dabei läßt sich manches unterscheiden. Ist einer Frau von einem Manne schweres Unrecht geschehen, dann ist sie entschlossen, sie reißt an der Klingel, ja sie zerreißt sie. Hier haben wir es mit einer Herzensangelegenheit zu tun, und die Dame ist sichtlich weniger aufgebracht, als ratlos und bekümmert. Ah, da kommt sie ja schon und kann unsere Zweifel lösen.«

Als Holmes noch sprach, klopfte es an die Tür; der kleine Diener trat ein, um Fräulein Mary Sutherland anzumelden, welche hinter seiner dünnen schwarzen Gestalt auftauchte, wie ein Kauffahrteischiff mit aufgespannten Segeln hinter einem zierlichen Kutter. Sherlock Holmes begrüßte die Fremde mit der ihm eignen Gewandtheit, schloß die Tür, bot ihr einen Lehnsessel an und musterte sie auf seine gewohnte, durchdringende und scheinbar zerstreute Art.

»Finden Sie nicht, mein Fräulein«, fragte er, »daß das viele Maschinenschreiben Sie bei Ihrer Kurzsichtigkeit ein wenig angreift?«

»Allerdings war das im Anfang der Fall«, erwiderte sie, »jetzt aber weiß ich, wo die Buchstaben sind, ohne hinzusehen.« Plötzlich wurde ihr die ganze Tragweite seiner Worte klar, sie erschrak heftig, und Angst und Staunen malten sich auf ihrem breiten, gutmütigen Gesicht. »Sie haben schon von mir gehört, Herr Holmes«, rief sie aus, »wie könnten Sie das sonst wissen?«

»Lassen Sie es gut sein«, rief Holmes lachend, »das gehört zu meinem Geschäft. Ich lege es darauf an, manches zu sehen, was andern entgeht. Wäre dem nicht so, weshalb kämen Sie zu mir, um sich Rat zu holen?«

»Ich kam zu Ihnen, Herr Holmes, weil Frau Etherege mir von Ihnen erzählte; Sie fanden ihren Mann so leicht auf, während die Polizei und alle Welt ihn schon für tot hielt. Ach, Herr Holmes, könnten Sie doch auch für mich ein Gleiches tun! Ich bin nicht reich, habe jedoch ein Jahreseinkommen von hundert Pfund außer dem, was ich durch meine Arbeit verdiene. – Alles gäbe ich gern hin, um zu erfahren, was aus Herrn Hosmer Angel geworden ist.«

»Warum hatten Sie es plötzlich so furchtbar eilig, zu mir zu kommen?« fragte Sherlock Holmes, legte die Fingerspitzen aneinander und blickte nach der Decke hinauf.

Wieder zeigte sich Staunen und Befremdung auf dem sonst ziemlich nichtssagenden Gesicht der jungen Dame.

»Ja, ich stürzte von zu Hause fort«, sagte sie, »denn ich ärgerte mich über die Gleichgültigkeit, mit welcher Herr Windibank – mein Vater – die ganze Sache aufnahm. Er wollte nicht auf die Polizei, wollte nicht zu Ihnen, und da er gar nichts tat und dabei blieb, die Sache habe wenig auf sich, wurde ich schließlich böse, nahm Hut und Mantel und kam geradeswegs zu Ihnen.«

»Ihr Vater?« fragte Holmes, »gewiß Ihr Stiefvater – da Sie nicht seinen Namen tragen.«

»Ja, mein Stiefvater. Ich nenne ihn Vater, und doch klingt das komisch, denn er ist nur fünf Jahre und zwei Monate älter als ich.«

»Lebt Ihre Mutter?«

»Die Mutter lebt und ist wohlauf. Sehr entzückt war ich nicht, Herr Holmes, als sie so bald nach Vaters Tode wieder heiratete, und zwar einen Mann, der fast fünfzehn Jahre jünger ist als sie selbst. Mein Vater war Flaschner in Tottenham Court Road und hinterließ ein hübsches Geschäft, das die Mutter mit Herrn Hardy, dem ersten Gehilfen, fortführte. Als aber Herr Windibank kam, mußte sie das Geschäft verkaufen, denn als Weinreisender stand er auf einer höheren Gesellschaftsstufe. Sie bekamen viertausend siebenhundert Pfund Sterling für die Firma; mein Vater hätte bei Lebzeiten weit mehr bekommen.«

Statt daß Sherlock Holmes, wie ich erwartete, bei dieser breiten, abschweifenden Erzählung ungeduldig wurde, hörte er mit der größten Aufmerksamkeit zu.

»Stammt Ihr kleines Einkommen aus dem Geschäft?« fragte er.

»O nein, ich erbte es von meinem Onkel Red in Auckland. Es sind Neuseeländer Aktien, die 4½ % tragen. Die Hinterlassenschaft betrug zweitausend fünfhundert Pfund, aber ich habe nur die Zinsen davon.«

»Bitte erzählen Sie weiter«, meinte Holmes. »Da Sie die hübsche Summe von hundert £ einnehmen und noch etwas dazu verdienen, reisen Sie gewiß manchmal zum Vergnügen und genießen Ihr Leben. Mir scheint, eine Dame kann mit einem Einkommen von sechzig £ ganz gut leben.«

»Ich käme mit weit weniger aus, Herr Holmes, doch begreifen Sie wohl, daß ich, solange ich zu Hause bin, den Eltern nicht zur Last fallen möchte, und so haben sie die Verfügung über mein Geld, bis ich einmal von ihnen fortkomme. Selbstverständlich nur bis dahin. Herr Windibank zieht meine Zinsen vierteljährlich ein und gibt der Mutter das Geld, denn ich komme mit dem, was ich an der Schreibmaschine verdiene, ganz bequem aus. Ich erhalte zwei Pence für die Seite und bringe meist fünfzehn bis zwanzig Seiten am Tage fertig.«

»Sie haben mir Ihre Lage sehr klar dargelegt«, sagte Holmes. »Dieser Herr ist mein Freund, Dr. Watson, vor dem Sie offen reden können, wie vor mir selbst. Bitte, erzählen Sie uns von Ihrer Bekanntschaft mit Herrn Hosmer Angel.«

Fräulein Sutherland errötete und zupfte erregt an den Fransen ihrer Jacke. »Ich sah ihn zuerst auf dem Ball der Gastechniker«, sagte sie. »Bei Lebzeiten des Vaters schickten sie uns Karten dazu, und auch nach seinem Tode luden sie uns ein. Herr Windibank wollte uns nicht auf den Ball gehen lassen; er läßt uns nie gern in Gesellschaft gehen. Ganz wütend kann er sich ärgern, wenn ich auch nur einen Ausflug der Sonntagsschule mitmachen möchte. Diesmal aber setzte ich mir in den Kopf, auf den Ball zu gehen; was hatte er denn für ein Recht, mir das zu verbieten? Er erklärte, die Gesellschaft passe nicht für uns, obgleich wir nur Freunde meines Vaters dort trafen. Weiter behauptete er, ich habe nichts anzuziehen, und doch ist mein lila Plüschkleid noch kaum aus dem Schrank gekommen. Aus der Sache wäre nichts geworden, wenn mein Stiefvater nicht plötzlich eine Geschäftsreise nach Frankreich hätte machen müssen. Nun gingen wir, Mutter und ich, mit Herrn Hardy, unserm früheren Obergesellen, auf den Ball, und dort war es, wo ich Herrn Hosmer Angel traf.«

»Vermutlich zeigte sich Herr Windibank bei seiner Rückkehr aus Frankreich sehr ungehalten?«

»Durchaus nicht, er war gar nicht böse. Er lachte, zuckte die Achseln und meinte, es sei ganz unnütz, Frauen etwas abzuschlagen, denn – sie täten doch, was sie wollten.«

»So, so. Sie trafen also auf dem Ball der Gastechniker einen Herrn, namens Hosmer Angel, wenn ich recht verstehe.«

»So ist's. Ich lernte ihn an jenem Abend kennen, und er besuchte uns am folgenden Tag, um sich nach unserm Befinden zu erkundigen, und hernach trafen wir ihn – das heißt, Herr Holmes, ich traf ihn zweimal – um mit ihm spazieren zu gehen; dann aber kam der Vater zurück, und Herr Angel konnte nicht mehr zu uns ins Haus kommen.«

»Nicht?«

»Ja, wissen Sie, Vater liebt dergleichen nicht. Ginge es nach ihm, so würde er nie Gäste empfangen; er behauptet, eine Frau müsse mit ihrer engsten Familie zufrieden sein. Auch ich gebe das zu und sagte schon oft meiner Mutter, daß mir eben diese engste Familie noch fehle.«

»Was wurde nun mit Herrn Hosmer Angel? Versuchte er es nicht, Sie wiederzusehen?«

»Der Vater sollte acht Tage später abermals nach Frankreich reisen, und so schrieb Hosmer, es sei wohl am besten, wenn wir bis dahin einander fern blieben. Das Schreiben stand uns ja inzwischen frei, und er schrieb täglich. Ich nahm die Briefe am Morgen in Empfang, so daß der Vater nichts davon erfuhr.«

»Waren Sie zu der Zeit mit dem Herrn verlobt?«

»Jawohl, Herr Holmes, wir verlobten uns auf unserm ersten Spaziergang. Hosmer – Herr Angel war Kassier eines Geschäftes in Leadenhallstreet – und …«

»Ich welchem Geschäft?«

»Leider weiß ich das nicht.«

»Wo wohnte er denn?«

»Er schlief im Geschäftshaus.«

»Und Sie haben seine Adresse nicht?«

»Nein – ich weiß nur, daß er in Leadenhallstreet wohnte.«

»Wohin adressierten Sie Ihre Briefe?«

»Postlagernd Leadenhallstreet-Post. Ins Geschäft sollte ich nicht adressieren, weil er behauptete, die andern Angestellten würden ihn hänseln, daß er Briefe von einer Dame erhalte. Ich wollte ihm mit der Maschine schreiben, wie er es selbst tat, doch mochte er nichts davon wissen und erklärte, geschriebene Briefe seien ihm lieber, sie kämen ihm viel natürlicher vor, während er bei den andern das Gefühl habe, als träte eine Maschine zwischen uns. Sie sehen daraus, wie sehr er mich liebte, und wie feinfühlig er selbst in Kleinigkeiten war.«

»Ja, es läßt tief blicken«, meinte Holmes. »Ich lege von jeher besonderen Wert auf solche kleinen Umstände. Erinnern Sie sich vielleicht anderer geringfügiger Merkmale bei Herrn Hosmer Angel?«

»Er war sehr schüchtern und ging lieber abends als am Tage mit mir aus, weil er es nicht leiden konnte beobachtet zu werden. Er benahm sich sehr wohlerzogen und zurückhaltend; seine Stimme war schwach, und er erzählte mir, er habe als Kind an geschwollenen Mandeln gelitten, wovon ihm eine Schwäche in den Stimmbändern zurückgeblieben sei. Auf seine Kleidung hielt er viel und sah stets nett und sauber aus; er hatte, wie ich, schwache Augen und trug dunkle Gläser zum Schutz.«

»Und was geschah, als Ihr Stiefvater, Herr Windibank, abermals nach Frankreich reiste?«

»Da kam Hosmer wieder ins Haus und schlug mir vor, noch vor Vaters Rückkehr zu heiraten. Er nahm die Sache sehr ernst, legte meine Hände auf das Testament und ließ mich schwören, ihm treu zu sein, komme, was da wolle. Meine Mutter meinte, er könne diesen Schwur mit Recht verlangen, es sei nur ein Beweis seiner heißen Liebe. Der Mutter hat er es gleich bei der ersten Begegnung angetan, sie mochte ihn fast noch lieber als ich. Als die beiden von der nahe bevorstehenden Hochzeit zu sprechen anfingen, meinte ich, wir sollten damit auf den Vater warten. Doch sie erklärten, wir brauchten uns nicht um ihn zu kümmern, er werde alles noch früh genug erfahren, und die Mutter versprach, die Angelegenheit mit ihm ins reine zu bringen. Mir gefiel das nicht sonderlich, Herr Holmes. Es kam mir freilich komisch vor, um die Einwilligung meines Stiefvaters bitten zu müssen, da er ja nur wenige Jahre älter ist als ich; aber da ich keine Heimlichkeiten leiden mag, so schrieb ich an ihn nach Bordeaux und adressierte den Brief an die französische Firma – doch erhielt ich dieses Schreiben am Hochzeitsmorgen zurück.«

»Demnach kam es nicht in seine Hände?«

»Nein, denn er war schon wieder nach England abgereist.«

»Das traf sich allerdings höchst ungeschickt! Wurden Sie in der Kirche getraut?«

»Ja, in aller Stille. Die Trauung sollte in der St. Saviours-Kirche stattfinden und das Frühstück danach im St. Pancras-Hotel. Hosmer holte uns im Wagen ab und ließ Mutter und mich einsteigen; er selbst setzte sich in eine Droschke, die einzige, die gerade zur Hand war. Wir langten zuerst an der Kirche an und warteten auf Hosmers Droschke, die bald vorfuhr. Doch – niemand stieg aus, und als der Kutscher vom Bock herabkam und den Schlag öffnete, saß niemand im Wagen! Der Kutscher begriff nicht, was aus dem Fahrgast geworden war, da er ihn selbst hatte einsteigen sehen. Das alles geschah vorigen Freitag, Herr Holmes, und seitdem habe ich keine Ahnung, was aus meinem Bräutigam geworden ist.«

»Mir scheint, mein Fräulein, Ihnen wurde übel mitgespielt.«

»Ach nein! Hosmer meinte es viel zu gut mit mir, um mich so verlassen zu können. Noch am Hochzeitsmorgen bat er mich, ihm immer treu zu bleiben, und sollte uns auch ein ganz unerwartetes Schicksal trennen, so dürfe ich nicht vergessen, daß ich ihm ein Wort gegeben habe; früher oder später würde er seine Rechte geltend machen. Das klang recht sonderbar am Hochzeitstage, aber durch das Vorgefallene erhalten Hosmers Worte eine ganz besondere Bedeutung.«

»Allerdings. Ihrer Meinung nach muß ihn irgend ein Unfall betroffen haben?«

»Ja, Herr Holmes. Er muß wohl irgend eine Gefahr geahnt haben, sonst hätte er nicht so gesprochen. Seine Ahnung ist wirklich eingetroffen.«

»Sie haben wohl keine Vorstellung, was er befürchtete?«

»Gar keine.«

»Noch eine Frage. Wie nahm Ihre Mutter die Sache auf?«

»Sie war ärgerlich und meinte, ich solle von der ganzen Geschichte schweigen.«

»Sprachen Sie mit Ihrem Vater davon?«

»Ja, und er schien meiner Ansicht zu sein, daß Hosmer etwas
zugestoßen sein müsse und ich wieder von ihm hören würde.
Was könnte ein Mann für ein Interesse daran haben, meinte er,
mich bis an die Kirchtür zur Trauung zu locken, um mich dann
zu verlassen? Hätte er mir Geld abgeborgt, oder beim Ehekon-
trakt mein Vermögen auf sich übertragen lassen, dann wäre vielleicht darin ein Grund zu suchen gewesen; Hosmer aber zeigte
sich gar nicht interessiert, nicht einen Heller wollte er von mir
haben. Was mag nur geschehen sein? Warum schrieb er nicht ein
einziges Wort? Ich werde noch verrückt! Nachts schließe ich
kein Auge!« Sie zog ein kleines Taschentuch aus dem Muff und
schluchzte heftig hinein.

»Ich werde die Sache näher ins Auge fassen«, sagte Holmes,
sich erhebend, »und bezweifle nicht, daß wir sie ergründen. Verlassen Sie sich auf mich, mein Fräulein, und grübeln Sie nicht
weiter. Versuchen Sie vor allem, Herrn Hosmer Angel zu vergessen, wie er scheinbar auch Sie vergessen hat.«

»Demnach glauben Sie nicht, daß ich ihn wiedersehen werden?«

»Ich bezweifle es.«

»Was mag ihm denn zugestoßen sein?«

»Erlassen Sie mir die Antwort. Am liebsten hätte ich eine genaue Personalbeschreibung von ihm und alle Briefe, die Sie mir
anvertrauen können.«

»Ich habe bereits am vorigen Sonnabend eine Anzeige im
›Chronicle‹ eingerückt«, erwiderte sie. »Hier ist das Blatt, und
hier sind vier Briefe von ihm.«

»Danke. Und nun, bitte, Ihre Adresse.«

»Lyon Place 31. Camberwell.«

»Wenn es mir recht in Erinnerung ist, sagten Sie, daß Sie Herrn Angels Adresse nie besessen haben. Wo ist das Geschäft Ihres Vaters?«

»Er reist für ›Westhouse & Marbank‹, das große Wein-Importgeschäft in Fenchurch Street.«

»Ich danke Ihnen. Sie haben mir die Sache sehr klar auseinandergesetzt. Lassen Sie die Papiere hier und beherzigen Sie meinen Rat. Betrachten Sie die ganze Begebenheit wie ein versiegeltes Buch, und lassen Sie sich nicht länger davon anfechten.«

»Sie meinen es gut mit mir, Herr Holmes, das aber kann ich nicht versprechen. Hosmer bleibe ich treu, und er soll mich bereit finden, wenn er zurückkehrt.«

Trotz des lächerlichen Hutes und ihres Puppengesichtes verlieh dieser kindliche Glaube dem Wesen unserer Besucherin einen gewissen Adel, welcher Achtung heischte.

Sie legte ihr Päckchen Papiere auf den Tisch und entfernte sich mit dem Versprechen, wiederzukommen, sobald sie gewünscht würde.

Still in sich gekehrt saß Sherlock Holmes eine Weile da, streckte die Beine aus, legte die Fingerspitzen aneinander und blickte hinauf an die Decke. Dann nahm er die alte Tonpfeife, seine treue Ratgeberin, wie er sie nannte, vom Gesimse, stopfte sie und lag bald, von dichten Rauchwolken umgeben, mit dem Ausdruck unendlicher Müdigkeit und Schlaffheit in seinem Stuhl.

»Interessante Studie – das Mädchen«, bemerkte er. »Sie selbst ist interessanter als ihr Erlebnis, das, nebenbei gesagt, ein ziemlich abgedroschenes ist. Du findest ähnliche Fälle in meinen Verzeichnissen vom Jahr 1877 in Andover, und etwas Gleichartiges trug sich im vorigen Jahr im Haag zu. Ist auch der Grundgedanke nicht neu, so waren es doch ein paar Nebenumstände. Aber das Mädchen selbst ist eine Studie.«

»Du mußt wieder vieles an ihr wahrgenommen haben, das für mich unsichtbar blieb«, bemerkte ich.

»Sage lieber, daß du nicht beachtet hast! Du hast eben nicht hingesehen, wo du solltest. Bringt man dich denn nie dahin, die

Wichtigkeit der Ärmel zu würdigen, oder die vielsagende Beschaffenheit der Fingernägel, oder wichtige Schlüsse aus einem Stiefelknopf zu ziehen? Sag' mir einmal, was hast du an der äußeren Erscheinung dieses Mädchens wahrgenommen?«

»Nun, sie trug einen schiefergrauen großen Hut mit einer ziegelroten Feder. Ihre schwarze Jacke war mit Perlen benäht und hatte einen schmalen Pelzbesatz. Das Kleid war von dunkler Kaffeefarbe, und purpurroter Sammet verzierte Hals und Ärmel. Ihre grauen Handschuhe waren am rechten Zeigefinger zerrissen. Die Stiefel habe ich nicht angesehen. Sie trug kleine, runde und herabhängende Ohrringe und machte im allgemeinen den Eindruck einer anständigen und wohlhabenden Person des gewöhnlichen Mittelstandes.«

Sherlock Holmes klatschte leise in die Hände und schüttelte sich vor Lachen.

»Auf Ehre, Watson, du machst brillante Fortschritte! Gut – sehr gut. Das Wichtigste hast du freilich übersehen, hast aber Methode bewiesen und einen scharfen Blick für Farben gezeigt. Traue nur nie allgemeinen Eindrücken, mein Junge, auf die Einzelheiten muß man achten. Mein erster Blick gilt stets dem Ärmel einer Frau. Bei dem Manne kommt es vielleicht noch mehr auf die Knie der Hose an. Wie du bemerktest, hatte das Mädchen Sammet an den Ärmeln, in Bezug auf Eindrücke und Spuren ein höchst nützliches Material. Die doppelte Linie über dem Handgelenk, wo die Maschinenschreiberin gegen den Tisch drückt, trat prächtig hervor. Die Handnähmaschine hinterläßt ähnliche Streifen, aber nur am linken Arm und auf der Seite, während sich diese gerade über den breitesten Teil hinzogen. Dann blickte ich in ihr Gesicht, und da ich den Druck eines Klemmers zu beiden Seiten ihrer Nase wahrnahm, wagte ich eine Bemerkung über Kurzsichtigkeit in Verbindung mit Maschinenschreiben, welche sie sichtlich überraschte.«

»Mich nicht minder.«

»Die Sache lag doch klar auf der Hand. Sodann fiel mir auf, daß sie zwei verschiedene Stiefel trug; der eine hatte eine verzierte Kappe, der andere nicht. An dem einen hatte sie von fünf Knöpfen nur die zwei untersten zugeknöpft, beim andern nur den ersten, dritten und fünften. Verläßt eine sonst sorgsam gekleidete junge Dame das Haus mit zweierlei nur halbzugeknöpften Stiefeln, so gehört nicht viel dazu, um den Schluß zu ziehen, daß sie eilig fortgegangen ist.«

»Und was noch?« fragte ich so gespannt wie immer, wenn mein Freund seine scharfen Beobachtungen aussprach.

»Ferner bemerkte ich, daß sie, bereits fertig angezogen, noch geschrieben hatte, ehe sie das Haus verließ. Du hast zwar bemerkt, daß ihr rechter Handschuh am Mittelfinger zerrissen war, hast aber offenbar einen lila Tintenfleck an Handschuh und Finger übersehen. Sie hatte in der Eile geschrieben und die Feder zu tief eingetaucht – und zwar heute morgen, sonst wäre der Fleck am Finger nicht so deutlich gewesen. Ja, ja, das alles ist spaßig, wenn auch einfach genug. Jetzt aber muß ich an die Arbeit, Watson. Tu mir den Gefallen und lies mir die Personenbeschreibung des gesuchten Hosmer Angel vor.«

»Ich hielt den Zeitungsausschnitt an das Licht: »Vermißt seit dem 14. morgens ein Herr, namens Hosmer Angel. Derselbe ist groß, kräftig gebaut, blaß, hat schwarzes Haar, eine kahle Stelle auf dem Kopf, starken, dunkeln Backen- und Schnurrbart; er trägt eine dunkle Brille und hat einen kleinen Sprechfehler. Seine Kleidung bestand, als er zuletzt gesehen wurde, aus einem schwarzen, mit Seide eingefaßten Rock, schwarzer Weste mit goldener Kette, grauem Beinkleid und braunen Gamaschen über den Stiefeln mit Gummizügen. Der Vermißte arbeitete in einem Geschäft in Leadenhall Street; wer über ihn irgend welche Angaben u. s. w.«

»Das genügt«, sagte Holmes, und nachdem er die Briefe überflogen, meinte er: »Höchst alltäglich; Herr Angel zitiert Balzac, das ist das einzige Bemerkenswerte. Und doch wird auch dir ein Umstand auffallen.«

»Daß die Briefe mit der Maschine geschrieben sind«, erwiderte ich.

»Nicht allein das, sondern auch die Unterschrift ist Typen-schrift. Sieh, wie sauber hier unten das ›Hosmer Angel‹ steht. Hier ist ein Datum, aber keine genaue Ortsangabe, denn Leaden-hall-Street allein kann nicht genügen. Diese Unterschrift läßt auf vieles schließen – ja, sie ist maßgebend.«

»Wofür?«

»Siehst du wirklich nicht ein, wie schwer das ins Gewicht fällt, alter Junge?«

»Ehrlich gesagt, nein, es sei denn, der Schreiber hoffte auf diese Weise seiner Unterschrift abschwören zu können, falls er wegen Bruchs des Eheversprechens zur Rechenschaft gezogen würde.«

»Nein, das hatte er schwerlich im Auge. Indessen will ich zur Aufklärung des Sachverhalts zwei Briefe schreiben, den einen an eine Firma in der City, den andern an Herrn Windibank, den Stiefvater der jungen Dame; letzteren will ich bitten, morgen abend um sechs Uhr bei mir vorzusprechen. Es ist geratener, die Sache mit dem männlichen Teil der Familie zu verhandeln. Bis die Antworten auf diese Briefe da sind, ist weiter nichts zu tun, Doktor, und so wollen wir die Sache bis dahin auf sich beruhen lassen.«

Ich kannte meinen Freund durch und durch; bei dem Scharf-sinn und der Energie, womit er alles betrieb, wußte ich, daß er bereits in der Lage war, das merkwürdige Geheimnis, das ihm anvertraut worden, klar und sicher zu durchschauen. Nur ein einzigesmal erinnere ich mich – es war mit der Photographie der Irene Adler –, daß er fehlging, sonst hatte er jederzeit Licht und Klarheit in die denkbar verwickeltsten Fälle gebracht.

So verließ ich denn Sherlock Holmes, der noch immer aus sei-ner Tonpfeife paffte, mit der Überzeugung, er werde bereits am nächsten Abend Fräulein Mary Sutherlands verschollenen Bräu-tigam aufgefunden und identifiziert haben.

Ein schwerkranker Patient nahm mich zur Zeit völlig in An-spruch, und ich konnte am nächsten Abend erst gegen sechs Uhr nach der Baker Street fahren; schon fürchtete ich zu spät zu kommen, um der Aufklärung des Rätsels noch beizuwohnen. Ich fand aber Sherlock Holmes allein; er lag halb schlafend im Lehnstuhl. Ein ganzes Regiment von Flaschen, Röhren und Tiegeln und der scharfe Geruch von allerhand Säuren wiesen darauf hin, daß er sich eifrig mit chemischen Untersuchungen abgegeben hatte, was eine Liebhaberei von ihm war.

»Hast du die Lösung gefunden?« fragte ich eintretend.

»Ja. Es war schwefelsaurer Baryt.«

»Nein, nein – ich meine das Rätsel!«

»Ach so! das! Ich dachte nur an das analysierte Salz. Rätselhaft ist in *der* Sache gar nichts, wenn ich auch gestern einige Einzelheiten interessant nannte. Es ist nur bedauerlich, daß wohl kein Gericht dem Spitzbuben etwas anhaben kann.«

»Wer ist es denn und was bezweckte er, indem er Fräulein Sutherland sitzen ließ?«

Ich hatte kaum ausgesprochen und Holmes noch nicht geantwortet, als sich auf dem Flur ein schwerer Tritt vernehmen ließ und an die Tür geklopft wurde.

»Das ist Windibank, der Stiefvater«, sagte Holmes. »Er schrieb mir, er würde sich um sechs Uhr bei mir einfinden. Herein!«

Der Eintretende, ein handfester, mittelgroßer Mann von etwa dreißig Jahren, war glatt rasiert, hatte eine gelbliche Gesichtsfarbe und ein paar auffallend lebendige, durchbohrende graue Augen; sein Wesen war verbindlich, fast untertänig. Er warf einen fragenden Blick auf uns, stellte seinen glänzenden Seidenhut auf den Nebentisch und nahm mit einer leichten Verbeugung auf dem nächsten Stuhle Platz.

»Guten Abend, Herr Windibank«, empfing ihn Holmes. »Ich setze voraus, daß dieser mit der Maschine geschriebene Brief, wodurch Sie sich auf sechs Uhr anmelden, von Ihnen stammt.«

»Ganz recht. Fast fürchte ich, mich etwas verspätet zu haben, doch bin ich nicht ganz Herr meiner Zeit. Ich bedaure, daß Fräulein Sutherland Sie mit dieser Kleinigkeit belästigt hat – schmutzige Wäsche wäscht man am besten zu Hause. Sie kam gegen meinen Wunsch und Willen; Sie haben wohl bemerkt, daß das junge Mädchen etwas aufgeregter, leidenschaftlicher Natur ist und durchsetzt, was sie einmal will. Da Sie keine amtliche Gerichtsperson sind, so hat es weniger auf sich, daß Sie eingeweiht wurden, – aber jedenfalls ist es höchst unangenehm, wenn ein derartiges unglückliches Familienereignis weiter verbreitet wird; nebenbei macht es nur unnötige Kosten, denn wie sollten Sie diesen Hosmer Angel auftreiben können?«

»Im Gegenteil«, versetzte Holmes gelassen, »ich habe die beste Aussicht, den Herrn entdecken zu können.«

Windibank erschrak sichtlich und ließ seine Handschuhe fallen. »Wirklich! das freut mich sehr«, sagte er.

»Es ist doch merkwürdig«, warf Holmes ein, »daß die Maschinenschrift so gut ihre Eigenart hat, wie die Handschrift eines Menschen. Sobald die Maschinen nicht mehr ganz neu sind, schreiben nicht zwei vollkommen gleich. Manche Buchstaben wetzen sich schneller ab als andere, einzelne auch nur auf einer Seite. Sehen Sie selbst, Herr Windibank, hier in Ihrem Briefchen ist das ›e‹ nie ganz rein, und auch am ›r‹ fehlt etwas. Noch vierzehn andere Merkmale sind vorhanden, doch treten diese beiden am deutlichsten hervor.«

»Wir bedienen uns dieser Maschine für unsere ganze Korrespondenz im Geschäft, und so ist sie selbstverständlich etwas abgenutzt«, erwiderte Windibank und richtete seine lebhaften, kleinen Augen forschend auf Holmes.

»Und nun will ich Ihnen eine recht interessante Wahrnehmung mitteilen«, fuhr mein Freund fort. »Ich gedenke dieser Tage eine kleine Arbeit über die Maschinenschrift in ihren Beziehungen zum Verbrechen herauszugeben, nachdem ich mich mit diesem Gegenstand in letzter Zeit etwas beschäftigt habe. Hier sind vier Briefe, die von dem Vermißten stammen sollen. Alle vier sind mit der Schreibmaschine geschrieben. In jedem dieser Briefe ist nicht allein das ›e‹ defekt und das ›r‹ ohne Abschluß, sondern Sie werden, wenn Sie meine Lupe gefälligst zu Hilfe nehmen wollen, auch sehen, daß sich darin die andern vierzehn Merkmale wiederfinden, von denen ich sprach.«

Hastig sprang Windibank auf und griff nach seinem Hut. »An derartige Beobachtungen und Unterhaltungen kann ich meine Zeit unmöglich verschwenden, Herr Holmes. Können Sie den Mann fangen, so tun Sie es und benachrichtigen Sie mich davon, wenn es geschehen ist.«

»Gewiß«, versetzte Holmes, ging zur Tür und schloß sie ab. »So teile ich Ihnen denn mit, daß ich ihn habe.«

»Was! wo?« stieß Windibank hervor, wurde kreideweiß und drehte sich nach allen Seiten, wie eine Ratte in der Falle.

»Lassen Sie es nur gut sein, es hilft alles nichts«, meinte Holmes freundlich und gelassen. »Sie kommen nicht durch, Herr Windibank. Die Sache liegt gar zu klar, und Sie machen mir ein schlechtes Kompliment mit der Behauptung, daß ich unmöglich ein so einfaches Rätsel lösen könne. Setzen Sie sich nur gefälligst und lassen Sie uns das Weitere besprechen.«

Wie gebrochen sank unser Besucher in seinen Sessel zurück, der Angstschweiß perlte ihm auf der Stirn. »Man kann mir nichts anhaben!« stieß er mühsam hervor.

»Leider nicht. Aber, Herr Windibank, unter uns gesagt, ein solch herzloser, grausamer, selbstsüchtiger Streich hat mir kaum jemals vorgelegen. Lassen Sie mich kurz den Tatbestand erörtern, und belehren Sie mich, wenn ich fehlgehe.«

Völlig geknickt saß der Mann da und senkte den Kopf tief herab auf die Brust. Holmes streckte die Beine weit von sich, lehnte sich zurück, versenkte seine Hände in die Rocktaschen und fing an, mehr mit sich selbst als mit uns zu sprechen.

»Der Mann heiratet eine Frau, die weit älter ist als er, um des Geldes willen«, sagte er, »und vom Gelde der Tochter hat er die Nutznießung, solange sie im elterlichen Hause bleibt. Für Leute in Ihrer Lage war die Summe bedeutend, und ihr Ausfall hätte sich sehr fühlbar gemacht. Die Tochter, ein gutes, freundliches Wesen, bedurfte mit ihrem warmen Herzen der Liebe, und so stand zu erwarten, daß sie bei ihren persönlichen Reizen und ihrem kleinen Einkommen nicht lange unbegehrt bleiben würde. Da nun ihre Heirat für den Stiefvater den Verlust einer jährlichen Einnahme von hundert £ bedeutete, entschloß sich dieser, eine solche zu verhindern. Wodurch? Vorerst will er sie ans Haus fesseln und verbietet ihr, die Gesellschaft von jungen Leuten aufzusuchen. Bald aber sieht er ein, daß sich das unmöglich durchführen läßt. Das Mädchen widersetzt sich, beharrt auf ihren Rechten und erklärt kurz und bündig, einen bestimmten Ball besuchen zu wollen. Was tut da der geschickte Stiefvater? Es fällt ihm ein Auskunftsmittel ein, das seinem Kopf mehr zur Ehre gereicht als seinem Herzen: Im Einverständnis mit seiner Frau und mit deren Hilfe verkleidet er sich, verbirgt seine zu lebhaften Augen hinter dunklen Gläsern, legt einen falschen Schnurr- und Backenbart an, dämpft seine klare Stimme und flüstert nur leise; er baut getrost auf die Kurzsichtigkeit des Mädchens, erscheint als Herr Hosmer Angel und verscheucht die Kurmacher, indem er selbst die Kur schneidet.«

»Erst war es nur ein Spaß«, seufzte unser Besucher. »Wir ahnten nicht, daß sie gleich Feuer fangen würde.«

»Das mag wohl sein. Nichtsdestoweniger fiel das junge Mädchen gründlich darauf herein, und da sie fest glaubte, ihr Stiefvater sei in Frankreich, dachte sie nicht daran, Argwohn zu schöpfen. Die Artigkeiten des jungen Mannes schmeichelten ihr, und die Lobeserhebungen der Mutter machten sie noch eindrucksvoller. Dann machte Herr Angel seinen Besuch, denn die Kurmacherei mußte bis zu einem gewissen Punkt getrieben werden, sollte sie einen wirklichen Erfolg haben. Es folgten Zusammenkünfte und eine Verlobung, die schließlich die Neigung der jungen Dame von jeder anderen Persönlichkeit ablenken sollte. Auf die Dauer ließ sich die Täuschung nicht aufrechterhalten. Die vorgespiegelten Reisen nach Frankreich wurden unbequem. Der einzige Ausweg war, eine tragische Lösung herbeizuführen, die auf das junge Mädchen einen so tiefen, bleibenden Eindruck machen mußte, daß ihr auf längere Zeit hinaus alle Heiratsgedanken vergingen. Darum jener Schwur der Treue auf die Bibel, darum die Andeutungen auf ein mögliches Hindernis noch am Hochzeitsmorgen. James Windibank wünschte Fräulein Sutherland so fest an Hosmer Angel zu binden und sie über dessen Los so in Unsicherheit zu lassen, dass sie unbedingt in den nächsten zehn Jahren keinen andern Mann erhören sollte. Bis an die Kirchentür hat er sie gebracht, und da er nicht weiter gehen durfte, verduftete er im richtigen Augenblick; er bediente sich des alten Kniffes, zu einer Wagentür hinein-, zur anderen herauszuspringen. In dieser Weise, glaube ich, sind die Ereignisse etwa aufeinander gefolgt.«

Windibank hatte, während Holmes sprach, etwas von seiner Sicherheit wieder erlangt; jetzt stand er auf, es lag kalter Hohn auf seinen blassen Zügen.

»Das alles mag sein, mag aber auch nicht sein, Herr Holmes«, sagte er, »wenn Sie aber gar so klug sind, so sollten Sie auch wissen, daß Sie jetzt wider das Gesetz handeln – ich aber nicht. Ich habe vom ersten Anfang an nichts Gesetzwidriges getan, solange Sie aber diese Tür verschlossen halten, machen Sie sich eines Überfalls und der Freiheitsberaubung gegen mich schuldig.«

»Das Gesetz kann Sie nicht fassen, Sie haben recht«, erwiderte Holmes, schloß die Tür auf und öffnete sie weit »und doch hat nie ein Mann die Strafe mehr verdient als Sie. Besitzt die junge Dame einen Bruder oder einen Freund, so sollte der die Reitgerte auf Ihren Schultern tanzen lassen. Wahrhaftig!« fügte er rot vor Zorn hinzu, als er das höhnische Lachen des andern wahrnahm, »zu meinen Pflichten gegen meine Klienten gehört das nicht – hier aber hängt eine Hetzpeitsche, und ich muß mir selbst …« Er wollte die Peitsche holen, doch ehe er sie gefaßt hatte, stürmten Männerschritte die Treppe hinab, laut schlug die Haustür zu, und vom Fenster aus sahen wir Herrn James Windibank, so schnell ihn die Füße nur tragen konnten, die Straße entlang eilen.

»Ein kaltblütiger Schuft!« meinte Holmes, als er sich lachend wieder in seinen Lehnstuhl warf. »Verbrechen auf Verbrechen wird der Kerl verüben, bis er etwas tut, das ihn ins Zuchthaus bringt. In mancher Hinsicht war der Fall nicht ohne Interesse.«

»Ich begreife die ganze Entwicklung deiner Folgerungen immer noch nicht«, bemerkte ich.

»Vom ersten Augenblick an stand außer Frage, daß dieser Herr Hosmer Angel einen wichtigen Grund für sein sonderbares Benehmen haben mußte, und es lag ebenso klar auf der Hand, daß der einzige Mensch, der einen Vorteil aus der Sache zog, der Stiefvater war. Dann gab der Umstand, daß die beiden Männer nie zusammentrafen, sondern stets einer in Abwesenheit des andern erschien, Anlaß zu Vermutungen. Mit den dunklen Augengläsern, der sonderbaren Stimme und dem starken Bart ging es ebenso. Mein Verdacht wurde dadurch vollends bestätigt, daß er sich mit der Schreibmaschine unterzeichnete, denn das ließ vermuten, daß ihr seine Schrift ganz genau bekannt war. Nun siehst du wohl, wie alle diese Einzelheiten mit noch anderen, geringfügigeren auf ein und dasselbe Ziel deuten.«

»Und wie gelang es dir, die Belege dafür zu finden?«

»Einmal dem Manne auf der Spur, hatte ich gewonnenes Spiel. Ich wußte, wo er arbeitet. Nachdem ich die gedruckte Personalbeschreibung gelesen, strich ich alles, was von einer Verkleidung herrühren konnte – den Schnurrbart, die Brille, die Stimme – schickte in das Geschäft und bat, mich wissen zu lassen, ob die Angaben auf einen der Geschäftsreisenden passen. Da ich einige besondere Merkmale der Schreibmaschine, mit welcher die Briefe an Fräulein Sutherland geschrieben waren, wahrgenommen hatte, bat ich den Stiefvater brieflich, zu mir zu kommen, und adressierte den Brief in das Geschäft. Wie ich erwartet hatte, antwortete er mit der Maschine, und die Schrift zeigte genau dieselben kleinen Fehler, wie die Hosmer Angels. Mit derselben Post zeigten mir Westhouse & Marbank aus Fenchurch-Street an, die Personalbeschreibung passe genau auf ihren Angestellten – James Windibank. Siehst du, so kam's heraus!«

»Und Fräulein Sutherland?«

»Sage ich ihr die Wahrheit, so wird sie mir nicht glauben. Gedenke des alten persischen Spruches: ›Hüte dich, dem Tiger sein Junges zu entreißen – hüte dich, dem Weibe seinen Wahn zu rauben.‹ Klugheit und Menschenkenntnis besaßen Hafis und Horaz im gleichen Maße.«

# Fünf Apfelsinenkerne

Überblicke ich meine Berichte und Notizen über die von Sherlock Holmes behandelten Fälle aus den Jahren 1882-90, so treten
mir so viele absonderliche, interessante Züge entgegen, daß es
mir so schwer wird, die besten auszusuchen. Indessen sind einige
bereits durch die Zeitungen bekannt geworden, während andere
zur Entfaltung gerade derjenigen Eigenschaften, welche meinen
Freund in so hohem Grade auszeichneten, keine rechte Gelegenheit darboten. In einigen Fällen scheiterte sogar seine Kunst, und
die Erzählung derselben würde sich nicht lohnen, während andere nur teilweise aufgeklärt worden sind, so daß ihre Lösung
mehr auf Vermutung und Wahrscheinlichkeit beruht als auf jenem absolut logischen Beweis, an dem Sherlock Holmes seine
ganz besondere Freude hatte. Einer dieser letzteren Kriminalfälle war jedoch in seinen Einzelheiten so merkwürdig, so
schrecklich in seinen Folgen, daß ich davon berichten möchte,
obwohl mancher Punkt darin nicht aufgeklärt wurde und sich
wohl nie völlig aufklären wird.

Das Jahr 1887 war besonders reich an interessanten Fällen,
über welche ich mir Aufzeichnungen gemacht habe. Ich finde
darunter Berichte über die schwindelhafte Bettler-Gesellschaft,
die einen luxuriösen Klub in den Kellerräumen eines Lagerhau-
ses hatte, über die Tatsachen, die sich auf den Untergang des britischen Seglers ›Sophie Anderson‹ beziehen, über die merkwürdigen Erlebnisse der Patersons auf der Insel Uffa und schließlich
über den Camberwellschen Giftmord. Bekanntlich hat Sherlock
Holmes in dem letztgenannten Falle durch das Aufziehen der
Uhr des Verstorbenen festzustellen vermocht, daß diese zwei
Stunden vorher aufgezogen, und jener demnach um diese Zeit zu
Bett gegangen war – ein Beweismittel, das sich zur Aufklärung
des Tatbestandes von großer Wichtigkeit erwies. Auf alle diese
Fälle komme ich vielleicht ein andermal ausführlicher zurück,

aber kein einziger ist in seinem Verlauf so eigentümlich wie der, den ich mir für diesmal zur Wiedergabe ausgewählt habe.

Es war in den letzten Septembertagen, und die Herbststürme tobten mit ungewöhnlicher Macht. Vom Morgen an heulte der Wind, der Regen schlug dermaßen an die Fenster, daß wir auf Augenblicke von unserm gewohnten Tun und Treiben abgezogen wurden und uns selbst hier, inmitten des großen von Menschenhand erbauten London, gezwungen sahen, die Gewalt jener Naturkräfte anzuerkennen, welche durch die künstlichen Schranken der Zivilisation hindurch die Menschheit antoben und anbrüllen wie ungebändigte Tiere im Käfig.

Immer heftiger wurde der Sturm, als der Abend hereinbrach, und im Kamin seufzte und stöhnte es wie ein klagendes Kind. Verdrießlich saß Sherlock Holmes am Feuer und beschrieb die Rückenschilder seiner Kriminalakten, während ich mich ihm gegenüber in einen der trefflichen Seeromane Clark Russells vertiefte. Das Toben draußen stimmte völlig mit dem Text überein, und im Prasseln des Regens wähnte ich das lang hingezogene Rollen der Meereswogen zu vernehmen. Meine Frau war bei ihrer Tante auf Besuch, und so hatte ich wieder einmal mein früheres Heim in der Baker Street bezogen.

»Was?« sagte ich, auf meinen Freund blickend, »es hat wirklich geklingelt. Wer mag das sein heute abend? Vielleicht einer deiner Freunde?«

»Außer dir, Watson, habe ich keinen; ich lade niemand ein«, gab er zurück.

»So ist's ein Klient.«

»Ist's einer, so ist die Sache wichtig. Geringes führt keinen Menschen bei solchem Wetter und zu solcher Stunde her. Aber wahrscheinlich ist's eine alte Base der Wirtin.«

Sherlock Holmes hatte sich geirrt. Draußen ließen sich Schritte vernehmen, und es klopfte an die Tür. Er streckte den langen Arm aus, um das Lampenlicht von sich hinweg nach dem leeren Stuhl zu richten, auf den sich der Ankömmling setzen mußte.

»Herein«, rief er dann.

Der Eintretende, ein junger Mann von ungefähr 22 Jahren, war wohl gebaut, gut gekleidet, ja seine Erscheinung zeigte eine gewisse Gewandtheit und Eleganz. Der triefende Schirm in seiner Hand und der lange, glänzende Gummimantel legten vom Wetter draußen, das er nicht gescheut, beredtes Zeugnis ab. Er blickte, vom Lampenlicht geblendet, unruhig umher; seine Wangen waren blaß, und es lag ein Druck auf seinen Augen, wie das bei Menschen vorkommt, auf denen schwere Besorgnis lastet.

»Ich muß um Entschuldigung bitten«, sagte er und setzte seinen goldenen Klemmer auf. »Hoffentlich störe ich nicht. Ich bedaure, die Spuren des Wetters in Ihr behagliches Zimmer gebracht zu haben.«

»Geben Sie mir Schirm und Mantel«, bat Holmes. »Hier am Kamin trocknet beides schnell. Sie kommen von Süd-West, wie ich sehe.«

»Ja, von Horsham.«

»Die Mischung von Ton und Kalk an Ihren Stiefelspitzen läßt daran nicht zweifeln.«

»Ich kam, mir Rat zu holen.«

»Den sollen Sie gern haben.«

»Auch Hilfe!«

»Die läßt sich nicht immer so leicht gewähren.«

»Ich hörte von Ihnen, Herr Holmes. Major Prendergast erzählte mir, wie Sie ihn aus dem Tankervilleklub-Skandal retteten.«

»Allerdings. Irrtümlich wurde er des falschen Kartenspiels beschuldigt.«

»Er sagt, Sie bekämen alles heraus.«

»Da sagt er zuviel.«

»Sie ließen sich nie hinters Licht führen.«

»Viermal ist mir das passiert – dreimal von Männern, einmal von einer Frau.«

»Was ist das im Vergleich zu Ihren Erfolgen?«

»Allerdings hatte ich meist Erfolg.«

»Hoffentlich werden Sie den auch in meinem Fall haben.«

»Bitte, rücken Sie Ihren Stuhl näher an das Feuer, und teilen Sie mir gefälligst mit, um was es sich handelt.«

»Es ist nichts Alltägliches, was mich herführt.«

»In gewöhnlichen Fällen wendet man sich auch nicht an mich. Ich bin die letzte Instanz.«

»Und dennoch zweifle ich, ob Sie bei all Ihrer Berufserfahrung je einer dunkleren und unerklärlicheren Verkettung von Umständen begegneten, als die sind, welche ich aus meiner Familie zu berichten habe.«

»Sie wecken mein Interesse«, versetzte Holmes; »bitte, nennen Sie uns die Hauptpunkte von Anfang an, dann kann ich Sie über die Einzelheiten befragen, die mir am wichtigsten erscheinen.«

Der junge Mann rückte seinen Stuhl näher und streckte die nassen Füße nach dem Feuer aus.

»Mein Name«, hub er an, »ist John Openshaw, doch haben meine eigenen Verhältnisse mit der entsetzlichen Geschichte, soviel ich sehe, wenig zu tun. Es handelt sich um eine Erbschaftsangelegenheit, und so muß ich etwas zurückgreifen, um Ihnen die Sachlage zu erklären: Mein Großvater hatte zwei Söhne – meinen Oheim Elias und meinen Vater Joseph. Mein Vater besaß eine kleine Fabrik in Coventry, die er zur Zeit, wo das Radfahren aufkam, vergrößerte. Er war der Inhaber des Patents für die Openshawschen Sicherheits-Räder, was ihm großen Gewinn brachte, so daß er sein Geschäft verkaufen und von seinen Renten leben konnte.

Mein Oheim Elias wanderte in jungen Jahren nach Amerika aus und wurde in Florida Pflanzer. Es soll ihm sehr gut gegangen sein. Während des Krieges kämpfte er in Jacksons Armee, dann unter Hood, wobei er zum Obersten avancierte. Als Lee die Waffen streckte, kehrte mein Oheim auf seine Plantagen zurück, wo er drei bis vier Jahre blieb. 1869 oder 70 kam er wieder nach Europa und kaufte ein kleines Anwesen in Sussex, in der Nähe von Horsham. Er hatte drüben in den Staaten ein sehr bedeutendes Vermögen erworben, verließ jedoch Amerika, weil er die Neger verabscheute und sich mit der republikanischen Politik, die ihnen die Freiheit gab, nicht befreunden konnte. Er war ein Sonderling, von heftigem und leidenschaftlichem Wesen und auffallend menschenscheu. Ich glaube kaum, daß er während der vielen Jahre, die er in Horsham lebte, je den Fuß in die Stadt setzte. Er hatte einen Garten und einige Felder am Hause; dort machte er sich die nötige Bewegung, verließ aber oft wochenlang nicht sein Zimmer. Er trank viel Branntwein, rauchte tüchtig, wollte keinen Menschen sehen, bedurfte keiner Freunde, ja, auch nicht seines eigenen Bruders. Gegen mich hatte er nichts, ja, er fand Gefallen an mir, als er mich als ungefähr zwölfjährigen Jungen zum erstenmal sah. Es mag dies wohl im Jahre 1878 gewesen sein, und er lebte damals schon seit 8-9 Jahren in England. Er bat meinen Vater, mich bei ihm wohnen zu lassen, und auf seine Weise zeigte er sich immer gut gegen mich. War er nüchtern, so spielte er gern Puff oder Dame mit mir. Dienstboten und Verkäufer wies er mit ihren Anliegen stets an mich, und so war ich mit 16 Jahren Herr im Hause.

Ich hatte alle Schlüssel, konnte tun und lassen was ich wollte, wenn ich ihn nur nicht störte. Es gab hiervon nur eine einzige Ausnahme: oben auf dem Boden war eine stets verschlossene Rumpelkammer, deren Zutritt weder mir noch sonst jemand gestattet wurde. Mit knabenhafter Neugier guckte ich oft durchs Schlüsselloch, konnte aber nie etwas anderes erspähen als alte Koffer und Bündel, wie sie meist an solchem Ort vorhanden sind.

Eines Tages – im März 1883 – lag ein Brief mit ausländischem Poststempel vor dem Teller des Obersten. Briefe erhielt er selten, denn seine Rechnungen bezahlte er bar, und Freunde irgend welcher Art hatte er nicht. ›Aus Indien!‹ sagte er, indem er den Brief nahm, ›der Stempel von Ponditscherri! Was kann das sein?‹ Er riß den Umschlag heftig auf, und fünf kleine, trockene Apfelsinenkerne fielen herab auf seinen Teller. Ich mußte darüber lachen, doch erstarb das Lachen auf meinen Lippen, als ich den

Ausdruck in den Zügen meines Oheims gewahrte. Sein Mund war verzerrt, die Augen traten hervor, seine Farbe war aschgrau geworden, und noch immer starrte er auf den Umschlag in seiner zitternden Hand. ›K. K. K.!‹ stieß er hervor, ›mein Gott, meine Sünden kommen herab auf mein Haupt!‹

›Was bedeutet das, Onkel?‹ rief ich aus.

›Den Tod‹, sagte er, stand auf, zog sich in sein Zimmer zurück und ließ mich entsetzt und schaudernd allein. Ich nahm den Umschlag und sah an der inneren Seite der Klappe, gerade über dem gummierten Strich, mit roter Tinte dreimal den Buchstaben K gekritzelt. Sonst war nichts darin als die fünf trockenen Kerne. Was mochte der Grund solch überwältigenden Schreckens sein? Ich verließ den Frühstückstisch, und als ich hinauf ging, kam mein Oheim die obere Treppe herab. In der einen Hand hielt er einen verrosteten, alten Schlüssel, der zu der Rumpelkammer gehören mußte, in der andern trug er ein Metallkästchen, das wie eine Geldkasse aussah.

›Sie mögen tun, was sie wollen, ich führe sie alle ab!‹ rief er mit einem Fluch. ›Sage Mary, sie soll heute ein Feuer in meinem Zimmer machen, und schicke hinunter zu Fordam, dem Advokaten von Horsham.‹

Ich tat wie befohlen; als der Advokat kam, wurde ich hinauf in das Zimmer gerufen. Das Feuer loderte hell, und auf dem Rost lag dicke, schwarze Asche wie von verbranntem Papier – daneben stand der Metallkasten offen und leer. Ich fuhr zusammen, als ich auf dem Deckel dasselbe dreifache K bemerkte, das ich am Morgen auf dem Briefumschlag gesehen.

›John‹, sagte mein Oheim, ›ich will mein Testament machen, und du sollst Zeuge sein. Ich vermache meinen Besitz mit all seinen Vor- und Nachteilen meinem Bruder, deinem Vater, der ihn zweifellos dereinst auf dich übergehen lassen wird. Kannst du das Erbe in Frieden genießen, so ist alles in Ordnung. Siehst du aber ein, daß das nicht geht, dann, mein Junge, höre auf mich, überlasse es deinem Todfeind. Es tut mir leid, dir solch ein zweifelhaftes Vermächtnis zu hinterlassen, doch weiß ich nicht, wie sich die Dinge gestalten werden. Bitte, unterzeichne das Papier, wo Herr Fordam es dir zeigt.‹

Ich unterschrieb nach Wunsch, und der Advokat nahm das Schriftstück mit. Der merkwürdige Vorfall machte, wie Sie wohl denken können, einen tiefen Eindruck auf mich, und ich grübelte und grübelte, ohne mir darüber klar zu werden. Dennoch vermochte ich nicht, ein unbestimmtes Gefühl von Bangigkeit abzuschütteln, welches auch zurückblieb, obwohl sich diese Empfindung abschwächte, als Wochen verstrichen und nichts den gewohnten Gang unseres Lebens störte. Bei meinem Oheim nahm ich jedoch eine Veränderung wahr: er trank mehr denn je und zeigte sich jeglichem Verkehr noch abholder als sonst. Die meiste Zeit brachte er in seinem Zimmer hinter fest verschlossener Tür zu; dann und wann stürzte er, in einer Art trunkenen Wahnes, aus dem Hause in den Garten, hielt einen Revolver in der Hand und schrie dabei, ihm sei vor keinem Menschen bange, und keiner – auch nicht der Teufel – werde ihn wie ein Schaf in die Hürde sperren. Waren diese Anfälle vorüber, dann stürmte er wieder herein, schloß und verrammelte die Tür hinter sich, wie ein Mensch der die Schrecken eines peinigenden Gewissens nicht länger zu ertragen vermag. In solchen Stunden war sein Gesicht selbst an kalten Tagen geradezu in Schweiß gebadet.

Ich eile zum Schluß, um Ihre Geduld nicht zu sehr in Anspruch zu nehmen, Herr Holmes. Eines Nachts verfiel er wieder in solch einen trunkenen Wutanfall, aus dem er nicht wieder zu sich kam. Als wir nach ihm suchten, fanden wir ihn, mit dem Kopf nach unten, in einem kleinen, schmutzigen Teich, der am Ende des Gartens liegt. Kein Zeichen von Gewalttat ließ sich wahrnehmen; das Wasser war nur zwei Fuß tief, und so lautete der Wahrspruch der Geschworenen – in Anbetracht seiner bekannten Exzentrizität – auf Selbstmord.

Mir aber fiel es schwer, mich von diesem Ausspruch überzeugen zu lassen, wußte ich doch, wie sehr ihm stets vor dem bloßen Gedanken an den Tod gegraut hatte. Doch es blieb dabei; mein

60

Vater erbte die Besitzung und ungefähr 14 000 £, die zu seiner Verfügung auf der Bank lagen.«

»Einen Augenblick!« unterbrach ihn Holmes. »Ihr Bericht gehört, – so viel ist gewiß – zu den merkwürdigsten, die ich je vernommen. Geben Sie mir das Datum des Eingangs jenes Briefes an Ihren Oheim an, sowie das Datum seines vermutlichen Selbstmordes.«

»Der Brief traf am 10. März 1883 ein, sein Tod erfolgte sieben Wochen später, in der Nacht vom 2. Mai.«

»Danke; bitte weiter.«

»Damals, als mein Vater die Besitzung in Horsham übernahm, durchsuchte er, auf meine Bitte, die so sorgsam verschlossen gewesene Bodenkammer sehr genau. Wir fanden den Metallkasten, obwohl der Inhalt vernichtet worden war. An der inneren Deckelseite klebte ein Zettel, abermals mit K. K. K.; darunter stand: ›Briefe, Mitteilungen, Quittungen und Register‹. Offenbar waren dies die von meinem Onkel vernichteten Papiere. Im übrigen fand sich nichts von Wichtigkeit in der Kammer, es sei denn eine große Menge von Papieren und Notizbüchern, die sich auf das Leben meines Oheims in Amerika bezogen. Manche stammten aus der Kriegszeit und bewiesen, daß er seiner Pflicht treulich nachgekommen war und den Ruf eines tapfern Soldaten genossen hatte; andere, aus der Zeit des Wiederauflebens der südlichen Staaten, bezogen sich hauptsächlich auf Politik; augenscheinlich hatte er gegen die Wanderagitatoren, die vom Norden ausgesandt wurden, entschieden Partei ergriffen.

Zu Anfang des Jahres 1884 war mein Vater nach Horsham gezogen, und nichts störte unser Zusammenleben bis zum Januar 1885. Am vierten Tage im neuen Jahr vernahm ich einen lauten Ausruf des Staunens von den Lippen meines Vaters, als wir eben frühstückten. Da saß er mit einem eben geöffneten Briefumschlag in der einen Hand und fünf trockenen Apfelsinenkernen auf der ausgestreckten Fläche der andern. Er hatte stets über ›mein Märchen vom Obersten‹, wie er es nannte, gelacht, jetzt aber, als ihm dieselbe Geschichte passierte, sah er höchst befremdet und verwundert drein.

›Was in aller Welt soll das heißen, John?‹ stotterte er.

Mein Herz stand still. ›Es ist dasselbe K. K. K.‹, sagte ich.

Er blickte in den Umschlag. ›Wahrhaftig!‹ rief er aus. ›Da sind sie, die Buchstaben! Was aber steht hier darüber?‹

›Legt die Papiere auf die Sonnenuhr‹, las ich, über seine Schulter blickend.

›Welche Papiere? welche Sonnenuhr?‹ fragte er.

›Die Sonnenuhr im Garten; eine andere gibt es nicht‹, antwortete ich; ›die Papiere aber müssen die zerstörten sein.‹

›Ach was!‹ meinte er, indem er sich zu fassen suchte. ›Wir leben hier in einem zivilisierten Land und können uns auf derartige Narrenspossen nicht einlassen. Woher kommt das Ding?‹

›Von Dundee‹, erwiderte ich, den Stempel betrachtend.

›Irgend ein alberner Streich‹, meinte er, ›was habe ich mit Sonnenuhren und Papieren zu schaffen? Ich werde den Unsinn nicht weiter berücksichtigen.‹

›Es wäre wohl besser, die Sache anzuzeigen‹, schlug ich vor.

›Und mich gründlich auslachen zu lassen. Nein – nichts davon.‹

›So laß mich es tun‹, bat ich.

›Ich verbiete es dir‹, gab er zurück. ›Wegen solcher Lappalie braucht kein Lärm geschlagen zu werden.‹

Weitere Erörterungen wären vergeblich gewesen, denn mein Vater war ein unbeugsamer Mann. Mich aber bedrückten schwere Ahnungen.

Am dritten Tage nach Empfang des Briefes besuchte mein Vater einen alten Freund, Major Freebody, der auf einem der Forts auf Portsdown Hill steht. Ich freute mich, daß er ging, denn mich dünkte stets, er sei auswärts weniger in Gefahr als daheim. Doch ich täuschte mich. Seit zwei Tagen war er fort, als ich vom Major telegraphisch gebeten wurde, sofort zu kommen. Mein Vater war in eine der vielen Kalkgruben der Umgegend gestürzt und lag besinnungslos mit zerschmetterter Hirnschale da. Ich eilte zu ihm, doch verschied er, ohne sein Bewußtsein wiedererlangt zu haben. Wie es scheint, war er in der Dämmerung von Fareham heimgegangen; er kannte die Gegend nicht, die Kalkgrube war nicht umzäunt, und so lautete der Wahrspruch der Geschworenen auf ›Tod durch Unglücksfall‹. So genau ich jede Einzelheit untersuchte, die auf den Tod meines Vaters Bezug hatte, so fand ich nicht das Geringste, was auf Mord schließen ließ. Kein Zeichen von Gewalt, keine Fußstapfen, kein Raub, kein Fremder, der auf den Wegen gesehen worden war. Und doch begreifen Sie wohl, daß ich mich bei dem Ausspruch nicht beruhigen konnte und überzeugt blieb, mein Vater sei einem verbrecherischen Anschlag zum Opfer gefallen.

Auf diese unheimliche Weise gelangte ich zu meinem jetzigen Besitz. Sie werden vielleicht fragen, weshalb ich ihn nicht veräußert habe. Darum, weil ich fest überzeugt bin, daß unser Geschick irgendwie mit einem Vorfall im Leben meines Oheims verknüpft ist, und so bliebe die Gefahr in diesem wie in einem andern Haus dieselbe.

Mein armer Vater starb im Januar 1885; zwei Jahre und acht Monate sind seitdem verflossen. Inzwischen lebte ich zufrieden in Horsham, und schon hoffte ich, der Fluch sei mit der vorigen Generation von unserer Familie gewichen. Ich hatte mich zu früh beruhigt; gestern morgen traf mich der verhängnisvolle Schlag, genau wie er meinen Vater getroffen hatte.«

Der junge Mann holte einen zerknitterten Umschlag aus seiner Brusttasche und schüttelte fünf kleine, trockene Apfelsinenkerne, die darin waren, auf den Tisch.

»Das ist der Umschlag«, fuhr er fort. »Der Stempel ist vom Ost-Londoner Postamt. Es steht dasselbe darauf wie bei der letzten Sendung an meinen Vater: ›K. K. K.‹ und ›Legt die Papiere auf die Sonnenuhr.‹«

»Was haben Sie getan?« fragte Holmes.

»Nichts.«

»Nichts?«

»Offen gestanden« – er barg das Gesicht in seine zarten, weißen Hände – »ich fühle mich hilflos. Mir ist wie einem armen Kaninchen zu Mute, nach dem die Schlange den gierigen Rachen aufsperrt. Ich muß in der Hand eines unwiderruflichen, unwiderstehlichen Verhängnisses sein, das weder Vorsicht noch Sorge abzuwenden vermag.«

»Unsinn!« rief Sherlock Holmes, »handeln müssen Sie, junger Mann, sonst sind Sie verloren. Nur Energie vermag Sie zu retten. Zum Verzweifeln ist jetzt nicht die Zeit.«

»Ich habe die Sache bei der Polizei angezeigt.«

»So?«

»Dort hörten sie mir lächelnd zu. Ich weiß, man hält die Briefe für einen dummen Spaß, und die Todesfälle meiner Verwandten gelten dort nach dem Ausspruch der Gerichte für Unglücksfälle, die mit der Warnung in keinem Zusammenhang stehen.«

Holmes erhob seine gefalteten Hände: »Unerhörte Borniertheit!« rief er aus.

»Immerhin wurde mir ein Schutzmann zugewiesen, der mit mir im Hause bleiben darf.«

»Kam er heute abend mit Ihnen her?«

»Nein, sein Befehl lautet, im Hause zu bleiben.«

Wieder rang Holmes die Hände.

»Warum kamen Sie zu mir?« fragte er, »und vor allem, warum kamen Sie nicht gleich?«

»Ich wußte ja nichts von Ihnen. Erst heute sprach ich mit Major Prendergast, der mir riet, Sie aufzusuchen.«

»Es sind schon zwei Tage verflossen seit Empfang des Briefes. Wir hätten früher handeln sollen. Weitere Beweise haben Sie wohl nicht als die hier vorliegenden? – irgend etwas, das uns auf die Spur helfen könnte?«

»Doch, hier ist etwas«, sagte John Openshaw. Er durchsuchte seine Rocktasche, zog ein Stück bläulich gefärbtes Papier hervor und legte es auf den Tisch. »Ich erinnere mich dunkel, daß damals, als mein Oheim die Papiere verbrannte, die schmalen, unverkohlten Ränder in der Asche von solch eigentümlicher Farbe waren. Dieses einzelne Blatt fand ich am Boden in seinem Zimmer, und fast vermute ich, es könnte aus den Papieren herausgefallen und so der Zerstörung entgangen sein. Es sieht aus, als wäre es ein Blatt aus einem Tagebuch. Sie finden die Kerne darin erwähnt, sonst hat es wohl wenig Wert für uns. Die Schrift ist unbedingt die meines Oheims.«

Holmes zog die Lampe näher, und beide neigten wir uns auf das Blatt, dessen zerrissener Rand deutlich zeigte, daß es zu einem Heft gehört hatte. ›März 1869‹ stand obenan und darunter folgende rätselhafte Notizen:

»4. Hudson gekommen. Dieselbe alte Plattform.«

»7. Die Kerne an McKauley, Paramore und John Swain von St. Augustine aufgeben.«

»9. McKauley erledigt.«

»12. Paramore besucht. Alles gut.«

»Danke«, sagte Holmes, faltete das Blatt und gab es dem jungen Mann zurück. »Und nun dürfen Sie um keinen Preis mehr einen Augenblick verlieren. Wir haben nicht einmal die Zeit, das Besprochene näher zu erörtern. Sie müssen sofort nach Hause und handeln.«

»Was soll ich tun?«

»Nur eines ist möglich, und das muß sofort geschehen: Dies Stück Papier, das Sie uns zeigten, muß in den Metallkasten kommen; Sie legen einen Zettel bei, der besagt, daß alle anderen Papiere von Ihrem Oheim verbrannt wurden und nur dieses zurückgeblieben ist. Sie müssen die Notiz so abfassen, daß sich an der Wahrheit Ihrer Aussage nicht zweifeln läßt. Dann stellen Sie das Kästchen auf die Sonnenuhr, wie verlangt wird. Haben Sie verstanden?«

»Vollkommen.«

»Denken Sie jetzt weder an Rache noch an sonst dergleichen. Das werden wir wohl später auf gesetzlichem Wege erlangen können. Für jetzt haben wir unser Netz noch zu spinnen, während der Feind bereits seine Beute umgarnt hat. Vor allem gilt es, der großen Gefahr zu entgehen, die Sie bedroht. Dann muß der Schleier gelüftet werden, und die Schuldigen finden ihre Strafe. Wie kehren Sie zurück?«

»Mit dem Zuge vom Waterloobahnhof.«

»Es ist noch nicht neun Uhr. Die Straßen sind jetzt belebt, und so hoffe ich, Sie sind sicher. Doch können Sie nicht vorsichtig genug sein.«

»Ich bin bewaffnet.«

»Das ist recht. Morgen nehme ich Ihren Fall in Angriff.«

»So darf ich Sie in Horsham erwarten?«

»Nein, Ihr Geheimnis liegt in London verborgen; hier muß ich danach forschen.«

»So werde ich Sie in den allernächsten Tagen aufsuchen und Ihnen über Kasten und Papiere berichten. Ihr Rat soll genau befolgt werden.«

Er reichte uns die Hand und verabschiedete sich. Draußen heulte der Wind noch immer, und der Regen schlug an die Fenster. Es war, als hätten die entfesselten Elemente diese merkwürdige Begebenheit zu uns hereingeweht – wie einen von den Wogen angeschwemmten Büschel Seetang, den nun das tobende Meer wieder verschlang.

Schweigend saß Sherlock Holmes und starrte sinnend in die rote Feuerglut. Dann steckte er seine Pfeife an, lehnte sich bequem zurück und blickte den einzelnen Rauchringen nach, die zur Decke emporstiegen.

»Mich dünkt, Watson«, bemerkte er endlich, »ein so phantastischer Fall ist uns noch nicht vorgekommen.«

»Höchstens der des ›Zeichen der Vier‹.«

»Nun ja, den nehme ich aus. Und doch glaube ich, daß John Openshaw in noch größerer Gefahr schwebt, als damals die Scholtos.«

»Hast du irgend welche bestimmte Vermutung über die Art dieser Gefahr?«

»Darüber ist kein Zweifel möglich.«

»So sprich! Wer ist dieser K. K. K., und warum verfolgt er die unglückliche Familie?«

Sherlock Holmes schloß die Augen, stützte die Ellenbogen auf die Lehnen seines Stuhles und legte die Fingerspitzen aneinander. »Der vollendete Denker«, sagte er, »müßte eigentlich imstande sein an der Hand einer einzigen Tatsache, welche ihm in allen ihren Beziehungen klar geworden ist, sowohl die Begebenheiten, die daraus folgten, als auch diejenigen, welche vorausgingen, zu ermitteln. Genau so, wie Cuvier den Bau eines ganzen Tieres bei der Betrachtung eines einzigen Knochens festzustellen vermochte. Wir sind uns noch viel zu wenig bewußt, was wir alles durch bloße Geistesarbeit erreichen können. Mit Hilfe des Studiums vermag man Probleme zu lösen, an welchen diejenigen verzweifeln, die die Lösung nur vermittelst ihrer fünf Sinne zu finden trachten. Der Höhepunkt der Kunst läßt sich jedoch nur erreichen, wenn der Forscher es versteht, alle Fakta zu benutzen, die zu seiner Kenntnis gelangen. Das hat aber ein so universelles Wissen zur Voraussetzung, wie es selbst in unserer Zeit freier und allgemeiner Bildung nur wenigen zugänglich ist. Dagegen scheint es mir nicht so ganz unmöglich, daß ein Mensch alles Wissen besitzt, das ihm in seinem Fach nützlich werden kann, und dies zu erwerben habe ich mich redlich bemüht. Entsinne ich mich recht, so hast du einmal in den Tagen unsrer frühesten Freundschaft die Grenzen meiner Fähigkeiten sehr genau verzeichnet.«

»Jawohl«, erwiderte ich lachend, »es war eine gelungene Liste. Philosophie, Astronomie und Politik waren darin – wenn ich mich recht erinnere – mit einer *Null* versehen. In Botanik warst du unbeständig, in Geologie dagegen sehr gründlich, namentlich mit Bezug auf Dreckspuren aus jeder beliebigen Gegend im Umkreis von London; mit Chemie stand's brillant; Kenntnisse in Anatomie unsystematisch; in Kriminalliteratur ein hervorragender Kenner. Im übrigen guter Boxer, Fechter, Jurist. So lauteten wohl die Hauptpunkte meiner Analyse.«

Holmes lachte. »Und ich sage heute wie damals: Der Mensch soll seine kleinen Gehirnkammern mit dem füllen, was er voraussichtlich brauchen wird, das übrige kann er in den dunkelsten Winkel seiner Bibliothek stecken, wo er es im Notfall findet. In einem Fall wie dem uns heute abend vorgelegten, gilt es eine Musterung von allem, was uns nur irgend zu Gebote steht. Bitte, reiche mir den Buchstaben K der Amerikanischen Encyklopädie, die auf dem Regal hinter dir steht. – Danke. – Nun laß uns die Sache näher betrachten und sehen, was man daraus folgern kann. Vor allem ist mit ziemlicher Gewißheit anzunehmen, daß Oberst Openshaw einen sehr triftigen Grund hatte, Amerika zu verlassen. Männer seines Alters ändern nicht leicht ihre Gewohnheiten und vertauschen nicht gern das liebliche Klima Floridas gegen das einsame Leben einer englischen Provinzialstadt. Seine übergroße Zurückgezogenheit in England läßt uns vermuten, daß er sich vor jemand oder vor etwas fürchtete, und daß ihn diese Furcht aus Amerika vertrieben hat. Was dies Befürchtete war, können wir uns aus den schrecklichen Briefen folgern, die er und seine Familie erhielten. Hast du die Postzeichen auf den Briefen bemerkt?«

»Der erste kam aus Ponditscherri, der zweite aus Dundee und der dritte aus London.«

»Aus Ost-London. Was folgerst du daraus?«

»Es sind drei Seehäfen. Also war der Schreiber an Bord.«

»Vortrefflich. Da halten wir schon einen Faden. Es ist unbedingt anzunehmen – ja, fast zweifellos, daß der Schreiber an Bord eines Schiffes ist. Und nun ein zweiter Punkt: Nach dem Brief aus Ponditscherri verstrichen sieben Wochen zwischen Warnung und Ausführung, nach dem aus Dundee nur drei bis vier Tage. Gibt uns das keinen Anhalt?«

»Im ersteren Fall war eine größere Entfernung zurückzulegen.«

»Aber dies gilt auch von dem Brief.«

»Dann werde ich nicht klug daraus.«

»Es liegt wenigstens die Vermutung nahe, daß der Mann oder die Männer an Bord eines Seglers sind. Fast scheint es, sie schicken ihre eigentümliche Warnung oder ihr Zeichen voraus, sobald sie sich auf den Weg machen, um ihre Absicht auszuführen. Du siehst, wie rasch die Tat auf den Brief aus Dundee folgte. Wären die Leute auf einem Dampfer von Ponditscherri gekommen, so würden sie fast zugleich mit ihrem Brief angelangt sein. Es steht aber fest, daß sieben Wochen dazwischen verstrichen. Mir scheint, diese sieben Wochen bilden den Unterschied in der Zeit zwischen der Fahrt des Postdampfers, der den Brief beförderte, und dem Segler, der den oder die Schreiber brachte.«

»Das ist möglich.«

»Mehr als das – es ist wahrscheinlich. Und nun begreifst du die Dringlichkeit dieses neuen Falles und weshalb ich den jungen Openshaw zur Vorsicht ermahnte. Der Schlag fiel stets, wenn die Zeit um war, deren der Absender bedurfte, um selbst die Entfernung zurückzulegen. Der letzte Brief kommt aus London, und so ist nicht auf Aufschub zu rechnen.«

»Großer Gott!« rief ich aus, »was mag diese erbarmungslose Verfolgung bedeuten?«

»Sichtlich sind die Papiere, welche Openshaw besaß, der Person oder den Personen auf dem Segler von größter Wichtigkeit. Offenbar sind es ihrer mehrere. Ein Mann allein hätte schwerlich zwei derartige Mordtaten auszuführen vermocht. Es müssen entschlossene, verwegene Leute sein. Sie wollen ihre Papiere – mag sie haben, wer da will. Wie mir scheint, sind diese drei K nicht sowohl die Anfangsbuchstaben eines Einzelnen, als das Kennzeichen einer Verbindung – aber welcher Verbindung? – Hast du nie«, fragte Sherlock Holmes, sich vorbeugend und leiser sprechend, »vom Ku-Klux-Klan reden hören?«

»Niemals.«

Holmes blätterte in dem Buche auf seinem Knie. »Da ist's«, sagte er:

Ku-Klux-Klan. *Das Wort kommt von der sonderbaren Ähnlichkeit seines Klanges mit dem Spannen einer Feuerwaffe. Dieser schreckliche Geheimbund wurde von einigen exkonföderierten Soldaten in den Südstaaten nach dem Bürgerkrieg geschlossen, und schnell verzweigte er sich in verschiedenen Gegenden, besonders in Tennessee, in Louisiana, Carolina, Georgia und Florida. Seine Macht diente politischen Zwecken, hauptsächlich dazu, die Neger-Wähler, welche für die Stimmberechtigung der Neger eintraten, zu terrorisieren und diejenigen zu morden oder aus dem Lande zu treiben, die sich den Prinzipien der geheimen Gesellschaft widersetzten. Ihren Gewalttaten ging meist eine Warnung an das ausersehene Opfer voraus, ein phantastisches, leicht zu erkennendes Zeichen – ein Büschel Eichenlaub in manchen Gegenden, in anderen Melonen- oder Apfelsinenkerne. Nach Empfang solcher Warnung mußte der Betreffende entweder seine Gesinnung ändern oder die Gegend schleunigst verlassen. Bot er Trotz, so war er unrettbar verloren, und der Tod ereilte ihn meist auf sonderbare, unerwartete Weise. Die Organisation der Verbindung war so vollendet, ihre Methode so systematisch, daß sich kaum von einem Fall berichten läßt, wo es einem Menschen gelungen wäre, sich ihr ungestraft zu widersetzen oder die Urheber zu ermitteln. Viele Jahre hindurch nahm der Bund einen immer größeren Aufschwung trotz aller Anstrengungen der Regierung wie der angesehensten Bürger im Süden. Im Jahr 1869 geriet er aber ganz plötzlich in Verfall, und nur vereinzelt kamen von jener Zeit an noch durch ihn verübte Gewalttätigkeiten vor.*

»Beachte wohl«, sagte Holmes, das Buch beiseite legend, »daß das plötzliche Aufhören dieses Geheimbundes mit der Zeit zusammenfällt, wo Openshaw mit jenen Papieren Amerika verließ. Wer weiß, ob nicht Ursache und Wirkung hier nahe bei einander liegen. Da wäre es kein Wunder, wenn einzelne der Unversöhnlichsten es auf ihn und seine Familie abgesehen hätten. Du begreifst, was von diesen Registern und Notizen für manche hochgestellte Persönlichkeit in den Südstaaten abhängen kann, und daß da mancher nicht ruhig schläft, ehe die Papiere wieder herbeigeschafft sind.«

»Demnach enthielte das Blatt, das wir gesehen haben ...«

»Was zu erwarten stand. Irre ich nicht, so hieß es dort: ›Die Kerne wurden zugestellt an A, B und C‹, – das bedeutet so viel wie: die Warnung der Verbindung wurde ihnen zugeschickt. Dann folgten Angaben, wonach sich A und B rechtfertigten oder auswanderten, C aber nahm, wie ich fürchte, ein schlimmes Ende. Ich hoffe, Doktor, es wird uns gelingen, den Schleier dieser dunkeln Geschichte zu lüften; einstweilen aber kann der junge Openshaw nichts tun, als was ich ihm riet. Heute ist alles weitere Reden und Handeln überflüssig – darum reiche mir meine Geige! Wir wollen versuchen, auf eine halbe Stunde das garstige Wetter und das noch garstigere Gebaren unserer Mitmenschen zu vergessen.«

Der Himmel hatte sich am nächsten Morgen aufgehellt, und in gedämpfter Klarheit schien die Sonne durch den grauen Schleier, der gewöhnlich über der Großstadt schwebt.

Sherlock Holmes frühstückte bereits, als ich herabkam.

»Entschuldige, daß ich nicht gewartet habe«, sagte er, »voraussichtlich bekomme ich heute für den jungen Openshaw tüchtig zu tun.«

»Was sind deine ersten Schritte?«

»Die hängen vom Ergebnis meiner ersten Erkundigung ab. Vielleicht muß ich doch nach Horsham.«

»So fängst du nicht damit an?«

»Nein, mein erster Weg ist nach der City. – Klingle gefälligst. Das Mädchen bringt dir den Kaffee.«

Während ich wartete, warf ich einen Blick in die noch ungelesene Zeitung; er fiel auf einen Bericht, bei dem es mich kalt überlief.

»Holmes!« rief ich aus, »du kommst zu spät.«

»Was?« sagte er und stellte die Tasse hin.

»Ich befürchtete es schon! Wie ist's geschehen?«

Er sprach gelassen, doch sah ich, daß er tief erschüttert war.

Ich hatte den Namen Openshaw gelesen und darüber stand: ›Tragödie an der Waterloo-Brücke.‹ Da ist der Bericht.

*Gestern abend zwischen neun und zehn Uhr vernahm der Schutzmann Cook von der Division H., bei der Waterloo-Brücke stationiert, einen Hilferuf und einen Fall ins Wasser. Die Nacht*

war so stürmisch und finster, daß trotz der Hilfe mehrerer Vorübergehender jegliche Rettung unmöglich blieb. Die Stadtpoli-
zei wurde alarmiert, und es gelang, den Körper herauszuziehen.
Der Ertrunkene ist ein junger Mann, namens John Openshaw,
wohnhaft zu Horsham, wie sich aus einem Briefumschlag erwies,
den er in seiner Tasche trug. Es ist anzunehmen, daß er zum letzten Zug an die Waterloo-Station wollte; bei seiner Hast und der
außerordentlichen Dunkelheit hat er wohl den Weg verfehlt und
ist auf einen der schmalen Stege geraten, die den Flußdampfern
zur Landung dienen. Der Leichnam trug keine Zeichen der Gewalttat, und so war der Verstorbene also offenbar das Opfer eines
Unglücksfalles, durch den sich die Behörden veranlaßt sehen sollten, ihre Aufmerksamkeit auf den Zustand der Landungsstellen
am Fluß zu lenken.«

Stumm saßen wir beisammen, Holmes war niedergedrückter, als
ich ihn je gesehen.

»Das verletzt meinen Stolz, Watson«, sagte er endlich. »Es
mag ein kleinliches Gefühl sein – aber es verletzt meinen Stolz.
Jetzt betrachte ich die Sache als meine persönliche Angelegenheit, und erhält mich Gott gesund, so soll mir diese Bande nicht
entgehen. – Bei mir suchte er Hilfe, und ich – ich schicke ihn in
den Tod!« Er sprang auf und rannte erregt im Zimmer hin und
her; seine fahlen Wangen waren gerötet, und mit nervösem
Zucken öffneten und schlossen sich seine langen, schmalen
Hände.

»Das müssen verschmitzte Teufel sein!« rief er endlich aus.
»Wie vermochten sie ihn dort hinunter zu locken? Der Lan-
dungsplatz liegt nicht auf dem direkten Wege nach der Station.
Gewiß war die Brücke, selbst in solcher Nacht, zu belebt für ihr
Vorhaben. Aber, Watson, wir wollen sehen, wer von uns den
kürzeren zieht. Ich gehe jetzt aus.«

»Auf die Polizei?«

»Nein. Ich will selbst meine Polizei sein. Die mag die Fliegen
fangen, wenn ich das Netz gesponnen habe. Vorher nicht.«

Den ganzen Tag hatte ich in meinem Beruf zu tun, und erst am späten Abend kam ich nach der Baker Street zurück. Sherlock Holmes war noch nicht heimgekehrt. Kurz vor zehn trat er blaß und müde ein. Er ging nach dem Büffet, brach ein Stück Brot ab, verschlang es gierig und spülte es mit einem Trunk Wasser hinunter.

»Du bist hungrig«, bemerkte ich.

»Ganz ausgehungert. Ich habe noch gar nicht daran gedacht. Seit dem Frühstück habe ich nichts zu mir genommen.«

»Nichts?«

»Keinen Bissen. Mir fehlte die Zeit, daran zu denken.«

»Und was hast du erreicht?«

»Viel.«

»Bist du den Spitzbuben auf der Spur?«

»Ich halte die Kerle fest. Lange soll John Openshaw nicht auf Rache warten. Ihr eigenes Teufelszeichen wollen wir ihnen aufdrücken, Watson. Es ist gut ausgedacht!«

»Was meinst du?«

Er nahm eine Apfelsine aus dem Schrank, brach sie auseinander und drückte die Kerne heraus auf den Tisch. Fünf davon steckte er in einen Umschlag. Auf die Innenseite des Verschlusses schrieb er: ›S. H. für J. O.‹, dann siegelte er und adressierte an »Kapitän James Calhoun, Barke ›Lone Star‹, Savannah. Georgia.‹ »Das soll ihn bei der Einfahrt in den Hafen erwarten«, sagte er höhnisch. »Es mag ihm eine schlaflose Nacht bringen und wird ihm ein so sicherer Vorbote seines Geschickes sein, wie sein Brief für Openshaw gewesen ist.«

»Wer ist dieser Kapitän Calhoun?«

»Der Anführer der Rotte. Die anderen kriege ich nachher. Erst muß er dran.«

»Wie kamst du ihm auf die Spur?«

Holmes zog einen großen Bogen aus der Tasche, der mit Namen und Daten bedeckt war.

»Den ganzen Tag durchsuchte ich Akten und Register des Lloyd und folgte dem Kurs aller Schiffe, die im Januar und Februar 1883 Ponditscherri berührten. 36 Schiffe guter Löschung liefen während dieser Monate dort ein; unter diesen fesselte eines, der ›Lone Star‹, sofort meine Aufmerksamkeit. Nach dem Bericht wäre es nämlich von London ausgelaufen, während es in Wirklichkeit von einem amerikanischen Staate kommt.«

»Wahrscheinlich aus Texas.«

»Ich bin dessen nicht sicher, so viel aber steht fest, daß das Schiff amerikanischer Herkunft sein muß.«

»Was weiter?«

»Ich forschte dann in den Berichten von Dundee nach, und als ich fand, daß der ›Lone Star‹ im Januar 1885 dort lag, wurde mein Verdacht zur Gewißheit. Ich erkundigte mich nach den Schiffen, die jetzt im Hafen von London sind. Der ›Lone Star‹ war vorige Woche hier angekommen. – Ich ging nach dem Albert-Dock und erfuhr, das Schiff sei mit der Morgenflut ausgelaufen und auf dem Heimweg nach Savannah begriffen. Ich telegraphierte nach Gravesend. Es war bereits vorüber gesegelt; der Wind weht von Ost, also muß es unbedingt über die Sandbank von Godwin hinaus sein und nicht weit von der Insel Wight.«

»Und nun?«

»Nun halte ich ihn unter dem Daumen. Nur er und zwei Matrosen an Bord sind geborene Amerikaner; die übrigen sind Deutsche und Finnländer. Auch erfuhr ich, daß sie vorige Nacht alle drei nicht auf dem Schiff waren. Der Stauer, der die Ladung löschte, hat es mir gesagt. Bei der Einfahrt des Schiffes in Savannah wird der Postdampfer bereits diesen Brief abgeliefert haben, und die Polizei von Savannah hat durch das Kabel schon erfahren, daß auf die drei Herren von hier aus eines Mordes wegen gefahndet wird.« –

Wie schlau der Mensch aber auch seine Pläne ersinnen mag, sie werden doch oft vereitelt. John Openshaws Mörder sollten nie und nimmer die fünf Kerne erhalten, die ihnen bewiesen hätten, daß ein anderer, der nicht minder verschmitzt und entschlossen war wie sie selbst, ihnen auf die Spur gekommen sei.

Die Äquinoktialstürme waren in diesem Jahr besonders heftig

und unheilvoll. Vergeblich warteten wir lange Zeit auf Nachrichten über den ›Lone Star‹ aus Savannah.

Endlich hörten wir, daß irgendwo, weit draußen im Atlantischen Ozean, ein zerbrochener Hintersteven mit den Buchstaben *L. S.* gezeichnet, den die Wogen umhertrieben, aufgefunden wurde. – Das ist alles, was je vom Schicksal des ›Lone Star‹ zu uns gedrungen ist.

# Das getupfte Band

Wenn ich meine Aufzeichnungen von den siebzig absonderlichen Fällen überblicke, an denen ich während der letzten acht Jahre das Verfahren meines Freundes Sherlock Holmes studiert habe, so finde ich darunter viele von tragischer, einige auch von komischer Art, sodann weiter eine große Anzahl solcher, die sich eben einfach als merkwürdig bezeichnen lassen, dagegen keinen einzigen alltäglichen; denn da Holmes sich bei seiner Tätigkeit weit mehr von der Liebe zu seinem Beruf als von dem Streben nach Erwerb bestimmen ließ, so lehnte er seine Mitwirkung stets ab, wenn die Nachforschungen sich nicht auf einen ungewöhnlichen oder geradezu rätselhaften Vorgang richteten. Unter all diesen verschiedenartigen Fällen wüßte ich mich jedoch keines zu entsinnen, der eine gleiche Fülle merkwürdiger Züge dargeboten hätte, wie der, welcher in der bekannten Familie der Roylotts von Stoke Moran in Surrey spielte. Die betreffenden Vorkommnisse fielen in die erste Zeit meiner Verbindung mit Holmes, in die Tage unseres gemeinsamen Junggesellenlebens in der Baker Street. Ich würde dieselben vielleicht früher schon veröffentlicht haben, wäre mir nicht Stillschweigen darüber auferlegt gewesen, – eine Pflicht, von der mich erst im vergangenen Monat der vorzeitige Tod der Dame, in deren Interesse jenes Versprechen gegeben worden war, entbunden hat. Vielleicht ist es ganz zweckmäßig, daß der wahre Sachverhalt jetzt ans Licht kommt, denn wie ich aus guter Quelle erfahre, haben sich über den Tod des Dr. Grimesby Roylott in weiten Kreisen Gerüchte verbreitet, welche jene Ereignisse noch gräßlicher ausmalen, als sie in Wirklichkeit sind.

Es war im Jahre 1883 Anfang des April, als ich eines Morgens beim Erwachen Holmes vollständig angekleidet an meinem Bett erblickte. Er stand gewöhnlich spät auf, und da die Uhr auf dem Kaminsims erst ein Viertel nach sieben zeigte, so blinzelte ich ihn einigermaßen überrascht, vielleicht sogar etwas ärgerlich an, denn ich ließ mich selbst nicht gerne in meinen Gewohnheiten stören.

»Tut mir sehr leid, daß ich dich im Schlafe stören muß, Watson«, sagte er, »aber es geht heute morgen keinem im Hause besser. Die Haushälterin ist zuerst herausgeklopft worden, sie hat mich aufgeweckt, und jetzt kommt die Reihe an dich.«

»Was gibt es denn? Brennt es?«

»Nein, eine Klientin ist da. Es scheint, daß eine junge Dame in höchst erregtem Zustand von auswärts eingetroffen ist, die mich durchaus sprechen will. Sie wartet unten im Empfangszimmer. Wenn sich aber eine junge Dame in solcher Morgenfrühe nach der Hauptstadt aufmacht und die Leute aus den Federn treibt, so wird sie wohl eine recht dringliche Mitteilung zu machen haben. Einen wirklich interessanten Fall würdest du doch gewiß gern von Anfang an verfolgen. Ich wollte dich deshalb unter allen Umständen wecken, um dich der günstigen Gelegenheit nicht zu berauben.«

»Mein lieber Junge, natürlich möchte ich sie um keinen Preis verpassen.«

Ich kannte keinen größeren Genuß, als Holmes bei den Untersuchungen, die sein Beruf mit sich brachte, Schritt für Schritt zu begleiten und seine kühnen Schlußfolgerungen zu bewundern, die – blitzschnell, als entstammten sie höherer Eingebung, und doch stets auf streng logischer Grundlage aufgebaut – Licht in das Dunkel der ihm vorgelegten rätselhaften Fälle brachten. Ich warf mich also rasch in die Kleider und war nach wenigen Minuten so weit, um meinem Freunde nach dem Empfangszimmer folgen zu können.

Eine schwarzgekleidete, dichtverschleierte Dame saß am Fenster und erhob sich bei unserem Eintritt.

Holmes begrüßte sie freundlich und fuhr, nachdem er sich ihr vorgestellt, auf mich deutend fort: »Dies hier ist mein vertrauter Freund und Kollege Dr. Watson, vor dem Sie Ihre Sache ohne Scheu vorbringen können. – Frau Hudson hat ja Feuer angemacht, wie ich sehe, das war vernünftig von ihr. Bitte, setzen Sie sich nur an den Kamin; ich lasse Ihnen gleich eine Tasse heißen Kaffee bringen, Sie zittern ja ordentlich.«

»Aber nicht vor Kälte«, antwortete die Dame mit leiser Stimme, indem sie der Aufforderung Folge leistete.

»Weshalb denn sonst?«

»Vor Angst, Herr Holmes, vor Schrecken.« Bei diesen Worten schlug sie den Schleier zurück, und wir sahen nun, daß sie sich in der Tat in einem Zustand bedauerlicher Aufregung befand; ihr Gesicht war ganz verzerrt und aschfahl, und sie blickte angstvoll um sich wie ein gehetztes Wild. Ihren Zügen und ihrer Figur nach mußte man sie für dreißigjährig halten, allein ihr Haar zeigte bereits Spuren von Grau, und es lag etwas Müdes und Abgezehrtes in ihrer ganzen Erscheinung.

Holmes musterte sie mit einem seiner alles durchdringenden Blicke. »Sie müssen keine Angst haben«, sagte er in beruhigendem Tone, indem er sich über sie beugte. »Wir werden gewiß bald alles in Ordnung bringen. Sie sind heute früh mit der Bahn angekommen, wie ich sehe.«

»Kennen Sie mich denn?«

»Nein, ich bemerke nur die eine Hälfte der Rückfahrkarte, die Sie in Ihrem linken Handschuh stecken haben. Sie müssen früh aufgebrochen sein und hatten dann bis zur Bahn eine tüchtige Fahrt in einem Jagdwagen auf schlechten Wegen zu machen.«

Mit dem Ausdruck höchsten Erstaunens starrte die Fremde meinen Freund an.

»Sie brauchen sich nicht zu verwundern, werte Dame«, fuhr dieser lächelnd fort. »Der linke Ärmel Ihrer Jacke ist an nicht weniger als sieben Stellen mit noch ganz nassem Schmutz bespritzt. Kein anderes Fuhrwerk wirft aber so viel Schmutz auf wie ein Jagdwagen, und am allerschlimmsten ist es vollends, wenn man vorne links neben dem Kutscher sitzt.«

»Das mag sein, wie es will, jedenfalls treffen Sie mit Ihren Schlüssen das Richtige«, versetzte sie. »Ich fuhr vor 6 Uhr von Hause ab, brauchte 20 Minuten bis nach Leatherhead und traf

78

mit dem ersten Zuge hier an der Waterloo-Station ein. Es kann nicht länger so fortgehen, ich halte es nicht mehr aus, ich werde wahnsinnig. Ich habe gar niemand, an den ich mich wenden könnte – niemand; nur ein Einziger nimmt Anteil an mir, und der kann nicht viel für mich tun, der Arme. Man hat mir von Ihnen erzählt, Herr Holmes. Eine meiner Bekannten, Frau Farintosh, der Sie einmal in ihrer schrecklichen Bedrängnis Beistand leisteten, hat mir Ihre Adresse gegeben. Ach, meinen Sie nicht, Sie könnten mir vielleicht ebenfalls helfen und die dichte Finsternis, die mich umgibt, wenigstens durch einen schwachen Schimmer erhellen? Sie für Ihre Dienste zu belohnen bin ich freilich zurzeit nicht imstande, aber in sechs Wochen oder einem Monat, wenn ich verheiratet und im Besitze meines Vermögens bin, sollen Sie mich nicht undankbar finden.«

Holmes entnahm seinem Schreibtisch ein kleines Buch mit Aufzeichnungen über frühere Fälle und schlug darin nach.

»Farintosh«, murmelte er, »ach ja, jetzt erinnere ich mich des Falles. Es handelte sich um einen Opalkopfschmuck. Das war noch vor deiner Zeit, Watson. – Ich kann Ihnen die Versicherung geben, daß ich mich Ihres Falles mit Vergnügen ebenso eifrig annehmen werde, wie damals der Angelegenheit der Ihnen befreundeten Dame. Was meine Belohnung betrifft, so finde ich solche einzig in meiner Tätigkeit selbst; dagegen steht es Ihnen frei, mir meine etwaigen Auslagen bei gelegener Zeit zu ersetzen. Und nun bitte ich Sie, uns alles mitzuteilen, was für die Beurteilung des Falles irgend von Wert sein kann.«

»Ach«, begann die Fremde, »das Schrecklichste an meiner Lage ist gerade, daß meine Befürchtungen so unbestimmter Natur sind und mein Verdacht sich auf höchst geringfügige Umstände stützt, die jedem andern bedeutungslos erscheinen. Selbst der Mann, von dem ich in erster Linie Rat und Hilfe zu erwarten berechtigt wäre, betrachtet alle Vermutungen, die ich ihm gegenüber äußere, lediglich als Eingebung meiner überreizten Nerven. Er sagt es nicht gerade heraus, allein ich merke es an seinen beschwichtigenden Antworten und ausweichenden Blicken. Aber

Sie, Herr Holmes, sollten ja imstande sein, wie nur wenige, die mannigfaltige Schlechtigkeit des menschlichen Herzens zu durchschauen. Ihr Rat wird mir den Weg zeigen, der mich glücklich durch die Gefahren hindurchführt, von denen ich rings umgeben bin.«

»Ich bin ganz Ohr.«

»Ich heiße Helene Stoner und wohne zusammen mit meinem Stiefvater, dem letzten Sproß einer der ältesten Familien Englands, der Roylotts von Stoke Moran, an der Westgrenze von Surrey.«

Holmes nickte. »Der Name ist mir wohl bekannt«, sagte er.

»Die Familie gehörte einst zu den reichsten in ganz England, und ihre Besitzungen erstreckten sich bis über die Grenzen der benachbarten Grafschaften hinaus. Im vorigen Jahrhundert jedoch kam der Besitz viermal hintereinander in leichtsinnige, verschwenderische Hände, und als sich dann vollends während seiner Regentschaft der Erbe der Güter dem Spiel ergab, war der Ruin der Familie besiegelt. Ein paar Hufen Landes und der zweihundert Jahre alte Familiensitz, auf dem aber schwere Pfandschulden lasteten, war alles, was übrigblieb. Der vorige Gutsherr harrte noch bis zu seinem Tode dort aus und lernte dabei das schreckliche Los eines verarmten Edelmanns gründlich kennen; sein einziger Sohn dagegen, mein jetziger Stiefvater, sah ein, daß er sich den neuen Verhältnissen anbequemen müsse; er wußte sich einen Vorschuß von einem Verwandten zu verschaffen, der ihm ermöglichte, eine medizinische Prüfung abzulegen und sich in Kalkutta niederzulassen, wo er sich mit großer Willenskraft vermöge seiner tüchtigen Kenntnisse eine ausgebreitete Praxis erwarb. Im Zorn über verschiedene in seinem Hause vorgefallene Dieberein erschlug er jedoch einen eingeborenen Diener und entging nur mit Mühe einem Todesurteil. Er erhielt eine lange Freiheitsstrafe, nach deren Verbüßung er verbittert und enttäuscht nach England zurückkehrte. Während seines Aufenthalts in Indien hatte Dr. Roylott meine Mutter, die junge Witwe des Generalmajors Stoner von der bengalischen Artillerie, geheiratet. Meine Zwillingsschwester Julia und ich waren damals erst zwei Jahre alt. Die Mutter besaß ein beträchtliches Vermögen, das etwa tausend Pfund jährlich einbrachte und das sie unserem Stiefvater vollständig überließ mit der Bedingung, im Falle unserer Verheiratung jeder von uns beiden eine gewisse Summe jährlich auszuzahlen. Bald nach unserer Rückkehr nach England kam meine Mutter bei einem Eisenbahnunfall ums Leben – es sind jetzt acht Jahre her. Nun gab Dr. Roylott seine Versuche auf, sich in London eine ärztliche Praxis zu gründen, und zog mit uns in das alte Stammschloß in Stoke Moran. Da die Hinterlassenschaft meiner Mutter unsere Bedürfnisse reichlich deckte, so schien unserem Glück nichts im Wege zu stehen.

Allein es ging zu jener Zeit mit unserem Stiefvater eine schreckliche Veränderung vor. Anstatt freundschaftlichen Verkehr anzuknüpfen und Besuche mit unseren Nachbarn auszutauschen, die anfangs hoch erfreut darüber gewesen waren, wieder einen Stoke Moran auf dem alten Familiensitz einziehen zu sehen, schloß er sich in sein Haus ein, und wenn er dasselbe jemals verließ, so war es nur, um mit jedem, der ihm in den Weg kam, den heftigsten Streit anzufangen. Ein förmlich krankhafter Jähzorn war überhaupt ein Erbstück der Männer in der Familie, und bei meinem Stiefvater mochte durch seinen langen Aufenthalt in den Tropen diese Eigenschaft wohl noch verstärkt worden sein. Er wurde in eine Reihe häßlicher Streitigkeiten verwickelt, die ihn zweimal vor Gericht brachten, bis er zuletzt der Schrekken des ganzen Dorfes war und alles bei seinem bloßen Anblick die Flucht ergriff, denn er besitzt eine riesige Stärke und kennt in seiner Wut keine Grenzen.

Vorige Woche erst warf er den Dorfschmied über das Brükkengeländer ins Wasser, und ich mußte alles opfern, was ich an Geld aufbringen konnte, um die abermalige öffentliche Schande abzuwenden. Mit keinem Menschen hielt er Freundschaft, außer mit den herumziehenden Zigeunern; sie durften auf den paar von Dorngestrüpp überwucherten Hufen Landes, die jetzt das ganze Besitztum ausmachten, ihr Lager aufschlagen, wogegen er dann oft unter ihren Zelten einkehrte und sie schließlich wochenlang auf ihren Wanderzügen begleitete. Ferner hegt er eine leidenschaftliche Vorliebe für indische Tiere, die er sich durch einen Korrespondenten schicken läßt; gegenwärtig besitzt er einen Leoparden und einen Pavian, die frei auf seinem Besitztum umherlaufen und den Dorfbewohnern kaum geringeren Schrecken einflößen als ihr Herr selbst.

Nach dieser Schilderung werden Sie mir gerne glauben, daß das Leben meiner armen Schwester Julia und mir wenig Freuden bot. Kein Dienstbote wollte bei uns bleiben, und lange Zeit mußten wir die ganze Hausarbeit allein verrichten. Obgleich Julia bei ihrem Tode erst dreißig Jahr alt war, fing doch ihr Haar auch bereits an grau zu werden wie das meine.«

»Ihre Schwester ist also gestorben?«

»Ja; es ist gerade zwei Jahre her; und von ihrem Tode möchte ich Ihnen eben Genaueres mitteilen. Sie werden es begreiflich finden, daß wir bei dem Leben, wie ich es Ihnen soeben beschrieben habe, wenig Gelegenheit zum Verkehr mit unsersgleichen hatten. Nur bei unserer Tante Honoria Westphail, einer unverheirateten Schwester meiner Mutter, die in der Gegend von Harrow wohnt, durften wir von Zeit zu Zeit einen kurzen Besuch machen. Vor zwei Jahren lernte Julia bei einem solchen Besuch über Weihnachten einen auf Halbsold gesetzten Major von der Marine kennen, mit dem sie sich verlobte. Unser Stiefvater erhob gegen die Verbindung keine Einwendung; allein vierzehn Tage vor dem für die Hochzeit festgesetzten Zeitpunkt trat das schreckliche Ereignis ein, das mich meiner einzigen Gefährtin beraubte.«

Holmes, der unterdessen mit geschlossenen Augen in seinen Armstuhl zurückgelehnt, den Kopf im Kissen vergraben, zugehört hatte, schlug nun die Lider ein wenig auf und warf einen Blick auf die Erzählerin.

»Bitte, vergessen Sie auch nicht den kleinsten Umstand«, sagte er.

»Das wird mir nicht schwer fallen, denn alle Vorgänge dieser entsetzlichen Zeit stehen mir noch unauslöschlich im Gedächtnis. – Das Wohnhaus ist, wie gesagt, sehr alt, und es ist zur Zeit nur ein Flügel desselben bewohnt. Die Schlafzimmer befinden sich im Erdgeschoß dieses Flügels, während die Wohnzimmer im mittleren Stockwerk liegen. Von den Schlafzimmern hatte das erste unser Stiefvater inne, das zweite meine Schwester und das dritte ich selbst. Eine Verbindung zwischen ihnen besteht nicht, dagegen münden alle auf denselben Gang. Ich spreche doch verständlich?«

»Vollkommen.«

»Die Fenster der drei Zimmer gehen auf den Rasenplatz vor dem Hause. An jenem schrecklichen Abend zog sich unser Stiefvater zeitig in sein Schlafzimmer zurück; trotzdem wußten wir wohl, daß er sich noch nicht zur Ruhe begeben hatte, denn meine Schwester wurde durch den Geruch der starken indischen Zigarre belästigt, die er zu rauchen pflegte. Sie kam deshalb in mein Zimmer herüber, um noch eine Zeitlang mit mir über ihre bevorstehende Hochzeit zu plaudern. Es war elf Uhr, als sie mich wieder verließ; an der Tür blieb sie jedoch stehen und schaute noch einmal zurück.

›Sag' mir Helene‹, fragte sie, ›hast du jemals ein Pfeifen vernommen, wenn nachts alles totenstill ist?‹

›Nein, niemals.‹

›Du hältst es doch nicht etwa für möglich, daß du etwa selbst im Schlafe pfeifst?‹

›Gewiß nicht, warum denn?‹

›In den paar letzten Nächten ertönte immer etwa um drei Uhr morgens ein leiser heller Pfiff. Ich habe einen leichten Schlaf und bin daran aufgewacht. Woher der Laut kam, kann ich nicht sagen, – vielleicht aus dem Nebenzimmer, vielleicht auch vom Vorplatz herauf. Ich dachte, ich wollte dich doch fragen, ob du es auch gehört hast.‹

›Nein, ich habe nichts gehört. Das muß von dem Zigeunergesindel unten in den Anlagen herkommen.‹

›Höchst wahrscheinlich; und doch wundere ich mich, daß du es nicht auch gehört hast, wenn es wirklich von unten kam.‹

›Ich schlafe eben fester als du.‹

›Nun, es ist ja jedenfalls nichts von Bedeutung‹, versetzte sie lächelnd; damit schloß sie die Tür, und wenige Augenblicke darauf hörte ich sie ihren Schlüssel im Schloß umdrehen.«

»Schlossen Sie sich denn nachts regelmäßig ein?« fragte Holmes.

»Stets.«

»Und warum das?«

»Ich glaube, ich habe bereits erwähnt, daß unser Stiefvater eine Tigerkatze und einen Pavian hielt; wir fühlten uns deshalb nicht sicher, wenn unsere Türen nicht verschlossen waren.«

»Ja freilich. Bitte, fahren Sie nur fort.«

»Ich konnte in jener Nacht keinen Schlaf finden. Ein unbestimmtes Vorgefühl drohenden Unheils bedrückte mich. Sie erinnern sich, daß ich und meine Schwester Zwillinge waren, und Sie wissen ja, wie zart die Bande sind, die zwei so eng verbundene Wesen aneinander ketten. Es war eine unwirtliche Nacht. Draußen heulte der Wind, und der Regen schlug klatschend gegen die Läden. Plötzlich ertönte mitten durch das Tosen des Sturmes der wilde Angstschrei einer weiblichen Stimme. Ich hatte die Stimme meiner Schwester erkannt. Eiligst sprang ich aus dem Bette, warf einen Schal um und stürzte auf den Gang hinaus. Während ich meine Tür öffnete, war es mir, als hörte ich ein leises Pfeifen, wie meine Schwester es beschrieben hatte, und wenige Augenblicke darauf ein klingendes Geräusch wie vom Fall eines schweren metallenen Gegenstandes. An dem Zimmer meiner Schwester stand die Tür bereits offen und drehte sich langsam in den Angeln. Starr vor Entsetzen wartete ich auf den Anblick, der sich mir bieten würde; da sah ich beim Schein der Flurlampe meine Schwester unter der Tür erscheinen; schreckensbleich, die Hände hilfesuchend ausgestreckt, schwankte sie hin und her, als wäre sie berauscht. Ich eilte auf sie zu und schlang die Arme um sie, aber gerade in diesem Augenblick versagten ihr die Kniee. Sie stürzte zu Boden, wand und krümmte sich wie in furchtbaren Schmerzen, und ihre Glieder zogen sich krampfhaft zusammen. Ich meinte zuerst, sie habe mich nicht erkannt, aber als ich mich über sie beugte, stieß sie plötzlich mit einer Stimme, die ich nie vergessen werde, die abgebrochenen, undeutlichen Worte hervor: ›O, mein Gott! Helene! Es war ... Band ...! ... getupfte Band ...!‹ Sie machte den Versuch, noch etwas zu sagen, wobei sie in der Richtung nach unseres Stiefvaters Schlafzimmer deutete, als ein neuer gräßlicher Krampfanfall ihr die Worte im Munde erstickte. Ich wollte eben unsern Stiefvater herbeiholen und rief laut nach ihm; da kam er mir bereits im Schlafrock entgegengeeilt. Als er zu meiner Schwester trat, hatte diese bereits das Bewußtsein verloren. Er flößte ihr noch Kognak ein und ließ auch ärztliche Hilfe aus dem Dorfe herbeiholen, aber es nützte alles nichts mehr, sie wurde immer schwächer und starb, ohne das Bewußtsein wieder erlangt zu haben. Dies waren die Umstände, unter denen ich meine geliebte Schwester verloren habe.«

»Einen Augenblick!« unterbrach sie Holmes, »haben Sie das Pfeifen und den metallenen Klang ganz bestimmt wahrgenommen? Können Sie darauf schwören?«

»Dasselbe fragte mich auch der Gerichtsarzt bei der Totenschau. Ich habe zwar den durchaus bestimmten Eindruck, als hätte ich beides gehört, doch kann ich mich am Ende auch getäuscht haben; bei dem Tosen des Sturmes erkrachte ja das alte Haus in allen Fugen.«

»War Ihre Schwester angekleidet?«

»Nein, sie trug nur ihr Nachtgewand. In der rechten Hand hielt sie noch ein herabgebranntes Lichtstümpfchen und in der linken eine Zündholzschachtel.«

»Woraus hervorgeht, daß sie Licht gemacht und sich umgeschaut hatte, als das Geräusch entstand. Das ist von Wichtigkeit. Und zu welchem Ergebnis gelangte der Leichenbeschauer?«

»Er untersuchte den Fall sehr sorgfältig, denn das auffallende Treiben unseres Stiefvaters war in der ganzen Grafschaft bekannt; er war jedoch nicht imstande, eine bestimmte Todesursache zu entdecken. Aus meinem Zeugnis ging hervor, daß die Tür von innen verschlossen gewesen war, und die Fenster waren durch altmodische Läden mit breiten Eisenstäben verrammelt, die jede Nacht vorgelegt wurden. Auch die Wände untersuchte man sorgfältig, fand sie jedoch völlig unversehrt und fest, ebenso wie den Fußboden. Der Kamin ist zwar weit, aber mit vier starken Eisenstäben vergittert. Meine Schwester war also zweifellos ganz allein, als ihr Geschick sie ereilte. Auch von äußerer Gewalt war keine Spur an ihr zu entdecken.«

»Und Gift – wie steht es damit?«

»Die Leiche wurde von ärztlicher Seite daraufhin untersucht, aber ohne Erfolg.«

»Was ist nun Ihre Ansicht über die Ursache dieses bedauerlichen Todesfalls?«

»Ich bin der Meinung, daß meine Schwester lediglich infolge einer durch Schrecken verursachten Nervenerschütterung starb, obwohl ich von der Ursache dieses Schreckens keine Ahnung habe.«

»Hielten sich zu jener Zeit Zigeuner in den Anlagen am Hause auf?«

»Jawohl; es sind fast immer welche da.«

»So, so; und was, glauben Sie, meinte Ihre Schwester mit der Andeutung von einem ›getupften Bande‹?«

»Das möchte ich manchmal lediglich für eine Ausgeburt des Fieberwahns halten; dann meine ich aber auch wieder, es könnte sich auf eine Bande von Menschen, vielleicht gerade auf die Zigeuner in den Anlagen, bezogen haben. Möglich, daß die getupften Tücher, die viele von ihnen um den Kopf tragen, ihr zu der auffallenden Bezeichnung Anlaß gegeben haben.«

Holmes schüttelte den Kopf, als sei er ganz und gar nicht befriedigt.

»Wir tappen noch ganz im Dunkeln«, meinte er, »bitte fahren Sie in Ihrer Erzählung fort.«

»Zwei Jahre sind seitdem vergangen, und mein Leben war inzwischen einsamer als je. Vor einem Monat jedoch hat mir ein lieber langjähriger Bekannter namens Percy Armitage die Ehre erwiesen, um meine Hand anzuhalten. Mein Stiefvater hat nichts dagegen, und so soll unsere Verbindung noch in diesem Frühjahr stattfinden. Seit zwei Tagen hat man begonnen, Ausbesserungen an dem westlichen Flügel unseres Wohnhauses vorzunehmen, wobei die Wand an meinem Schlafzimmer durchbrochen wurde, so daß ich das Zimmer, in dem meine Schwester starb, beziehen und in deren Bette schlafen mußte. Stellen Sie sich nun meinen gräßlichen Schrecken vor, als ich in der letzten Nacht, während ich, gerade mit dem Gedanken an ihr schreckliches Geschick beschäftigt, wachend dalag, plötzlich das leise Pfeifen vernahm, das ihren Tod vorherverkündet hatte. Ich sprang auf und steckte die Lampe an, vermochte jedoch nichts im Zimmer zu entdecken. Zu erregt, um wieder zu Bette zu gehen, kleidete ich mich an und schlich mich, sobald der Tag graute, aus dem Hause, ließ mir in dem gegenüberliegenden Wirtshaus zur Krone einen Wagen anspannen und fuhr nach Leatherhead; von da bin ich heute früh hier eingetroffen zu dem einzigen Zweck, Sie aufzusuchen und um Ihren Rat zu bitten.«

»Daran haben Sie sehr wohl getan«, versetzte Holmes. »Aber haben Sie mir auch alles gesagt?«

»Gewiß, alles.«

»Doch nicht, Fräulein Roylott. Sie schonen Ihren Stiefvater.«

»Warum? Was wollen Sie damit sagen?«

Als Antwort schlug Holmes die Spitzenmanschette zurück, welche das rechte Handgelenk der Erzählerin bedeckte.

Fünf kleine blaue Male, sichtlich von fünf Fingern herrührend, zeichneten sich auf ihrem weißen Arme ab.

»Sie sind mißhandelt worden«, sagte Holmes.

Tief errötend bedeckte sie die Stelle wieder. »Er ist ein rauher Mann«, sagte sie, »der vielleicht selbst kaum weiß, wie stark er ist.«

Ein langes Schweigen folgte; das Kinn in die Hand stützend, blickte Holmes in das prasselnde Kaminfeuer. »Eine höchst rätselhafte Sache«, sagte er zuletzt. »Ich hätte noch tausenderlei Fragen, ehe ich mich über den einzuschlagenden Weg schlüssig mache. Und doch dürfen wir keinen Augenblick verlieren. Ließe es sich wohl machen, daß wir die fraglichen Zimmer ohne Wissen Ihres Stiefvaters besichtigen könnten, wenn wir heute nach Stoke Moran führen?«

»Er hat gerade zufällig erwähnt, er müsse heute in einer sehr wichtigen Angelegenheit hierher fahren. Vermutlich wird er den ganzen Tag fort sein, und dann wären Sie völlig ungestört. Wir haben zwar gegenwärtig eine Haushälterin, aber die ist alt und einfältig und wäre leicht eine Weile zu entfernen.«

»Vortrefflich. Du hast doch nichts gegen diesen Ausflug, Watson?«

»Nicht das geringste.«

»Dann werden wir uns also beide einfinden. Und was tun Sie selbst, jetzt?«

»Ich möchte gerne noch ein paar Sachen besorgen, weil ich gerade hier bin. Doch will ich mit dem Zwölfuhrzug wieder nach Hause fahren, so daß Sie mich rechtzeitig dort treffen werden.«

»Bald nach Mittag dürfen Sie uns erwarten. Ich habe selbst noch einige kleine Angelegenheiten zu erledigen. Wollen Sie nicht noch bleiben und etwas frühstücken?«

»Nein, ich muß gehen. Es ist mir schon leichter ums Herz, seit ich Ihnen anvertraut habe, was mich bedrückt. Ich will jetzt nur an unser Wiedersehen heute nachmittag denken.« Sie zog den dichten schwarzen Schleier wieder über ihr Gesicht und verließ das Zimmer.

»Nun, was hältst du von der Sache, Watson?« fragte Holmes, sich in seinen Stuhl zurücklehnend.

»Es scheint mir eine höchst dunkle, unheimliche Geschichte.«

»Allerdings recht dunkel und recht unheimlich.«

»Und doch, wenn, wie die Dame sagt, Fußboden und Wände ganz in Ordnung sind, und durch Tür, Fenster und Kamin nichts herein kommen konnte, muß unzweifelhaft die Schwester zur Zeit ihres rätselhaften Todes allein gewesen sein.«

»Wie erklärt sich dann aber das nächtliche Pfeifen und die höchst eigentümliche Äußerung der Sterbenden?«

»Das kann ich mir nicht denken.«

»Dieses nächtliche Pfeifen, die Anwesenheit einer Zigeuner-bande, die mit dem alten Doktor auf vertrautem Fuß stand, und die Tatsache, daß letzterer offenbar das größte Interesse daran hatte, die eheliche Verbindung seiner Stieftochter zu verhindern, sind starke Verdachtsmomente. Wenn ich sie mit der Andeutung der Sterbenden zusammenhalte und schließlich mit dem metalle-nen Klang, den Fräulein Stoner gehört hat und der sehr wohl von der Wiederbefestigung der Vorlegestange an einem Fensterladen herrühren konnte, so will es mich doch bedünken, als dürften wir hoffen, von dieser Grundlage aus des Rätsels Lösung zu fin-den.«

»Aber was sollen denn die Zigeuner getan haben?«

»Davon habe ich allerdings keine Ahnung.«

»Ich meine, gegen diese ganze Auffassung ließe sich doch sehr viel einwenden.«

»Das muß ich freilich selbst zugeben; gerade deswegen gehen wir noch heute nach Stoke Moran. Ich muß mich überzeugen, ob die Einwendungen stichhaltig sind oder sich beseitigen lassen. – Aber, was zum Henker ist denn das!« rief er plötzlich aus.

Mit einemmal war nämlich die Zimmertür aufgeflogen, und eine gewaltige Männergestalt in einem sonderbaren, halb gelehr-ten, halb bäuerischen Aufzug hatte sich unter derselben aufge-pflanzt. Der Eindringling trug einen hohen schwarzen Hut und einen Rock mit langen Schößen, dazu Stulpenstiefel, und in den Händen eine Reitpeitsche. Er war so groß, daß er buchstäblich oben am Türbalken anstieß, und so umfangreich, daß er die Tür-öffnung völlig auszufüllen schien. Auf seinem breiten, mit zahllo-sen Runzeln übersäten, sonnenverbrannten Gesicht spiegelten sich alle schlechten Leidenschaften. Er wandte den Blick bald mir, bald meinem Freunde zu, und dabei gaben ihm seine tiefliegen-den, gelb unterlaufenen Augen und die weit vorstehende schmale, fleischlose Nase das Aussehen eines grimmigen alten Raubvogels.

»Welcher von euch beiden ist Holmes?« fragte er.

»So heiße ich; aber ich habe nicht das Vergnügen…«, antwor-tete mein Freund ruhig.

»Ich bin Dr. Grimesby Roylott von Stoke Moran.«

»Darf ich bitten, daß Sie Platz nehmen, Herr Doktor«, sagte Holmes verbindlich.

»Fällt mir nicht ein. Meine Stieftochter ist dagewesen. Ich bin ihr nachgegangen. Was hat sie Ihnen gesagt?«

»Es ist noch etwas kalt für die Jahreszeit!« gab Holmes zur Antwort.

»Was hat sie Ihnen gesagt?« schrie der andere wütend.

»Trotzdem soll sich, wie ich höre, die Krokusblüte ganz gut anlassen«, fuhr Holmes unerschütterlich fort.

»Macht nur keine Winkelzüge«, rief jetzt der Unhold, indem er einen Schritt vortrat und die Reitpeitsche schwang. »Ich kenne Euch Schurken. Habe schon längst von Euch gehört. Ihr seid Holmes, der Schnüffler!«

Mein Freund lächelte.

»Holmes, der Allerweltslückenbüßer!«

Sein Gesicht erheiterte sich immer mehr.

»Holmes, der General-Kriminalpolizeispitzel!«

Jetzt lachte Holmes hell auf. »Sie sind ja äußerst witzig«, sagte er. »Wenn Sie hinausgehen, machen Sie auch die Tür zu, es zieht ganz entschieden.«

»Erst sage ich meine Sache, und dann gehe ich. Laßt Euch nur nicht einfallen, Eure Nase in meine Angelegenheiten zu stecken. Meine Tochter war da – ich weiß es, ich bin ihr nachgegangen! Ich rate keinem mir in die Quere zu kommen! Da, seht her!« Damit trat er rasch auf den Kamin zu, nahm den Schürhaken und bog ihn mit seinen mächtigen braunen Händen vollständig krumm.

»Seht nur zu, daß Ihr mir nicht unter die Finger kommt!« schrie er meinem Freund noch zu, warf den verbogenen Schürhaken wieder in den Kamin und schritt hinaus.

»Nun, das ist ja ein recht liebenswürdiger Kumpan«, meinte Holmes lachend. »Ich bin zwar nicht ganz so vierschrötig wie er, aber wenn er noch einen Augenblick dageblieben wäre, hätte ich ihm zeigen können, daß meine Finger an Kraft den seinen nicht viel nachgeben.« Dabei nahm er den stählernen Schürhaken und bog ihn mit einem Ruck wieder gerade.

»Welche Unverschämtheit von dem Menschen, mich mit der Kriminalpolizei in einen Topf zu werfen! Dieser Zwischenfall verleiht übrigens unserem Vorhaben nur noch einen Reiz mehr. Ich will hoffen, daß unsere Schutzbefohlene, die dem Unhold ihre Spur verraten hat, diese Unvorsichtigkeit nicht zu büßen bekommt. Nun wollen wir uns das Frühstück kommen lassen, Watson, und dann will ich nach der Gerichtsregistratur gehen, wo ich mir einige Daten zu verschaffen hoffe, die uns in der Sache von Nutzen sein dürften.«

Es war ungefähr ein Uhr, als Holmes von seinem Ausgang zurückkam. Er hatte ein Blatt Papier in der Hand, das ganz mit Notizen und Zeichnungen bedeckt war.

»Ich habe mir das Testament der Erblasserin zeigen lassen«, sagte er. »Um ihre Willensmeinung ganz genau festzustellen, mußte ich den heutigen Wert der Anlagepapiere ausrechnen, um die es sich dabei handelt. Der Gesamtertrag, der zur Zeit ihres Todes fast elfhundert Pfund betrug, beläuft sich jetzt infolge des Rückgangs im Werte höchstens noch auf siebenhundertfünfzig Pfund. Nun kann jeder der Töchter im Falle ihrer Verehelichung eine Rente von zweihundertfünfzig Pfund ansprechen. Es ist also augenscheinlich, daß, falls beide Töchter sich verheiratet hätten, von der ganzen Herrlichkeit blutwenig übrig geblieben wäre, ja, daß sogar schon die Abfindung einer der Töchter ihm eine ganz empfindliche Einbuße verursacht. Mein Vormittag war also wohl angewendet; habe ich doch jetzt den Beweis in Händen, daß ihm alles daran gelegen sein mußte, die Heirat zu hindern; und nun, Watson, laß uns in dieser wichtigen Sache keine Zeit mehr verlieren, zumal der Alte Wind davon hat, daß wir uns mit seinen Angelegenheiten beschäftigen. Wenn du also bereit bist, wollen wir uns einen Wagen nach Waterlooststation bestellen. Bitte, stecke auch deinen Revolver ein. Damit kommt man gegenüber Herrschaften, die stählerne Schürhaken krumm biegen, am besten aus. Wenn wir dann noch Kamm und

Zahnbürste mitnehmen, so haben wir, denke ich, alles, was wir brauchen.«

Am Bahnhof hatten wir das Glück, gerade einen Zug nach Leatherhead zu treffen; dort angekommen, nahmen wir im nächsten Wirtshaus ein Wägelchen, auf dem wir vier oder fünf Meilen weit durch die freundlichen Gelände von Surrey hinfuhren. Es war ein herrlicher Tag, klarer Sonnenschein und kaum ein Wölkchen am Himmel. Die Bäume und Hecken am Wege erglänzten im ersten Grün, und die ganze Luft war von dem erfrischenden Geruch des feuchten Erdreichs erfüllt. Lebhaft empfand wenigstens ich für meine Person den eigentümlichen Gegensatz zwischen dem lieblichen Frühlingsbilde und der unheimlichen Aufgabe, die unser wartete. Holmes saß, den Hut tief ins Gesicht gedrückt, mit untergeschlagenen Armen und gesenktem Haupte, in tiefes Nachdenken versunken da. Plötzlich fuhr er auf, klopfte mir auf die Schulter und deutete nach rechts. »Sieh dorthin!« rief er.

Ein dichter Park zog sich jenseits der Wiesen einen sanften Abhang hinauf, der oben von einem Wäldchen bekränzt war; mitten aus dem Dickicht ragte der altersgraue Dachfirst eines Herrenhauses hoch hervor.

»Stoke Moran?« fragte er.

»Jawohl, Herr, das ist Dr. Grimesby Roylotts Haus«, erwiderte der Kutscher.

»Wo der Umbau gemacht wird? Das ist unser Ziel.«

»Dort drüben liegt das Dorf«, fuhr der Kutscher fort, indem er auf einen Haufen von Dächern deutete, die in einiger Entfernung zur Linken sichtbar wurden; »aber wenn Sie nach *dem* Hause wollen, so sind Sie früher dort, wenn Sie hier die Steige hinaufgehen und dann den Fußweg über die Felder einschlagen. Gerade dort, wo die Dame geht.«

»Die Dame ist Fräulein Stoner, wie mir scheint«, sagte Holmes und hielt die Hand über die Augen. »Ja, ich glaube, wir werden gut daran tun, Ihrem Rat zu folgen.«

Wir stiegen aus, bezahlten unser Fahrgeld, und das Wägelchen rasselte nach Leatherhead zurück.

»Ich hielt es für zweckmäßig«, meinte Holmes, während wir die Steige hinaufgingen, »den Kutscher glauben zu lassen, wir seien wegen der Bauarbeit oder zu irgend einem andern geschäftlichen Zweck hergekommen. Das beugt vielleicht unnützem Gerede vor. – Guten Tag, Fräulein Stoner, Sie sehen, wir haben Wort gehalten.«

Mit freudig erregter Miene kam unsere Schutzbefohlene uns entgegen gelaufen. »Ich habe Sie sehnlich erwartet«, rief sie und drückte uns warm die Hand. »Es hat sich alles herrlich gefügt. Der Vater ist nach London gegangen und wird schwerlich vor Abend zurückkommen.«

»Wir haben unterdessen das Vergnügen gehabt, des Herrn Doktors Bekanntschaft zu machen«, entgegnete Holmes und gab ihr mit ein paar Worten eine flüchtige Schilderung unseres Erlebnisses.

Sie wurde bei dieser Kunde weiß bis zu den Lippen. »Gütiger Himmel!« rief sie, »er ist mir also nachgegangen!«

»So scheint es.«

»Er ist so schlau, daß ich nie weiß, wann ich sicher vor ihm bin. Was wird er sagen, wenn er heimkommt?«

»Er soll sich nur in acht nehmen, er könnte sonst vielleicht finden, daß ihm ein noch Schlauerer auf der Spur ist. Sie müssen sich heute nacht vor ihm einschließen. Wird er gewalttätig, so bringen wir Sie zu Ihrer Tante nach Harrow. Jetzt müssen wir aber unsere Zeit nach Kräften ausnützen, also führen Sie uns, bitte, ohne Verzug nach den Zimmern, die wir zu besichtigen haben.«

Das Gebäude, mit seinen grauen, moosbewachsenen Quadersteinen, bestand aus einem hohen Mittelbau, von dem an jedem Ende ein geschweifter Flügel auslief. An dem linken Flügel waren die zerbrochenen Fenster mit Brettern vernagelt, und das Dach teilweise eingestürzt – ein Bild des Verfalls. Der Mittelbau befand sich schon in etwas besserem Stand, und der rechte Flügel machte einen verhältnismäßig neuen Eindruck; die Vorhänge an den Fenstern und der blaue Rauch, der sich über den Schornsteinen kräuselte, zeigten an, daß hier die Familie wohnte. An der

Außenwand war ein Gerüst aufgeschlagen und das Mauerwerk durchgebrochen; von einem Arbeiter war jedoch zur Zeit weit und breit nichts zu sehen. Holmes ging langsam auf dem schlecht gepflegten Rasenplatz auf und ab und untersuchte die Fenster aufs peinlichste von außen.

»Dies hier gehört wohl zu Ihrem früheren Schlafzimmer, das mittlere zu dem Ihrer Schwester, und das letzte zunächst dem Mittelbau zu Dr. Roylotts Schlafzimmer?«

»Ganz richtig. Aber gegenwärtig schlafe ich in dem mittleren.«

»Während der baulichen Arbeiten vermutlich. Übrigens kommt es mir nicht gerade vor, als ob hier an der Außenwand die Ausbesserung dringend nötig gewesen wäre.«

»Ganz und gar nicht. Ich glaube, daß es lediglich ein Vorwand war, um mich aus meinem Zimmer zu vertreiben.«

»Ha, sehr wohl möglich. Und an der andern Seite des schmalen Flügels läuft wohl der Gang hin, auf den die drei Zimmer münden? Natürlich hat er auch Fenster.«

»Aber nur ganz kleine, durch die ein Mensch nicht hereinkommen kann.«

»Da Ihre Schwester und Sie Ihre Zimmer nachts abschlossen, so waren diese von dort her unzugänglich. Wollten Sie jetzt die Güte haben, in Ihrem Zimmer die Läden zuzumachen?«

Fräulein Stoner tat es, und Holmes untersuchte dieselben zuerst sorgfältig durch das offene Fenster; dann machte er auf jede mögliche Weise den Versuch, den Laden zu erbrechen, jedoch ohne Erfolg. Nirgends war der geringste Spalt, in dem sich hätte etwa ein Messer ansetzen lassen, um die Stange zu lockern. Dann untersuchte er auch die Angeln, allein sie waren aus starkem Eisen und saßen fest in dem massiven Mauerwerk. »Hm«, meinte er und rieb sich das Kinn in seiner Verlegenheit, »meine Annahme stößt allerdings auf Schwierigkeiten. Hier konnte kein Mensch hereinkommen, wenn die Läden geschlossen waren. Nun, wir werden ja sehen, ob die innere Besichtigung vielleicht Licht in die Sache bringt.«

Eine kleine Seitentür führte in den weißgetünchten Gang, auf den die drei Schlafzimmer mündeten. Das äußerste wollte Holmes nicht sehen, deshalb begaben wir uns sogleich nach dem mittleren, worin Fräulein Stoner gegenwärtig schlief und in welchem ihre Schwester gestorben war. Es war ein heimeliger kleiner Raum mit niederer Decke und großem Kamin, wie man sie in alten Landsitzen oft trifft. Eine braune Kommode stand in der einen Ecke, ein schmales, weiß bezogenes Bett in einer anderen und ein Toilettentisch zur Linken des Fensters. Diese Möbel bildeten zusammen mit zwei geflochtenen Stühlen und einem Teppich in der Mitte die ganze Einrichtung. Das Holzwerk an Boden und Wandverkleidung waren braune, wurmstichige eichene Dielen, so alt und schwarz, daß sie wohl noch aus der ersten Zeit des Gebäudes herstammen mochten. Holmes schob sich einen der Stühle in eine Ecke, ließ von diesem Platz aus den Blick ringsumher laufen und musterte stumm den ganzen Raum mit größter Genauigkeit.

»Wohin geht diese Klingel?« fragte er zuletzt und deutete dabei auf einen dicken Klingelzug, der neben dem Bett herabhing, so daß die Quaste auf dem Kissen ruhte.

»In das Zimmer der Haushälterin.«

»Sie scheint neuer zu sein als die übrige Einrichtung.«

»Jawohl, sie wurde erst vor ein paar Jahren angebracht.«

»Vermutlich auf Verlangen Ihrer Schwester?«

»Nein, soviel ich weiß, hat Julia sie nie benützt. Wir waren gewohnt, uns alles, was wir brauchten, selbst zu holen.«

»Nun, dann war es wahrhaftig recht überflüssig, einen so schönen Klingelzug anzubringen. Sie erlauben wohl, daß ich mich jetzt ein paar Minuten auf dem Boden umsehe.« Er legte sich mit der Lupe in der Hand nieder und kroch behende vor- und rückwärts, um jede Spalte zwischen den Dielen auf das genaueste zu untersuchen. Hierauf prüfte er die Holztäfelung des Zimmers ebenso sorgfältig. Zuletzt trat er an das Bett und betrachtete es längere Zeit, während er gleichzeitig den Blick an der Wand hinter demselben auf- und abgleiten ließ. Schließlich faßte er den Glockenzug und tat einen tüchtigen Ruck daran.

»Das ist ja nur eine Scheinklingel!« sagte er.

»Läutet sie nicht?«

»Nein, es ist nicht einmal ein Draht daran befestigt. Das ist höchst interessant. Sehen Sie nur, sie ist gerade über dem kleinen Luftloch an einem Haken festgemacht.«

»Wie seltsam! Das ist mir noch nie aufgefallen.«

»Höchst wunderlich!« murmelte Holmes, indem er nochmals an der Klingel zog. »Einiges in diesem Zimmer ist wirklich ganz merkwürdig. Zum Beispiel muß ja der Baumeister ein vollkommener Narr gewesen sein, daß er ein Luftloch ins Nebenzimmer gemacht hat, während es gerade so gut ins Freie hinausgehen konnte.«

»Es stammt ebenfalls erst aus neuerer Zeit«, bemerkte das Fräulein.

»Wurde wohl zugleich mit dem Glockenzug angebracht?«

»Ja, damals hat man verschiedene kleine Änderungen vorgenommen.«

»Die recht interessanter Art sind – Scheinklingeln und Luftlöcher, die keine frische Luft zuführen. Mit Ihrer Erlaubnis, Fräulein Stoner, wollen wir jetzt unsere Besichtigung in Dr. Roylotts Zimmer fortsetzen.«

Dieses war größer als das vorige, aber ebenso einfach eingerichtet. Ein Feldbett, ein kleines Gestell mit Büchern, zumeist medizinischen Inhalts, ein Lehnstuhl neben dem Bett, ein einfacher Holzstuhl an der Wand, ein runder Tisch und ein großer eiserner Geldschrank fielen zunächst ins Auge. Holmes ging langsam durch das Zimmer und besichtigte ein Stück um das andere mit der schärfsten Aufmerksamkeit.

»Was ist hier drinnen?« fragte er, an den Eisenschrank klopfend.

»Meines Stiefvaters Geschäftspapiere.«

»So! – Sie haben also schon hinein gesehen?«

»Nur ein einziges Mal, vor Jahren. Es war nichts darin als Papiere, soviel ich mich erinnere.«

»Ist nicht vielleicht eine Katze drinnen?«

96

»Nein! Wie kommen Sie auf den sonderbaren Einfall?«

»Sehen Sie hierher.« Er nahm eine kleine Untertasse voll Milch von dem Schrank herunter, die oben gestanden hatte.

»Nein; wir halten keine Katze. Aber ein Leopard und ein Pavian sind im Hause.«

»Ja – so!« Nun, ein Leopard ist ja eben nichts als eine große Katze, allerdings dürfte eine Untertasse voll Milch für seine Bedürfnisse nicht weit reichen. Nun möchte ich nur noch eines ergründen.« Damit kniete er vor den Holzstuhl hin und prüfte den Sitz mit größter Aufmerksamkeit.

»Danke. Das wäre also festgestellt«, sagte er, indem er aufstand und seine Lupe einsteckte. »Hallo! Da sehe ich noch etwas Interessantes!«

Der Gegenstand, der seinen Blick auf sich gezogen hatte, war eine kleine Hundepeitsche, die an der einen Ecke des Bettes hing und deren Schnur so zusammengeknüpft war, daß sie eine runde Schleife bildete.

»Was hältst du davon, Watson?«

»Das ist eine ganz gewöhnliche Hundepeitsche. Nur kann ich mir nicht denken, wozu die Schleife daran dienen soll.«

»Also ist sie doch nicht so ganz gewöhnlicher Art, nicht wahr? Ach ja, es ist eine schlechte Welt! Und am allerschlimmsten ist es, wenn ein fähiger Kopf seine Gaben zu verbrecherischen Gedanken gebraucht. – Ich glaube, ich habe jetzt genug gesehen, Fräulein Stoner; wenn Sie erlauben, gehen wir wieder auf den Rasenplatz hinaus.«

Noch nie hatte ich meinen Freund mit so grimmiger Miene und so finster zusammengezogenen Brauen gesehen, als da wir den Schauplatz der Untersuchung verließen. Mehrmals gingen wir auf dem Grasplatz auf und ab, aber weder ich noch Fräulein Stoner mochten ihn durch eine Frage in seinen Gedanken stören, bis er selbst sich dem träumerischen Nachsinnen entriß.

»Es ist von höchster Wichtigkeit, Fräulein Stoner«, begann er endlich, »daß Sie meinem Rate in jeder Hinsicht strengstens Folge leisten.«

»Das werde ich auch unfehlbar tun.«

»Der Fall ist zu ernst, um die geringste Unschlüssigkeit zu gestatten. Ihr Leben hängt möglicherweise von Ihrem unbedingten Gehorsam ab.«

»Ich gebe mich Ihnen völlig in die Hände, verlassen Sie sich fest darauf.«

»Vor allem muß ich mit meinem Freunde die Nacht in Ihrem Zimmer verbringen.«

Ganz verwundert starrten wir ihn beide an.

»Jawohl, das muß sein. Sie sollen gleich das Nähere darüber hören. Das da drüben ist doch das Dorfwirtshaus?«

»Jawohl, das ist die ›Krone‹.«

»Sehr gut. Sieht man Ihre Fenster von dort aus?«

»Gewiß.«

»Wenn Ihr Stiefvater heimkommt, müssen Sie Kopfweh vorschützen und sich in Ihr Zimmer einschließen. Sobald Sie dann hören, daß er sich zur Ruhe begeben hat, öffnen Sie die Riegel am Fenster und den Laden, stellen Ihre Lampe zum Zeichen für uns ans Fenster und ziehen sich dann in aller Stille nach Ihrem früheren Schlafzimmer zurück. Sie können sich doch sicherlich trotz der Bauarbeiten für eine Nacht darin einrichten.«

»O ja, ganz gut.«

»Das Weitere überlassen Sie uns.«

»Was haben Sie denn aber vor?«

»Wir werden die Nacht in Ihrem Zimmer verbringen, um dem Geräusch, das Sie so erschreckt hat, auf die Spur zu kommen.«

»Ich glaube, Herr Holmes, Sie haben sich bereits eine Ansicht gebildet«, sagte Fräulein Stoner und legte ihm die Hand auf den Arm.

»Kann wohl sein.«

»Dann entdecken Sie mir um des Himmels willen, was an dem Tod meiner Schwester schuld war.«

»Ich möchte gern erst noch sichere Beweise haben.«

»Wenigstens können Sie mir doch sagen, ob meine Ansicht zutrifft, daß sie an einem plötzlichen Schrecken gestorben ist.«

»Nein, das glaube ich nicht. Nach meiner Überzeugung lag wohl eine greifbarere Ursache vor. Nun aber, Fräulein Stoner, müssen wir Sie allein lassen; denn wenn Dr. Roylott zurückkäme und uns sähe, so wäre unser ganzer Besuch umsonst gewesen. Leben Sie wohl und halten Sie sich tapfer; wenn Sie meinen Weisungen pünktlich nachkommen, dürfen Sie versichert sein, daß wir Ihnen die Gefahren, von denen Sie bedroht sind, bald aus dem Wege geräumt haben werden.«

Drüben in der ›Krone‹ verschafften wir uns im oberen Stockwerk zwei Zimmer, deren Fenster gerade nach dem Parktor und dem bewohnten Flügel des Herrenhauses hinüberschauten. In der Dämmerung kam Dr. Roylott angefahren; seine Riesengestalt ragte hoch empor neben dem schmächtigen Burschen, der den Wagen lenkte. Als derselbe das schwere Gittertor nicht ohne weiteres aufbrachte, hörten wir den Doktor mit seiner heiseren Stimme auf ihn einschreien und sahen, wie er in der Wut die geballten Fäuste gegen ihn schüttelte. Das Wägelchen fuhr wieder davon, und einige Minuten darauf blitzte plötzlich aus einem der Wohnzimmer das Licht einer Lampe durch das Laubwerk herüber.

»Weißt du, Watson«, sagte Holmes, als wir in der zunehmenden Dunkelheit beisammen saßen, »es ist mir wirklich nicht ganz wohl dabei, daß ich dich heute nacht mitnehmen soll. Die Sache ist durchaus nicht ohne ernstliche Gefahr.«

»Kann ich dabei von Nutzen sein?«

»Deine Gegenwart ist möglicherweise von ganz unbezahlbarem Werte.«

»Dann werde ich unfehlbar mitgehen.«

»Das ist sehr freundlich von dir.«

»Du sprichst von Gefahr. Offenbar hast du in den Zimmern mehr gesehen, als ich entdecken konnte.«

»Nein, ich habe wahrscheinlich nur mehr Schlüsse daraus abgeleitet. Gesehen hast du wohl gerade so viel wie ich.«

»Außer dem Klingelzug habe ich nichts Bemerkenswertes wahrgenommen. Zu welchem Zweck der aber dienen sollte, kann ich mir nicht vorstellen, das gestehe ich ehrlich.«

»Hast du auch das Luftloch gesehen?«

»Ja, aber ich meine, eine kleine Öffnung, die aus einem Zimmer ins andere führt, ist doch nichts so gar Ungewöhnliches. Sie ist ja so klein, daß kaum eine Ratte durchschlüpfen kann.«

»Ich wußte schon, ehe wir hierher kamen, daß wir ein solches Luftloch finden würden.«

»Aber, bester Holmes!« –

»Du erinnerst dich gewiß, daß uns Fräulein Stoner berichtete, ihre Schwester habe Dr. Roylotts Zigarre gerochen. Nun, das brachte mich sogleich auf den Gedanken, daß zwischen den beiden Zimmern eine Verbindung bestehe; natürlich konnte dieselbe nur klein sein, sonst wäre sie bei der gerichtlichen Untersuchung bemerkt worden; so kam ich zu dem Schluß, daß es sich um ein Luftloch handeln werde.«

»Aber was kann denn dabei Schlimmes sein?«

»Es ist doch zum mindesten ein merkwürdiges Zusammentreffen, daß die Dame, die in ihrem Bett schläft, plötzlich stirbt, gerade nachdem man oben über demselben ein Luftloch angebracht und daneben einen Klingelzug befestigt hat. Kommt dir das nicht auch auffallend vor?«

»Ich vermag noch immer nicht einzusehen, wie das alles zusammenhängen soll.«

»Hast du vielleicht etwas Besonderes an dem Bett bemerkt?«

»Nein.«

»Es ist am Fußboden angenagelt. Ist dir das sonst schon jemals vorgekommen?«

»Nicht, daß ich wüßte.«

»Die Dame konnte ihr Bett nicht von der Stelle rücken. Es mußte also gerade unter dem Luftloch und dem Seil stehen bleiben – ein Seil müssen wir es doch eigentlich nennen, da es auf einen Klingelzug offenbar überhaupt nicht abgesehen war.«

»Holmes!« rief ich aus, »ich glaube, mir dämmert allmählich eine Ahnung auf, wohin deine Andeutungen zielen. Wir sind nur gerade zu rechter Zeit gekommen, um ein abgefeimtes, gräßliches Verbrechen zu verhindern.«

»Jawohl, abgefeimt und gräßlich! Wenn ein Arzt zum Verbrecher wird, so tut er es allen andern zuvor; denn er besitzt die nötigen Kenntnisse und hat starke Nerven. So war es zu allen Zeiten. Der Mensch, mit dem wir es zu tun haben, stellt zwar selbst seine berüchtigtsten Vorbilder in Schatten, doch meine ich, Watson, wir dürfen es trotzdem mit ihm aufnehmen. Aber es warten unser noch Schrecknisse genug, bevor die Nacht um ist; deshalb laß uns jetzt in aller Ruhe und Gemütlichkeit eine Pfeife zusammen rauchen und ein paar Stunden an etwas Heiteres denken.«

Etwa um neun Uhr erlosch der Lichtschein zwischen den Bäumen, und das Herrenhaus lag nun in tiefem Dunkel. Zwei Stunden waren langsam dahingeschlichen, als plötzlich, mit dem Schlag elf Uhr, ein einzelnes helles Licht gerade uns gegenüber aufblitzte.

»Das ist das Zeichen für uns«, sagte Holmes aufspringend; »es kommt aus dem Mittelfenster.«

Beim Verlassen des Hauses kündigten wir dem Wirt mit ein paar Worten an, daß wir noch einen späten Besuch bei einem Bekannten machen wollten, wo wir möglicherweise auch die Nacht zubringen würden. Im nächsten Augenblick blies uns bereits der kalte Wind auf der finstern Landstraße ins Gesicht, und der Lichtschein vom Herrenhause war nun unser einziger Leitstern auf dem dunkeln, unheimlichen Pfade.

In die Anlagen hineinzukommen, kostete uns wenig Mühe, denn in der alten Umfassungsmauer gähnten an mehreren Stellen weite Lücken. Wir hielten uns unter den Bäumen, bis wir auf dem Grasplatz waren. Eben hatten wir diesen überschritten und waren im Begriffe, durch das Fenster einzusteigen, als aus dem dichten Lorbeergebüsch ein Wesen hervorschoß, das einem häßlichen, mißgestalteten Kinde ähnlich sah. Zuerst ließ es sich unter allerlei Gliederverrenkungen auf den Rasen niederfallen, dann rannte es eiligst über den Rasen davon und verschwand in der Dunkelheit.

»Mein Gott«, flüsterte ich, »hast du es gesehen?«

Holmes war im ersten Augenblicke nicht minder erschrocken

als ich selbst. In seiner Aufregung preßte er mir das Handgelenk zusammen, daß ich hätte aufschreien mögen. Dann aber brach er in ein unterdrücktes Lachen aus und legte seine Lippen an mein Ohr.

»Eine nette Wirtschaft«, flüsterte er, »das ist ja der Pavian.«

Ich hatte die absonderlichen Liebhabereien des Herrn Doktors ganz vergessen. Ein Leopard war ja auch noch da und konnte uns jeden Augenblick auf den Schultern sitzen. Ich gestehe, daß ich mich etwas erleichtert fühlte als ich mich im Innern des Schlafzimmers befand, nachdem ich zuvor, dem Beispiel meines Freundes folgend, die Schuhe ausgezogen hatte. Dieser schloß nun geräuschlos die Läden, stellte die Lampe auf den Tisch und ließ dann seinen Blick im Zimmer umherschweifen. Es war noch alles genau so, wie wir es bei Tage gesehen hatten. Dann schlich er auf den Zehen zu mir und flüsterte durch die hohle Hand so leise, daß ich ihn nur gerade verstehen konnte:

»Das geringste Geräusch würde unser Vorhaben zunichte machen.«

Ich nickte, zum Zeichen, daß ich verstanden habe.

»Wir dürfen die Lampe nicht brennen lassen. Er würde das Licht durch das Luftloch sofort bemerken.«

Ich nickte wieder.

»Schlafe nur nicht ein; es könnte dir das Leben kosten. Halte deine Pistole für den Notfall bereit; ich will mich auf das Bett setzen, und du nimmst den Stuhl dort.«

Ich zog meinen Revolver aus der Tasche und legte ihn auf den Tischrand.

Holmes hatte eine lange dünne Gerte mit hereingebracht, die er nun neben sich auf das Bett legte, nebst einer Zündholzschachtel und einem Lichtstümpfchen. Dann schraubte er den Docht der Lampe herunter, und wir saßen im Dunkeln.

Wie könnte ich diese entsetzliche Wache je vergessen? Kein Laut, nicht der leiseste Atemzug war vernehmbar, und doch wußte ich, daß mein Begleiter kaum ein paar Schritte von mir mit offenen Augen in derselben Erregung und Spannung aller Nerven dasaß, wie ich selbst. Die Läden ließen nicht den kleinsten Lichtstrahl durch, und die Finsternis, die uns umgab, war undurchdringlich. Draußen ließ sich von Zeit zu Zeit der Schrei eines Nachtvogels und einmal auch, gerade vor unserem Fenster, ein langgezogenes katzenartiges Wimmern hören, das uns bewies, daß der Leopard wirklich frei umherlief. Aus weiter Ferne klangen die tiefen Töne der Kirchenuhr herüber, die alle Viertelstunden schlug. Wie lang wurden sie uns, diese Viertelstunden! Es schlug zwölf, eins, zwei, drei – und noch immer saßen wir da und harrten stumm der Dinge, die da kommen sollten.

Plötzlich blitzte an dem Luftloch ein flüchtiger Lichtschein auf, der sofort wieder verschwand, während sich nun ein ausgesprochener Geruch von brennendem Öl und erhitztem Metall bemerkbar machte. Es hatte jemand im Nebenzimmer eine Blendlaterne angezündet. Ich hörte etwas leise sich bewegen, und dann war wieder alles still, während der Geruch immer stärker wurde. Eine halbe Stunde saßen wir so mit lauschendem Ohr. Nun ließ sich mit einemmal ein anderer Laut vernehmen – ein ganz leises, sanftes Pfeifen, wie wenn ein dünner Dampfstrahl längere Zeit aus einem Kessel ausströmt. Augenblicklich sprang Holmes vom Bette auf, zündete ein Streichholz an und hieb mit seiner Gerte wütend auf den Klingelzug los.

»Du siehst es doch, Watson?« rief er, »du siehst es?«

Aber ich sah nichts. In dem Augenblick, als Holmes Licht machte, vernahm ich zwar ein sanftes helles Pfeifen, aber bei der plötzlichen Helle, die meine müden Augen traf, war ich nicht imstande zu unterscheiden, auf was mein Freund so grimmig hineinschlug. Doch bemerkte ich wohl, daß er totenblaß war, und Entsetzen und Abscheu sich in seinen Zügen malten.

Jetzt hatte er aufgehört zu schlagen und blickte noch zu dem Luftloch empor, als plötzlich aus der nächtlichen Stille der schauerlichste Schrei hervordrang, den ich je vernommen habe. Immer lauter und lauter schwoll derselbe an; Schmerz, Angst und Wut – das alles klang vereint aus dem gräßlichen, heiseren Laut an unser Ohr. Weit drunten im Dorf, ja sogar in dem entlegenen Pfarrhause fuhren – so sagte man uns später – bei dem Schrei die Schläfer von ihrem Lager auf. Uns stockte vor Entsetzen der Atem, und starr blickten wir einer den andern an, bis auch der letzte Widerhall in der tiefen Stille erstorben war.

»Was mag das bedeuten?« brachte ich mühsam hervor.

»Das bedeutet, daß alles vorüber ist«, gab Holmes zur Antwort, »und vielleicht ist es schließlich am besten so. Nimm deine Pistole zur Hand, dann wollen wir uns in Dr. Roylotts Zimmer begeben.«

Mit leichenblassem Gesicht steckte er die Lampe an und schritt voran auf den Gang hinaus. Zweimal klopfte er an des Doktors Zimmertür, ohne von drinnen Antwort zu erhalten. Nun drückte er die Klinke auf und trat ein, ich mit gespannter Pistole dicht hinter ihm.

Ein eigentümlicher Anblick bot sich hier unseren Augen. Auf dem Tische stand eine Blendlaterne, aus deren halbgeöffnetem Türchen ein greller Lichtstrahl auf den Eichenschrank fiel, dessen Türe weit offen stand. Neben dem Tisch auf dem Holzstuhl saß Dr. Roylott in einem langen grauen Schlafrock, aus dem unten seine bloßen Knöchel hervorschauten, während seine Füße in roten türkischen Pantoffeln steckten. Auf seinem Schoße lag die Hundepeitsche mit der langen Schleife, die uns am Tage in die Augen gefallen war. Sein Kinn war aufwärts gezogen, und seine glasigen Augen starrten schauerlich nach einer Ecke der Stubendecke empor. Um die Stirne hatte er ein eigentümliches gelbes Band mit bräunlichen Tupfen, das anscheinend fest um seinen Kopf gewunden war. Bei unserem Eintreten gab er keinen Laut von sich und rührte sich nicht.

»Das Band! das getupfte Band!« flüsterte Holmes.

Ich tat einen Schritt vorwärts. Auf einmal begann der eigentümliche Kopfschmuck sich zu bewegen, und mitten aus den Haaren des Dasitzenden erhob sich der platte, spitzige Kopf und der aufgeblasene Hals einer greulichen Schlange.

»Es ist eine Sumpfotter!« rief Holmes aus – »die giftigste aller indischen Schlangen. Zehn Sekunden nach ihrem Biß lebte er

schon nicht mehr. Hier ist in Wahrheit die Missetat auf ihren Urheber zurückgefallen, und der Verbrecher stürzte selbst in die
Grube, die er andern gegraben. Wir wollen das Tier vor allem
wieder in seinen Behälter tun; dann können wir Fräulein Stoner
nach einem sichern Zufluchtsort bringen und die Behörde von
dem Vorgefallenen in Kenntnis setzen.«

Bei diesen Worten nahm er die Peitsche geschwind der Leiche
vom Schoße, warf die Schleife der Schlange um den Hals und zog
sie von ihrem struppigen Lager weg. Dann trug er sie auf Armes-
länge vor sich her nach dem Schranke und verschloß diesen wieder.

Dies ist der wahre Hergang beim Tode des Dr. Grimesby Roylott
von Stoke Moran. Die gegenwärtige Erzählung hat sich bereits
über Gebühr ausgedehnt; ich will es mir deshalb ersparen, noch
ausführlich zu berichten, wie wir die traurige Kunde dem ent-
setzten Mädchen mitteilten, als wir es mit dem Frühzug in die
Obhut der guten Tante nach Harrow brachten, und wie die Behörde auf dem Wege ihres langsamen Verfahrens endlich zu dem
Schlusse gelangte, daß der Doktor sein plötzliches Lebensende
durch unvorsichtiges Spielen mit einem gefährlichen Lieblings-
tier verschuldet habe. Das wenige, was ich über den Fall noch
weiter erfuhr, teilte mir Holmes unterwegs auf der Heimfahrt am
nächsten Tage mit.

»Ich war«, erklärte er mir, »zu einer gänzlich irrigen Schlußfolgerung gelangt, woraus du siehst, wie gefährlich es stets ist,
mein lieber Watson, seine Schlüsse auf ungenügender Grundlage
aufzubauen. Die Anwesenheit der Zigeuner und die doppelsin-
nige Äußerung der unglücklichen Julia, durch die sie zweifellos
den Eindruck bezeichnen wollte, den die Gestalt der Schlange im
Scheine des Zündhölzchens auf ihr Auge gemacht hatte, genügten, um mich auf eine völlig falsche Spur zu bringen. Ich kann
nur das Verdienst für mich in Anspruch nehmen, daß ich augenblicklich davon abging, als es mir klar wurde, daß die Gefahr,
welche der Bewohnerin des Zimmers drohte, – dieselbe mochte

im übrigen sein, welcher Art sie wollte – weder durch die Tür noch durch das Fenster nahen könne. Sofort fiel mir nun das Luftloch auf mit dem Klingelzug daneben, der auf das Bett herabhing. Als ich sodann entdeckte, daß es gar keine Klingel war, und ich das Bett am Boden befestigt fand, erwachte in mir augenblicklich der Verdacht, daß das Seil nur dazu diene, um irgend etwas durch das Luftloch an demselben auf das Bett herunterzulassen. Sofort dachte ich an eine Schlange; hielt ich mir dann dazu weiter vor Augen, daß der Doktor sich beständig Tiere aus Indien schicken ließ, so glaubte ich wirklich annehmen zu dürfen, daß ich mich nun auf der richtigen Spur befinde. Der Gedanke, sich einer Art von Gift zu bedienen, das sich durch keinerlei chemische Untersuchung nachweisen ließ, war einem Menschen mit den Kenntnissen und der Gewissenlosigkeit des Doktors, der lange im Orient gelebt hatte, ganz besonders zuzutrauen. Die rasche Wirkung eines solchen Giftes mußte ihm von seinem Standpunkt aus ebenfalls höchst erwünscht sein. Der Leichenbeschauer hätte fürwahr ein scharfes Auge haben müssen, um die zwei winzigen dunklen Pünktchen – die einzige Spur, die der Biß der Giftzähne hinterließ – wahrzunehmen. Dann dachte ich über das Pfeifen nach. Er mußte doch die Schlange natürlich wieder zurückrufen, ehe es hell wurde, damit das Opfer dieselbe nicht erblicken konnte. Deshalb hatte er sie, wahrscheinlich mittels der Milch, die wir bei ihm vorfanden, so abgerichtet, daß sie auf seinen Pfiff zu ihm kam. Zur geeignetsten Zeit ließ er sie allemal durch das Luftloch hinüberschlüpfen; er konnte sich darauf verlassen, daß sie an dem Klingelzug auf das Bett hinunterkroch. Ob sie die Schlafende sofort beißen würde, war allerdings nicht sicher; möglich, daß diese eine ganze Woche lang der Gefahr Nacht für Nacht entging; aber früher oder später mußte sie doch zum Opfer fallen.

Zu diesen Schlußfolgerungen war ich bereits gelangt, ehe ich noch des Doktors Zimmer überhaupt betreten hatte. An seinem Stuhl sah ich dann, daß er sich regelmäßig darauf zu stellen pflegte; natürlich, denn er hätte ja sonst nicht zu dem Luftloch hinauf zu reichen vermocht. Der Anblick des eisernen Schrankes, der Untertasse mit Milch und der Schlinge an der Peitschenschnur genügten dann vollends, um jeden noch etwa möglichen Zweifel bei mir zu verscheuchen. Der metallene Klang, den Fräulein Stoner hörte, rührte offenbar von der Tür des Schrankes her, den ihr Vater hinter seiner grausigen Bewohnerin hastig zuschlug. Welche Schritte ich dann tat, und wie sehr sich die Richtigkeit meiner Auffassung bestätigt hat, ist dir zur Genüge bekannt. Sobald ich die Schlange zischen hörte, was du ohne Zweifel gleichfalls gehört hast, machte ich augenblicklich Licht und ging auf sie los ...«

»Was zur Folge hatte, daß sie sich schleunigst durch das Luftloch davon machte.«

»Und zur weiteren Folge, daß sie sich drüben auf ihren Herrn stürzte. Ein paar von den Hieben mit meiner Gerte saßen ganz gehörig; dadurch erwachte bei der Schlange ihre natürliche Bösartigkeit, so daß sie auf den nächsten Besten losging. Insofern trage ich zweifellos mittelbar die Schuld an des Doktors Tode, aber ich glaube kaum, daß sie mein Gewissen sonderlich schwer bedrücken wird.«

# Silberstrahl

»Mir wird wohl nichts anderes übrig bleiben, Watson, als hinzugehen«, sagte Holmes eines Morgens zu mir, als wir beim Frühstück saßen.

»So? Wohin denn?«

»Nach Dartmoor – nach Kings Pyland.«

Das überraschte mich nicht; im Gegenteil, ich hatte mich
schon gewundert, daß er nicht längst zur Mitarbeit an dem ungewöhnlichen Fall aufgefordert worden war, der in ganz England
das Tagesgespräch bildete. Mit gerunzelten Brauen, den Kopf auf
die Brust gesenkt, war mein Gefährte einen ganzen Tag lang ruhelos im Zimmer auf- und abgegangen, hatte immer wieder den
stärksten schwarzen Tabak in seine Pfeife gestopft und war für
alle meine Fragen und Bemerkungen stocktaub gewesen. Die
neuesten Nummern sämtlicher Tagesblätter, die unser Zeitungs-
agent ihm zuschickte, überflog er nur mit einem Blick und warf
sie dann in den Winkel. Er blieb stumm, aber ich wußte genau,
worüber er brütete. Es lag ja nur *ein* Fall vor, der genug öffentliches Aufsehen erregte, um ihn zu bewegen, die ganze Kraft seines kritischen Scharfsinns aufzubieten, nämlich das seltsame
Verschwinden des Rennpferdes, welches die größte Anwart-
schaft auf den Ehrenpreis von Wessex gehabt hatte, und die rätselhafte Ermordung des Stallmeisters John Straker. Als Holmes
mir daher plötzlich mitteilte, er wolle sich auf den Schauplatz des
Dramas begeben, hatte ich bereits auf diesen Entschluß von seiner Seite gewartet und gehofft.

»Ich würde dich sehr gern begleiten, wenn ich dir nicht im
Wege bin«, sagte ich.

»Du tätest mir den größten Gefallen damit, lieber Watson,
auch wäre es durchaus keine Zeitverschwendung; der Fall enthält nämlich so interessante Einzelheiten, daß er wohl in seiner
Art einzig dasteht. Wir können, glaube ich, unsern Zug gerade

noch in Paddington erreichen und unterwegs will ich eingehender mit dir über die Sache reden. Bitte nimm auch deinen ausgezeichneten Feldstecher mit, wir brauchen ihn vielleicht.«

So saß ich denn etwa eine Stunde später in der Ecke eines Coupés erster Klasse und während der Bahnzug mit uns nach Exter davonsauste, vergrub Sherlock Holmes sein scharfgeschnittenes, ausdrucksvolles Gesicht, das von einer Reisemütze mit Ohrenklappen umrahmt war, in einen Haufen neuer Zeitungen, die er sich in Paddington gekauft hatte. Erst als Reading längst hinter uns lag, warf er die letzte Nummer unter den Sitz und holte seine Zigarrentasche heraus.

»Wir fahren rasch«, sagte er, nachdem er einen Blick aus dem Fenster geworfen und auf seine Uhr gesehen hatte, »unsere Fahrgeschwindigkeit beträgt augenblicklich dreiundfünfzig und eine halbe Meile in der Stunde.«

»Ich habe mir nicht die Zeit genommen, die Meilensteine zu zählen.«

»Ich auch nicht«, erwiderte er. »Aber die Telegraphenstangen dieser Linie haben einen Abstand von sechzig Ellen; da läßt sich's leicht berechnen. Vermutlich ist dir die Ermordung John Strakers und das Verschwinden von Silberstrahl schon samt allen näheren Umständen bekannt?«

»Was der ›Telegraph‹ und die ›Chronik‹ darüber mitteilen, habe ich gelesen.«

»Bei diesem Fall ist es für die Schlußfolgerung wichtiger, die vorhandenen Angaben genau zu untersuchen, als sich nach immer neuen Beweismitteln umzusehen. Das Trauerspiel ist so ungewöhnlicher Art und für eine große Anzahl Personen von solcher Tragweite, daß uns die Überfülle unbegründeter Annahmen, Mutmaßungen und Voraussetzungen zu verwirren droht. Da gilt es vor allem, die nackten Tatsachen, soweit sie unleugbar und bestimmt feststehen, von dem unnützen Beiwerk zu trennen, welches Berichterstatter und Theoretiker hinzugefügt haben. Erst wenn man eine sichere Grundlage gewonnen hat, wird man Schlüsse ziehen und die besonderen Punkte ins Auge fassen können, um welche sich das ganze Geheimnis dreht. Am Dienstag abend bin ich sowohl von Oberst Roß, dem Eigentümer des Pferdes, als von Polizeiinspektor Gregory, dem der Fall übergeben ist, auf telegraphischem Wege um meinen Beistand gebeten worden.«

»Am Dienstag abend!« rief ich. »Und heute ist schon Donnerstag. Warum bist du denn nicht gestern hingefahren?«

»Weil ich mich in einem Irrtum befand, lieber Watson – was leider häufiger vorkommt, als die Leute glauben mögen, die mich aus deinen Aufzeichnungen kennen. Ich hielt es nämlich nicht für möglich, daß das berühmteste Rennpferd Englands lange verborgen bleiben könnte, noch dazu in einer so öden Gegend, wie dem Norden von Dartmoor. Von Stunde zu Stunde habe ich gestern auf die Nachricht gewartet, daß man sein Versteck entdeckt hat, und daß der Räuber des Pferdes zugleich John Strakers Mörder ist. Als aber die Zeitungen heute außer der Festnahme des jungen Fitzroy Simpson nichts Neues brachten, da fühlte ich wohl, daß etwas geschehen müsse und es für mich an der Zeit sei, tätig einzugreifen. Inzwischen halte ich auch den gestrigen Tag nicht gerade für verloren.«

»Also hast du dir schon eine Theorie gebildet?«

»Wenigstens ist mir klar geworden, welches die wesentlichen Tatsachen sind. Ich werde sie dir aufzählen, denn es gibt kein besseres Mittel, Licht über einen Fall zu verbreiten, als wenn man ihn jemand auseinandersetzt; auch kann ich ja nur auf deine Mitwirkung rechnen, wenn ich dir zeige, welchen Standpunkt ich selbst einnehme.«

Ich lehnte mich nun in die Kissen zurück und rauchte meine Zigarre, während Holmes vornübergebeugt dasaß, einen kurzen Umriß der Ereignisse entwarf, welche uns zu der Reise veranlaßt hatten, und dabei mit dem langen, dünnen Zeigefinger auf der Fläche seiner linken Hand die verschiedenen Punkte beschrieb, die ihm wichtig erschienen.

»Silberstrahl«, sagte er, »ist ein Abkömmling des berühmten Isonomy und seine Laufbahn war ebenso glänzend wie die seines großen Vorfahren. Das Pferd steht im fünften Jahr und hat seinem glücklichen Besitzer, Oberst Roß, nacheinander bereits sämtliche Rennpreise eingebracht. Auch der Ehrenpreis von Wessex war ihm, nach allgemeiner Ansicht, so gut wie gewiß; die Wetten verhielten sich wie drei zu eins. – Überhaupt ist Silberstrahl von jeher der bevorzugte Liebling des Rennpublikums gewesen und hat die auf ihn gesetzte Hoffnung noch nie enttäuscht; gelegentlich sind wahrhaft riesige Summen auf das Pferd gewettet worden. Hieraus ist leicht ersichtlich, daß eine Menge Leute das stärkste Interesse daran haben mußten, sein Erscheinen auf dem Rennplatz am nächsten Dienstag zu verhindern.

Auch in Kings Pyland, wo Oberst Roß seinen Reitstall hat, war man sich dieser Tatsache wohl bewußt und traf umfassende Maßregeln zum Schutz des edeln Tieres. John Straker, ein früherer Jockey des Obersten, hatte bei allen Wettrennen dessen Farben getragen, bis sein Gewicht zu schwer wurde. Fünf Jahre ist er als Jockey und sieben Jahre als Stallmeister bei seinem Herrn gewesen und hat den Dienst stets mit Treue und Eifer versehen. Sein Amt war übrigens nicht beschwerlich, denn alles in allem standen nur vier Pferde unter seiner Obhut und er hatte drei Stallknechte zur Verfügung. Einer von diesen Knechten pflegte die Nacht über im Stall zu wachen, während die andern auf dem Heuboden schliefen. Alle drei standen im besten Ruf und galten für vollkommen zuverlässig. Straker war verheiratet und wohnte in einem kleinen Landhaus, das kaum zweihundert Meter von den Stallgebäuden entfernt liegt; er hatte keine Kinder, hielt sich eine Dienstmagd und lebte in guten Verhältnissen. Die Gegend rund umher ist einsam, doch hat ein Bauunternehmer aus Tavistock etwa eine halbe Meile nach Norden hin ein kleines Villenviertel errichtet, um Erholungsbedürftigen oder andern Sommerfrischlern, die in der reinen Luft von Dartmoor Stärkung suchen, Unterkunft zu gewähren. Der Ort Tavistock selbst liegt zwei Meilen nach Westen; jenseits des Moors befindet sich in gleicher Entfernung die große Pferdezüchterei von Capleton, welche Lord Backwater gehört; der dortige Aufseher heißt Silas

Brown. Nach jeder andern Richtung hin ist das Moor völlig verödet und dient nur einigen herumziehenden Zigeunern zum Aufenthalt.

So ungefähr standen die Dinge am letzten Montag abend, ehe das Unglück geschah. Nachdem die Pferde ihren gewöhnlichen Übungsritt gemacht hatten und getränkt worden waren, verschloß man um neun Uhr den Stall. Zwei von den Knechten begaben sich nach Strakers Haus, wo sie in der Küche zu Abend aßen, während Eduard Hunter, der dritte, als Wächter zurückblieb. Einige Minuten nach neun brachte ihm die Dienstmagd, Edith Baxter, sein Nachtessen, das in einem Teller voll Hammelragout bestand. Sie nahm kein Getränk mit, da Wasserleitung im Stall war und der Knecht, der die Wache hatte, nichts anderes trinken durfte, das galt als strenge Regel.

Edith Baxters Weg führte über das offene Moor, und da es ganz dunkel war, nahm sie eine Laterne mit. Als sie sich dem Stall bis auf etwa dreißig Meter genähert hatte, tauchte plötzlich aus der Finsternis ein Mann auf und rief sie an. Er trat in den gelben Lichtkreis der Laterne und sie sah, daß er den besseren Ständen angehörte; er trug einen grauen Anzug aus leichtem Wollenstoff, Gamaschen und eine Tuchmütze, in der Hand hielt er einen schweren Stock mit dickem Knauf. Was ihr am meisten auffiel, war jedoch die entsetzliche Blässe seines Gesichts und sein ängstliches Benehmen; nach ihrer Ansicht mochte er eher über als unter dreißig Jahre alt sein.

›Können Sie mir vielleicht sagen, wo ich bin?‹ fragte er. ›Ich hatte mich schon darein ergeben, die Nacht auf dem Moor zuzubringen, als ich das Licht Ihrer Laterne sah.‹

›Sie sind dicht bei den Stallgebäuden von Kings Pyland‹, versetzte sie.

›Wirklich! Nun, das nenne ich einen Glücksfall!‹ rief er. ›Man hat mir gesagt, daß dort nur ein Stallknecht wohnt; vielleicht wollen Sie ihm eben sein Abendbrot bringen. Ich denke, Sie werden nicht zu stolz sein, um sich das Geld zu einem neuen Kleide zu verdienen, nicht wahr? – Nun gut, wenn Sie dem Knecht noch heute abend dies hier zukommen lassen‹, er nahm ein kleines, zusammengefaltetes Papier aus der Westentasche, ›so sollen Sie den hübschesten Anzug haben, den man zu kaufen bekommt.‹

Die Magd erschrak, als er sein Anliegen so dringend vorbrachte, und lief rasch an ihm vorbei nach dem Fenster hin, durch welches sie das Essen hineinzureichen pflegte. Es war schon geöffnet und Hunter saß drinnen an einem kleinen Tisch. Eben erzählte sie ihm, was ihr zugestoßen sei, als der Fremde selbst herzutrat.

›Guten Abend‹, sagte er, durch das Fenster blickend; ›ich möchte gern ein paar Worte mit Ihnen reden.‹ – Das Mädchen hat eidlich versichert, daß sie, während er sprach, eine Ecke des weißen Papierpäckchens in seiner geschlossenen Hand bemerkte.

›Was haben Sie hier zu suchen?‹ fragte der Knecht.

›Etwas, wobei Sie ein gutes Stück Geld verdienen können‹, lautete die Antwort. ›Sie haben zwei Pferde hier, die für den Wessex-Preis rennen sollen – Silberstrahl und Bayard. Schenken Sie mir klaren Wein ein, und es soll Ihnen nicht zum Schaden gereichen. Ist es wahr, daß Bayard dem andern beim Proberennen auf fünf Achtelmeilen hundert Meter Vorsprung abgewonnen hat, und daß das Stallpersonal auf ihn wetten will?‹

›Also, Sie sind so ein verdammter Schwindler‹, rief Hunter. ›Warten Sie nur, ich zeige Ihnen gleich, wie wir solchem Pack in Kings Pyland mitspielen.‹ Er sprang auf und lief nach dem Stall hinüber, um den Hund loszuketten. Das Mädchen ergriff eilends die Flucht, blickte jedoch noch einmal zurück und sah, wie der Fremde sich zum Fenster hineinlehnte. Als Hunter gleich darauf mit dem Hund herausgestürzt kam, war jener verschwunden und keine Spur von ihm zu entdecken, obwohl der Stallknecht rings um das Haus herumsuchte.«

»Warte einen Augenblick«, unterbrach ich den Bericht meines Freundes; »hat der Stallknecht, als er mit dem Hunde herauskam, die Tür hinter sich offen gelassen?«

»Vortrefflich, Watson, vortrefflich«, murmelte Holmes. »Der Umstand schien auch mir von solcher Wichtigkeit, daß ich gestern eigens ein Telegramm nach Dartmoor sandte, um mir Gewißheit darüber zu verschaffen. Der Stallknecht hat die Tür zugeschlossen, als er hinausging, und das Fenster ist nicht groß genug, um einem Mann Einlaß zu gewähren.

»Hunter wartete bis zur Rückkehr seiner beiden Genossen und schickte dann seinem Herrn einen Bericht über den Vorfall. Straker war zwar sehr ärgerlich, doch scheint er sich nicht klar gemacht zu haben, was die Sache eigentlich zu bedeuten hatte. Eine unbestimmte Sorge quälte ihn indessen jedenfalls, denn, als seine Frau um ein Uhr nachts aufwachte, sah sie, daß er im Begriff war, sich anzukleiden. Auf ihre Fragen erwiderte er, seine Unruhe um die Pferde lasse ihn nicht schlafen, er wolle im Stall nachsehen, ob alles in Ordnung sei. Sie hörte den Regen an die Scheiben klatschen und bat ihren Mann, daheim zu bleiben, aber es war vergebens; er zog seinen Gummimantel an und verließ das Haus.

Als Frau Straker um sieben Uhr erwachte, war ihr Mann noch nicht zurückgekehrt. Rasch kleidete sie sich an, rief das Mädchen und eilte nach dem Gehöft. Die Tür stand offen; drinnen saß Hunter auf einem Stuhl zusammengesunken und völlig betäubt; der Stall, in dem Silberstrahl gestanden, war leer und Straker nirgends zu finden.

Man weckte die beiden Stallknechte, die auf dem Heuboden über der Geschirrkammer schliefen. Sie hatten während der Nacht kein Geräusch gehört. Hunter mußte wohl ein starkes Schlafmittel erhalten haben und litt noch an den Folgen; da nichts Vernünftiges aus ihm herauszubringen war, ließ man ihn weiter schlafen. Frau Straker, die Magd und die beiden Knechte machten sich inzwischen auf, um nach dem Verlorenen zu suchen. Sie hegten noch die leise Hoffnung, der Stallmeister könne vielleicht mit dem Pferd einen Morgenritt gemacht haben, und erstiegen eine Anhöhe in der Nähe des Hauses, von wo aus man das Moor ringsum überblickt. Von dem Rennpferd war nirgends eine Spur, aber nach John Straker brauchten sie nicht lange zu suchen. Etwa eine Viertelmeile von dem Stallgebäude entfernt hing sein Mantel an einem Ginsterbusch, und nicht weit davon in einer muldenförmigen Vertiefung des Bodens fand man die Leiche des unglücklichen Stallmeisters. Der Schädel war ihm durch einen wuchtigen Schlag mit einem schweren Werkzeug zerschmettert worden, und am Schenkel hatte er eine lange Schnittwunde, die von einer scharfen Waffe herrühren mußte. Offenbar hatte sich Straker, so gut er konnte, gegen seine Angreifer verteidigt, denn in der rechten Hand hielt er ein kleines Messer, das über und über mit geronnenem Blut bedeckt war. Seine Linke aber umklammerte eine rot und schwarz gestreifte seidene Krawatte; eine solche hatte, nach Aussage der Magd, jener Fremde, den sie beim Stall getroffen, am Abend zuvor getragen.

Als Hunter aus seiner Betäubung erwachte, erkannte auch er, daß die Krawatte des Fremden Eigentum sei. Nach seiner Überzeugung hatte ihm dieser das Schlafpulver vom Fenster aus in das Hammelragout geschüttet, damit der Stall unbewacht bliebe.

Was das fehlende Rennpferd betrifft, so fand man im Moorboden des Talkessels zahlreiche Beweise, daß es zur Zeit des Kampfes auf dem Schauplatz desselben gewesen ist. Aber seit jenem Morgen ist es verschwunden, und obwohl eine hohe Belohnung ausgesetzt ist und alle Zigeuner von Dartmoor sich auf der Suche befinden, weiß niemand, wo es geblieben sein kann. Schließlich ist noch zu bemerken, daß sich eine beträchtliche Menge pulverisiertes Opium in des Stallknechts Nachtessen, bei Untersuchung der Reste, vorgefunden hat, während die Leute im Hause an demselben Abend vom nämlichen Gericht gegessen haben, ohne nachteilige Folgen zu verspüren.

Das sind in kurzen, kahlen Umrissen und mit möglichst geringen Abschweifungen die hauptsächlichsten Tatsachen, welche vorliegen. Nun will ich dir noch aufzählen, was für Maßregeln die Polizei getroffen hat.

Inspektor Gregory, der den Fall in Händen hat, ist ein außerordentlich fähiger Beamter. Er würde große Dinge in seinem Beruf leisten, wenn ihm nicht alle Einbildungskraft mangelte. Das erste, was er tat, war, den Mann ausfindig zu machen und festzunehmen, auf dem natürlich der größte Verdacht ruhte. Ihn zu finden, war nicht schwer, denn man kannte ihn in der ganzen Nachbarschaft. Sein Name ist Fitzroy Simpson, er stammt aus einer angesehenen, gebildeten Familie, hat sein Vermögen auf dem Rennplatz durchgebracht und erwirbt sich jetzt den standesgemäßen Lebensunterhalt durch eine anständige kleine Buchmacherei bei den Londoner Rennclubs. Eine Durchsicht seines Wettbuchs ergab, daß Wetten bis zum Betrage von 5000 Pfund gegen den Favoriten Silberstrahl durch ihn gebucht worden waren.

Bei seiner Verhaftung bekannte er freiwillig, er sei nach Dartmoor gekommen, um Erkundigungen über die Pferde in Kings Pyland einzuziehen und zugleich etwas Näheres über den zweiten Favoriten, Desborough, zu erfahren, der unter Silas Browns Aufsicht im Stall von Capleton steht. Auch versuchte er nicht etwa sein Benehmen vom Abend zuvor abzuleugnen, erklärte jedoch, er hätte keinerlei böse Absicht gehabt, sondern nur den Wunsch, sich Nachricht aus erster Hand zu verschaffen. Als man ihm die Krawatte zeigte, erblaßte er sichtlich und war außerstande, anzugeben, auf welche Weise sie in die Hand des Ermordeten gelangt sein könne. Sein nasser Anzug trug deutliche Spuren, daß er in der Regennacht draußen gewesen sein müsse, und sein Stock, ein mit Blei beschwerter, sogenannter Totschläger, war genau die Waffe, welche die Verletzung hervorgebracht haben konnte, welcher der unglückliche Stallmeister erlegen war.

Dagegen hatte Simpson selbst keine Wunde am Körper, während doch, nach der Beschaffenheit von Strakers Messer zu urteilen, mindestens einer seiner Angreifer durch ihn gezeichnet worden war. – So, Watson – das ist, kurz zusammengefaßt, der ganze Sachverhalt, und wenn du mir irgendwelche Aufklärung darüber geben kannst, tust du mir den größten Gefallen.«

Ich hatte den klaren Auseinandersetzungen meines Gefährten mit gespanntem Interesse zugehört; denn obgleich mir die Tatsachen größtenteils schon bekannt waren, ging mir doch erst jetzt ein Licht auf über ihren Zusammenhang und ihre eigentliche Bedeutung.

»Wäre es nicht möglich«, warf ich ein, »daß sich Straker bei den krampfhaften Zuckungen, welche mit jeder Verletzung des Gehirns verbunden zu sein pflegen, die Schnittwunde mit seinem eigenen Messer beigebracht hat?«

»Nicht nur möglich, sondern höchst wahrscheinlich«, versetzte Holmes. »In diesem Fall wird einer der Hauptpunkte hinfällig, welcher zu Gunsten des Angeklagten spricht.«

»Und doch«, erwiderte ich, »bin ich noch ganz im Dunkeln darüber, wie sich die Polizei die Sache vorstellt.«

»Ich fürchte, es werden sich gegen jede Theorie, die wir vorbringen könnten, gewichtige Einwendungen erheben«, sagte mein Gefährte. »Die Polizei ist, glaube ich, der Ansicht, daß Simpson, nachdem er dem Stallknecht das Schlafmittel verabreicht hatte, sich mittels eines Nachschlüssels, den er sich irgendwie zu verschaffen gewußt, in den Stall geschlichen hat, um das Pferd zu rauben. Er muß ihm auch den Zaum angelegt haben, da dieser sich nicht vorfindet. Während er nun, die Stalltüre offen lassend, das Tier über das Moor davonführte, kam ihm Straker entgegen oder holte ihn ein. Natürlich entspann sich ein Kampf, bei dem Simpson seinen Gegner mit dem schweren Stocke erschlug, ohne von ihm mit dem Messer verwundet zu werden, das Straker als Verteidigungswaffe brauchte. Hierauf gelang es dem Dieb entweder, das Pferd in ein geheimes Versteck zu bringen, oder es hat sich losgerissen und läuft nun in der Irre auf dem Moor umher. – So denkt sich die Polizei den Fall, und trotz vieler Unwahrscheinlichkeiten, auf die wir bei dieser Erklärung stoßen, ist sie noch die wahrscheinlichste von allen. Sobald ich an Ort und Stelle bin, werde ich der Sache übrigens besser auf den Grund sehen können, einstweilen müssen wir, wohl oder übel, auf dem Standpunkt stehen bleiben, den wir jetzt einnehmen.«

Erst gegen Abend kamen wir in dem Städtchen Tavistock an, das mitten in dem großen Rund von Dartmoor liegt, wie der Buckel an einem Schilde. Zwei Herren erwarteten uns am Bahn-

hof, der eine groß und blond, mit Haar und Bart wie eine Lö-
wenmähne und scharfen, hellblauen Augen, der andere, ein kleiner beweglicher Mann im Überrock und Gamaschen, sehr ge-
schniegelt und gebügelt, mit kurz geschnittenem Backenbart
und eingekniffenem Augenglas. Dies war Oberst Roß, der wohlbekannte Sportsmann, jener aber Polizeiinspektor Gregory, der
sich im Dienst der englischen Geheimpolizei rasch einen Namen
gemacht hatte.

»Ich bin sehr froh, daß Sie gekommen sind, Herr Holmes«,
sagte der Oberst. »Zwar hat der Inspektor alles nur Erdenkliche
getan, aber ich möchte nichts unversucht lassen, um den Tod des
armen Straker zu sühnen, und wieder in den Besitz meines Pferdes zu gelangen.«

»Haben Sie irgend eine neue Spur entdeckt?« fragte Holmes.

»Leider sind wir nur wenig vorwärts gekommen«, entgegnete
der Inspektor. »Draußen wartet ein offener Wagen auf uns«, fuhr
er fort, »Sie werden gewiß den Schauplatz sehen wollen, ehe es
zu dunkel wird, und wir können das Nähere während der Fahrt
besprechen.«

Gleich darauf saßen wir alle in dem bequemen Landauer und
rollten durch die Straßen des altertümlichen Städtchens. Inspek-
tor Gregory hatte nichts als den Fall im Kopf und goß die ganze
Flut seiner Betrachtungen über uns aus, während Holmes nur
dann und wann eine Frage oder einen Ausruf dazwischen warf.
Oberst Roß lehnte sich in den Sitz zurück, schlug die Arme un-
ter, drückte seinen Hut tief ins Gesicht und lauschte eifrig auf das
Gespräch der beiden Polizisten. Gregorys Auffassung von der
Sache stimmte fast genau mit dem überein, was mir Holmes im
Zuge zum voraus berichtet hatte.

»Das Netz hat sich schon ziemlich dicht um Fitzroy Simpson
zusammengezogen«, schloß der Inspektor, »und ich für meine
Person zweifle nicht, daß er der Täter ist. Bei alledem muß ich jedoch zugeben, daß diese Annahme nur auf Indizienbeweisen beruht, die durch eine neue Enthüllung umgestoßen werden können.«

»Und wie steht's mit Strakers Messer?«

»Wir sind zu dem sichern Schluß gelangt, daß er sich selbst verwundet hat, als er zu Boden fiel.«

»Mein Freund Watson hat sich bei unserer Herfahrt auch in diesem Sinne geäußert. Dadurch würde der Verdacht gegen Simpson bedeutend erhöht.«

»Natürlich, denn bei ihm hat man weder ein Messer noch Spuren einer Verletzung gefunden. Doch liegen auch andere sehr starke Beweise gegen ihn vor. Sein großes Interesse am Verschwinden des Renners, sein Versuch, den Stallknecht zu vergiften, der Umstand, daß er in der Regennacht draußen war, der schwere Stock, der ihm als Waffe diente, und die Krawatte in des Toten Hand liefern genug Verdachtsgründe, um ihn vor die Geschworenen zu bringen.«

Holmes schüttelte den Kopf. »Ein geschickter Anwalt würde dies ganze Gewebe in Fetzen reißen«, sagte er. »Was brauchte er das Pferd aus dem Stalle zu führen? Hätte er ihm nicht ebensogut dort einen Schaden zufügen können? Hat man einen Nachschlüssel bei ihm gefunden? Welcher Apotheker hat ihm das Opiumpulver verkauft? Und vor allem – wo hätte ein Mensch, der in hiesiger Gegend fremd ist, ein solches Pferd verbergen können? – Wie lautet denn seine eigene Aussage über das Papier, welches das Mädchen dem Stallknecht geben sollte?«

»Er sagt, es sei eine Zehnpfundnote gewesen. Eine solche fand sich auch in seinem Geldbeutel. Übrigens lassen sich Ihre andern Einwürfe samt und sonders entkräften. Die Umgegend ist ihm bekannt, da er im Sommer zweimal in Tavistock übernachtete. Das Opium kann er von London mitgebracht haben. Den Nachschlüssel hat er natürlich weggeworfen, sobald er ihn nicht mehr brauchte. Das Pferd liegt vielleicht irgendwo im Moor auf dem Grunde eines alten Schachts.«

»Was sagt er über die Krawatte?«

»Er gibt zu, daß sie ihm gehört, und behauptet, er habe sie verloren. Inzwischen ist ein neuer Verdacht aufgetaucht, der uns vielleicht eine Aufklärung bringt, weshalb Simpson das Pferd aus dem Stall geführt hat.«

Holmes horchte hoch auf.

»Wir haben Spuren gefunden, welche beweisen, daß eine Zigeunerbande am Montag abend eine Meile von dem Schauplatz des Mordes entfernt ihr Lager hatte. Am Dienstag früh war sie verschwunden. Kann nicht Simpson im Einvernehmen mit diesen Leuten gestanden haben, und im Begriff gewesen sein, ihnen das Pferd zuzuführen, als er sich verfolgt sah? Vielleicht ist es noch in ihrem Besitz.«

»Unmöglich wäre das nicht.«

»Man durchstreift das Moor nach den Zigeunern. Auch habe ich jeden Stall und jedes Hintergebäude in Tavistock und zehn Meilen in der Runde untersuchen lassen.«

»Ich höre, daß noch ein Besitzer von Rennpferden seine Stallungen hier ganz in der Nähe hat.«

»Jawohl, und diesen Umstand dürfen wir nicht aus den Augen lassen. Da der Renner Desborough das zweite Pferd war, auf das gewettet wurde, hatten die Leute dort ein großes Interesse an dem Verschwinden des Favoriten. Silas Brown, der Stallmeister, soll hohe Wetten eingegangen sein, und er war dem armen Straker nicht wohlgesinnt. Übrigens haben wir die Ställe durchsucht und nichts gefunden, was mit der Angelegenheit zusammenhängt.«

»Auch kein Anzeichen, daß Simpson mit dem Stallmeister von Capleton in irgend welcher Verbindung steht?«

»Nicht das geringste.«

Holmes lehnte sich in den Wagen zurück und die Unterhaltung stockte. Wenige Minuten später hielt der Kutscher vor einem hübschen kleinen Landhaus aus roten Ziegelsteinen mit vorspringendem Giebel, das dicht am Wege stand. In einiger Entfernung davon, jenseits einer Umfriedigung, lag ein langes, mit grauem Schiefer gedecktes Gebäude. Nach allen anderen Richtungen dehnte sich, soweit das Auge reichte, der wellenförmige Boden des Moors aus, dem das welke Farnkraut eine Bronzefärbung verlieh. Nur die Kirchtürme von Tavistock und nach Westen zu eine Anzahl Häuser, die um die Stallungen von Capleton her lagen, unterbrachen den einförmigen Horizont. Wir sprangen alle aus dem Wagen, Holmes allein lehnte noch in seiner Ecke; er starrte unverwandt ins Weite und schien ganz in Gedanken versunken. Als ich seinen Arm berührte, fuhr er heftig zusammen, raffte sich empor und stieg gleichfalls aus.

»Entschuldigen Sie«, sagte er zu Oberst Roß, der ihn verwundert ansah, »ich habe bei hellem Tage geträumt.« Aber ein gewisses Leuchten seiner Augen und die geheime Erregung in seinem ganzen Wesen überzeugten mich, der ich seine Art kannte, daß er dem Geheimnis auf der Spur sei, wiewohl ich keine Ahnung hatte, wo er den Schlüssel gefunden haben könne.

»Vielleicht möchten Sie gleich weiter fahren, Herr Holmes, um den Schauplatz des Verbrechens zu besichtigen?« fragte Gregory.

»Es wäre mir lieber, eine Weile hier zu bleiben, und erst noch über einige Einzelheiten ins klare zu kommen. Vermutlich ist Straker hierhergeschafft worden?«

»Ja, er liegt im oberen Stock. Morgen soll die Totenschau stattfinden.«

»Nicht wahr, er stand schon seit mehreren Jahren in Ihrem Dienst, Herr Oberst? Sie haben gewiß ein Verzeichnis von den Gegenständen gemacht, die er zur Zeit seines Todes bei sich trug?«

»Ja, und ich war stets außerordentlich zufrieden mit ihm. Die Sachen sind alle im Wohnzimmer verwahrt, Sie können sie dort in Augenschein nehmen.«

»Das wäre mir lieb.«

Wir traten nun in das vordere Zimmer und nahmen um den Tisch in der Mitte Platz, während der Inspektor einen viereckigen Blechkasten aufschloß und eine Anzahl Gegenstände herausnahm: eine Schachtel mit Streichkerzen, zwei Stückchen Talglicht, einen halb gefüllten ledernen Tabaksbeutel, eine kurze Pfeife, eine silberne Uhr mit goldener Kette, einen Bleistifthalter von Aluminium, fünf goldene Sovereigns, verschiedene Papiere und ein Messer mit Elfenbeingriff, welches ›Weiß und Co. London‹ gezeichnet war und eine sehr biegsame, feine Klinge hatte. Holmes nahm es in die Hand und betrachtete es.

»Ein sonderbares Messer«, sagte er. »Nach den Blutflecken zu urteilen, ist es wohl dasselbe, welches man in des Toten Hand gefunden hat. Ich dächte, auf dergleichen müßtest du dich verstehen, Watson.«

»Es ist ein Messer, wie man es zu Staroperationen braucht«, sagte ich.

»Ich dachte mir's wohl, daß man eine so feine Klinge nur zu sehr heikler Arbeit benützt. Wie sonderbar, daß er ein solches Messer bei dem nächtlichen Ausgang mitgenommen hat; es läßt sich nicht einmal zuklappen und in die Tasche stecken.«

»Die Spitze war durch eine Korkscheibe geschützt, die wir neben der Leiche fanden«, berichtete der Inspektor. »Frau Straker sagt, das Messer habe schon seit ein paar Tagen auf dem Tisch im Schlafzimmer gelegen, und beim Hinausgehen habe ihr Mann es mitgenommen. Es war nur eine schwache Verteidigungswaffe, aber vielleicht die einzige, die er im Augenblick zur Hand hatte.«

»Wohl möglich. Und was für Papiere sind das?«

»Drei Quittungen von Händlern für geliefertes Heu; ein Brief von Oberst Roß mit Verhaltungsmaßregeln; ferner die Rechnung einer Schneiderin im Betrag von siebenunddreißig Pfund fünfzehn Schilling, von Madame Leswier in Bondstreet für William Darbyshire ausgestellt. Frau Straker teilte mir mit, dieser Darbyshire sei ein Freund ihres Mannes gewesen, und zuweilen seien Briefe an ihn hierher adressiert worden.«

»Frau Darbyshire scheint etwas verschwenderischer Natur zu sein«, bemerkte Holmes, die Rechnung überfliegend. »Zweiundzwanzig Guineen ist eine hohe Summe für einen einzigen Anzug. – Nun habe ich hier wohl alles gesehen, und wir können uns auf den Schauplatz des Verbrechens begeben.«

Als wir das Wohnzimmer verließen, trat eine Frau, die im Hausflur gewartet hatte, auf uns zu. Man sah es ihrem hagern, eingefallenen Gesicht und ihrer aufgeregten Miene an, daß sie erst kürzlich etwas Entsetzliches erlebt hatte.

»Hat man sie gefunden und festgenommen?« stieß sie hastig hervor und legte ihre Hand auf den Arm des Inspektors.

»Nein, Frau Straker; aber Herr Holmes hier ist aus London gekommen, um uns zu helfen; wir werden das Menschenmögliche tun.«

»Habe ich Sie nicht kürzlich bei einem Gartenfest in Plymouth gesehen, Frau Straker?« frage Holmes.

»Nein, das muß ein Irrtum sein.«

»Wirklich? Ich hätte darauf schwören mögen; Sie trugen ein taubengraues Seidenkleid mit Straußenfedern besetzt.«

»Einen solchen Anzug habe ich nie besessen«, erwiderte die Dame.

»So? – Dann habe ich mich freilich getäuscht. Entschuldigen Sie bitte«, sagte Holmes und folgte dem Inspektor ins Freie.

Ein kurzer Weg über das Moor brachte uns nach der Talsenkung, wo der Leichnam gefunden worden war. Am Rande derselben stand der Ginsterbusch, auf dem der Mantel gehangen hatte.

»Es war in jener Nacht kein Wind, soviel ich weiß«, sagte Holmes.

»Nein, es regnete nur sehr stark.«

»Also ist der Mantel nicht in das Gebüsch geweht worden, sondern man hat ihn dort aufgehängt.«

»Ja, er war quer über den Busch gelegt.«

»Das ist mir von großem Interesse. Der Boden ist ringsherum ganz zertreten. Wahrscheinlich sind seit Montag nacht schon viele Leute hier gewesen.«

»Wir haben auf diese Seite eine Matte gelegt und standen darauf.«

»Ausgezeichnet!«

»In dem Sack hier habe ich einen von den Stiefeln, welche Straker angehabt hat, nebst einem Schuh von Simpson und ein Hufeisen von Silberstrahl.«

»Lieber Inspektor, Sie sind ganz unvergleichlich.«

Holmes nahm den Sack, stieg in die Talsenkung hinab und schob die Matte mehr nach der Mitte zu. Dann streckte er sich der Länge nach auf den Boden, stützte sein Kinn auf die Hände und begann den zertretenen Boden sorgfältig zu betrachten.

»Halt, was ist das?« rief er plötzlich.

Es war ein halb abgebranntes Streichkerzchen, aber so mit Schmutz überzogen, daß es kaum zu erkennen war.

»Ich begreife nicht, wie ich das übersehen haben kann«, sagte der Inspektor ärgerlich.

»Es war auch unsichtbar, ganz im Schlamm vergraben. Ich entdeckte es nur, weil ich danach suchte.«

»Was – Sie erwarteten es zu finden?«

»Ich hielt es nicht für unwahrscheinlich.«

Holmes nahm jetzt den Schuh und den Stiefel aus dem Sack und verglich den Abdruck, welchen sie hinterließen, mit den Fußspuren auf dem Boden. Dann kletterte er an der Böschung herauf und kroch unter den Farnkräutern und dem Gesträuch umher.

»Schwerlich werden noch andere Spuren vorhanden sein«, sagte der Inspektor. »Ich habe den Boden auf hundert Meter nach allen Richtungen hin sorgfältig untersucht.«

Holmes stand auf. »Wenn das der Fall ist«, meinte er, »so wäre es meinerseits mehr als überflüssig, wollte ich es noch einmal tun. Aber einen kleinen Gang über das Moor möchte ich doch machen, ehe es dunkel wird, damit ich morgen schon etwas Bescheid weiß. Auch will ich das Hufeisen in die Tasche stecken, das bringt Glück.«

Oberst Roß, der zuletzt nicht ohne deutliche Zeichen von Ungeduld der ruhigen und systematischen Arbeit meines Gefährten zugesehen hatte, zog jetzt die Uhr heraus.

»Es wäre mir lieb, wenn Sie mit mir zurückkämen, Herr Inspektor«, sagte er. »Ich möchte noch über verschiedene Punkte Ihren Rat hören; besonders frage ich mich, ob wir nicht dem Publikum gegenüber verpflichtet wären, den Namen des Pferdes aus der Liste der Preisbewerber zu streichen.«

»Keinesfalls«, rief Holmes mit Entschiedenheit, »lassen Sie den Namen nur stehen.«

Der Oberst verbeugte sich. »Es freut mich sehr, daß Sie der Ansicht sind«, sagte er. »Sie werden uns im Haus des armen Straker finden, wenn Sie von Ihrem Gang zurückkommen, und wir fahren dann wieder zusammen nach Tavistock.«

Er kehrte in Begleitung des Inspektors um, während wir, Holmes und ich, langsam über das Moor schritten. Die Sonne begann eben hinter den Stallgebäuden von Capleton zu sinken; über der weiten, abschüssigen Ebene vor uns lag ein goldiger Schimmer ausgebreitet, der sich in ein sattes, prächtiges Rotbraun verwandelte, wo der Abendschein auf das dürre Farnkraut und das Dorngesträuch fiel. Aber die ganze landschaftliche Schönheit ging spurlos an meinem Gefährten vorüber, der tief in Gedanken versunken war.

»Es wird am besten sein, Watson«, sagte er endlich, »wir lassen die Frage, wer John Straker umgebracht hat, fürs erste ganz aus dem Spiel, und beschränken uns darauf, zu ergründen, was aus dem Rennpferd geworden ist. Angenommen, es hätte sich vor oder nach dem Trauerspiel losgerissen, wohin könnte es gelaufen sein? – Das Pferd ist ein sehr geselliges Tier. Seinen eigenen Trieben überlassen, würde es entweder nach Kings Pyland zurückgekehrt oder nach Capleton hinübergetrabt sein. Warum sollte es auf dem Moor in der Irre umherlaufen? Jedenfalls hätte man es dann schon aufgefunden. Auch daß die Zigeuner es gestohlen haben, ist unwahrscheinlich. Diese Leute machen sich immer aus dem Staube, wenn sie von einem Unfall hören, weil sie fürchten, durch die Polizei behelligt zu werden. Verkaufen könnten sie ein solches Pferd doch nicht; wenn sie es aber mit sich führten, würden sie sich nur einer großen Gefahr aussetzen und keinerlei Gewinn davon haben. Das liegt doch auf der Hand.«

»Wo soll es denn aber sein?«

»Wie ich dir schon gesagt habe – es muß nach Kings Pyland oder nach Capleton gelaufen sein. In Kings Pyland ist es nicht, also ist es in Capleton. Laß uns diese Annahme fürs erste festhalten und sehen, wohin uns das führt. Dieser Teil des Moors ist sehr hart und trocken, wie der Inspektor schon bemerkt hat. Aber nach Capleton zu senkt sich der Boden, und der lange Hohlweg, den wir dort drüben sehen, muß Montag nacht ziemlich naß gewesen sein. Habe ich recht mit meiner Vermutung, so ist das Pferd hinüber gelaufen, und das ist auch die Stelle, wo wir nach seiner Spur suchen müssen.«

Wir waren während dieses Gesprächs rasch weiter gegangen und hatten in wenigen Minuten den Hohlweg erreicht. Holmes bat mich, rechts am Abhang hinunter zu steigen, indessen er sich nach links wandte; noch war ich aber keine fünfzig Schritte weit, als ich seinen Zuruf vernahm und sah, daß er mir mit der Hand winkte. Die Spur des Pferdes war in dem weichen Boden deutlich erkennbar, und das Hufeisen, das er aus der Tasche zog, paßte genau in den Abdruck.

»Nun siehst du, welchen Wert die Einbildungskraft hat«, sagte Holmes. »Es ist das einzige, woran es Gregory fehlt. Wir haben uns vorgestellt, was geschehen sein könnte; wir handelten darnach und fanden, daß wir uns nicht geirrt hatten. Komm, laß uns weitergehen.«

Wir schritten über den Marschboden, dann über eine Strecke harten dürren Rasens; hierauf senkte sich der Boden wieder und wir fanden die Hufspuren. Zwar verloren wir sie abermals während einer halben Meile, entdeckten sie jedoch ganz dicht bei Capleton von neuem. Holmes sah sie zuerst und zeigte mit triumphierendem Blick darauf hin. Die Fußspuren eines Mannes erschienen neben denen des Pferdes.

»Bisher war das Pferd allein«, rief ich.

»Jawohl, es war allein. Aber halt, was ist das?«

Die Doppelspur brach kurz ab und ging in der Richtung nach Kings Pyland weiter. Holmes pfiff vor sich hin, und wir verfolgten sie. Während er aber kein Auge davon abwandte, blickte ich ein wenig zur Seite und sah zu meiner Überraschung, daß dieselben Spuren in entgegengesetzter Richtung zurückkamen.

»Bravo, Watson«, sagte Holmes, als ich ihn darauf aufmerksam machte, »du hast uns einen weiten Weg erspart, der uns wieder auf den alten Fleck zurückgebracht hätte. Folgen wir jetzt der Spur nach rückwärts.«

Wir brauchten nicht weit zu gehen. Sie endete bei dem Asphaltpflaster, das bis ans Tor der Stallungen von Capleton führte. Als wir uns näherten, kam ein Stallknecht eilig heraus.

»Hier darf sich niemand herumtreiben«, rief er uns zu.

Holmes steckte Daumen und Zeigefinger in seine Westentasche. »Ich möchte mir nur eine Frage erlauben«, sagte er. »Könnte ich wohl Herrn Silas Brown schon morgen früh um fünf Uhr sprechen?«

»Warum nicht? Er steht immer zeitig auf und ist zuerst um den Weg. Aber fragen Sie den Herrn selbst, da kommt er eben. – Nein, nein, jetzt kann ich nichts nehmen; sobald er sieht, daß Sie mir Geld geben wollen, verliere ich meine Stelle. – Nachher, wenn's Ihnen beliebt.« –

Gerade als Sherlock Holmes die halbe Krone, die er aus der Tasche geholt hatte, wieder einsteckte, kam ein grimmig dreinschauender älterer Mann, die Reitpeitsche schwingend, aus dem Tor.

»Was soll das heißen, Dawson?« schrie er. »Ich dulde kein Geschwätz! Geh an deine Arbeit! Und Sie – was zum Henker wollen Sie hier?«

»Eine Unterredung von zehn Minuten mit Ihnen, mein werter Herr«, sagte Holmes in verbindlichstem Ton.

»Ich habe keine Zeit, mich mit jedem Pflastertreter einzulassen. Fremde haben hier nichts zu suchen. Packen Sie sich fort, sonst sollen die Hunde Ihnen Beine machen.«

Holmes beugte sich nieder und flüsterte dem Stallmeister etwas ins Ohr. Dieser schrak heftig zusammen und wurde rot bis an die Schläfen.

»Das ist nicht wahr«, schrie er. »Es ist eine verdammte Lüge.«

»Sehr wohl. Sollen wir hier draußen öffentlich darüber verhandeln oder drinnen in Ihrem Wohnzimmer?«

»Kommen Sie meinetwegen herein, wenn Sie wollen.«

Holmes lächelte. »Ich bin gleich wieder hier, du brauchst nur ein paar Minuten auf mich zu warten, Watson«, sagte er. »Nun stehe ich ganz zu Ihrer Verfügung, Herr Brown.«

Es vergingen wohl zwanzig Minuten; das Abendrot hatte bereits einer grauen Dämmerung Platz gemacht, als Holmes und der Stallmeister wieder erschienen. In der kurzen Zeit war mit Silas Brown eine Veränderung vorgegangen, wie ich das nie zuvor gesehen hatte. Sein Gesicht war aschbleich, Schweißtropfen standen ihm auf der Stirn, und er zitterte so heftig, daß die Reitpeitsche in seiner Hand hin und her schwankte, wie ein Zweig, den der Wind bewegt. Das herrische, unverschämte Wesen, das er zur Schau getragen, war völlig verschwunden; er begleitete meinen Gefährten mit kriechender Höflichkeit, wie ein Hund, der neben seinem Herrn herläuft.

»Ihre Anweisungen sollen befolgt werden; ich will alles pünktlich ausrichten«, sagte er.

»Es darf keinerlei Mißverständnis vorkommen, beherzigen Sie das wohl«, erwiderte Holmes, und der andere erschrak, als er seinem drohenden Blicke begegnete.

»O nein, jeder Irrtum ist ausgeschlossen. Es wird zur Stelle sein. Soll ich erst die Veränderung vornehmen oder nicht?«

Holmes überlegte ein wenig und lachte dann hell auf. »Nein, tun Sie's nicht«, sagte er. »Ich schreibe Ihnen noch darüber. Aber, spielen Sie mir keinen Streich, sonst –«

»O, Sie können mir trauen; verlassen Sie sich fest auf mich.«

»Sie müssen an dem Tage dafür sorgen, als ob es Ihr eigenes wäre.«

»Das versteht sich.«

»Ich glaube, Sie werden Wort halten. Morgen sollen Sie noch von mir hören.« Er wandte sich ab, ohne zu beachten, daß der andere ihm zitternd die Hand bot, und wir machten uns wieder nach Kings Pyland auf den Weg.

»Ein solches Gemisch von Unverschämtheit, Feigheit und Hinterlist wie bei diesem Herrn Silas Brown ist mir noch selten begegnet«, äußerte Holmes, während wir zurückwanderten.

»Also, er hat das Pferd?«

»Er versuchte, es zu leugnen; aber ich habe ihm alles, was er an jenem Morgen getan hat, ganz genau beschrieben, und er ist überzeugt, daß ich ihn dabei beobachtet haben muß. Natürlich sind dir bei dem Abdruck die ungewöhnlich breiten Spitzen aufgefallen, und daß seine eigenen Stiefel genau dieselben hatten. Wie sollte sich auch ein Untergebener so etwas herausnehmen! Er war, seiner Gewohnheit gemäß, der erste auf dem Platze gewesen, hatte ein fremdes Pferd bemerkt, welches über das Moor dahergetrabt kam, ging ihm entgegen und erkannte es mit Staunen an dem weißen Streifen vorn am Kopf, dem es seinen Namen verdankt. Der Zufall hatte ihm das einzige Pferd zugeführt, welches den Renner besiegen konnte, auf den er sein Geld gesetzt hatte. Das alles sagte ich ihm, und schilderte ihm dann, wie sein erster Antrieb gewesen wäre, das Tier nach Kings Pyland zurückzuführen. Da habe ihm aber der Teufel den Gedanken eingegeben, auf welche Art er Silberstrahl verbergen könne, bis das Wettrennen vorüber wäre; worauf er wieder mit ihm umgekehrt sei, um ihn in Capleton zu verstecken. Als ich ihm das alles haarklein auseinandersetzte, gab er das Leugnen auf, und war nur noch bedacht, seine Haut zu retten.«

»Aber seine Ställe sind doch durchsucht worden.«

»Bah, ein alter Pferdehändler wie Brown versteht sich auf allerlei Kniffe.«

»Aber, fürchtest du denn nicht, das Pferd in seiner Gewalt zu lassen, da er ein Interesse daran hat, ihm Schaden zuzufügen?«

»Er wird es hüten, wie seinen Augapfel, liebster Freund. Nur wenn er es gesund und heil zum Vorschein bringt, darf er auf Gnade hoffen.«

»Oberst Roß sieht mir nicht gerade aus wie jemand, der sehr geneigt wäre, Gnade für Recht gelten zu lassen.«

»Über die Sache hat auch der Oberst nicht zu entscheiden. Ich verfahre stets nach eigener Methode und teile den andern so viel oder so wenig mit, wie mir beliebt. Das ist der Vorteil, wenn man kein angestellter Beamter ist. Ich weiß nicht, ob du bemerkt hast,

Watson, daß der Oberst mich etwas von oben herab behandelt, dafür will ich mir jetzt einen kleinen Spaß auf seine Kosten machen. Erwähne gegen ihn nichts von dem Pferde.«

»Gewiß nicht ohne deine Erlaubnis.«

»Das alles hat ja natürlich nur sehr geringe Bedeutung im Vergleich zu der Frage, wer John Straker getötet hat.«

»Und willst du das jetzt zu erforschen suchen?«

»Bewahre; wir kehren beide mit dem Nachtzug nach London zurück.«

Ich war bei diesen Worten meines Freundes wie vom Donner gerührt. Daß er eine Untersuchung, die mit so glänzendem Erfolg begonnen hatte, wieder aufgeben wollte, nachdem wir uns kaum ein paar Stunden in Devonshire aufgehalten, schien mir ganz unbegreiflich. Doch konnte ich nichts mehr aus ihm herausbringen, bis wir wieder in Strakers Wohnung angekommen waren. Der Oberst und der Inspektor erwarteten uns im Besuchszimmer.

»Wir fahren mit dem Nachtschnellzug zur Stadt zurück, mein Freund und ich«, erklärte Holmes. »Ihre köstliche Luft hier hat uns bei dem kleinen Ausflug sehr wohl getan.«

Der Inspektor machte große Augen, und um den Mund des Obersten zuckte es spöttisch.

»Sie geben also die Hoffnung auf, den Mörder des armen Straker festzunehmen?« sagte er.

Holmes zuckte die Achseln. »Die Sache hat ihre großen Schwierigkeiten. Dagegen ist gegründete Aussicht vorhanden, daß Ihr Pferd nächsten Dienstag am Rennen teilnehmen wird. Halten Sie jedenfalls den Jockey in Bereitschaft. Jetzt möchte ich Sie nur noch um eine Photographie von John Straker bitten.«

Der Inspektor nahm das gewünschte Bild aus einem Umschlag, den er in der Tasche trug, und händigte es ihm ein.

»Mein lieber Gregory, Sie kommen immer meinem Verlangen zuvor. Seien Sie so freundlich, nur einen Augenblick zu warten, ich habe noch eine Frage an das Mädchen zu richten.«

»Ich muß gestehen, daß mich unser Londoner Berater gründlich enttäuscht hat«, sagte Oberst Roß ganz unumwunden, sobald mein Freund das Zimmer verlassen hatte. »Soviel ich sehe, sind wir um keinen Schritt weiter, als vor seiner Ankunft.«

»Wenigstens hat er Ihnen ziemlich bestimmt die Versicherung gegeben, daß Ihr Pferd das Rennen mitmachen wird.«

»Jawohl«, meinte der Oberst achselzuckend, »aber das kann jeder sagen.«

Ich wollte eben etwas erwidern und meinen Freund in Schutz nehmen, als er selbst eintrat.

»Nun, meine Herren«, sagte er, »bin ich zur Abfahrt bereit.«

Als wir in den Wagen steigen wollten, öffnete uns einer der Stalljungen den Schlag. Holmes fuhr ein plötzlicher Einfall durch den Kopf, er lehnte sich hinaus und berührte den Arm des Jungen.

»Ihr haltet dort ein paar Schafe im Pferch«, sagte er. »Wer besorgt denn ihre Pflege?«

»Ich, Herr.«

»Ist ihnen in letzter Zeit nichts Besonderes zugestoßen?«

»Nichts von Bedeutung; drei Schafe waren nur etwas lahm.«

Die Antwort schien Holmes große Freude zu machen, denn er lachte und rieb sich die Hände.

»Ein richtiger Treffer, Watson, ein Schuß ins Schwarze«, sagte er und kniff mich in den Arm. »Gregory, ich empfehle diese seltsame Krankheit unter den Schafen Ihrer Aufmerksamkeit. – Fahren Sie zu, Kutscher!« –

Im Gesicht des Obersten stand deutlich zu lesen, welche geringe Meinung er von der Kunst meines Gefährten hegte, aber des Inspektors Miene nahm einen sehr gespannten Ausdruck an.

»Halten Sie das für so wichtig?« fragte er.

»Für außerordentlich wichtig.«

»Könnten Sie mich nicht noch auf den einen oder andern Punkt aufmerksam machen?«

»Jawohl – auf das sonderbare Benehmen des Hundes während der Nacht.«

»Der Hund hat sich in der Nacht ganz ruhig verhalten.«

»Ja, darin bestand eben die Sonderbarkeit«, versetzte Sherlock Holmes.

Vier Tage später saßen Holmes und ich abermals im Zuge, um nach Winchester zu fahren, wo das Rennen um den Ehrenpreis von Wessex stattfinden sollte. Oberst Roß empfing uns verabredetermaßen am Bahnhof und nahm uns in seinem Wagen nach dem Rennplatz mit, der außerhalb der Stadt lag. Er machte eine sehr ernste Miene und sein Wesen war schroff und kalt. »Ich habe mein Pferd nicht zu Gesicht bekommen«, sagte er.

»Vermutlich würden Sie es aber doch wiedererkennen, wenn Sie es sähen«, äußerte Holmes.

Der Oberst war sehr ärgerlich. »Seit zwanzig Jahren halte ich Rennpferde«, rief er, »aber eine solche Frage hat noch nie ein Mensch an mich gestellt. Jedes Kind würde doch den Silberstrahl an seiner weißen Stirn und dem gesprenkelten rechten Vorderbein erkennen.«

»Wie steht's mit den Wetten?«

»Sie sind in vollem Gange und Silberstrahl steht mehr in Gunst als je.«

»Hm«, meinte Holmes, »irgend jemand muß das Publikum beruhigt haben, das ist klar.«

Als der Wagen innerhalb der Umzäunung am großen Halteplatz vorfuhr, warf ich einen Blick auf das Programm, welches die Namenliste enthielt. Es lautete:

*Wessex-Preis*, 50 Sovereigns, die Hälfte Neugeld für 4jähr. und 5jähr. Pferde. Zusatzpreis 1000 Sovereigns.

Zweiter Preis 300 £. Dritter Preis 200 £; Distanz 2615 Meter.

1. *Der Neger*. Eigent. Herr Heath Newton (Mütze rot, Jacke zimmetfarben).

2. *Gräfin Leah*. Eigent. Oberst Wardlow (Mütze rosa, Jacke blau und schwarz).

3. *Desborough*. Eigent. Lord Backwater (Mütze und Ärmel gelb).

4. *Silberstrahl*. Eigent. Oberst Roß (Mütze schwarz, Jacke rot).

5. *Iris*. Eigent. Herzog von Balmoral (Mütze und Jacke schwarz und gelb gestreift).

6. *Rasper*. Eigent. Lord Singleford (Mütze lila, Ärmel schwarz).

»Wir haben unser zweites Pferd zurückgezogen und unsere ganze Hoffnung auf Ihr Wort gesetzt«, sagte der Oberst.

»Eben wird die Tafel mit den Zahlen angehängt«, rief ich. »Alle sechs stehen darauf.«

»Alle sechs! Dann läuft also mein Pferd auch?« sagte der Oberst in großer Erregung. »Aber ich sehe es nicht. Meine Farben sind nicht dabei.«

»Bis jetzt sind nur fünf vorübergekommen. Dies hier muß es sein.«

Als ich diese Worte sprach, trabte gerade ein mächtiger Brauner von der Wage her an uns vorbei; der Jockey auf seinem Rükken trug des Obersten wohlbekannte Farben, die schwarze Mütze und rote Jacke.

»Das ist nicht mein Pferd«, rief der Besitzer des Silberstrahl. »Das Tier hat ja kein weißes Haar am Leibe. Was haben Sie da angerichtet, Herr Holmes!«

»Lassen Sie uns doch erst sehen, was es zu leisten vermag«, sagte mein Freund mit unerschütterlicher Ruhe. Einige Minuten lang ließ er meinen Feldstecher nicht vom Auge. »Vortrefflich! Ein ausgezeichneter Start!« rief er plötzlich. »Da – jetzt kommen sie eben um die Biegung!«

Von unserm Wagen aus konnten wir die gerade Bahn ihrer ganzen Länge nach prächtig übersehen. Die sechs Pferde waren ganz nah beisammen, man hätte sie alle mit einem einzigen Teppich bedecken können. Halbwegs kam jedoch der gelbe Jockey aus Capleton an die Spitze. Aber noch ehe die Renner in unserer Nähe waren, hatte des Obersten Pferd den Desborough überholt; es schoß wie ein Pfeil dahin und erreichte den Pfosten reichlich sechs Pferdelängen vor seinem Nebenbuhler. Die ›Iris‹ des Herzogs von Balmoral folgte als drittes in geringer Entfernung.

»Jedenfalls habe ich das Rennen gewonnen«, stieß der Oberst

keuchend heraus und fuhr sich mit der Hand über die Stirn. »Aber kein Mensch kann klug daraus werden. Mit scheint doch, Herr Holmes, Sie haben Ihr Geheimnis nun lange genug für sich behalten.«

»Jawohl, Herr Oberst. Sie sollen alles wissen. Kommen Sie, wir wollen uns das Pferd zusammen betrachten. Da ist es«, fuhr er fort, als wir die Umzäunung bei der Waage betraten, in der nur die Besitzer der Rennpferde und ihre Freunde Einlaß erhalten. »Sie brauchen ihm nur das Gesicht und das Vorderbein mit Spiritus zu waschen, dann haben Sie Ihren alten Silberstrahl unverändert wieder.«

»Ist das möglich?«

»Ich fand ihn in den Händen eines Betrügers und nahm mir die Freiheit, ihn das Rennen so mitmachen zu lassen, wie er hierher geschickt worden war.«

»Mein bester Herr, Sie haben Wunder getan. Das Pferd ist in vortrefflichem Zustand. So gut ist es noch nie gelaufen. Ich muß mich tausendmal bei Ihnen entschuldigen wegen meiner Zweifel an Ihrer Geschicklichkeit. Sie haben mir durch die Auffindung des Pferdes einen großen Dienst erwiesen. Noch lieber wäre es mir freilich, wenn Sie auch den Mörder des John Straker entdecken könnten.«

»Ist schon besorgt«, sagte Holmes mit größter Ruhe.

Wir starrten ihn beide mit offenem Munde an, der Oberst und ich. »Sie haben ihn festgenommen! Wo ist er denn?«

»Er ist hier.«

»Hier! Wo?«

»In meiner nächsten Nähe in diesem Augenblick.«

Der Oberst wurde rot vor Zorn. »Ich erkenne vollkommen an, daß ich Ihnen zu Dank verpflichtet bin, Herr Holmes«, sagte er, »aber was Sie soeben sagen, kann ich nur als einen sehr schlechten Spaß oder eine Beleidigung ansehen.«

Sherlock Holmes lachte. »Ich glaube durchaus nicht, daß Sie auf irgend eine Weise an dem Verbrechen beteiligt sind, Herr Oberst«, sagte er; »der wahre Mörder steht unmittelbar hinter Ihnen.«

Er schritt an ihm vorbei und legte seine Hand auf den glänzenden Hals des Vollblutpferdes.

»Silberstrahl!« riefen der Oberst und ich wie aus einem Munde.

»Ja, das Pferd. Seine Schuld wird dadurch gemildert, daß es aus Notwehr gehandelt hat, und daß John Straker ein Ihres Vertrauens durchaus unwürdiger Mensch war. – Aber da tönt eben die Glocke; ich erwarte einen kleinen Gewinn beim nächsten Rennen und will daher meinen ausführlichen Bericht auf eine geeignetere Zeit verschieben.«

Als wir am Abend nach London zurückfuhren, hatten wir eine Ecke des Pullmannwagens ganz für uns. Vermutlich wird die Reise dem Obersten ebenso kurz vorgekommen sein wie mir, denn unterwegs erzählte uns mein Freund, was sich in jener Nacht im Stall von Dartmoor zugetragen hatte und auf welche Weise es ihm gelungen war, das Geheimnis zu enträtseln.

»Ich gestehe» sagte er, »daß alle Schlüsse, die ich aus den Zeitungsberichten gefolgert hatte, gänzlich auf Irrtum beruhten. Und doch enthielten sie Andeutungen der Wahrheit, die nur durch verschiedene Einzelheiten verdunkelt wurde, welche mich von der Fährte ablenkten. Als ich nach Devonshire fuhr, war ich überzeugt, daß Fitzroy Simpson das Verbrechen begangen hätte, obwohl ich natürlich einsah, daß noch nicht genügende Beweismittel gegen ihn beigebracht waren.

Im Wagen, auf unserer Fahrt nach Strakers Hause, kam mir zum erstenmal der Gedanke, welche wichtige Rolle das Hammelragout bei der Sache gespielt hatte. Sie erinnern sich vielleicht, daß ich in meiner Zerstreutheit noch sitzen blieb, während alle schon ausgestiegen waren. Ich verwunderte mich gerade innerlich darüber, wie ich imstande sein konnte, eine so deutliche Spur zu übersehen.«

»Wozu sie nützen sollte, begreife ich auch jetzt noch nicht«, warf der Oberst ein.

»Es war das erste Glied in der Kette meiner Beweisführung. – Beim Opiumpulver ist Geruch und Geschmack nicht gerade unangenehm, aber doch entschieden bemerkbar. In den meisten Speisen würde man es gleich herausschmecken. Ein Hammelragout aber ist gerade ein Gericht, in dem ein solcher Beigeschmack schwer zu erkennen wäre. Wie sollte nun wohl Fitzroy Simpson, ein ganz fremder Mann, es veranlaßt haben, daß an jenem Abend in Strakers Hause Hammelragout gegessen wurde? – Oder läßt sich annehmen, daß er gerade mit dem Pulver in der Tasche einhergegangen kam, als dort zufällig ein Gericht gekocht worden war, in dem man das Opium nicht schmecken konnte? – An ein so unerhörtes Zusammentreffen vermochte ich nicht zu glauben und schloß daher bei der Erwägung des Falles Simpsons Person völlig aus, während ich meine ganze Aufmerksamkeit auf Straker und seine Frau richtete; denn diese beiden konnten allein das Hammelragout zum Abendessen bestellt haben. Das Opiumpulver war erst in die Portion des Stallknechts hineingeschüttet worden, nachdem sein Teller aufgeschöpft war, denn die anderen hatten ohne schädliche Folgen von dem Gericht gegessen. Wer hatte wohl Gelegenheit gehabt das zu tun, ohne daß die Dienstmagd es gewahr wurde?

Noch bevor ich hierüber ins reine kam, war mir klar geworden, weshalb der Hund nicht angeschlagen hatte; denn eine richtige Schlußfolgerung leitet immer stets auf neue Spuren. Daß ein Hund im Stall gehalten wurde, bewies der Vorfall mit Simpson, und doch hatte er nicht laut genug gebellt, um die beiden Knechte auf dem Heuboden zu wecken, als jemand in den Stall kam und ein Pferd hinausführte. Offenbar mußte der nächtliche Besucher dem Hunde wohlbekannt gewesen sein.

Ich war jetzt so gut wie überzeugt, daß John Straker bei nachtschlafender Zeit in den Stall gegangen war, um den Silberstrahl herauszuholen. Aber zu welchem Zweck? – Gewiß mit unredlicher Absicht, sonst hätte er nicht seinen eigenen Stallknecht zu betäuben brauchen. Aber unerklärlich blieb es mir fürs erste doch, bis mir einfiel, daß Pferdezüchter sich den Gewinn großer Summen sichern können, wenn sie einen Agenten beauftragen, gegen ihre eigenen Renner zu wetten, und es dann den Pferden durch irgend eine Hinterlist unmöglich machen, den Sieg zu erringen. Es waren Fälle vorgekommen, daß man den Jockey bestochen hatte, doch gab es auch noch ein versteckteres und unfehlbareres Mittel. Was aber war hier geschehen? – Ich hoffte, der Inhalt von Strakers Taschen würde mir Aufklärung darüber geben, und ich täuschte mich nicht.

Sie erinnern sich gewiß noch des seltsamen Messers, das man in des Toten Hand gefunden hat; kein Mensch, der bei Sinnen ist, hätte es als Waffe gewählt. Messer von solcher Form werden, wie uns Doktor Watson mitgeteilt hat, bei sehr schwierigen chirurgischen Operationen verwendet. Und zu einer derartigen Operation sollte es auch in jener Nacht dienen. Bei Ihrer großen Erfahrung in allem, was mit der Rennbahn zusammenhängt, werden Sie, Herr Oberst, ohne Zweifel wissen, daß man am Schenkel des Pferdes, unter der Haut, einen kleinen Einschnitt in die Sehnen machen kann, so daß äußerlich keine Spur zurückbleibt. Infolgedessen fängt das Pferd an, ein wenig lahm zu gehen, was gewöhnlich auf Überanstrengung geschoben wird oder auf einen leichten Anfall von Rheumatismus. Ein Bubenstück vermutet niemand dahinter.«

»Der Elende! Der Schurke!« schrie der Oberst.

»Das liefert uns zugleich die Erklärung, weshalb John Straker das Pferd auf das Moor hinausgeführt hat. Ein so feuriges Tier würde sicherlich jeden aus dem festesten Schlaf geweckt haben, sobald es den Messerstich fühlte. Die Sache mußte durchaus im Freien vorgenommen werden.«

»Ich war wie mit Blindheit geschlagen«, rief der Oberst; »natürlich brauchte er ein Licht dazu und strich das Zündkerzchen an.«

»Ohne Frage. Bei der Untersuchung seiner Besitztümer war es mir übrigens gelungen, nicht nur die Art zu entdecken, wie er das Verbrechen begehen wollte, sondern auch seine Beweggründe. Sie leben in der Welt, Herr Oberst, und werden wissen, daß man nicht die Rechnungen anderer Leute in der Tasche herumzutragen pflegt. Jeder hat gewöhnlich genug damit zu tun, seine eigenen zu bezahlen. Ich vermutete sofort, daß Straker ein Doppelleben führen und eine zweite Wohngelegenheit haben müsse. Aus der Rechnung selbst ersah ich, daß eine Dame dabei im Spiel war, die sehr teure Bedürfnisse hat. Wie hoch auch das Gehalt Ihrer Angestellten sein mag, so glaube ich doch nicht, daß sie ihren Frauen Straßenkostüme für zwanzig Guineen kaufen können. Ich fragte Frau Straker nach dem Kleide, ohne daß sie meine Absicht merkte; und als ich mich überzeugt hatte, daß es nie in ihre Hände gelangt sei, schrieb ich mir die Adresse der Schneiderin auf. Daß ich mich nur mit Strakers Photographie bei ihr einzufinden brauchte, um den rätselhaften Herrn Darbyshire aus der Welt zu schaffen, dachte ich mir wohl.

Von da ab war alles sonnenklar. Straker hatte das Pferd in den Hohlweg geführt, wo man das Licht nicht sehen konnte. Unterwegs fand er Simpsons Krawatte, die dieser auf der Flucht verloren hatte, und hob sie auf, vermutlich in der Absicht, dem Pferd damit das Bein festzubinden. Im Hohlweg angelangt, trat er hinter das Pferd und machte Licht, aber der plötzliche grelle Schein erschreckte das Tier, welches wohl instinktmäßig fühlen mochte, daß irgend ein Unheil im Werke sei: es schlug aus und traf Straker mit dem Huf gerade auf die Stirn. Trotz des Regens hatte er schon den Mantel abgelegt, um sein schwieriges Vorhaben auszuführen; so kam es, daß er sich im Fallen mit dem Messer die Wunde am Schenkel beibrachte. – Ist Ihnen die Sache jetzt verständlich?«

»Vollkommen«, rief der Oberst, »Sie sind ein wunderbarer Mensch; es ist gerade, als wären Sie dabei gewesen.«

»Meinen letzten Pfeil habe ich so ziemlich ins Blaue geschossen. Es fuhr mir durch den Kopf, daß ein so schlauer Mensch wie Straker den mißlichen Sehnenschnitt gewiß nicht vornehmen würde, ohne sich erst etwas darin zu üben. Woran konnte er seine Versuche machen? Mein Blick fiel auf die Schafe, und aus der Antwort, die mir auf meine dahin zielende Frage wurde, ersah ich zu meiner Verwunderung, daß ich ganz richtig geraten hatte.«

»Ihr Scharfsinn ist wirklich staunenswert, Herr Holmes.«

»Bei meiner Rückkehr nach London suchte ich die Schneiderin auf. Sie erkannte Straker sofort nach dem Bilde als einen ausgezeichneten Kunden Namens Darbyshire, dessen schöne Frau, eine sehr auffallende Erscheinung, große Vorliebe für kostspielige Kleider habe. Ohne Zweifel hat ihn dies Weib über Hals und Kopf in Schulden gestürzt und ihn so auf den schändlichen Plan gebracht.«

»Nur *eins* haben Sie noch im Dunkeln gelassen«, sagte der Oberst. »Wo war denn das Pferd?«

»Es war durchgegangen, und einer Ihrer Nachbarn hat es in Pflege genommen. Nach dieser Richtung hin werden wir wohl Gnade für Recht ergehen lassen müssen. – Eben hält der Zug; ich glaube, wir sind jetzt in Clapham, und in zehn Minuten kommen wir nach der Viktoria-Station. Wenn Sie uns begleiten wollen, Herr Oberst, um bei mir zu Hause eine Zigarre zu rauchen, werde ich Ihnen mit Vergnügen noch alle übrigen Einzelheiten mitteilen, die Sie etwa zu wissen wünschen.«

# Das gelbe Gesicht

Bei der Veröffentlichung dieser kurzen Skizzen über einige von den zahlreichen Fällen, in denen die glänzende Begabung meines Freundes sich offenbarte, weile ich naturgemäß mehr bei seinen Erfolgen als bei seinen Mißerfolgen. Und dabei leitet mich nicht sowohl die Rücksicht auf seinen Ruf – denn tatsächlich erscheinen seine Tatkraft und seine Findigkeit nie bewundernswerter als wenn er sich selbst in eine Sackgasse verrannt hatte –, sondern es bestimmt mich zu meiner Auswahl auch der Umstand, daß, wo er erfolglos blieb, auch sonst niemand das Ziel erreichte und den Schleier lüftete. Immerhin ist es ein paarmal vorgekommen, daß sich in solchen Fällen doch noch nachträglich das Rätsel gelöst hat. In meinen Notizen findet sich etwa ein halbes Dutzend von Fällen dieser Art, worunter die Geschichte von dem zweiten Tüpfel und die, welche ich eben erzählen will, bei weitem am interessantesten sind.

Sherlock Holmes war an sich kein Freund gymnastischer Übungen. Übertrafen ihn auch nur wenige an Muskelkraft, und war er auch zweifellos einer der besten Boxer, die mir je vorgekommen sind, so erschien ihm doch zwecklose körperliche Anstrengung als Kraftvergeudung, und er warf sich nur ins Geschirr, wenn ihn ein bestimmtes Ziel lockte. Dann war er einfach unermüdlich, und seine Spannkraft unerschöpflich. Es ist eigentlich sonderbar, daß sein Körper unter diesen Umständen beständig so leistungsfähig blieb; aber das lag wohl daran, daß er stets sehr mäßig lebte. Von gelegentlichem Genuß von Kokain abgesehen, fröhnte er keinerlei Leidenschaft, und auch zu diesem Mittel griff er nur, wenn gar kein Fall und keine interessante Zeitungsnachricht die öde Gleichförmigkeit der Tage unterbrechen wollte.

Eines schönen Frühlingstages hatte er sich endlich dazu bewegen lassen, mit mir einen Spaziergang im Park zu machen, wo eben das erste zarte Grün an den Ulmen sproßte, und die Kastanien anfingen, ihre Knospen zu öffnen und ihre fünf Blattfinger auszuspreizen. Zwei Stunden lang strichen wir umher, fast ohne ein Wort zu reden, wie es sich für zwei Busenfreunde geziemt. Als wir wieder in die Baker Street kamen, war es fast fünf Uhr geworden.

»Entschuldigen Sie!« sagte unser Laufbursche, als er uns die Tür aufmachte. »Es ist ein Herr hier gewesen und hat nach Ihnen gefragt.«

Holmes warf mir einen vorwurfsvollen Blick zu.

»*Einen* Nachmittagsbummel und keinen mehr!« sagte er. »Der Herr ist also wieder gegangen?«

»Ja.«

»Hast du ihn nicht ersucht, einzutreten?«

»Ja, er hat auch gewartet.«

»Wie lange denn?«

»Eine halbe Stunde. Es war ein sehr aufgeregter Herr. Immer ist er herumgegangen und hat auf den Boden gestampft. Ich habe draußen an der Tür gestanden und ihn gehört. Am Ende kommt er heraus und schreit: ›Wird der Mann denn gar nicht nach Hause kommen?‹ So hat er gesagt, Herr Holmes! ›Sie brauchen bloß ein bißchen länger zu warten‹, sag' ich. ›Dann will ich lieber im Freien warten, denn hier erstick' ich fast‹, sagte er. ›Ich bin bald wieder hier.‹ Und damit ging er auf und davon, und was ich auch redete, alles war umsonst.«

»Gut, gut, du kannst nichts dafür«, sagte Holmes, als wir ins Zimmer gingen. »'s ist doch recht unangenehm, Watson! Mir tat ein neuer Fall blutnot, und nach der Ungeduld, die der Mann zeigte, scheint es keine kleine Sache zu sein. Hallo! Das ist doch nicht deine Tabakpfeife auf dem Tisch! Er muß seine hier gelassen haben. Ein schöner alter Kopf mit einem langen Mundstück von Bernstein. Ich möchte wissen, wieviel echte Bernsteinspitzen es in London gibt. Die Leute denken, wenn eine Fliege drin ist, müsse er echt sein. Dabei gibt es eine eigene Industrie, unechte Fliegen in unechten Bernstein zu setzen. Jedenfalls ist der

Mann sehr aufgeregt gewesen, daß er eine Pfeife liegen läßt, auf die er offenbar große Stücke hält.«

»Woher weißt du, daß er viel auf sie hält?« fragte ich.

»Nun, meiner Schätzung nach hat die Pfeife neu sieben und einen halben Schilling gekostet. Sie ist aber, wie du siehst, zweimal ausgebessert worden, einmal am Holz und einmal am Bernstein. Jedesmal hat man bei der Reparatur ein Band von Silber herumgelegt, das mehr gekostet hat als die ganze Pfeife. Dem Manne muß also die Pfeife sehr teuer sein, wenn er sie lieber flicken läßt, statt um den gleichen Preis eine neue zu kaufen.«

»Noch was?« fragte ich, denn Holmes drehte die Pfeife in seiner Hand hin und her und betrachtete sie in der ihm eigenen nachdenklichen Weise.

Er hielt sie in die Höhe und betippte sie mit seinem langen, dünnen Mittelfinger, wie etwa ein Professor der Osteologie, der einen Knochen demonstriert.

»Pfeifen sind manchmal außerordentlich interessant«, sagte er. »Nichts besitzt mehr Individualität, ausgenommen etwa Uhren und Schuhsenkel. Was sich aber hier zeigt, ist weder sehr ausgesprochen, noch sehr bedeutungsvoll. Der Eigentümer ist offenbar ein kräftiger Mann, linkshändig, mit wohlerhaltenen Zähnen, nicht sehr ordnungsliebend und in guten Verhältnissen.«

Mein Freund äußerte dies so obenhin; ich sah aber, daß er mich dabei fixierte, um zu erkennen, ob mir seine Schlußfolgerungen klar seien.

»Du denkst, wer aus einer Pfeife für sieben Schilling raucht, muß wohlhabend sein?« sagte ich.

»Das ist Grosvenor-Mischung zu acht Pence die Unze«, antwortete Holmes, indem er ein paar Krümel in seine offene Hand klopfte. »Da er schon für den halben Preis ein ausgezeichnetes Kraut haben kann, so muß er in guten Verhältnissen leben.«

»Und die anderen Punkte?«

»Er pflegt seine Pfeife an Lampen und Gasbrennern anzuzünden. Du siehst, sie ist auf einer Seite ganz versengt. Natürlich, das kann nicht von Streichhölzern herrühren. Warum sollte einer auch ein Streichholz an die Seite seiner Pfeife halten? An der Lampe kann man sie aber nicht anzünden, ohne daß dabei der Kopf angesengt wird. Und es trifft die rechte Seite der Pfeife. Daraus entnehme ich, daß er linkshändig ist. Halte deine eigene Pfeife an die Lampe und du wirst sehen, daß es für dich als Rechtshändigen natürlich ist, die linke Seite an die Flamme zu bringen. Du machst es vielleicht auch einmal umgekehrt, aber sicher nicht in der Regel. Die hier ist immer so gehalten worden. Dann hat er seinen Bernstein durchgebissen. Dazu gehört ein muskulöser, energischer Mann mit gutem Gebiß. Doch wenn ich mich nicht irre, höre ich ihn auf der Treppe; so werden wir bald etwas Interessanteres als seine Pfeife zu ergründen haben.«

Einen Augenblick darauf öffnete sich die Tür und ein großer jüngerer Mann trat ins Zimmer. Er war gut, aber einfach gekleidet, trug einen dunkelgrauen Anzug und hielt in der Hand einen neuen Kastor. Ich hätte ihn auf etwa dreißig Jahre geschätzt, obwohl er in Wirklichkeit ein paar Jahre älter war.

»Entschuldigen Sie!« sagte er etwas verlegen. »Ich hätte wohl anklopfen sollen. Ja, natürlich hätte ich anklopfen sollen. Die Sache ist die, ich bin etwas außer mir, und davon kommt das alles.« Er fuhr sich mit der Hand über die Stirn, wie einer, der schwindlig werden will, und ließ sich dann in einen Stuhl niederfallen.

»Ich sehe, Sie haben eine, zwei Nächte nicht geschlafen«, sagte Holmes in seiner leichten, genialen Weise. »Das bringt einem die Nerven mehr herunter als die Arbeit, ja noch mehr als der Genuß. Erlauben Sie mir die Frage: Wie kann ich Ihnen helfen?«

»Ich brauche Ihren Rat. Ich weiß nicht, was ich tun soll, und mein ganzes Lebensglück scheint mir aus den Fugen zu gehen.«

»Sie wollen meinen Rat als Detektiv?«

»Nicht nur das. Sie sollen mir Rat geben als scharfsinniger, als welterfahrener Mann. Ich will wissen, was ich zunächst tun muß. Ich hoffe zu Gott, Sie sind imstande, es mir zu sagen.«

Er brachte das alles kurz, scharf, stoßweise hervor, und es machte mir den Eindruck, als wäre es für ihn außerordentlich peinlich, vor uns zu reden, und als müßte er seiner eigentlichen Neigung Gewalt antun.

»Es ist eine sehr delikate Sache«, fuhr er fort. »Man spricht nicht gern vor Fremden von Familiensachen. Es ist entsetzlich, über das Verhalten seiner Frau zu zwei Männern zu reden, die man zum erstenmal im Leben sieht. Es ist fürchterlich, wenn man das tun muß. Aber mein Witz ist zu Ende, und ich muß Rat haben.«

»Mein lieber Herr Grant Munro –« fing Holmes an.

Unser Besucher sprang von seinem Stuhle auf.

»Wie«, rief er, »Sie kennen meinen Namen?«

»Wenn Sie Ihr Inkognito bewahren wollen«, sagte Holmes lächelnd, »würde ich Ihnen vorschlagen, nicht mehr Ihren Namen auf Ihr Hutfutter zu schreiben, oder wenigstens der Person, mit der sie sprechen, nicht gerade das Innere des Hutes zuzuwenden. Ich wollte Ihnen eben sagen, daß wir, mein Freund und ich, viele ungewöhnliche Geheimnisse in diesem Zimmer angehört haben, und daß uns so oft das Glück zuteil wurde, beunruhigten Herzen wieder Frieden zu bringen. Ich hoffe zuversichtlich, wir können für Sie dasselbe tun. Darf ich Sie bitten, da vielleicht Eile nottut, mir unverzüglich den Tatbestand Ihres Falles mitzuteilen?«

Wieder fuhr sich unser Gast mit der Hand über die Stirn, als komme es ihn recht sauer an. Aus jeder Bewegung und jeder Miene konnte man erkennen, daß er ein verschlossener, selbstbewußter Mann war, mit einem Anflug von Stolz in seiner Natur, der ihn empfangene Wunden eher verbergen als zur Schau tragen ließ. Plötzlich machte er mit der geschlossenen Hand eine energische Bewegung, wie einer, der alte Bedenken beiseite wirft, und fing an:

»Die Sache ist die, Herr Holmes! Ich bin verheiratet, und zwar seit drei Jahren. In dieser ganzen Zeit haben wir beide uns so herzlich geliebt und so glücklich zusammen gelebt wie nur je ein Paar. Wir waren ein Herz und eine Seele im Denken wie im Handeln. Und nun, seit letztem Montag, ist auf einmal ein Riß entstanden, und ich sehe, es muß irgend etwas in ihr vorgehen, das ich nicht enträtseln kann. Wir sind einander entfremdet, und ich will der Sache auf den Grund kommen.

Nun dürfen Sie vor allem eines nicht vergessen, Herr Holmes! Effie liebt mich. Daran ist gar kein Zweifel. Sie liebt mich von ganzem Herzen und ganzer Seele, und das gerade jetzt mehr als je. Ich weiß es, ich fühle es. Hierüber brauchen wir kein Wort zu verlieren. Aber es trennt uns ein Geheimnis, und ehe dies nicht aufgeklärt ist, können wir nicht wieder dieselben zueinander sein, wie vorher.«

»Seien Sie so freundlich und teilen Sie mir den Tatbestand mit, Herr Munro!« sagte Holmes etwas ungeduldig.

»Ich will Ihnen erzählen, was ich von Effies Leben weiß. Sie war Witwe, als ich sie zum ersten Male sah, obwohl noch ganz jung – erst einundzwanzig. Sie hieß damals Frau Hebron. Sie kam als ganz kleines Kind nach Amerika und lebte in der Stadt Atlanta, wo sie diesen Hebron, einen gesuchten Anwalt, heiratete. Sie hatten ein einziges Kind, aber das gelbe Fieber brach dort aus, und Mann und Kind wurden beide von der Seuche hinweggerafft. Ich habe selbst seine Sterbeurkunde gesehen. Das verleidete ihr den weiteren Aufenthalt in Amerika, und sie kam wieder herüber und lebte bei einer unverheirateten Tante in Pinner in Middlesex. Es bleibt noch zu erwähnen, daß ihr Mann gut für sie gesorgt hatte, und daß sie ein Kapital von viertausendfünfhundert Pfund besaß, das von ihm so vorteilhaft angelegt war, daß es durchschnittlich sieben Prozent abwarf. Sie war erst sechs Monate in Pinner, als ich mit ihr zusammentraf; wie verliebten uns ineinander, und nach wenigen Wochen fand die Hochzeit statt.

Ich für meine Person bin Hopfenhändler, und da ich ein Einkommen von siebenhundert oder achthundert Pfund hatte, so litten wir keine Not, und ich mietete uns für jährlich achtzig Pfund eine Villa in Norbury. Unser kleines Heim sieht sehr ländlich aus, wenn man bedenkt, daß es so nahe an der Stadt liegt. Weiter oben, nicht fern von uns, lagen nur eine Wirtschaft und zwei Häuser, und dann stand noch ein einzelnes Landhaus jenseits des Feldes uns gegenüber; außerdem gab es keine Häuser bis halbwegs zur Station. Zu manchen Jahreszeiten mußte ich wegen des Geschäftes in die Stadt; im Sommer aber gab's weniger zu tun, und dann lebte ich in unserem Landhause mit meiner Frau so glücklich, wie man nur wünschen kann. Ich wiederhole es, es war niemals auch nur ein Schatten zwischen uns, bis diese verfluchte Geschichte kam.

Eins muß ich Ihnen noch sagen, ehe ich fortfahre. Als wir heirateten, übertrug meine Frau ihr ganzes Eigentum auf mich – eigentlich gegen meinen Willen, denn ich dachte, was für eine üble Geschichte das gäbe, wenn mein Geschäft schlecht ginge. Jedoch sie wollte es so haben, und so machten wir's. Gut, vor sechs Wochen etwa kam sie zu mir.

›Jack!‹ sagte sie. ›Als du mein Geld nahmst, sagtest du, wenn ich je etwas haben wollte, sollte ich es dir nur sagen.‹

›Gewiß‹, sagte ich, ›'s ist alles dein.‹

›Gut‹, sagte sie, ›ich brauche hundert Pfund.‹

Ich war ein bißchen verblüfft, denn ich hatte gedacht, 's wär' nur ein neues Kleid oder dergleichen, was ihr im Kopfe steckte.

›Wozu, in aller Welt?‹ fragte ich.

›O‹, sagte sie in ihrer scherzenden Weise, ›du hast gesagt, du wärest nur mein Bankier, und Bankiers fragen einen niemals, wozu, wie du weißt.‹

›Wenn es wirklich dein Ernst ist, so sollst du natürlich das Geld haben‹, sagte ich.

›Ja doch, es ist wirklich mein Ernst.‹

›Und du willst mir nicht sagen, wozu du es brauchst?‹

›Später vielleicht, Jack, jetzt aber nicht.‹

Damit mußte ich mich zufrieden geben, obwohl es das erstemal war, daß wir eine Heimlichkeit vor einander hatten. Ich gab ihr eine Anweisung und dachte nicht mehr an die Geschichte. Vielleicht hat das auch gar nichts mit dem, was nachher kam, zu tun, aber ich glaubte, es wäre besser, ich teilte es Ihnen mit.

Ich sagte Ihnen vorhin, es liegt ein Landhaus nicht weit von unserem Hause. Dazwischen liegt ein Feld; aber wenn man hin will, muß man die Straße ein Stückchen heruntergehen und dann in einen schmalen Weg zwischen zwei Hecken einbiegen. Gerade hinter diesem Landhaus fängt ein hübsches Tannenwäldchen an, und da trieb ich mich besonders gerne herum, denn Bäume ziehen einen immer an. Das kleine Landhaus hatte ganze acht Monate leer gestanden, und das war schade, denn es war ein nettes, zweistöckiges Ding mit einem altmodischen Säulengang, von Geißblatt umrankt. Ich habe manchmal dagestanden und gedacht, was das für ein herziges Daheim geben müßte.

Letzten Montag gehe ich wieder einmal da hinunter, als mir auf dem Heckenwege ein leerer Möbelwagen entgegenkommt und ich einen Haufen Teppiche und Zeugs auf dem Rasenplatze bei dem alten Portikus liegen sehe. Es war klar, das Häuschen war endlich doch vermietet worden. Ich ging vorbei, blieb dann stehen, wie man's macht, wenn man nichts zu tun hat, und guckte nochmals hin und dachte, was das wohl für Leute wären, die unsere nächsten Nachbarn sein sollten. Und wie ich so hinsehe, merke ich auf einmal, daß mich ein Gesicht aus einem der oberen Fenster beobachtet. Ich weiß nicht, was mit dem Gesichte los war, Herr Holmes, aber mir lief's bei seinem Anblicke eiskalt den Rücken herunter. Ich war ein Stück weg und konnte also die Züge nicht sehen, aber ich sage Ihnen, das Gesicht hatte etwas Unnatürliches und Gespensterhaftes. So kam mir's vor, und ich machte schnell ein paar Schritte vorwärts, um die Person, die mich beobachtete, besser ins Auge zu fassen. Aber da verschwand das Gesicht plötzlich, so daß es schien, als wäre es in die Dunkelheit des Zimmers zurückgerissen worden. Ich blieb wohl fünf Minuten regungslos stehen, überlegte mir die Sache und suchte mir über die Erscheinung möglichst klar zu werden. Ich konnte nicht sagen, ob's ein Männer- oder ein Frauengesicht war. Aber die Farbe hatte mir's vor allem angetan. Es war ein fahles, totes Gelb, und drum und dran etwas so Unbewegliches, Starres, was mir ganz unheimlich und unnatürlich vorkam. Die Sache ging mir so nahe, daß ich mich entschloß, mir die neuen Mieter etwas genauer anzusehen. Ich ging hin und klopfte an die Tür, die sofort von einer großen hageren Frauensperson mit rauhem, abweisendem Gesichtsausdruck geöffnet wurde.

›Was wollen Sie denn?‹ fragte sie mich mit nördlichem Akzent.

›Ich bin Ihr Nachbar von da drüben‹, sagte ich und nickte nach meinem Hause zu. ›Ich sehe, Sie sind eben eingezogen; so dachte ich, ich könnte Ihnen vielleicht irgendwie ...‹

›Ach was, wir werden's schon sagen, wenn wir was brauchen!‹ sagte sie und schlug mir die Tür vor der Nase zu. Ärgerlich über die grobe Abweisung drehte ich mich um und ging heim. Den ganzen Abend mußte ich, ich mochte tun, was ich wollte, immer wieder an die Fenstererscheinung und das rohe Weib denken. Von der ersten wollte ich lieber meiner Frau nichts sagen, denn sie ist ein nervöses, zartbesaitetes Wesen, und ich wollte ihr die unangenehme Empfindung, die ich selbst hatte, ersparen. Ich erwähnte aber vor dem Einschlafen, das Häuschen sei nun bewohnt, worauf sie nichts erwiderte.

Ich habe einen ungewöhnlich festen Schlaf. Zum Spaß wurde bei uns oft gesagt, mich könnte überhaupt nichts aufwecken. Und doch, gerade in dieser Nacht, mochte es nun die leichte Aufregung durch mein kleines Abenteuer oder sonst was gewesen sein, ich weiß es nicht, aber mein Schlaf war in dieser Nacht weit weniger fest als gewöhnlich. Noch halb traumbefangen, hatte ich das Bewußtsein, daß etwas im Zimmer vor sich ging, und allmählich ward mir klar, daß sich meine Frau angezogen hatte und schnell den Mantel umwarf. Meine Lippen bewegten sich schon, um ein paar schläfrige Worte des Erstaunens oder des Vorwurfes über diese nächtlichen Vorbereitungen zu murmeln, als plötzlich mein halb geöffnetes Auge auf ihr vom Mondlicht erhelltes Gesicht fiel und die Überraschung mich verstummen ließ. Sie zeigte einen Ausdruck, wie ich ihn vorher nie an ihr bemerkt hatte, und wie ich ihn bei ihr für unmöglich gehalten hätte. Sie war totenbleich, ihr Atem ging schnell, und verstohlen blickte sie nach dem Bett, als sie ihren Mantel zuknöpfte, um zu sehen, ob sie mich gestört hätte. Dann, in der Meinung, ich schliefe noch, glitt sie geräuschlos aus dem Zimmer, und einen Augenblick später vernahm ich einen scharfen, quietschenden Ton, der nur von den Angeln der Vordertür herrühren konnte. Ich setzte mich im Bett zurecht und stieß meine Knöchel gegen die Bettpfosten, um mich zu überzeugen, daß ich nicht träumte. Dann zog ich meine Uhr unterm Kopfkissen vor: es war drei Uhr morgens. Was in aller Welt konnte meine Frau um drei Uhr morgens auf der Landstraße zu tun haben?

Ich saß etwa zwanzig Minuten und ließ mir die Sache durch den Kopf gehen, um irgend eine denkbare Erklärung zu finden. Je mehr ich aber nachdachte, desto sonderbarer und unerklärlicher kam mir die Geschichte vor. Während ich noch über das Rätsel nachgrübelte, hörte ich die Tür wieder leise zumachen und ihre Schritte die Treppe heraufkommen.

›Wo in aller Welt bist du gewesen, Effie?‹ fragte ich, als sie hereintrat.

Bei meinen Worten fuhr sie heftig zusammen und stieß einen halb unterdrückten Schrei aus, und dieser Schrei und dieser Schreck beunruhigten mich mehr als alles übrige, denn aus ihnen sprach unverkennbar ein Schuldbewußtsein. Meine Frau war immer eine freie, offene Natur gewesen, und es schauderte mich, sie in ihr eigenes Zimmer schleichen und bei der Stimme ihres Mannes zusammenschrecken zu sehen.

›Du wach, Jack?‹ rief sie mit nervösem Lachen. ›Ich dachte, dich könnte nichts aufwecken.‹

›Wo bist du gewesen?‹ fragte ich in strengerem Tone.

›Ich wundere mich nicht, daß du erstaunt bist.‹ sagte sie, und ich konnte sehen, wie ihre Finger zitterten, als sie ihren Mantel aufknöpfte. ›Ich glaube auch nicht, daß ich jemals im Leben schon so etwas getan habe. Die Sache ist die: mir war, als müßte ich ersticken, und es drängte mich unwiderstehlich, etwas frische Luft zu schöpfen. Ich wäre, glaube ich, ohnmächtig geworden, wäre ich nicht hinausgegangen. Ich habe ein paar Minuten an der Tür gestanden, und jetzt ist mir wieder ganz wohl.‹

Während sie das vorbrachte, sah sie mich nicht einmal an, und ihre Stimme klang ganz anders als gewöhnlich. Für mich stand es fest, daß sie die Unwahrheit gesagt hatte. Ich erwiderte kein Wort, sondern wandte mein Gesicht der Wand zu, mit einem verwundeten, von Zweifel und Argwohn erfüllten Herzen. Was verhehlte meine Frau vor mir? Was war das Ziel ihrer nächtlichen Wanderung gewesen? Ich fühlte, ich könnte keine Ruhe mehr finden, bis ich's wüßte, und doch wollte ich sie nicht noch einmal fragen, nachdem sie mir etwas vorgelogen hatte. Den ganzen Rest der Nacht zermarterte ich mein Gehirn und konstruierte immer neue Theorien, eine immer unwahrscheinlicher als die andere.

Am nächsten Tage hatte ich eigentlich in der Stadt zu tun, aber ich war in meinem Sinn zu verstört, um Gedanken für Geschäftssachen übrig zu haben. Meine Frau schien ebenso unruhig zu sein wie ich, und aus den schnellen prüfenden Blicken, die sie mir von Zeit zu Zeit zuwarf, konnte ich sehen, sie merkte wohl, daß ich ihr nicht glaubte, und sie war ratlos, was sie tun sollte. Beim Frühstück wechselten wir kaum ein Wort, und kurz danach ging ich fort, um die Sache in der frischen Morgenluft von neuem zu überdenken.

Ich kam bis zum Kristallpalast, hielt mich eine Stunde im Park auf und war so um ein Uhr wieder in Norbury. Mehr zufällig wählte ich von der Station heimwärts einen Weg, der mich bei dem Häuschen vorüberführte, und blieb einen Augenblick stehen und sah nach den Fenstern, ob etwa wieder das sonderbare Gesicht da wäre, das mich am Tage vorher so angestarrt hatte. Wie ich dastand – denken Sie sich meine Überraschung, Herr Holmes! – ging auf einmal die Tür auf und meine Frau kam heraus!

Bei ihrem Anblick war ich starr vor Erstaunen, aber meine Erregung war nichts im Vergleiche mit der, die sich in ihrem Gesichte malte, als unsere Augen sich begegneten. Einen Augenblick schien sie in das Haus zurückfahren zu wollen; dann aber, als sie sah, jedes Verhehlen sei unnütz, kam sie mit kreideweißem Gesichte und schreckerfüllten Augen, die das Lächeln auf ihren Lippen Lügen straften, auf mich zu.

›O, Jack!‹ sagte sie. ›Ich war eben drin, um zu sehen, ob ich unseren neuen Nachbarn mit irgend etwas behilflich sein könnte. Was siehst du mich so an, Jack? Du bist mir doch nicht böse?‹

›So!‹, sagte ich. › Also hierher bist du in der Nacht gegangen?‹

›Was willst du damit sagen?‹ rief sie.

›Du bist hier gewesen. Das ist gewiß. Wer sind die Leute, daß du sie nächtlicherweise aufsuchst?‹

›Ich bin nicht hier gewesen.‹

›Wie kannst du das sagen, wenn du doch selbst weißt, daß es nicht wahr ist?‹ rief ich. ›Schon deine veränderte Stimme verrät dich. Wann habe ich je ein Geheimnis vor dir gehabt? Ich werde jetzt in das Haus hineingehen und der Sache auf den Grund kommen.‹

›Nein, nein Jack, um Gottes willen!‹ stöhnte sie, außer stande, ihre furchtbare Aufregung länger zu bemeistern, und als ich auf die Tür losschritt, ergriff sie mich am Ärmel und zerrte mich mit krampfhafter Anstrengung zurück.

›Ich flehe dich an, Jack, tu' das nicht!‹ rief sie. ›Ich schwöre dir, du wirst eines Tages alles erfahren; aber nichts als Jammer kann herauskommen, gehst du jetzt in das Haus.‹ Und als ich sie abzuschütteln versuchte, hing sie sich an mich und beschwor mich mit wahnsinnigem Flehen.

›Vertrau mir, Jack!‹ rief sie. ›Vertrau mir nur das einemal! Du wirst es nie zu bereuen haben. Du weißt, ich würde dir nichts verhehlen, wäre es nicht um deiner selbst willen. Unser ganzes Lebensglück hängt daran. Gehst du mit mir heim, so wird alles wieder gut werden. Dringst du aber mit Gewalt in das Haus da, so ist alles aus.‹

Solch ein Ernst, solch eine Verzweiflung lag in ihrer Art, daß ich mich von ihren Worten an die Stelle bannen ließ und unentschlossen vor der Tür stand.

›Ich will dir vertrauen unter einer Bedingung und nur unter dieser Bedingung‹, sagte ich schließlich. ›Diese Geheimnistuerei muß von nun an ein Ende haben. Du magst meinetwegen deine

Heimlichkeit für dich behalten, aber du mußt mir versprechen, daß von nun an die nächtlichen Besuche aufhören und überhaupt alles Getue hinter meinem Rücken. Ich will das Geschehene vergessen, wenn du mir versprichst, daß nichts dergleichen in Zukunft mehr vorkommen soll.‹

›Ich war überzeugt, du würdest mir vertrauen!‹ rief sie mit einem großen Seufzer der Erleichterung. ›Ich werd' es lassen, ganz wie du willst. Komm fort, o komm fort nach Hause!‹

Noch immer an meinem Ärmel zupfend, führte sie mich von dem Häuschen weg. Als wir uns entfernten, warf ich noch einen Blick zurück und wirklich, da war wieder an einem der oberen Fenster das gelbe, fahle Gesicht und beobachtete uns. Was für ein Zusammenhang konnte zwischen diesem Wesen und meiner Frau bestehen? Oder was verband sie mit dem rohen Weib, das ich am Tage vorher gesehen hatte? Es war ein sonderbares Rätsel, und doch fühlte ich, für mich gab's keinen Frieden mehr, bis seine Lösung gefunden war.

Die beiden folgenden Tage blieb ich daheim, und meine Frau hielt ihr Versprechen gewissenhaft, denn meines Wissens ging sie nicht aus dem Hause. Am dritten Tage aber konnte ich nicht zweifeln, daß ihr feierliches Gelöbnis sie dem geheimen Einfluß nicht zu entziehen vermochte, der sie von ihrem Gatten und ihrer Pflicht ablenkte.

Ich war an dem Tage in die Stadt gefahren, kehrte aber mit dem Zug 2 Uhr 40 Minuten statt mit meinem gewöhnlichen 3 Uhr 36 Minuten zurück. Als ich ins Haus trat, kam das Mädchen mit bestürztem Gesicht in den Hausflur gelaufen.

›Wo ist meine Frau?‹ fragte ich.

›Ich glaube, sie ist ausgegangen‹, antwortete sie.

Sofort regte sich mein Verdacht. Ich sprang die Treppe hinauf, um mich zu überzeugen, ob sie im Hause sei. Dabei fiel mein Blick zufällig durch eines der oberen Fenster, und ich sah das Mädchen, mit dem ich eben gesprochen hatte, quer über das Feld auf das Unglückshaus zulaufen. Da ward mir natürlich sofort alles klar. Meine Frau war hinübergegangen und hatte dem Mädchen gesagt, es solle sie rufen, wenn ich zurückkäme.

Außer mir vor Zorn stürzte ich hinunter und querfeldein, entschlossen, die Sache ein- für allemal zu Ende zu bringen. Ich sah meine Frau und das Mädchen zusammen auf dem engen Hekkenwege zurücklaufen, ließ mich aber dadurch nicht aufhalten. In dem Häuschen barg sich das Geheimnis, das einen Schatten auf mein Lebensglück warf. Ich schwor mir zu, mochte kommen, was da wollte, es sollte länger kein Geheimnis sein. Ich setzte nicht einmal den Klopfer in Bewegung, sondern drückte die Klinke nieder und stürzte in den Hausflur.

Im unteren Stock war alles still und ruhig. In der Küche brodelte ein Kessel über dem Feuer, und eine große schwarze Katze lag zusammengerollt in einem Korbe; aber von der Frau, die ich gesehen hatte, keine Spur. Ich lief in das zweite Gelaß, aber das war ebenso menschenleer. Dann eilte ich die Treppe hinauf, fand aber auch hier nur zwei ganz verlassene Zimmer. Im ganzen Hause keine Menschenseele. Möbel und Wandschmuck waren von der denkbar einfachsten, billigsten Sorte, außer in der einen Stube, an deren Fenster ich das sonderbare Gesicht gesehen hatte. Die war gut und mit Geschmack ausgestattet, und aller heiße Argwohn, der mich erfüllte, kochte schäumend auf, als ich auf dem Kaminsims eine Vollphotographie meiner Frau bemerkte, die erst vor einem Vierteljahr auf meinen Wunsch aufgenommen worden war.

Als ich mich zweifellos überzeugt hatte, daß das Haus leer war, verließ ich es mit einem Zentnergewicht auf dem Herzen, wie ich es nie in meinem Leben gefühlt hatte. Meine Frau kam mir in der Vorhalle entgegen, als ich wieder in mein Haus zurückkam, aber ich war zu sehr verletzt und zu zornig, um ein Wort an sie zu richten. Ich ging an ihr vorbei und begab mich in meine Arbeitsstube. Sie kam mir jedoch nach, ehe ich die Tür hatte zumachen können.

›Es tut mir leid, daß ich mein Versprechen gebrochen habe, Jack‹, sagte sie; ›aber wenn du alle Umstände wüßtest, würdest du mir, das glaube ich ganz gewiß, verzeihen.‹

›Dann sage mir alles!‹

›Ich kann nicht, Jack, ich kann nicht!‹ rief sie.

›Ehe du mir nicht sagst, wer in dem Hause drüben gewohnt hat, und wem du die Photographie gegeben hast, kann von Vertrauen zwischen uns keine Rede mehr sein‹, sagte ich, riß mich von ihr los und verließ das Haus.

Das war gestern, Herr Holmes, und seitdem habe ich sie nicht wiedergesehen, und das ist auch alles, was ich von der ganzen seltsamen Geschichte weiß. Es ist der erste Schatten, der zwischen uns gefallen ist, und ich bin so erschüttert davon, daß ich nicht mehr aus und ein weiß. Da fuhr mir's plötzlich heute morgen durch den Sinn, Sie seien der Mann, der mich beraten könnte in meiner Not; so bin ich hierher geeilt und gebe mich unbedenklich in Ihre Hände. Habe ich Ihnen irgend einen Punkt nicht deutlich genug beschrieben, so fragen Sie mich, bitte! Aber vor allem sagen Sie mir schnell, was ich tun soll! Denn dieses Elend ist mehr, als ich tragen kann.« – –

Holmes und ich hatten mit größtem Interesse dem ungewöhnlichen Bericht gelauscht, der stoßweise und abgebrochen erstattet wurde, wie von einem Manne, der unter dem Einflusse der höchsten Aufregung steht. Jetzt saß mein Freund eine Weile schweigend, in Gedanken verloren, das Kinn auf die Hand stützend, da.

»Wie ist es«, sagte er endlich, »können Sie beschwören, daß es ein Männergesicht war, das Sie am Fenster gesehen haben?«

»Jedesmal, wenn ich es gesehen habe, war ich ziemlich weit weg, so daß ich es unmöglich sagen kann.«

»Es hat aber einen unangenehmen Eindruck auf Sie gemacht?«

»Es schien mir eine unnatürliche Farbe und sonderbare starre Züge zu haben. Trat ich näher, so verschwand es mit einem Ruck.«

»Wie lange ist es her, daß Ihre Frau die hundert Pfund haben wollte?«

»Fast zwei Monate.«

»Haben Sie je ein Bild von ihrem ersten Gatten gesehen?«

»Nein, kurz nach seinem Tode ist in Atlanta Feuer ausgebrochen, und alle ihre Papiere sind verbrannt.«

»Und doch hatte sie eine Sterbeurkunde. Sie sagen, Sie haben sie gesehen?«

»Ja, sie hat sich nach dem Brand ein Duplikat ausstellen lassen.«

»Haben Sie einmal mit jemand gesprochen, der sie in Amerika gekannt hat?«

»Nein.«

»Hat sie selbst einmal davon geredet, daß sie ihren früheren Wohnplatz wiedersehen möchte?«

»Nein.«

»Kamen Briefe an sie von dort?«

»Nicht, daß ich wüßte.«

»Danke Ihnen. Jetzt möchte ich die Sache ein wenig überdenken. Bleibt das Häuschen dauernd verlassen, so wird es einiges Kopfzerbrechen kosten. Sind aber, was mir wahrscheinlicher dünkt, die Bewohner gestern von Ihrem Kommen verständigt worden und infolge dieser Warnung ausgerückt, dann sind sie jetzt vielleicht wieder da, und das Geheimnis läßt sich unschwer aufdecken. Ich gebe Ihnen daher den Rat, Sie kehren nach Norbury zurück und erkunden, ob an den Fenstern des Häuschens wieder etwas zu sehen ist. Haben Sie Grund zu der Annahme, es sei bewohnt, so dringen Sie nicht gewaltsam hinein, sondern drahten meinem Freunde und mir. Eine Stunde später sind wir bei Ihnen und werden dann bald sehen, was der ganzen Geschichte zugrunde liegt.«

»Und wenn noch niemand darin ist?«

»In diesem Falle komme ich morgen zu Ihnen und wir besprechen, was weiter in der Angelegenheit zu tun ist. Leben Sie wohl, und vor allem grämen Sie sich nicht, bevor Sie nicht wissen, daß Sie wirklich Ursache dazu haben!«

»Ich fürchte, das ist ein schlimmer Handel, Watson!« sagte mein Gefährte, als er Herrn Grant Munro hinausbegleitet hatte und wieder zurückgekommen war. »Was machst du daraus?«

»Es klingt nicht schön«, antwortete ich.

»Ja. Es handelt sich um Erpressung, wenn ich mich nicht sehr irre.«

»Und wer übt Erpressung?«

»Nun, das kann einzig und allein das Wesen sein, das in dem einzigen gut ausgestatteten Zimmer dort wohnt und die Photographie der Frau auf dem Kaminsims stehen hat. Auf mein Wort, Watson, das fahle Gesicht am Fenster hat für mich etwas sehr Anziehendes, und ich würde den Fall nicht um alle Welt hingeben.«

»Hast du eine Theorie?«

»Ja, soweit dies meine bisherige Kenntnis der Tatsachen zuläßt. Aber es sollte mich wundern, wenn sie sich nicht als richtig erweise. Der erste Ehemann von der Frau befindet sich in dem Häuschen.«

»Warum denkst du das?«

»Wie können wir uns sonst ihre wahnsinnige Angst erklären, als ihr zweiter Mann in das Haus dringen wollte? Wie ich die Sache auffasse, ist der Tatbestand etwa folgender: Die Frau war in Amerika verheiratet. Sie entdeckte an ihrem Mann irgendwelche verabscheuungswerten Angewohnheiten oder, sagen wir, er verfiel in eine scheußliche Krankheit und wurde ein Aussätziger oder Idiot. Sie floh schließlich von ihm fort, kehrte nach England zurück, nahm einen anderen Namen an und begann, wie sie dachte, ein neues Leben. Sie war drei Jahre verheiratet und glaubte, außer aller Gefahr der Entdeckung zu sein, da sie ihrem zweiten Manne die Sterbeurkunde irgend eines Mannes vorgezeigt hatte, dessen Namen sie angenommen, als plötzlich ihr Aufenthalt von ihrem ersten Mann oder, können wir auch annehmen, von irgend einem gewissenlosen Weibe, das sich mit dem Kranken verbunden hat, ausfindig gemacht wird. Sie schreiben an die Frau und drohen ihr, sie würden kommen und die Wahrheit enthüllen. Sie läßt sich hundert Pfund geben und sucht ihr Schweigen zu erkaufen. Sie kommen trotzdem, und als ihr zweiter Mann gelegentlich erwähnt, es seien neue Mieter in dem

Häuschen, erkennt sie aus irgend einem Umstande, daß es ihre Verfolger seien. Sie wartet, bis ihr Gatte eingeschlafen ist, dann eilt sie hin und will sie überreden, sie in Frieden zu lassen. Da ihr Flehen vergeblich ist, geht sie am nächsten Morgen noch einmal hin, und ihr Mann trifft sie beim Fortgehen, wie er uns erzählt hat. Sie verspricht ihm dann, nicht mehr hinzugehen, aber nach zwei Tagen ist der Wunsch, die entsetzliche Nachbarschaft loszuwerden, zu mächtig in ihr, und sie macht einen neuen Versuch, wobei sie ihre Photographie, die man wahrscheinlich von ihr verlangt hatte, mitnimmt. Während sie noch miteinander verhandeln, stürzt das Mädchen herein mit der Meldung, der Herr sei heimgekommen, worauf die Frau, welche weiß, ihr Mann werde sofort am Platze erscheinen, die Insassen augenblicklich zur Hintertüre hinausgehen heißt, in das Kiefernwäldchen wahrscheinlich, das dicht dabei stehen soll. So findet er das Haus verlassen. Es sollte mich aber sehr wundern, wenn er es heute abend noch ebenso fände. Was denkst du von meiner Theorie?«

»Das ist alles bloße Vermutung.«

»Aber es stimmt mit uns bekannten Tatsachen überein. Werden uns neue bekannt, mit denen sich meine Theorie nicht vereinigen läßt, dann, aber nur dann, müssen wir sie eben einer Revision unterziehen. Zur Zeit können wir nichts weiter tun, bis wir von unserem Freunde in Norbury eine neue Botschaft erhalten.«

Wir brauchten nicht lange zu warten. Die Nachricht kam, als wir gerade mit dem Tee fertig waren. Sie lautete:

»Die Mieter sind wieder da. Habe das Gesicht nochmals am Fenster gesehen. Erwarte Sie mit dem Siebenuhrzug und tue keinen Schritt, bis Sie kommen.«

Wir trafen ihn auf dem Bahnsteig, als wir ausstiegen, und konnten beim Scheine der Stationslampe sehen, daß er sehr bleich war und vor Aufregung zitterte.

»Sie sind noch da, Herr Holmes!« sagte er und legte seine Hand auf die Schulter meines Freundes. »Ich habe Licht im Hause gesehen, als ich vorbeikam. Wir müssen's jetzt ein- für allemal ausmachen.«

»Wie ist also Ihr Plan?« fragte Holmes, als wir die dunkle, baumbepflanzte Straße hinuntergingen.

»Ich will mir gewaltsam Eingang verschaffen und selbst sehen, wer im Hause ist. Sie beide wünsche ich als Zeugen dabei zu haben.«

»Sie sind hierzu entschlossen trotz der Warnung Ihrer Frau, es sei besser, Sie drängen nicht in das Geheimnis?«

»Ja, ich bin entschlossen.«

»Gut. Ich denke, Sie haben recht. Jede Wahrheit ist besser als quälender Zweifel ohne Ende. Es ist besser, wir gehen sofort daran. Freilich, daß wir dabei gesetzwidrig handeln, ist nur allzu klar. Aber ich denke, unter den Umständen können wir's riskieren.«

Es war eine sehr finstere Nacht, und ein leichter Regen setzte ein, als wir von der Landstraße in den enorm tief ausgefahrenen Heckenweg einbogen. Herr Grant Munro drängte jedoch ungeduldig vorwärts, und wir stolperten hinter ihm drein, so gut wir eben konnten.

»Dort sind die Lichter meines Hauses«, murmelte er, auf einen Schimmer zwischen den Bäumen weisend, »und das hier ist das Landhaus, in das ich hinein will.«

Während er dies sagte, bog sich der Weg, und das Gebäude lag dicht neben uns. Ein gelber Lichtschein, der über den dunklen Vordergrund lief, ließ uns erkennen, daß die Tür nicht völlig geschlossen war, und ein Fenster im oberen Stockwerk war hell erleuchtet. Als wir hinschauten, sahen wir durch die Fensterblenden einen schwarzen Fleck sich bewegen.

»Das ist das Geschöpf!« rief Grant Munro. »Sie können selbst sehen, daß sich dort jemand befindet. Jetzt mir nach, und wir werden bald alles wissen!«

Wir näherten uns der Tür, aber plötzlich trat aus dem Schatten eine Frau hervor und stand vor uns, vom goldigen Schimmer des Lichtes übergossen. Ihr vom Lichtschein abgewandtes Gesicht konnte ich nicht erkennen, aber ich sah, wie sie ihre Arme flehend erhob.

»Um Gottes willen, Jack, tu es nicht!« rief sie mit trauervoller Stimme.

»Laß mich gehen! Ich muß vorbei. Meine Freunde und ich wollen diese Geschichte ein- für allemal zu Ende bringen.« Er schob sie beiseite, und wir folgten ihm unmittelbar. Als er die Tür weit aufriß, stellte sich ihm eine ältliche Frauensperson in den Weg, aber er stieß sie zurück, und einen Augenblick später waren wir alle auf der Treppe. Grant Munro stürzte in das erleuchtete Zimmer im oberen Stockwerk, und wir folgten ihm auf den Fersen.

Es war ein trauliches, hübsch ausgestattetes Zimmer, von zwei Kerzen auf dem Tisch und zwei anderen auf dem Kaminsims erhellt. Vor einem Sekretär an der Wand, an einen Polsterstuhl gelehnt, stand allem Anschein nach ein kleines Mädchen. Sein Gesicht war abgewandt, als wir eintraten, aber wir konnten sehen, daß es einen roten Rock anhatte und lange weiße Handschuhe trug. Als sie sich uns zukehrte, stieß ich einen Schrei der Überraschung und des Entsetzens aus. Das Gesicht, das sie uns zuwandte, zeigte eine höchst sonderbare fahle Farbe, und die Züge waren völlig ausdrucksleer. Einen Augenblick später war das Geheimnis enthüllt. Holmes fuhr lachend mit der Hand hinter das Ohr des Kindes, eine Maske schälte sich von seinem Angesicht und vor uns stand … ein kleines kohlschwarzes Negermädchen, das vor Vergnügen über unsere verdutzten Gesichter alle seine weißen Zähne blitzen ließ. Ich mußte in ihr lustiges Lachen einstimmen, aber Grant Munro starrte sie sprachlos an und fuhr sich mit der Hand an die Kehle.

»Mein Gott«, schrie er endlich, »was hat das zu bedeuten?«

»Ich will dir sagen, was es zu bedeuten hat«, rief Frau Munro, indem sie mit entschlossenem, gefaßtem Gesichtsaudruck ins Zimmer trat. »Du hast mich gegen meinen Wunsch zum Reden gezwungen, und nun müssen wir uns beide, so gut es gehen will, damit abfinden. Mein Mann ist in Atlanta gestorben, mein Kind aber ist am Leben geblieben.«

»Dein Kind?«

Sie zog ein silbernes Medaillon aus ihrem Busen. »Du hast dies niemals offen gesehen.«

»Ich dachte, es ginge nicht auf.«

Sie drückte auf eine Feder, und die Vorderseite sprang auf. Es wurde das Porträt eines Mannes sichtbar, der ausnehmend schöne und intelligente Züge besaß, aber die unverkennbaren Merkmale afrikanischer Abstammung aufwies.

»Das ist John Hebron aus Atlanta«, sagte die Dame, »und keiner übertraf ihn an Adel der Gesinnung. Ich zerfiel mit allen Angehörigen meiner Rasse wegen meiner Heirat mit ihm, bereute es aber, solange er am Leben blieb, keinen Augenblick. Es war unser Unglück, daß unser einziges Kind mehr seinem Volke als meinem nachschlug. Das kommt oft in solchen Ehen vor, und unsere kleine Lucy ist weit dunkler, als ihr Vater je war. Aber dunkel oder hell, sie ist ein liebes kleines Mädel und ihrer Mutter Liebling.«

Bei diesen Worten sprang die Kleine auf, lief auf die Dame zu und verbarg ihr Gesicht in deren Kleide.

»Daß ich sie in Amerika ließ«, fuhr Frau Munro fort, »geschah nur, weil sie von zarter Gesundheit war und der Wechsel ihr hätte schaden können. Sie war der Obhut einer treuen Schottin anvertraut, die vorher in unserem Dienst gestanden hatte. Keinen Augenblick ist es mir auch nur im Traum in den Sinn gekommen, sie als mein Kind verleugnen zu wollen. Als uns das Schicksal aber zusammenführte, Jack, und ich dich lieben lernte, fürchtete ich mich, dir etwas von meinem Kinde zu sagen. Gott möge mir vergeben, aber ich glaubte, ich würde dich verlieren, und hatte nicht den Mut, mit dir davon zu reden. Ich mußte zwischen euch beiden wählen, und in meiner Schwäche wandte ich mich von meinem eigenen kleinen Mädchen weg. Drei Jahre lang habe ich ihre Existenz vor dir verborgen gehalten, aber ihre Pflegerin gab mir Nachricht, und ich wußte, daß er ihr gut ging. Schließlich konnte ich aber der Sehnsucht nach dem Kinde nicht länger widerstehen und vergebens war mein Bemühen, sie zu unterdrücken. Obgleich ich mir der Gefahr bewußt war, beschloß ich, das Kind herüberkommen zu lassen, und wäre es auch nur auf ein paar Wochen. Ich schickte der Pflegerin hundert Pfund und gab ihr Anweisung in Betreff dieses Hauses, so daß sie meine Nachbarin werden könnte, ohne daß ich doch in irgend welcher Beziehung zu ihr zu stehen schiene. Um recht vorsichtig zu sein, ließ ich das Kind tagsüber nicht aus dem Hause gehen und sein kleines Gesicht und seine Hände mit einer Maske bedecken, damit sich nicht etwa, wenn es jemand am Fenster sähe, das Gerücht verbreiten könnte, es befinde sich hier ein Negerkind. Wäre ich weniger vorsichtig gewesen, so hätte ich vielleicht klüger gehandelt, aber ich war halb wahnsinnig vor Angst, du könntest die Wahrheit erfahren.

Du hast mir zuerst mitgeteilt, daß das Häuschen wieder bezogen sei. Nun hätte ich bis zum Morgen warten sollen, aber ich konnte vor Aufregung nicht schlafen, und so schlich ich mich endlich davon, da ich ja wußte, wie schwer du aufzuwecken warst. Aber du sahst mich gehen, und damit fing meine Not an. Am nächsten Tage hattest du es in der Hand, meinem Geheimnis auf die Spur zu kommen, aber du warst großmütig genug, deinen Vorteil nicht zu verfolgen. Drei Tage später waren Kind und Pflegerin kaum zur Hintertür hinaus, als du zur vorderen hereinstürztest. Und heute weißt du nun alles, und ich frage dich: Was soll aus uns, meinem Kinde und mir, werden?« Sie schlug ihre Hände zusammen und wartete auf Antwort.

Es dauerte lange zwei Minuten, ehe Grant Munro das Schweigen brach; aber die Antwort, die er gab, war so, daß ich mich ihrer immer mit Vergnügen erinnere. Er hob die Kleine auf, küßte sie, streckte dann, das Kind auf dem Arme behaltend, der Mutter die Hand hin und wandte sich der Tür zu.

»Wir können die Sache gemütlicher daheim besprechen«, sagte er. »Ich bin kein sehr guter Mann, Effie, aber ich denke doch, ich bin besser, als du mich geschätzt hast.«

Holmes und ich folgten ihnen auf dem Heckenweg. Als wir auf die Straße kamen, zupfte mich mein Freund am Ärmel und flüsterte mir zu: »Ich denke, wir können uns in London nützlicher machen als in Norbury.«

Nicht ein Wort äußerte er weiter über den Fall, bis er sich spät abends mit einer brennenden Kerze in der Hand in sein Schlafzimmer begab.

»Watson!« sagte er. »Sollte es dir einmal so vorkommen, als würde ich etwas zu selbstbewußt oder verwendete weniger Mühe auf einen Fall, als er verdient, so flüstere mir, bitte, nur das eine Wort: Norbury ins Ohr, und du wirst mich dir sehr zu Dank verpflichten!«

# Holmes' erstes Abenteuer

»Hier, Watson, habe ich Papiere«, sagte mein Freund Sherlock Holmes, als wir uns an einem Winterabend vorm Kaminfeuer gegenübersaßen, »deren Durchsicht sich sicher für dich lohnen wird. Es sind Akten aus dem ungewöhnlichen Falle der ›Gloria Scott‹, und hier ist das Schriftstück, das dem Friedensrichter ein tödliches Entsetzen einjagte.«

Damit zog er aus einer Schublade eine kleine vergilbte Rolle, machte die umgebundene Schnur auf und hielt mir ein halbes Blatt schiefergrauen Papiers hin, auf das ein paar Zeilen gekritzelt waren.

»Die Zeit der Jagd auf Hasen geht bald los«, lauteten die Worte. »An Wechseln, Förster Hudson sagte mir's, hat gestern schon alles voll Wild gestanden. Er meinte, fort sei Reineke von Haus, und hier und da eile ein Iltis.«

Als ich diese rätselhaften Worte gelesen hatte und wieder aufschaute, sah ich, wie Holmes ein Lächeln über den Ausdruck meines Gesichtes unterdrückte.

»Du machst ein recht erstauntes Gesicht«, sagte er.

»Ich kann nicht einsehen, wie eine solche Botschaft Entsetzen einzuflößen vermochte. Sie kommt mir eher lächerlich als sonst etwas vor.«

»Allem Anschein nach. Dennoch steht die Tatsache fest, daß der Leser, ein schöner, kräftiger Mann in höherem Lebensalter, geradezu davon zu Boden geschmettert wurde wie von einem Keulenschlag.«

»Du machst mich neugierig«, erwiderte ich. »Warum sagtest du aber soeben, es lägen ganz besondere Gründe vor, weshalb ich mich in diesen Fall vertiefen sollte?«

»Weil es der allererste war, mit dem ich zu tun hatte.«

Schon oft hatte ich aus meinem Freunde eine Mitteilung darüber herauszulocken versucht, was ihn zuerst auf die Detektivlaufbahn geführt hätte; aber er hatte niemals Neigung zu einer Erklärung gezeigt. Jetzt rückte er sich auf seinem Lehnstuhl etwas noch vorn und rollte die Papiere auf seinen Knien auseinander. Dann zündete er seine Pfeife an und saß eine Weile schweigend da, während seine Augen die Papiere überflogen.

»Du hast mich niemals von Viktor Trevor reden hören?« fragte er mich endlich. »Er war während meiner zweijährigen Studienzeit mein einziger Freund. Sehr gesellig bin ich nie gewesen, Watson; ich ging lieber grübelnd in meinen vier Wänden meinen eigenen kleinen Ideen nach, so daß ich wenig mit Altersgenossen verkehrte. Von Fechten und Boxen abgesehen, fand ich an ihren athletischen Künsten keinen Geschmack, auch die Art meines Studiums war anders als die ihre; so hatten wir gar keine Berührungspunkte miteinander. Trevor war der einzige, den ich näher kennen lernte, und das auch nur ganz zufällig dadurch, daß sein Bullterrier eines schönen Morgens sich in meine Knöchel verbissen hatte.

Es war ein prosaisches Freundschaftsband, aber es hielt fest. Zehn Tage mußte ich meinen Knöcheln zuliebe liegen bleiben, und Trevor kam jeden Tag und erkundigte sich nach meinem Ergehen. Zuerst dauerte unsere Unterhaltung nur eine Minute, dann blieb er immer länger, und ehe ich wieder auf war, hatten wir feste Freundschaft geschlossen. Es war ein gemütvoller, kerniger Mensch von Geist und Tatkraft und in vielen Beziehungen ganz das Gegenteil von mir; aber wir hatten erkannt, daß uns manches gemeinsam war, und der Umstand, daß er so wenig Freunde hatte wie ich, knüpfte uns fest zusammen. Schließlich lud er mich zu einem Besuch in Donnithorpe in Norfolk ein, wo sein Vater wohnte, und ich wollte einen Monat lang während der langen Sommerferien seine Gastfreundschaft genießen.

Der alte Trevor war offenbar ein ziemlich wohlhabender und angesehener Mann, Friedensrichter und Grundbesitzer in Donnithorpe, einem kleinen Orte nördlich von Langmere. Das Wohnhaus war ein altertümliches ausgedehntes Steingebäude mit eichenen Querbalken, Pfosten und Türen, zu dem eine schöne Lindenallee führte. In den nahen Moorheiden fehlte es nicht an allerlei Vogelwild; dazu kam ein guter Fischbestand, eine kleine, aber erlesene Bücherei, die, wie ich hörte, von einem früheren Besitzer übernommen war, und eine passable Küche, sodaß man es wohl einen Monat aushalten konnte.

Trevor senior war Witwer und mein Freund sein einziger Sohn. Wie man mir sagte, hatte er auch eine Tochter gehabt, aber sie war, während sie in Birmingham zu Besuch weilte, an Diphtheritis gestorben. Für den Vater interessierte ich mich in hohem Grade. Wenig gebildet, besaß er offenbar ein gut Teil urwüchsiger Kraft in physischer wie geistiger Beziehung. Beschwerte ihn aber auch Buchweisheit nicht, so war er dafür weit gereist, hatte viel von der Welt gesehen und alles, was ihm vorgekommen war, fest im Gedächtnis behalten. Körperlich war er ein untersetzter, wohlbeleibter Mann mit buschigem, ergrautem Haar, braunem, sonnenverbranntem Gesicht und blauen Augen mit durchdringendem, fast wildem Ausdruck. Dennoch galt er bei den Bauern jener Gegend als freundlich und barmherzig und war wegen der Milde seiner richterlichen Urteile bekannt.

Eines Abends, wenige Tage nach meiner Ankunft, saßen wir nach Tische bei einem Glase Portwein, als der junge Trevor anfing, von meinen scharfen Beobachtungen und Schlußfolgerungen zu erzählen, die ich damals schon in ein System gebracht hatte, wenn ich auch noch nicht ahnte, welche Rolle sie in meinem Leben spielen sollten. Offenbar dachte der Alte, sein Sohn übertreibe, als dieser ein paar unbedeutende Kunststückchen von mir zum besten gab, und sagte mit großmütigem Lachen:

›Herr Holmes, ich bin ein ausgezeichnetes Objekt, nun zeigen Sie mal, ob Sie was von mir ausklügeln können!‹

›Ich fürchte, daß das etwas schwer hält‹, antwortete ich. ›Ich denke mir, Sie haben während der letzten zwölf Monate gefürchtet, es könnte ein Angriff auf Ihre Person gemacht werden.‹

Das Lachen erstarb auf seinen Lippen, und ganz überrascht starrte er mich an.

›Ja, das ist freilich wahr‹, sagte er. ›Du weißt, Viktor, als wir das Wilddiebsnest ausnahmen, schworen sie uns den Tod, und auf Sir Edward Hoby ist tatsächlich ein Mordversuch gemacht worden. Seitdem bin ich immer auf der Hut gewesen, habe aber keine Ahnung, wie Sie das wissen können.‹

›Sie haben einen sehr schönen Stock‹, antwortete ich. ›Aus der Aufschrift habe ich ersehen, daß Sie ihn erst ein Jahr besitzen. Sie haben aber seinen Knopf mit vieler Mühe ausgebohrt und mit geschmolzenem Blei ausgegossen, so daß er nun eine furchtbare Waffe ist. Ich schloß, daß Sie solche Vorsichtsmaßregeln nicht treffen würden, wenn Sie nicht eine Gefahr voraussähen.‹

›Sonst noch was?‹ fragte er lächelnd.

›Sie sind in Ihrer Jugend ein großer Boxer gewesen.‹

›Wieder richtig. Woher wußten Sie das? Hat etwa meine Nase durch einen Stoß ihre gerade Richtung verloren?‹

›Nein‹, sagte ich. ›Die Ohren sind's. Sie zeigen die dem richtigen Boxer eigene Abflachung und Verdickung.‹

›Sonst noch was?‹

›Sie haben viel gegraben – wegen Ihrer Schwielen.‹

›Habe mein ganzes Geld in den Goldgruben verdient.‹

›Sie sind in Neuseeland gewesen.‹

›Wieder richtig.‹

›Sie haben Japan besucht.‹

›Ganz recht.‹

›Und Sie standen in den intimsten Beziehungen zu einem, dessen Anfangsbuchstaben J. A. waren und den Sie später ganz aus Ihrem Gedächtnis zu tilgen suchten.‹

Bei diesen Worten richtete sich Herr Trevor langsam auf, heftete seine großen blauen Augen mit einem eigentümlichen wilden und starren Ausdruck auf mich und sank dann bewußtlos nieder, mit dem Gesicht zwischen die auf dem Tischtuch liegenden Nußschalen.

Du kannst dir denken, Watson, wie erschrocken wir beide, sein Sohn und ich, waren. Doch ging der Anfall bald vorüber, denn als wir seinen Kragen aufknöpften und ihm Wasser übers

Gesicht spritzten, seufzte er ein- oder zweimal tief auf und richtete sich in die Höhe.

›Ach‹, sagte er mit erzwungenem Lächeln, ›hoffentlich hab’ ich euch nicht erschreckt. So stark ich aussehe, das Herz ist ein wunder Punkt bei mir, und es gehört nicht viel dazu, mich umzuwerfen. Ich weiß nicht, wie Sie das fertig bringen, Herr Holmes, aber mir scheint’s, alle Detectivs im Leben wie in Erzählungen sind Waisenknaben gegen Sie. Das ist Ihr eigentlicher Beruf, glauben Sie einem Manne, der etwas von der Welt gesehen hat!‹

Und dieser Hinweis zusammen mit der übertriebenen Wertschätzung meiner Geschicklichkeit brachte mich, du kannst mir’s glauben, Watson, zu allererst auf den Gedanken, es könnte vielleicht mein Lebenslauf werden, was bis dahin eitel Spielerei gewesen war. In jenem Augenblick war ich freilich noch zu sehr über das plötzliche Unwohlsein meines Wirtes betroffen, um irgend welchen anderen Gedanken Raum zu geben.

›Ich hoffe, meine Worte haben Ihnen keinen Schmerz bereitet‹, sagte ich.

›Nun, jedenfalls haben Sie einen etwas empfindlichen Punkt berührt. Wollen Sie mir sagen, wie Sie zu der Kenntnis gekommen sind und wie weit Ihre Kenntnis reicht?‹ Er sprach jetzt in halb scherzhaftem Tone, aber ich sah im Hintergrunde seiner Augen noch einen Ausdruck des Schreckens.

›Es ist das einfachste von der Welt‹, sagte ich. ›Als Sie damals Ihren Arm entblößten, um den Fisch ins Boot zu holen, sah ich an Ihrem inneren Ellenbogen ›J. A.‹ eintätowiert. Die Buchstaben waren noch lesbar, aber ihr verschwommenes Aussehen und der fleckige Zustand der Haut ringsum ließen klar erkennen, daß man versucht hatte, sie auszutilgen. Daraus ergab sich ohne weiteres der Schluß, daß Ihnen die Buchstaben einmal sehr teuer gewesen waren, und daß Sie sie dann zu vergessen wünschten.‹

›Was für ein Auge Sie haben!‹ rief er mit einem Seufzer der Erleichterung. ›Sie haben genau das Richtige getroffen. Aber wir wollen das ruhen lassen! Von allen Erinnerungen ist die an eine tote Liebe am übelsten. Kommt ins Billardzimmer und laßt uns da gemütlich eine Zigarre rauchen!‹

Von dem Tage an lag in Herrn Trevors Benehmen gegen mich bei aller Herzlichkeit stets ein gewisser Argwohn. Sogar seinem Sohne konnte das nicht entgehen. ›Du hast meinem Vater mitgespielt‹, sagte er, ›daß er immer in Zweifel sein wird, was du weißt und was du nicht weißt.‹ Ich glaube sicher, er wollte es nicht zeigen, aber dieses Gefühl war so mächtig in ihm, daß es in allem, was er tat, hervortrat. Schließlich war ich so sehr überzeugt, daß ihm in meiner Nähe unbehaglich zumute war, daß ich beschloß, ihm durch längeres Verweilen in seinem Hause nicht mehr lästig zu fallen. Aber gerade am Tage vor meiner Abreise sollte noch ein Ereignis eintreten, das sich später als folgenschwer erwies.

Wir saßen eben alle drei auf Gartenstühlen auf der Wiese, sonnten uns behaglich und ließen unsere Augen weithin über das Moor schweifen, als das Mädchen kam und sagte, es wäre ein Mann an der Tür und wollte Herrn Trevor sprechen.

›Wie ist sein Name?‹ fragte mein Wirt.

›Er wollte ihn nicht nennen.‹

›Was will er denn?‹

›Er sagt, Sie kennten ihn, und er wolle Sie nur einen Augenblick sprechen.‹

›So lassen Sie ihn hierher kommen!‹

Einen Augenblick später erschien eine kleine, ausgemergelte Gestalt mit kriechender Haltung und schleppendem Gange. Der Mensch trug eine offene Jacke mit teerbefleckten Ärmeln, ein rot- und schwarzgewürfeltes Hemd, Drillichhosen und schwere, ganz abgetragene Stiefel. Sein braunes, eingefallenes Gesicht zeugte von Verschmitztheit, ein beständiges Lächeln ließ eine unregelmäßige Reihe gelber Zähne sehen, und seine runzeligen Hände waren halb geschlossen, wie es Matrosen eigen ist. Als er über den Rasen auf uns zuschlenkerte, hörte ich ein sonderbares schluckendes Geräusch in Herrn Trevors Kehle und sah ihn plötzlich aufspringen und ins Haus eilen. Im Augenblick war er wieder zurück, und als er an mir vorüberschritt, ging ein starker Branntweingeruch von ihm aus.

›Nun, mein Bester‹, sagte er, ›was kann ich für Sie tun?‹

Der Matrose stand da und sah ihn mit halb zugekniffenen Augen und zähnefletschendem Lächeln an.

›Sie kennen mich nicht?‹ fragte er.

›Was? Straf' mich! Das ist doch Hudson!‹ sagte Herr Trevor im Tone der Überraschung.

›'s ist Hudson, ja!‹ sagte der Seemann. ›Dreißig Jahre und länger ist's her, seit ich Sie nicht gesehen habe. Sie haben hier Ihr Haus, und ich muß mir noch mein Salzfleisch aus'm Tranfaß fischen!‹

›Still! Sie werden sehen, ich hab' die alten Zeiten nicht vergessen!‹ rief Herr Trevor, trat an den Matrosen heran und sprach leise ein paar Worte zu ihm. ›Gehen Sie in die Küche!‹ fuhr er laut fort. ›Da wird man Ihnen zu essen und zu trinken geben. Ich werde schon eine Stelle für Sie finden.‹

›Danke‹, sagte der Seemann und fuhr sich mit der Hand an die Stirn. ›Komm' gerade von einer zweijährigen Achtknotenlustfahrt, dazu ziemlich knapp dran, und mal ausruhen tut mir auch gut. Da dacht' ich, versuchst's mal bei Herrn Beddoes oder bei Ihnen.‹

›Was?‹ rief Herr Trevor, ›Sie wissen, wo Herr Beddoes ist?‹

›Himmel auch, ich weiß, wo alle meine alten Freunde sind‹, erwiderte die Teerjacke mit tückischem Lächeln und schlenkerte hinter dem Mädchen her nach der Küche.

Herr Trevor murmelte einige unverständliche Worte über Kameradschaft zur See und Goldgraben, ließ uns dann auf der Wiese allein und ging ins Haus. Als wir ihm eine Stunde später folgten, fanden wir ihn total betrunken auf dem Sofa im Speisezimmer ausgestreckt liegen. Der ganze Vorfall hatte einen äußerst widerwärtigen Eindruck auf mich gemacht, und ich war am nächsten Tage recht froh, Donnithorpe hinter mir zu lassen; denn ich fühlte, daß meine Gegenwart für meinen Freund eine Quelle der Pein sein mußte.

Dies alles trug sich während des ersten Monats der langen Sommerferien zu. Ich ging dann nach London und arbeitete dort sieben Wochen angestrengt an einigen Experimenten aus der organischen Chemie. Eines Tages aber, als der Herbst schon ziemlich vorgerückt war und die Ferien zur Neige gingen, erhielt ich eine Depesche von meinem Freunde, in der er mich dringend bat, nach Donnithorpe zurückzukommen, da er meines Rates und Beistandes bedürfe. Natürlich ließ ich alles liegen und dampfte wieder dem Norden zu.

Er erwartete mich mit dem Einspänner am Bahnhof, und ein Blick sagte mir, daß die letzten beiden Monate eine schwere Zeit für ihn gewesen waren. Er sah eingefallen und verkümmert aus und hatte nicht mehr das ihm früher eigene muntere und lustige Wesen.

›Mein Vater liegt im Sterben‹, waren die ersten Worte, die er sprach.

›Unmöglich!‹ rief ich. ›Was ist's?‹

›Schlag! Nervenschlag! Den ganzen Tag schon ringt er mit dem Tode. Wer weiß, ob wir ihn noch am Leben treffen.‹

Wie du dir denken kannst, Watson, erschütterte mich die unerwartete Nachricht.

›Was war die Ursache?‹ fragte ich.

›Ja, das ist's eben. Springe in den Wagen, und wir können darüber während des Fahrens sprechen! Erinnerst du dich des Menschen, der am Abend vor deiner Abreise auftauchte?‹

›Vollkommen.‹

›Weißt du, wen wir damals in unser Haus aufnahmen?‹

›Keine Ahnung.‹

›Es war der Teufel, Holmes!‹ rief er.

Erstaunt starrte ich ihn an.

›Ja, es war der Teufel selbst. Wir haben seitdem keine ruhige Stunde gehabt – nicht eine einzige. Mein Vater wagte von jenem Abend an nicht mehr, sein Haupt zu erheben, und jetzt ist das Leben in ihm vernichtet und sein Herz gebrochen – alles durch diesen höllischen Hudson.‹

›Was gab ihm denn soviel Macht über ihn?‹

›Ja, ich gäbe viel darum, wenn ich das wüßte. Der freundliche, mildherzige, gute alte Herr! Wie konnte er in die Klauen dieses Schuftes geraten sein! Aber ich bin so froh, daß du gekommen bist, Holmes! Ich habe solches Zutrauen zu deinem Urteil und deiner Verschwiegenheit und weiß, du wirst mir den besten Rat geben.‹

Wir jagten auf der glatten weißen Landstraße dahin, während die weiten Moorstrecken vor uns im roten Licht der untergehenden Sonne erglühten. Über den Baumgipfeln zu unserer Linken konnte ich schon die hohen Schornsteine und den Fahnenmast auf dem Trevorschen Herrenhause bemerken.

›Mein Vater machte den Burschen zum Gärtner‹, sagte mein Begleiter, ›und dann, als er damit nicht zufrieden war, sogar zum Kellermeister. Das ganze Hauswesen schien ihm ausgeliefert zu sein, und er ging herum und tat, was ihm in den Sinn kam. Die Dienstmädchen beklagten sich über seine unsauberen Gewohnheiten, seine Trunkenheit und über seine gemeine Sprache. Papa suchte sie durch Lohnerhöhung für die Unbill zu entschädigen. Der Bursche nahm ohne weiteres meines Vaters Boot und seine beste Büchse und lud sich selbst zu kleinen Jagdpartien ein. Das tat er alles mit solchem höhnischen, tückischen, frechen Gesichtsausdruck, daß ich ihn zwanzigmal niedergeschlagen hätte, wäre er nicht ein alter Mann gewesen. Ich sage dir, Holmes, ich mußte während dieser ganzen Zeit mit Gewalt an mich halten, und jetzt frage ich mich, ob es nicht besser gewesen wäre, ich hätte mich etwas mehr gehen lassen.

Nun, es wurde noch immer schlimmer, und dieses Vieh, der Hudson, nahm sich immer mehr heraus, bis endlich der übers Maß gefüllte Eimer überlief und ich Hudson, als er einmal meinem Vater in meiner Gegenwart eine unverschämte Antwort gab, an der Schulter packte und aus dem Zimmer schob. Gelb vor Wut und mit giftsprühenden Augen, die drohender wirkten, als es Worte vermocht hätten, schlich er sich fort. Was zwischen dem armen Papa und dem Schuft darauf stattgefunden hat, weiß ich nicht, aber Papa kam am nächsten Tage zu mir und fragte, ob ich

Hudson um Entschuldigung bitten wollte. Wie du dir denken kannst, weigerte ich mich und hielt meinem Vater vor, wie er diesem Elenden erlauben könnte, ihm und allen Hausbewohnern so auf dem Kopfe herumzutanzen.

›Ach, mein Junge‹, sagte er, ›du hast gut reden, aber du weißt nicht, wie meine Lage ist. Doch du sollst es erfahren, komme, was da wolle! Du würdest nichts Böses von deinem armen alten Vater glauben, wie, Junge?‹

Er war sehr bewegt und schloß sich den ganzen Tag in sein Studierzimmer ein, wo er, wie ich durch das Fenster sehen konnte, eifrig schrieb.

An jenem Abend trat etwas ein, das uns Erlösung zu bringen schien; Hudson erklärte uns nämlich, er wolle fortgehen. Er kam nach dem Essen ins Speisezimmer und kündigte uns seine Absicht mit der schweren Zunge eines Halbtrunkenen an.

›Hab' genug von Norfolk‹, sagte er. ›Will 'nunter zu Herrn Beddoes in Hampshire. Er wird, glaub' ich, ebenso froh sein, wenn ich komme, wie Sie's waren.‹

›Sie gehen nicht im Zorn weg, Hudson, hoffe ich?‹ sagte mein Vater mit einem mehr als sanftmütigen Ausdruck, der mein Blut zum Kochen brachte.

›Man hat mich noch nicht um Entschuldigung gebeten‹, sagte er mürrisch und lauernd, indem er nach meinem Platze hinschielte.

›Viktor, du wirst zugeben, du hast diesen würdigen Mann zu rauh behandelt‹, sagte Papa, zu mir gewendet.

›Im Gegenteil, ich denke, wir haben uns beide ganz außerordentlich langmütig gegen ihn gezeigt‹, lautete meine Antwort.

›So, meinen Sie? So?‹ knurrte er. ›Sehr gut, junger Mann! Wir werden ja sehen.‹ Damit schlenderte er aus dem Zimmer, und eine halbe Stunde später war er fort. Mein Vater befand sich aber fortan in einem Zustand bejammernswerter nervöser Aufregung. Jede Nacht hörte ich ihn in seinem Zimmer ruhelos auf- und abgehen, und als er endlich wieder etwas ruhiger zu werden anfing, gerade da traf ihn der Schlag.

›Und wie?‹ fragte ich eifrig.

›Auf ganz sonderbare Weise. Gestern abend kam an meinen Vater ein Brief, der den Stempel Fordingbridge trug. Mein Vater las ihn, schlug sich mit beiden Händen an den Kopf und fing an, kleine Kreise beschreibend, im Zimmer herumzulaufen, ganz als wenn er von Sinnen wäre. Als ich ihn endlich aufs Sofa niederzog, waren sein Mund und seine Augenlider auf einer Seite ganz verzogen, und ich sah, daß er einen Schlaganfall gehabt hatte. Dr. Fordham kam sofort herüber, und wir brachten ihn zu Bett; aber die Lähmung griff weiter um sich, und kein einziges Zeichen von wiederkehrendem Bewußtsein hat sich eingestellt; ich zweifle, daß wir ihn noch am Leben finden.‹

›Das klingt ja entsetzlich, Trevor!‹ rief ich. ›Was stand denn so Schreckliches in diesem Brief?‹

›Gar nichts Schreckliches. Das ist das Unbegreifliche daran. Was da stand, war albern und nichtssagend. Ach, mein Gott, es ist, wie ich gefürchtet habe!‹

Während er so sprach, bogen wir in die Torfahrt ein, gerade auf das Haus zu, und sahen, daß alle Rolläden heruntergelassen waren. Als wir dann vorfuhren, zog sich das Gesicht meines Freundes vor Schmerz krampfhaft zusammen, da er einen Herrn in schwarzer Kleidung heraustreten sah.

›Wann ist es eingetreten, Herr Doktor?‹ fragte Trevor.

›Fast unmittelbar nach Ihrer Wegfahrt.‹

›Ist er noch einmal zum Bewußtsein gekommen?‹

›Nur einen Augenblick vor dem Ende.‹

›Hat er mir noch etwas sagen wollen?‹

›Nichts, als daß die Papiere im japanischen Zimmer im Sekretär lägen.‹

Mein Freund ging mit dem Arzte ins Sterbezimmer hinauf, während ich in der Studierstube zurückblieb und mir die ganze Geschichte immer und immer wieder durch den Kopf gehen ließ. Meine Gedanken waren sehr düsterer Natur. Welches war die Vergangenheit dieses Trevor? Boxer, Seemann und Goldgräber; und wie war er in die Gewalt dieses schielenden Schuftes geraten? Und warum ließ ihn eine Anspielung auf die halb verwischte Tätowierung an seinem Arm in Ohnmacht fallen und ein Brief von Fordingbridge zu Tode erschrecken? Da fiel mir ein, daß Fordingbridge in Hampshire lag, und daß dieser Herr Beddoes, den der Matrose hatte aufsuchen und bei dem er voraussichtlich ebenfalls hatte Erpressungsversuche machen wollen, gleichfalls in Hampshire leben sollte. Dann konnte der Brief entweder von dem Matrosen kommen und die Mitteilung enthalten, er habe das schuldbergende Geheimnis, das offenbar zu vermuten war, verraten, oder das Schreiben kam von Beddoes, der einen alten Genossen warnen wollte, ein solcher Verrat werde sehr bald erfolgen. Soweit schien alles ziemlich klar. Aber wie konnte dann der Brief – nach den Worten meines Freundes – nichtssagend und albern sein? Er mußte ihn falsch verstanden haben. Und war dem so, so handelte es sich jedenfalls um einen jener fein ausgeklügelten Chiffrebriefe, die für den ahnungslosen Leser etwas ganz anderes besagen, als für den Eingeweihten. Diesen Brief mußte ich sehen. Hatte er eine versteckte Bedeutung, so war ich überzeugt, ich brächte sie heraus. Eine Stunde saß ich grübelnd im Düsteren da, bis schließlich eine weinende Magd eine Lampe hereinbrachte. Ihr auf den Fersen folgte mein Freund Trevor, bleich, aber gefaßt, und hielt in seinen Händen diese selben Papiere, die hier auf meinen Knien liegen. Er nahm mir gegenüber Platz, zog die Lampe auf dem Tische näher heran und reichte mir ein kurzes Schreiben hin, das, wie du siehst, auf ein einzelnes Blatt graues Papier gekritzelt ist. Es lautete: ›Die Zeit der Jagd auf Hasen geht bald los. An Wechseln, Förster Hudson sagte mir's, hat gestern schon alles voll Wild gestanden. Er meinte, fort sei Reineke von Haus und hier und da eile ein Iltis.‹

Ich kann wohl sagen, beim ersten Lesen dieser Zeilen sah ich ebenso verblüfft aus wie du jetzt eben. Dann las ich sie noch einmal langsam durch. Es war offenbar, wie ich mir gedacht hatte, und es mußte sich hinter dieser sonderbaren Wortfolge eine andere Bedeutung verstecken. Oder konnten etwa Ausdrücke wie ›Wechsel‹, ›Reineke‹, ›Iltis‹ einen vorweg vereinbarten Sinn ha-

174

ben? Dann freilich war die Bedeutung ganz willkürlich und konnte ohne den Schlüssel in keiner Weise durch Schlußfolgerungen gefunden werden. Und doch wollte ich das nicht glauben; auch wies schon das Wort ›Hudson‹ darauf hin, daß sich die Mitteilung auf den von mir vermuteten Gegenstand bezog, und daß sie eher von Beddoes als vom Matrosen herrührte. Ich versuchte es mit Rückwärtslesen, aber der Anfang ›Iltis ein eile da‹ war nicht eben ermutigend. Dann ließ ich jedes zweite Wort weg, jedoch weder ›die der auf‹ noch ›Zeit Jagd Hasen‹ versprach das Dunkel aufzuhellen. Dann aber, im nächsten Augenblick, hielt ich den Schlüssel des Rätsels in Händen; ich sah, daß das erste Wort und dann jedes dritte zusammen eine Botschaft bildeten, die wohl geeignet sein konnte, den alten Trevor zur Verzweiflung zu bringen.

Kurz und glatt war die Warnung, wie ich sie nun meinem Gegenüber vorlas:

›Die Jagd geht an. Hudson hat alles gestanden. Fort von hier, eile!‹

Viktor Trevor ließ sein Gesicht in seine zitternden Hände sinken. ›Ich denke, so ist's‹, sagte er. ›O, das ist schlimmer als der Tod, denn es bedeutet Schande obendrein! Aber was sollen die Wörter ›Wechsel‹, ›Förster‹, ›Iltis‹?‹

›Sie besagen für die Mitteilung selbst gar nichts, aber für uns ziemlich viel, wenn wir sonst kein Mittel hätten, den Absender zu entdecken. Siehst du, er hat zuerst geschrieben: ›Die – – Jagd – – geht – – an‹ und so weiter. Dann hatte er gemäß der Verabredung zwischen je zwei Wörter zwei andere zu setzen. Naturgemäß brauchte er die Wörter, die ihm zuerst in den Sinn kamen, und da sich darunter so viele auf den Jagdsport bezügliche befinden, so kann man ziemlich sicher sein, daß der Schreiber ein leidenschaftlicher Weidmann oder Schütze ist. Weißt du irgend etwas von diesem Beddoes?‹

›Allerdings‹, erwiderte er; ›jetzt, da du mich daran erinnerst, fällt mir ein, daß mein Vater jeden Herbst eine Einladung zur Jagd von ihm erhielt.‹

›Dann geht das Schreiben zweifellos von ihm aus‹, sagte ich, ›und wir haben nur noch das Geheimnis aufzudecken, das der Matrose drohend über den Häuptern dieser beiden begüterten und geachteten Männer zu halten scheint.‹

›Weh, Holmes! Ich fürchte, es steckt Sünde und Schande dahinter‹, stöhnte mein Freund. ›Aber vor dir habe ich kein Geheimnis. Hier ist das Schreiben, das mein Vater verfaßt hat, als er sah, daß die von Hudson drohende Gefahr immer näher rückte. Ich fand es im japanischen Zimmer, wie er dem Arzte gesagt hatte. Nimm und lies es mir vor! Denn mir fehlt Kraft und Mut, es selbst zu tun.‹

Und das sind hier eben die Papiere, Watson, die er mir einhändigte, und ich will sie dir vorlesen, wie ich sie ihm in jener Nacht in dem alten Studierzimmer vorgelesen habe. Sie tragen, wie du siehst, die Aufschrift: ›Erlebnisse auf der Fahrt der Barke ›Gloria Scott‹, die Falmouth am 8. Oktober 1855 verließ und am 6. November 15 Grad 20 Minuten nördlicher Breite, 25 Grad 14 Minuten westlicher Länge unterging.‹ Der Bericht ist in Form eines Briefes verfaßt und lautet:

Mein lieber, lieber Sohn! Jetzt, wo der Augenblick der Schmach herannaht und schon seinen dunklen Schatten auf meinen Lebensabend wirft, kann ich es mit voller Wahrheit und Aufrichtigkeit niederschreiben: nicht der Schrecken des Gesetzes, nicht der Verlust meiner weithin angesehenen Stellung, auch nicht mein Sturz in den Augen aller meiner Bekannten schneidet mir so ins Herz, wie der Gedanke, daß du über mich erröten sollst – du, der mich liebt, und der, hoffe ich, selten Grund hatte, mich anders als mit Achtung anzusehen. Wenn mich aber der Schlag trifft, der mir beständig droht, dann, wünsche ich, sollst du dies lesen und von mir selbst ungeschminkten Bericht erhalten, aus dem du das Maß meiner Schuld ersehen kannst. Sollte jedoch alles gut ablaufen – was Gott der Allmächtige geben möge –, und dieses Schreiben aus irgend einem Zufall noch nicht vernichtet sein und dir in die Hände fallen, dann beschwöre ich dich bei allem, was dir heilig ist, bei dem Andenken an deine teure Mutter und an die Liebe, die uns verbunden hat, wirf es ins Feuer und tilge es ganz aus deinem Gedächtnis!

Wenn also dein Auge diese Zeilen liest, werde ich schon angeklagt und vor Gericht geschleppt sein oder, was wahrscheinlicher ist – denn du kennst meine Herzschwäche –, mit auf immer versiegelter Zunge als Beute des Todes daliegen. In beiden Fällen ist die Zeit der Vertuschung vorbei, und jedes Wort, das du hier liest, ist die nackte Wahrheit; das schwöre ich dir, so wahr ich auf Barmherzigkeit hoffe.

Mein Name, teurer Sohn, ist nicht Trevor. In meinen jungen Jahren hieß ich James Armitage, und du kannst jetzt verstehen, wie es mich vor einigen Wochen erschüttern mußte, als dein Studienfreund Worte an mich richtete, aus denen hervorzugehen schien, daß er mein Geheimnis entdeckt habe. Als Armitage trat ich bei einem Londoner Bankhause ein, und als Armitage wurde ich wegen Gesetzesbruchs vor Gericht gezogen und zur Strafverschickung verurteilt. Denke darum nicht zu schlecht von mir, mein Junge! Es war eine sogenannte Ehrenschuld, die ich zu tilgen hatte, und ich verwendete dazu Geld, das mir nicht gehörte, in der Gewißheit, es ersetzen zu können, ehe auch nur die Möglichkeit der Entdeckung bestand. Aber das schrecklichste Unglück verfolgte mich. Das Geld, auf das ich gerechnet hatte, blieb aus, und eine unvermutete Kontrolle deckte das Defizit auf. Der Fall hätte milde beurteilt werden können, aber vor dreißig Jahren war die Gesetzesauslegung und Rechtsprechung weit schärfer als heutzutage, und mein dreiundzwanzigster Geburtstag fand mich als Missetäter mit siebenunddreißig anderen Sträflingen im Zwischendeck der nach Australien segelnden Barke ›Gloria Scott‹ angekettet.

Es war im Jahr 1855, als der Krimkrieg noch in voller Wucht tobte, und die alten Sträflingsschiffe dienten vielfach zum Truppentransport nach dem Schwarzen Meere. Die Regierung sah sich daher genötigt, zur Verschickung der Strafkolonisten kleinere oder weniger geeignete Schiffe einzustellen. Die ›Gloria

Scott‹ war als Chinafahrer zum Teehandel verwendet worden, aber sie war ein altmodisches, schwergebautes, breitbugiges Fahrzeug, das den neuen scharfbugigen Kuttern weit nachstand. Bei fünfhundert Tonnen Tragfähigkeit zählte sie außer ihren siebenunddreißig Zuchthausvögeln eine Mannschaft von sechsundzwanzig Köpfen, achtzehn Seesoldaten, einen Kapitän, drei Maate, einen Arzt, einen Kaplan und vier Wärter. So faßte sie alles in allem an hundert Seelen, als wir von Falmouth in See stachen.

Die Wände zwischen den Sträflingszellen waren nicht, wie gewöhnlich auf diesen Schiffen, von dickem Eichenholz, sondern ganz dünn und zerbrechlich. Mein nächster Nachbar nach Backbord zu war mir schon, als man uns zum Kai hinunterführte, vor allen aufgefallen. Er war ein junger Mann mit bleichem, bartlosem Gesicht, langer, dünner Nase und wahren Nußknackerkinnbacken. Sein Kopf reckte sich recht übermütig in die Luft, sein Gang war herausfordernd; übrigens ragte er schon durch seine auffallende Körpergröße über alle hervor. Ich möchte glauben, daß ihm keiner von uns bis an die Schulter reichte, und er muß nach meiner Schätzung sechseinhalb Fuß gemessen haben. Sonderbar mutete es einen an, unter so vielen Jammergesichtern eines voll Tatkraft und Entschlossenheit zu sehen. Wie ein Kaminfeuer im Schneesturm kam es mir vor. So war es für mich eine Freude, diesen Mann zum Nachbarn zu haben, und eine noch größere, als ich durch die Totenstille der Nacht auf einmal dicht an meinem Ohr eine Stimme flüstern hörte und merkte, daß es ihm geglückt war, ein Loch in die uns trennende Bretterwand zu schneiden.

›Hallo, Kollege!‹ sagte er, ›Wie heißen Sie, und was haben Sie ausgefressen?‹

Ich antwortete ihm und fragte meinerseits nach seinem Namen.

›Ich bin Jack Prendergast‹, sagte er, ›und bei Gott, Sie werden meinen Namen segnen lernen, ehe wir wieder voneinander gehen.‹

Ich erinnerte mich augenblicklich seines Falles, denn er hatte kurz vor meiner eigenen Festnahme ungeheures Aufsehen im ganzen Lande erregt. Prendergast war von guter Herkunft und ein sehr begabter Mensch, besaß aber eine unheilbare Neigung zu gesetzlosem Tun und hatte die ersten Londoner Kaufleute durch die sinnreichsten Gaunereien um gewaltige Summen gebracht.

›Ah, ich sehe, Sie erinnern sich an meinen Fall‹, sagte er stolz.

›Allerdings, sehr gut.‹

›Dann erinnern Sie sich vielleicht auch an etwas Merkwürdiges dabei?‹

›Was soll das sein?‹

›Ich hatte ziemlich eine Viertelmillion Pfund, nicht?‹

›So hieß es.‹

›Aber man konnte nichts wiederfinden, was?‹

›Nein.‹

›Nun, wo denken Sie, daß das Geld geblieben ist?‹ fragte er.

›Ich habe keine Ahnung.‹

›Gerade zwischen meinem Finger und Daumen‹, sagte er. ›Bei Gott, meines Vaters Sohn hat mehr Dukaten als Sie Haare auf dem Kopfe! Und wenn man Geld hat, mein Lieber, und es zu verwenden und auszugeben versteht, so kann man *alles* machen. Nun werden Sie es nicht für wahrscheinlich halten, daß ein Mann, der alles machen kann, seine Hosen in dem stinkigen Schiffsraum eines rattenwimmelnden, wurmzerfressenen, muffigen alten Kastens von Chinaküstenfahrer durchscheuern will. Nein, mein Bester, solch ein Mann sieht, wo er selbst bleibt und wo seine Genossen bleiben. Darauf können Sie Gift nehmen! Machen Sie Part mit ihm, und Sie können einen Eid auf die Bibel leisten, die er Ihnen hinlotsen wird!‹

So redete er fort, und zuerst dachte ich, es wäre nur Geschwätz; aber nach einiger Zeit, als er meiner sicher zu sein glaubte und mich mit aller Feierlichkeit hatte Verschwiegenheit geloben lassen, weihte er mich in der Tat in einen Plan ein, den man schon lange gefaßt hatte, und der auf nichts anderes ausging, als sich des Schiffes zu bemächtigen. Ein Dutzend Sträflinge hatten ihn ausgeheckt, ehe sie an Bord gebracht worden waren; Prendergast war das Haupt des Unternehmens und sein Geld die Triebkraft.

›Ich hatte einen Partner‹, sagte er, ›einen ausnahmsweise guten Kerl, so fest und treu wie der Schaft am Lauf. Er hat sich die Ordination verschafft, wahrhaftig; und wo denken Sie, daß er sich in diesem Augenblicke befindet? Na, er ist unser Schiffskaplan – der Kaplan, nichts weniger. Er kam an Bord in schwarzem Rock, mit seinen Papieren in Ordnung und mit Geld genug im Sack, das ganze Ding da vom Kiel bis zum Topmast zu kaufen. Die Mannschaft ist mit Leib und Seele sein. Er konnte sie haben, das Gros zu so und so viel mit Rabatt bei Barzahlung, und er kaufte sie, noch ehe sie sich heuern ließen. Er hat zwei Wärter gewonnen und Mercer, den zweiten Maat, und er hätte den Kapitän selbst gekriegt, wenn sich's verlohnt hätte.‹

›Was werden wir nun tun?‹ fragte ich.

›Was denken Sie?‹ sagte er. ›Wir wollen einigen von den Soldaten die Röcke röter machen, als sie ihnen je der Schneider liefern könnte.‹

›Aber sie sind bewaffnet!‹

›Und das werden wir auch sein, mein Junge! Für jeder Mutter Sohn von uns gibt's ein Paar Pistolen, und sind wir mit der Mannschaft auf unserer Seite nicht imstande, das Schiff zu nehmen, so wären wir alle reif, in eine Töchterschule geschickt zu werden. Sie reden heute abend mit Ihrem linken Flügelmann und sehen, ob man ihm trauen darf!‹

Ich folgte der Weisung und fand in meinem anderen Nachbar einen jungen Mann, der sich in ähnlicher Lage befand, wie ich selbst, und wegen Fälschung verurteilt worden war. Er hieß Evans, nahm aber später ebenfalls einen anderen Namen an und ist jetzt ein reicher, gutgestellter Mann im südlichen England. Bereitwillig schloß er sich der Verschwörung an, da es keinen anderen Weg zur Rettung für uns gab, und ehe wir noch das nördliche Spanien erreicht hatten, blieben nur zwei Gefangene übrig, die nicht mit uns unter einer Decke steckten. Der eine war ein Schwächling, dem wir nichts anzuvertrauen wagten, und der andere litt an Gelbsucht und konnte für uns von keinem Nutzen sein.

Von Anfang an stand eigentlich dem Gelingen unseres Planes nichts im Wege. Die Mannschaft war ein für den Zweck besonders ausgelesenes Pack von Schuften. Der vermeintliche Kaplan kam zur Erbauung in unsere Zellen mit einer schwarzen Tasche in der Hand, die scheinbar voll von Traktätchen und geistlichen Büchern war; und das tat er so fleißig, daß wir am dritten Tage jeder am Fuß des Bettes eine Feile, eine Doppelpistole, ein Pfund Pulver und zwanzig Patronen verstaut hatten. Zwei von den Wärtern standen, wie gesagt, in Prendergasts Sold, und der zweite Maat war sein erster Gehilfe. Der Kapitän, zwei Maate, zwei Wärter, Leutnant Martin mit seinen achtzehn Rotröcken und der Doktor – das war alles, was uns gegenüberstand. Trotz dieser sicheren Aussichten waren wir doch entschlossen, keine Vorsicht aus dem Auge zu lassen und unseren Überfall plötzlich zur Nachtzeit auszuführen. Es kam jedoch schneller dazu, als wir gedacht hatten.

Als nämlich eines Abend, so in der dritten Woche nach unserer Abfahrt, der Doktor herunterkam, um nach einem kranken Sträfling zu sehen, legte er zufällig seine Hand auf das Fußende des Bettes und fühlte dabei den Umriß der Doppelpistole. Hätte er den Mund gehalten, so wäre vielleicht unser ganzer schöner Plan in die Luft geflogen; aber er war ein aufgeregter kleiner Mann, und so stieß er einen Schrei der Überraschung aus und wurde so bleich, daß der vor ihm liegende Sträfling erkannte, was die Glocke geschlagen hatte, sich mit aller Kraftanstrengung aufrichtete und ihn packte. Bevor der Doktor noch Lärm schlagen konnte, war er geknebelt, gefesselt und unter das Bett gerollt. Er hatte die zum Deck führende Tür offen gelassen, und wir waren im Nu durch. Die beiden Schildwachen wurden niedergeschossen und ebenso der Korporal, der herbeigeeilt kam, um zu sehen, was los wäre. Zwei andere Soldaten standen am Eingange des Salons, ihre Musketen aber waren, scheint's, nicht geladen; denn ohne zu feuern, versuchten sie, ihre Bajonette aufzustecken, und wurden von uns niedergeknallt. Dann stürzten wir zur Kajüte des Kapitäns, aber als wir dabei waren, die Tür aufzustoßen, hörten wir innen einen Knall und sahen dann den Kapitän mit dem Kopfe auf der den Tisch bedeckenden Karte des Atlantischen Ozeans liegen, während der Kaplan mit rauchender Pistole neben ihm stand. Die beiden Maate waren von der Mannschaft gefangen genommen worden, und die ganze Geschichte schien glücklich abgelaufen zu sein.

Der Salon lag zunächst der Kapitänskabine. Dort wandten wir uns hin und sanken erschöpft auf die Diwans nieder, alle zugleich durcheinander sprechend; denn das Gefühl, wieder freie Menschen zu sein, erfüllte uns mit ganz unbändiger Freude. Ringsherum liefen Wandschränke, und Wilson, der Pseudokaplan, riß einen auf und zog ein Dutzend Flaschen Sherry hervor. Wir schlugen den Flaschen die Köpfe ab, gossen uns Humpen voll und wollten eben anstoßen, als auf einmal ohne jede Warnung Musketengeknatter unser Ohr traf und der Salon sich so mit Rauch füllte, daß wir nicht über den Tisch sehen konnten. Als sich der Pulverdampf verzogen hatte, glich der Platz einem Schlachtfeld. Wilson und acht andere lagen zuckend am Boden; noch jetzt wird mir übel, wenn ich mir den Anblick ins Gedächtnis zurückrufe. Das Unvermutete und Schreckliche dieses Zwischenfalles machte einen so niederschmetternden Eindruck auf uns, daß ich glaube, wir hätten gar keine Gegenwehr geleistet, wäre nicht Prendergast gewesen. Der aber brüllte wie ein verwundeter Stier und stürzte zur Tür hinaus, wir alle, die noch unverwundet waren, hinter ihm drein. Im Nu waren wir oben, und da, auf dem Hinterdeck, standen der Leutnant und zehn von seiner Truppe. Die Oberlichtfenster über dem Salontisch hatten ein wenig offen gestanden, und durch den Spalt hatten die Soldaten gefeuert. Wir warfen uns auf sie, ehe sie wieder geladen hatten; mannhaft leisteten sie Widerstand, aber wir gewannen die Oberhand, und in fünf Minuten war alles vorüber. Prendergast war wie vom Teufel besessen und warf jeden Soldaten, der ihm in die Hände kam, tot oder lebendig über Bord. Als der Kampf vorüber war, blieb von unseren Gegnern niemand weiter übrig als die Wärter, die Maate und der Doktor.

Und ihretwegen entbrannte nun der große Streit. Viele von uns waren über alles froh, ihre Freiheit gewonnen zu haben, wollten aber keine weitere Blutschuld auf ihre Seelen laden. Wenn wir auch, um unsere Freiheit wiederzuerlangen, die Soldaten, die eben nach uns geschossen hatten, niederschlagen halfen, so konnten wir es doch nicht mit kaltem Blute mit ansehen, daß man unsere Mitmenschen mordete. Acht von uns, fünf Sträflinge und drei Matrosen, erklärten, wir würden nicht zulassen, daß man die fünf tötete. Aber Prendergast und seine Partei wichen keinen Zollbreit zurück. Sicherheit könnte es für uns nur geben, erklärte er, wenn wir reinen Tisch machten, und er würde keine Zunge übrig lassen, die einmal Zeugnis gegen uns ablegen könnte. Fast hätten wir das den Gefangenen bestimmte Los geteilt, aber schließlich sagte Prendergast, wenn wir nicht anders wollten, so sollten wir ein Boot nehmen und uns davonmachen. Wir waren über diesen Ausweg hoch erfreut, denn wir fühlten uns schon ganz krank von dem Anblick des Gemetzels und sahen, daß es noch schlimmer kommen würde. Man gab jedem von uns einen Matrosenanzug, dazu erhielten wir ein Faß Wasser, zwei Gefäße, eins voll Salzfleisch, das andere voll Biskuit, und einen Kompaß. Prendergast warf uns noch eine Karte ins Boot und rief uns zu, wir wären Seeleute, deren Fahrzeug unter 15 Grad nördlicher Breite und 25 Grad westlicher Länge Schiffbruch gelitten hätte, kappte das Tau und ließ uns fahren.

Und nun komme ich zu dem merkwürdigsten Teil meiner Geschichte, mein lieber Sohn! Die Matrosen hatten die Fockraa angebraßt; jetzt braßten sie sie wieder los, und da eine leichte Brise von Nordost ging, so entfernte sich die Barke langsam von uns. Unser Boot lag, auf- und abschwankend, auf den langen, glatten Wogen, und Evans und ich, die noch am meisten von allen Bootsinsassen verstanden, saßen im Vorderteil des Bootes, suchten unsere Lage zu bestimmen und einen Plan zu entwerfen, welche Küste wir gewinnen sollten. Es war ein hübsches Problem, denn die Kapverdischen Inseln lagen etwa 500 Seemeilen nördlich von uns und die afrikanische Küste etwa 700 Meilen im Osten. Nach Lage der Dinge, und da sich der Wind glatt nach Norden drehte, hielten wir es noch für das beste, Sierra Leone zum Ziel zu nehmen, und wandten unsere Augen nach dieser Richtung, während die Barke etwas mehr rechts von unserem Boote schon so weit entfernt war, daß wir nur noch ihr Segel- und Takelwerk erblikken konnten. Auf einmal, als wir wieder nach ihr hinschauten, sahen wir, wie eine dichte schwarze Rauchwolke von ihr emporstieg, die wie ein ungeheurer Baum über dem Horizont hing. Wenige Sekunden später drang ein donnerartiges Getöse an unsere Ohren, und als der Rauch dünner wurde, war keine Spur mehr von der ›Gloria Scott‹ wahrzunehmen. Sofort lenkten wir unseren Bug herum und ruderten mit aller Kraft nach der Stelle, wo noch ein leichter, über das Gewässer ziehender Rauchstreifen den Schauplatz der Katastrophe bezeichnete.

Es dauerte eine lange Stunde, bis wir hinkamen, und zuerst fürchteten wir, wir wären zu spät gekommen, um noch einem Hilfsbedürftigen beistehen zu können. Ein zersplittertes Boot und eine Menge Balken und Spierstücke, die mit den Wogen auf und nieder tanzten, zeigten uns, wo das Schiff seinen Untergang gefunden hatte; aber kein Lebenszeichen machte sich bemerkbar, und schon hatten wir uns mit schwerem Herzen weggewandt, da vernahmen wir einen Hilferuf und sahen nun nicht weit von uns ein Wrackstück treiben und quer darüber einen Menschen ausgestreckt. Als wir ihn an Bord gezogen hatten, erfuhren wir, daß wir einem jungen Matrosen namens Hudson das Leben gerettet hatten; er war aber so erschöpft, daß er uns erst am folgenden Morgen über die Ereignisse auf der ›Gloria Scott‹ Auskunft zu geben vermochte.

Nach seinem Bericht hatten sich, wie es scheint, Prendergast und seine Genossen nach unserer Abfahrt daran gemacht, die verbleibenden fünf Gefangenen vom Leben zum Tode zu befördern: die beiden Wärter wurden erschossen und über Bord geworfen und ebenso der dritte Maat. Dann stieg Prendergast ins Zwischendeck hinunter und schnitt mit eigener Hand dem unglücklichen Schiffsarzt die Kehle durch. Nun blieb nur noch der erste Maat übrig, ein kühner, tatkräftiger Mann. Als er den Sträfling mit blutigem Messer auf sich zukommen sah, streifte er seine Fesseln ab, die er schon vorher auf irgend eine Weise hatte lockern können, eilte die Treppe hinunter und verschwand im hinteren Schiffsraum. Ein Dutzend Sträflinge, die mit gespannten Pistolen nach ihm suchten, fanden ihn mit einer Zündholzschachtel in der Hand neben einem offenen Pulverfasse stehen. Er rief ihnen warnend zu, er würde sie sämtlich in die Luft sprengen, wenn sie ihn nicht in Frieden ließen. Einen Augenblick darauf erfolgte die Explosion, von der Hudson meinte, sie sei eher durch eine fehlgehende Kugel veranlaßt worden, als durch ein Zündholz des Maats. Mag die Ursache sein, welche sie wolle, es war das Ende der ›Gloria Scott‹ und alles Lebenden auf ihr mit Ausnahme des von uns geretteten Hudson.

Das ist, mein teurer Sohn, in wenigen Worten die schreckliche Geschichte, in die ich verwickelt war. Am nächsten Morgen nahm uns die nach Australien segelnde Brigg ›Hotspur‹ auf, deren Kapitän ohne weiteres unserer Aussage Glauben schenkte, wir hätten uns aus dem Schiffbruch eines Passagierschiffes gerettet. Das Transportschiff ›Gloria Scott‹ wurde von der Admiralität für verschollen erklärt, und von seinem wirklichen Schicksal ist niemals auch nur ein Wort durchgesickert. Nach einer vorzüglichen Fahrt setzte uns der ›Hotspur‹ in Sidney ans Land, wo wir, Evans und ich, andere Namen annahmen und uns bis zu den Goldgruben durchschlugen. Hier war es uns ein leichtes, unter den Angehörigen aller Nationen, die dort zusammenströmten, die Erinnerung an unsere frühere Existenz völlig zu verwischen.

Den Rest brauche ich kaum zu erzählen. Wir hatten Glück und kamen vorwärts. Wir machten Reisen und kehrten endlich als reiche Kolonialen nach England zurück, wo wir uns Landgüter kauften. Länger als zwanzig Jahre haben wir ein friedvolles und ersprießliches Leben geführt und hegten die Hoffnung, unsere Vergangenheit wäre auf immer vergraben. Nun kannst du dir meine Gefühle vorstellen, als ich in dem Matrosen, der uns aufsuchte, beim ersten Blick den Mann erkannte, den wir damals von den Trümmern der ›Gloria Scott‹ aufgelesen hatten. Er war irgendwie auf unsere Spur gekommen und hatte beschlossen, aus unserer Furcht Kapital zu schlagen. Du wirst nun auch begreiflich finden, warum ich mit ihm im Guten auszukommen suchte, und wirst einigermaßen die Angst verstehen, die mich jetzt erfüllt, da er mit Drohungen auf der Zunge zu seinem zweiten Opfer gegangen ist.

Unten steht noch in einer Schrift, so zitterig, daß sie kaum lesbar ist: Beddoes schreibt in Chiffreschrift, daß Hudson alles verraten hat. Teurer Vater im Himmel, sei unseren Seelen gnädig!

Das war der Bericht, den ich in jener Nacht dem jungen Trevor vorgelesen habe, und ich denke, er war unter solchen Umständen dramatisch genug. Dem guten Burschen wollte das Herz darüber brechen, und er ging nach Ceylon, wo er Teepflanzer wurde. Wie ich höre, geht es ihm dort gut. Was den Matrosen und Beddoes anlangt, so hat man von keinem von beiden je wieder etwas gehört seit dem Tage, an dem der warnende Brief geschrieben wurde. Beide sind ganz und gar verschollen. Eine Anzeige bei der Polizei oder bei Gericht war nicht erfolgt. Beddoes muß also für wirklich geschehen halten, was nur eine Drohung gewesen war. Man hatte Hudson noch in der Gegend umherschleichen sehen, und nach der Annahme der Polizei war er mit Beddoes auf und davon gegangen. Ich glaube, in Wahrheit liegt es gerade umgekehrt. Für mich ist es höchst wahrscheinlich, daß Beddoes, zur Verzweiflung gebracht, an dem vermeintlichen Verräter Rache genommen hat und mit soviel Mitteln, wie er nur zusammenraffen konnte, geflohen ist. Das ist der Tatbestand dieses Falles, Doktor, und wenn er für deine Sammlung von Wert sein sollte, so stelle ich ihn dir herzlich gern zur Verfügung.«

# Der Katechismus der Familie Musgrave

Unter den mancherlei Widersprüchen im Charakter meines Freundes Sherlock Holmes war mir einer immer besonders auffallend. Es gab wohl in geistiger Beziehung keinen methodischeren Menschen auf Erden als ihn, und auch was den Anzug betraf, trug er stets eine gewisse Genauigkeit und Pünktlichkeit zur Schau. Trotzdem war er aber im täglichen Leben so unordentlich, daß es seinen Stubengefährten zur Verzweiflung treiben konnte.

Ich selbst hänge durchaus nicht zu sehr an Äußerlichkeiten. Das rauhe, harte Leben in Afghanistan, vereint mit meinem natürlichen Hang zur Ungebundenheit, hat mich in manchen Dingen weit nachlässiger gemacht, als es sich eigentlich für einen Mediziner schickt. Aber immerhin beobachte ich gewisse Grenzen, und wenn ich mit jemand zusammenwohne, der seine Zigarren im Kohlenkasten und den Tabak in einem persischen Pantoffel aufbewahrt und der seine unbeantworteten Briefe mit dem Jagdmesser einfach an dem hölzernen Kaminsims aufspießt, dann komme ich mir, im Vergleich zu ihm, musterhaft ordentlich vor. Auch bin ich stets der Meinung gewesen, daß, wer sich im Pistolenschießen üben will, es draußen im Freien tun sollte; wenn sich daher Holmes in einer seiner wunderlichen Stimmungen mit der Schießwaffe und hundert Stück Patronen in den Lehnstuhl setzte und auf die Wand gegenüber, als Verzierung, seinen Namenszug mit Kugelnarben einschrieb, so wurde dadurch, meiner Überzeugung nach, weder die Luft noch das Aussehen unseres Zimmers verbessert.

Unsere Wohnung war voller Chemikalien und allerlei Andenken an Kriminalfälle, die sich überall herumtrieben und oft in der Butterdose oder an noch unpassenderen Orten auftauchten. Mein größtes Kreuz waren aber seine Papiere. Ein Schriftstück zu vernichten widerstand ihm im höchsten Grade, besonders wenn es sich auf einen seiner interessanten Fälle bezog, und doch brachte er es höchstens einmal alle Jahre zu dem Entschluß, die Sachen durchzusehen und zu ordnen. Wie ich schon öfters erwähnt habe, folgten bei ihm auf die Tage leidenschaftlicher Erregung, in denen er die merkwürdigen Taten vollbrachte, die seinen Namen berühmt gemacht haben, Zeiten völliger Erschlaffung. Er lag dann meist mit der Geige und seinen Büchern auf dem Sofa und rührte sich kaum vom Fleck, außer um sich zur Mahlzeit an den Tisch zu setzen. So häuften sich also seine Papiere von einem Monat zum andern auf, bis es keinen Winkel des Zimmers mehr gab, in dem nicht Bündel von Manuskripten umherlagen, die unter keiner Bedingung verbrannt werden durften und über die, außer ihrem Eigentümer, niemand verfügen konnte.

Als wir einmal an einem Winterabend miteinander beim Kamin saßen, erlaubte ich mir die Bemerkung, er werde nun wohl genug Auszüge von Kriminalakten in sein Sammelbuch geklebt haben und solle die nächsten zwei Stunden dazu verwenden, unser Wohnzimmer nur einigermaßen aufzuräumen und einen menschlichen Zustand herzustellen. Daß mein Verlangen vollständig gerechtfertigt war, ließ sich nicht leugnen; so begab sich denn Holmes mit einem sehr langen Gesicht in seine Schlafstube, und als er gleich darauf wiederkam, schleifte er einen großen Blechkoffer hinter sich drein. Er stellte ihn mitten ins Zimmer, kauerte sich auf einen Schemel daneben und schlug den Deckel zurück. Der Koffer war etwa zu einem Drittel mit vielen einzelnen rotverschnürten Papierbündeln angefüllt.

»Hier gibt's Fälle im Überfluß, Watson«, sagte mein Freund mit schlauem Lächeln. »Wenn du wüßtest, was ich alles in diesem Koffer habe, du bätest mich vielleicht, ein paar Pakete herauszunehmen, statt noch mehr hineinzulegen.«

»Das sind wohl die Akten über deine älteren Sachen?« fragte ich. »Schon oft habe ich mir gewünscht, Auszüge davon zu besitzen.«

»Jawohl, mein Junge, das sind lauter Arbeiten, die ich allzu früh unternommen habe, ehe noch mein Biograph erschien, um meinen Ruhm zu verkünden.«

Er nahm ein Bündel nach dem andern heraus und betrachtete es mit fast zärtlichen Blicken. »Nicht alles ist mir gelungen, Watson«, sagte er, »aber es sind einige ganz hübsche kleine Probleme darunter. Hier sind die Aufzeichnungen über den Mord in Tarleton, die Geschichte des Weinhändlers Vamberry, das Abenteuer der alten Russin, das sonderbare Vorkommnis mit der Aluminium-Krücke, ferner ein langer Bericht über Ricoletti mit dem Klumpfuß und sein abscheuliches Weib. Und hier – ja, das ist wirklich etwas ganz Auserlesenes.«

Er holte aus der Tiefe des Koffers ein kleines hölzernes Kistchen mit einem Schiebedeckel hervor, das wie eine Spielzeugschachtel aussah. Darin lag ein zerknittertes Stück Papier, ein altmodischer bronzener Schlüssel, ein Holzpflock, um den ein Knäuel Bindfaden gewickelt war, und drei verrostete Metallplättchen.

Holmes lächelte über mein verwundertes Gesicht.

»Nun, mein Junge, was sagst du zu diesem Kram?«

»Es ist eine merkwürdige Sammlung.«

»Ja, sehr merkwürdig, und die Geschichte, die damit zusammenhängt, würde dir noch absonderlicher vorkommen.«

»Also es knüpft sich eine Geschichte daran?«

»Ja, sogar ein Stück Weltgeschichte.«

»Wie ist das möglich?«

Holmes nahm die Gegenstände nacheinander heraus und legte sie in einer Reihe auf den Tisch. Dann zog er einen Stuhl heran, setzte sich und betrachtete sie mit befriedigten Blicken.

»Dies«, sagte er, »ist alles, was mir zum Andenken an die merkwürdige Begebenheit geblieben ist, die sich auf den Katechismus der Familie Musgrave bezieht.«

Ich hatte ihn schon öfters von dem Fall reden hören, doch war es mir nie gelungen, etwas Näheres darüber zu erfahren. »Du tätest mir einen großen Gefallen«, sagte ich, »wenn du mir die Sache einmal erzählen wolltest.«

»Dann bliebe ja all der Krimskrams hier doch wieder liegen. Wie verträgt sich denn das mit deiner Ordnungsliebe, Watson?«

erwiderte er, mich schalkhaft anblinzelnd. »Aber es wäre mir wirklich lieb, wenn du den Fall unter deine Berichte aufnehmen wolltest, weil Dinge dabei vorkommen, wie sie weder in der Verbrecherchronik unseres Landes, noch in irgend einer anderen verzeichnet sind, soviel ich weiß. Deine Schilderung meiner geringen Taten würde höchst unvollständig sein, wenn dieser sonderbare Vorgang dabei fehlte.

Alle Welt kennt jetzt meinen Namen, und nicht nur das Publikum, sondern auch die Polizei betrachtet mich als die letzte Berufungsinstanz bei zweifelhaften Fällen. Schon damals, als wir beide zuerst miteinander bekannt wurden, hatte ich eine Menge Beziehungen angeknüpft, die freilich nicht gerade sehr einträglich waren. Aber du machst dir keinen Begriff davon, mit welchen Schwierigkeiten ich anfänglich zu kämpfen hatte und wie lange ich warten mußte, bis ich nur einigermaßen vorwärts kam.

Meine erste Wohnung in London war in der Montague-Straße, ganz nahe bei dem Britischen Museum. Dort saß ich, wartete auf Klienten und benützte zugleich meine überreichliche Muße zum Studium von mancherlei Wissenschaften, die in mein Fach schlugen. Dann und wann wurden mir, hauptsächlich durch Vermittlung früherer Universitätsfreunde, allerlei Probleme vorgelegt; denn während meiner letzten Studienjahre war unter den Studenten viel von mir und meiner Methode die Rede gewesen. Von diesen ersten Fällen hat keiner ein so allgemeines Interesse erregt und ist mir dadurch auch für mein späteres Fortkommen so nützlich gewesen, wie die Geschichte vom Katechismus der Familie Musgrave mit ihrer sonderbaren Verkettung der Umstände, die zu einem höchst denkwürdigen Ergebnis führten.

Reginald Musgrave war zugleich mit mir auf der Universität gewesen, doch wurden wir damals nur flüchtig bekannt. Er galt für hochmütig bei den jüngeren Studenten, vielleicht mit Unrecht, denn mir schien, daß er die stolze Miene nur zur Schau trug, um seinen großen Mangel an Selbstvertrauen zu verbergen. Sein Äußeres machte einen hochadligen Eindruck; der schmale Nasenrücken, die großen Augen, die schlanke Gestalt mit den schlaffen Bewegungen und den höfischen Manieren, alles verriet den geborenen Aristokraten. Er war auch wirklich der Abkömmling einer der ältesten Familien des Königreichs, das heißt er stammte aus der jüngeren Linie, die sich im 16. Jahrhundert von den im Norden ansässigen Musgraves getrennt und im westlichen Sussex niedergelassen hatte, wo ihr Schloß in Hurlstone vielleicht das älteste noch bewohnte Gebäude der ganzen Grafschaft ist. Wenn ich die stolze Haltung des Mannes und sein bleiches, scharfgeschnittenes Gesicht betrachtete, mußte ich unwillkürlich an graue Torgewölbe, steinerne Bogenfenster und den ganzen ehrwürdigen Bau einer mittelalterlichen Burg denken. Hier und da unterhielten wir uns miteinander, und ich erinnere mich, daß er mehrmals ein großes Interesse für meine Beobachtungen und Schlußfolgerungen äußerte.

Seit vier Jahren hatte ich nichts von ihm gesehen, als er eines Tages in der Montague-Straße bei mir eintrat. Er war wenig verändert, ging sehr modisch gekleidet – er legte von jeher großen Wert auf seinen Anzug – und sein Wesen war noch ebenso gemessen und verbindlich wie damals.

›Wie ist es Ihnen die Zeit über ergangen, Musgrave?‹ fragte ich, nachdem wir uns freundlich die Hand geschüttelt.

›Sie werden wohl gehört haben, daß mein Vater vor zwei Jahren gestorben ist‹, versetzte er. ›Seitdem mußte ich natürlich das Gut in Hurlstone verwalten, und da ich zugleich Abgeordneter des Bezirks bin, führe ich ein vielbeschäftigtes Leben. – Ist es wahr, was man mir sagt, Holmes, daß Sie Ihr Talent, mit dem Sie uns so oft in Erstaunen gesetzt haben, nunmehr zu praktischen Zwecken verwerten?‹

›Jawohl, ich will mir dadurch meinen Lebensunterhalt erwerben.‹

›Das freut mich außerordentlich, denn Ihr Rat wäre mir jetzt von ungeheurem Wert. Bei uns in Hurlstone sind wunderliche Dinge geschehen, und die Polizei ist außerstande, Licht in das Dunkel zu bringen. Es ist wirklich ein höchst seltsames und unerklärliches Vorkommnis.‹

Du kannst dir denken, Watson, mit welcher Begierde ich seinen Worten lauschte; endlich schien sich mir die günstige Gelegenheit bieten zu wollen, nach der ich während all der langen untätigen Monate geschmachtet hatte. Was andern mißglückte, würde mir gelingen, davon war ich fest überzeugt; es galt nur noch eine Probe meiner Befähigung abzulegen.

›Bitte, Musgrave, erzählen Sie mir alles Nähere‹, rief ich.

Er nahm mir gegenüber Platz und zündete sich eine Zigarette an, die ich ihm hingeschoben hatte.

›Vor allem muß ich Ihnen sagen‹, begann er, ›daß ich zwar unverheiratet bin, aber doch in Hurlstone eine zahlreiche Dienerschaft habe, denn das Schloß ist ein weitläufiger alter Bau und schwer in Ordnung zu halten. Auch ein Wildpark gehört dazu, und um die Zeit der Fasanenjagd sind alljährlich viele Gäste im Hause, so daß für genügende Bedienung gesorgt sein muß. Alles in allem hatte ich acht Dienstmädchen, den Koch, den Hausmeister, zwei Diener und einen Laufburschen. Für den Garten und die Ställe sind natürlich noch besondere Leute da.

Von allen Dienern hatten wir Brunton, den Hausmeister, am längsten bei uns. Als er zuerst bei meinem Vater eintrat, war er eigentlich Schullehrer, aber ohne Stelle; durch große Umsicht und Tatkraft machte er sich bald in der Haushaltung vollständig unentbehrlich. Er ist ein schöner Mann von hohem Wuchs, mit prächtiger Stirne, und wird jetzt kaum vierzig Jahre alt sein, obgleich er bereits seit zwanzig Jahren in unserem Dienste steht. Bei seinen äußeren Vorzügen und seiner ungewöhnlichen Begabung – er spricht mehrere Sprachen, ist sehr musikalisch und spielt fast alle Instrumente – ist es schwer begreiflich, wie ihm die Stellung in unserem Hause so lange genügen konnte. Er muß sich wohl zu behaglich gefühlt haben, um den Gedanken an einen Wechsel überhaupt aufkommen zu lassen. Der Hausmeister von Hurlstone machte auf meine Gäste stets einen unvergeßlichen Eindruck.

Allein dieser Ausbund von Vortrefflichkeit hatte einen Fehler. Er war eine Art Don Juan, und Sie können sich vorstellen, daß ein Mann wie er diese Rolle in einem kleinen stillen Landbezirk ohne Schwierigkeit durchführte.

Solange er verheiratet war, ging alles gut; aber seit er Witwer ist, kommen wir aus der Not mit ihm gar nicht heraus. Vor einigen Monaten schmeichelten wir uns mit der Hoffnung, er werde nun Frieden halten, denn er verlobte sich mit dem zweiten Hausmädchen, Rahel Howells; seitdem hat er ihr aber den Laufpaß gegeben und sich Janet Tregellis zugewandt, der Tochter des obersten Wildhüters. Rahel ist Walliserin von Geburt, ein treffliches Mädchen, aber von sehr leidenschaftlicher Gemütsart; sie verfiel in ein Nervenfieber und geht jetzt – oder ging vielmehr bis gestern, nur noch wie der Schatten von ihrem früheren Selbst im Hause umher. Das war unser erstes Trauerspiel in Hurlstone, aber bald darauf folgte ein zweites, dem die schimpfliche Entlassung des Hausmeisters Brunton voranging.

Die Sache hat sich folgendermaßen zugetragen: Ich erwähnte bereits, daß der Mann ungewöhnlich begabt war, aber gerade seine Klugheit hat ihn ins Verderben gestürzt, denn sie scheint in ihm eine unersättliche Neugier nach Dingen erzeugt zu haben, die ihn nicht im geringsten angehen. Ich hatte keine Ahnung, wie weit ihn das führen würde, bis der reinste Zufall mir endlich die Augen öffnete.

Letzte Woche – es war am Donnerstag, wenn Sie es ganz genau wissen wollen – konnte ich einmal nachts durchaus nicht einschlafen, weil ich törichterweise eine Tasse starken schwarzen Kaffees nach Tische getrunken hatte. Bis zwei Uhr versuchte ich es auf alle Art, da aber der Schlaf durchaus nicht kommen wollte, stand ich endlich auf und zündete mir ein Licht an, um einen angefangenen Roman weiter zu lesen. Das Buch war jedoch im Billardzimmer liegen geblieben, und so zog ich denn meinen Schlafrock an und ging, es mir zu holen.

Um ins Billardzimmer zu gelangen, mußte ich in dem weitläufigen Gebäude erst eine Treppe hinunter und über den Gang gehen, der nach der Bibliothek und der Gewehrkammer führt. Nun denken Sie sich mein Erstaunen, als ich diesen Gang betrat und am Ende desselben einen Lichtschimmer gewahrte, der aus der offenen Tür der Bibliothek kam. Ehe ich zu Bette ging, hatte ich dort mit eigener Hand die Lampe gelöscht und die Tür geschlossen. Natürlich dachte ich zuerst an Einbrecher. Die Wände in den Korridoren von Hurlstone sind reich mit alten Waffen verziert; ich nahm eine Streitaxt vom Nagel, ließ mein Licht zurück, schlich auf den Zehen den Gang hinunter und blickte verstohlen durch die offene Tür hinein.

Brunton, der Hausmeister, war in der Bibliothek. Er saß ganz angezogen in einem Lehnstuhl, hatte ein Blatt Papier wie eine Karte auf seinem Knie ausgebreitet und den Kopf in die Hand gestützt, als wäre er tief in Gedanken; eine dünne Kerze, die auf dem Tisch brannte, verbreitete nur einen schwachen Schein. Ich stand stumm vor Staunen im Dunkeln da, meinen Diener beobachtend. Plötzlich erhob er sich, ging nach dem Schreibtisch an der Wand, schloß ihn auf, nahm aus einer Schublade ein Blatt Papier, kehrte damit zu seinem Sitz zurück, legte es auf den Tisch neben die Kerze und begann es mit der größten Aufmerksamkeit zu lesen. In meiner Entrüstung über sein freches Durchstöbern unserer Familienurkunden tat ich einen Schritt vorwärts. Brunton blickte auf. Als er mich in der Türöffnung stehen sah, wurde sein Gesicht aschfahl vor Schrecken, und blitzschnell steckte er das kartenähnliche Papier, das er zuerst besichtigt hatte, in seine Brusttasche.

›Das also‹, rief ich, ›ist Ihr Dank für das Vertrauen, welches wir in Sie gesetzt haben! – Gleich morgen verlassen Sie meinen Dienst!‹

Er war wie vernichtet und schritt mit gesenktem Kopf an mir vorüber, ohne ein Wort zu erwidern. Die Kerze brannte noch auf dem Tisch und ich warf einen Blick auf das Papier, welches Brunton aus dem Schreibtisch genommen hatte. Zu meiner Überraschung enthielt es gar nichts Wichtiges, sondern war nur eine Abschrift des sogenannten ›Katechismus der Musgraves‹ mit seinen sonderbaren Fragen und Antworten, an die sich ein alter Brauch in unserer Familie knüpft, den seit Jahrhunderten jeder

Musgrave bei seiner Großjährigkeit durchmachen muß. Er hat weder ein allgemeines Interesse noch irgend welchen praktischen Nutzen außer vielleicht für den Altertumsforscher, ähnlich wie unsere Adelsschilde und Wappenbilder.‹

›Auf das Papier wollten wir lieber später zurückkommen‹, sagte ich.

›Wenn Sie es für nötig halten‹, antwortete er zögernd. – ›Ich fahre also in meinem Bericht fort: Nachdem ich den Schreibtisch, in welchem noch der Schlüssel steckte, wieder zugeschlossen hatte, wollte ich eben das Zimmer verlassen, als ich zu meiner Überraschung den Hausmeister wieder vor mir stehen sah.

›Herr Musgrave‹, sagte er, und seine Stimme klang heiser vor innerer Bewegung, ›ich kann die Schande nicht ertragen. Von jeher bin ich stolz auf meinen Stand gewesen, und die Schmach überlebe ich nicht. Sie jagen mich in den Tod, Herr, glauben Sie es mir, wenn Sie mich zur Verzweiflung treiben. Können Sie mich, nach dem, was vorgefallen ist, nicht länger im Dienst behalten, so geben Sie mir eine Kündigungsfrist und lassen Sie mich nächsten Monat fortgehen, als ob ich es freiwillig täte. Vor allen Leuten, die ich so gut kenne, fortgejagt zu werden, das könnte ich nicht ertragen.‹

›Sie verdienen durchaus keine Schonung, Brunton‹, entgegnete ich; ›ganz ehrlos haben Sie gehandelt! Doch will ich Sie nicht der öffentlichen Schande preisgeben, weil Sie so lange in unserer Familie waren. Von einem Monat kann aber keine Rede sein. Machen Sie, daß Sie in einer Woche fortkommen; welche Gründe Sie dafür angeben wollen, ist mir gleich.‹

›Nicht mehr als eine Woche, Herr?‹ rief er verzweiflungsvoll. ›Wenigstens vierzehn Tage – gewähren Sie mir vierzehn Tage!‹

›Eine Woche‹, wiederholte ich. ›Sie sind dann noch viel zu glimpflich fortgekommen.‹

Er ließ den Kopf auf die Brust sinken und schlich wie gebrochen hinaus; ich aber löschte das Licht und kehrte in mein Zimmer zurück.

Während der nächsten zwei Tage war Brunton sehr eifrig in seinem Dienst. Ich erwähnte das Vorgefallene mit keiner Silbe und wartete nicht ohne Spannung, wie er es anstellen würde, seine Schmach zu verheimlichen. Am dritten Morgen erschien er nicht wie gewöhnlich nach dem Frühstück, um meine Befehle für den Tag entgegenzunehmen. Als ich das Eßzimmer verließ, traf ich zufällig das Dienstmädchen Rahel Howells. Sie war, wie gesagt, erst kürzlich von einer schweren Krankheit genesen und sah so entsetzlich bleich aus, daß ich sie schalt, weil sie sich zu früh an die Arbeit begeben hatte.

›Gehen Sie gleich zu Bett‹, sagte ich, ›und nehmen Sie Ihre Pflichten erst wieder auf, wenn Sie stark genug sind.‹

Sie sah mich mit so seltsamen Blicken an, daß ich fürchtete, ihr Verstand habe gelitten.

›Ich fühle mich stark genug, Herr Musgrave‹, versetzte sie.

›Wir wollen sehen, was der Doktor sagt. Jedenfalls arbeiten Sie jetzt nicht weiter, und wenn Sie hinuntergehen, schicken Sie Brunton zu mir, ich will ihn sprechen.‹

›Der Hausmeister ist fort‹, sagte sie.

›Fort! Wohin?‹

›Er ist fort. Niemand hat ihn gesehen. In seinem Zimmer ist er auch nicht. Jawohl, er ist fort – ganz fort.‹ Sie lehnte sich gegen die Wand, brach in ein gräßliches Gelächter aus und verfiel dann in krampfhaftes Schluchzen. Entsetzt über diesen plötzlichen hysterischen Anfall, stürzte ich nach der Klingel, um Hilfe herbeizurufen. Das Mädchen wurde, noch immer schreiend und schluchzend, auf ihr Zimmer gebracht, und ich zog nun selbst Erkundigungen über Brunton ein. Kein Zweifel, er war verschwunden. Sein Bett fand man unberührt, und seit dem letzten Abend war er von niemand mehr gesehen worden. Wie er jedoch das Haus hatte verlassen können, blieb ein Rätsel, da sämtliche Fenster und Türen am Morgen noch fest verwahrt waren. Seine Kleider, seine Uhr, sogar sein Geld fand man im Zimmer vor, es fehlte nur der schwarze Anzug, den er gewöhnlich trug. Auch die Pantoffeln waren fort und die Stiefel zurückgeblieben. Kein

Mensch wußte sich zu erklären, wohin der Hausmeister in jener Nacht gegangen sein könne und was aus ihm geworden sei.

Wir durchsuchten das ganze Haus und alle Nebengebäude, ohne eine Spur von ihm zu entdecken. Es ist, wie gesagt, ein förmliches Labyrinth, besonders der älteste Flügel, der jetzt fast unbewohnt daliegt; überall forschten wir nach dem Verschwundenen, aber ohne jeden Erfolg. Daß er mit Hinterlassung seines Eigentums fortgegangen sein sollte, schien mir unglaublich – und doch, wo konnte er sein? Ich wandte mich an die Ortspolizei, auch ihre Bemühung war vergeblich. Es hatte die Nacht zuvor geregnet; wir besichtigten den Rasenplatz und alle Gänge und Wege, es fanden sich aber keine Fußspuren. So standen die Dinge, als ein neues Ereignis unsere Gedanken von dem ursprünglichen Rätsel ablenkte.

Zwei Tage lang war Rahel Howells sehr krank gewesen; bald raste sie in Fieberphantasieen, bald verfiel sie in einen hysterischen Zustand, so daß eine Pflegerin nachts bei ihr wachen mußte. In der dritten Nacht wurde die Kranke ruhiger, und sobald die Wärterin sah, daß sie sanft schlief, nickte auch sie im Lehnstuhl ein. Als sie früh am Morgen erwachte, stand das Fenster offen, das Bett war leer und von der Kranken nirgends eine Spur. Man weckte mich sofort, und ich machte mich mit zwei Dienern auf, um nach dem Mädchen zu suchen. Die von ihr eingeschlagene Richtung war leicht zu finden, wir konnten ihre Fußtritte vom Fenster aus über den Rasen bis an den Rand des Weihers verfolgen, wo sie plötzlich dicht neben dem Kiespfad aufhörten, der aus den Anlagen führt. Der See ist an dieser Stelle über acht Fuß tief, und Sie können sich unseren Schrecken denken, als wir sahen, daß sich die Spur der armen Geisteskranken dort am Ufer verlor. Natürlich ließ ich den See gleich ausfischen, aber der Leichnam fand sich nicht. Statt dessen wurde ein höchst seltsamer Gegenstand an die Oberfläche befördert. Es war ein Leinwandsack, der einen formlosen, verbogenen Gegenstand aus verrostetem und schwarz angelaufenem Metall enthielt, nebst mehreren Kieseln oder Glasstücken von matter Farbe. Außer diesem merkwürdigen Fund hat man aus dem Weiher nichts herausgezogen. Obwohl wir nun aber seit gestern alle möglichen Erkundigungen und Nachforschungen angestellt haben, sind wir über das Schicksal von Rahel Howells und Richard Brunton vollständig im Dunkeln geblieben. Die Polizei der Grafschaft ist mit ihrem Latein zu Ende, und als letzte Hilfe habe ich Sie aufgesucht.‹

Du kannst dir vorstellen, Watson, wie begierig ich auf diesen seltsamen Bericht lauschte, und wie eifrig ich bemüht war, die einzelnen Teile zusammenzufügen und nach einem Faden zu suchen, der sie untereinander verbände.

Der Hausmeister war fort, das Mädchen nicht zu finden. Rahel hatte Brunton geliebt und dann Grund gehabt ihn zu hassen. Sie war feurig und leidenschaftlich und befand sich unmittelbar nach seinem Verschwinden in der schrecklichsten Aufregung. Der Sack mit dem sonderbaren Inhalt war von ihr in den See geworfen worden. – Alle diese Einzelheiten mußten wohl in Betracht gezogen werden, aber durch keine derselben kam man der Sache auf den Grund. Von welchem Punkt war die Verwicklung ausgegangen? Wo steckte das Ende des verwirrten Knäuels? –

›Ich muß jenes Papier sehen, Musgrave‹, sagte ich, ›das Ihr Hausmeister, selbst auf die Gefahr hin, seine Stellung zu verlieren, sich verschafft hat.‹

›Dieser sogenannte Katechismus unserer Familie ist ein höchst abgeschmacktes Schriftstück‹, erwiderte er, ›das keinen andern Wert hat als sein hohes Alter. Ich habe eine Abschrift bei mir, wenn Sie einmal einen Blick darauf werfen wollen.‹

Er händigte mir dies Blatt ein, das du hier vor dir siehst, Watson; die sonderbaren Fragen und Antworten, die jeder Musgrave hersagen mußte, sobald er volljährig war, lauteten:

›Wem gehörte sie?
Dem, der nicht mehr ist.
Wer soll sie haben?
Der, welcher kommt.
Welcher Monat war es?

Der sechste vom ersten.

Wo war die Sonne?

Über der Eiche.

Wo war der Schatten?

Unter der Ulme.

Wie maß man ihn aus?

Nach Norden zehn und zehn, nach Osten fünf und fünf, nach Süden zwei und zwei, nach Westen eins und eins und darunter.

Was sollen wir dafür geben?

All unser Gut.

Weshalb geben wir es hin?

Weil uns das Pfand vertraut ward.‹

›Das Original trägt kein Datum, aber der Schreibweise nach muß es aus der Mitte des siebzehnten Jahrhunderts stammen‹, bemerkte Musgrave. ›Ich fürchte jedoch, es wird Ihnen zur Lösung jenes Rätsels kaum behilflich sein können.‹

›Es enthält jedenfalls ein zweites Geheimnis‹, sagte ich, ›das mir noch weit interessanter zu sein scheint, als das erste. Möglich, daß uns auch dieses klar wird, sobald wir jenes gelöst haben. – Nichts für ungut, Musgrave, aber Ihr Hausmeister muß ein sehr kluger Mann gewesen sein, wenigstens hat er mehr Scharfsinn bewiesen, als zehn Generationen seiner Herren.‹

›Ich verstehe Sie nicht recht‹, meinte Musgrave, ›das Papier scheint mir doch keinerlei praktischen Zweck zu haben.‹

›Das möchte ich bestreiten, mir scheint es ein Dokument von ungewöhnlicher Wichtigkeit, und Brunton war ohne Zweifel derselben Ansicht. Vermutlich hat er es schon früher gesehen als in jener Nacht, da Sie ihn ertappten.‹

›Wohl möglich; wir gaben uns keine Mühe, es zu verbergen.‹

›Er wollte sich bei jener letzten Gelegenheit nur noch einmal alles ins Gedächtnis zurückrufen, wie mir scheint. – Sie erwähnten ja auch eine Art Karte oder einen Plan, den er bei Ihrem Erscheinen in die Tasche steckte, nicht wahr?‹

›Ganz recht. Aber was ging denn Brunton unser alter Familienbrauch an, und was soll das Kauderwelsch überhaupt bedeuten?‹

›Das würde man wohl ohne allzu große Schwierigkeit herausfinden können‹, sagte ich. ›Wenn Sie nichts dagegen haben, fahren wir mit dem ersten Zug zusammen nach Sussex, um die Sache an Ort und Stelle genauer zu untersuchen.‹

Noch am selben Nachmittag trafen wir in Hurlstone ein. Vielleicht hast du einmal eine Abbildung des berühmten alten Schlosses und eine Beschreibung davon gesehen. Ich erwähne nur, daß es in Form eines lateinischen L gebaut ist; der lange Arm ist der neuere Teil, während der kürzere den alten Bau als Flügel darstellt, an den das andere angebaut wurde. Über dem niedrigen, schweren Türgerüst in der Mitte des Flügels ist die Jahreszahl 1607 eingemeißelt, aber alle Sachverständigen stimmen darin überein, daß Balken und Mauerwerk in Wirklichkeit bedeutend älter sind. Die furchtbar dicken Wände und die winzigen Fenster des alten Schlosses veranlaßten die Familie im letzten Jahrhundert den Neubau zu unternehmen; der alte Flügel wurde überhaupt nur noch als Vorratshaus und Keller benützt. Ein prachtvoller Park mit herrlichen alten Bäumen umgab das Haus; der Weiher, von dem mein Klient gesprochen hatte, lag dicht an der breiten Allee, etwa zweihundert Meter vom Wohngebäude.

Ich war bereits fest überzeugt, Watson, daß die drei Rätsel im Grunde nur ein einziges waren und wir bloß den Musgrave-Katechismus richtig zu verstehen brauchten, um Aufschluß darüber zu erhalten, was aus Rahel Howells und dem verschwundenen Hausmeister geworden sei. – So wandte ich denn meine ganze Aufmerksamkeit dem seltsamen Schriftstück zu. Warum lag wohl dem langjährigen Diener der Familie so viel daran, die alte Formel zu untersuchen? Offenbar, weil er etwas darin sah, was allen Gliedern dieses Adelsgeschlechts seit Jahrhunderten entgangen war und wovon er sich einen persönlichen Vorteil versprach. Was konnte das sein und welchen Einfluß hatte es auf sein Geschick gehabt?

Beim Lesen des Katechismus war mir gleich klar geworden, daß die angegebenen Maße sich auf einen Platz beziehen müßten, auf den der übrige Inhalt der Urkunde hinwies. Ließ sich dieser Platz finden, so kam man vielleicht dem Geheimnis auf die Spur, welches die alten Musgraves auf so absonderliche Art verewigt hatten. Zwei Wegweiser halfen uns von Anbeginn der Untersuchung – eine Eiche und eine Ulme. Inbezug auf die Eiche war kein Zweifel möglich. Gerade dem Hause gegenüber, links von der Allee, erhob sich ein wahrer Patriarch unter den Bäumen, die herrlichste Eiche, die ich je gesehen habe.

›Sie wuchs gewiß schon hier, als der Katechismus aufgesetzt wurde‹, äußerte ich im Vorbeifahren.

›Vermutlich schon vor der Eroberung Englands durch die Normannen‹, versetzte mein Klient, ›der Baum hat einen Umfang von 23 Fuß.‹

Das war ein fester Punkt, von dem ich ausgehen konnte.

›Haben Sie auch ebenso alte Ulmen?‹ fragte ich.

›Eine uralte Ulme stand dort drüben, aber vor zehn Jahren wurde sie vom Blitz getroffen, und man hat den Stumpf abgehauen.‹

›Kann man die Stelle noch sehen?‹

›Jawohl.‹

›Andere Ulmen gibt es nicht?‹

›Nein, aber eine Menge Buchen.‹

›Bitte, zeigen Sie mir den Standort jener Ulme.‹

Wir fuhren in unserem leichten Jagdwagen am Schlosse vor, und Musgrave ging mit mir nach dem Platz auf dem Rasen, wo die Ulme früher gestanden hatte; es war halbwegs zwischen dem Haus und der Eiche. Meine Untersuchung machte entschiedene Fortschritte.

›Wäre es wohl möglich, herauszufinden, wie hoch die Ulme gewesen ist?‹ fragte ich.

›Das kann ich Ihnen gleich sagen. Sie war 64 Fuß hoch.‹

›Woher wissen Sie das?‹ fragte ich erstaunt.

›Mein alter Lehrer ließ mich bei den Aufgaben in der Trigonometrie immer Höhenmessungen anstellen. Als Knabe habe ich die Höhe eines jeden Baumes und sämtlicher Gebäude auf dem Gute ausgerechnet.‹

Dies war ein unerwarteter Glücksfall. Ich hatte kaum gehofft, die Tatsachen so rasch ermitteln zu können.

›Bitte, sagen Sie mir, ob der Hausmeister je eine derartige Frage an Sie gestellt hat.‹

Musgrave sah mich verwundert an. ›Nun wo Sie mich daran erinnern, fällt mir ein, daß Brunton mich wirklich vor einigen Monaten um die Höhe jenes Baumes befragt hat; er hatte sich mit dem Stallknecht darüber gestritten.‹

Dies war mir eine willkommene Nachricht, Watson, ein Beweis, daß ich den rechten Weg gefunden hatte. Ich blickte nach der Sonne, die schon tief am Himmel stand, und berechnete, daß sie in etwa einer Stunde gerade die höchsten Äste der alten Eiche treffen würde. *Eine* Bedingung im Katechismus war dann erfüllt. Mit dem Schatten der Ulme mußte das äußerste Ende des Schattens gemeint sein, sonst hätte man den Stamm zur Richtschnur genommen. Es galt demnach herauszufinden, bis wohin der Schatten fallen würde, sobald die Sonne die Eiche berührte.«

»Das muß recht schwierig gewesen sein, Holmes; die Ulme war ja nicht mehr da.«

»Hatte Brunton es zu Wege gebracht, so mußte es mir auch gelingen. In Wirklichkeit war es leichter, als es den Anschein hat. Ich ging mit Musgrave in sein Studierzimmer, schnitzte mir den Holzpflock, den du hier siehst, und knüpfte diesen langen Strick daran fest, bei dem ich jeden Meter durch einen Knoten bezeichnete. Dann band ich zwei Angelruten aneinander, deren Länge genau sechs Fuß betrug, und ging mit meinem Klienten wieder an die Stelle, wo die Ulme gestanden hatte. Die Sonne streifte eben die höchsten Wipfel der Eiche. Ich steckte die Angelrute aufrecht in den Boden, sah, wohin ihr Schatten fiel, und maß ihn ab. Er war gerade neun Fuß lang.

Natürlich ließ sich die Rechnung jetzt leicht machen. Wenn eine Rute von sechs Fuß einen neun Fuß langen Schatten warf, so mußte ein 64 Fuß hoher Baum einen 96 Fuß langen Schatten werfen, und die Richtung beider konnte nur die gleiche sein. Ich maß die Strecke aus, kam dabei fast bis an die Mauer des Hauses und steckte meinen Holzpflock dort fest. Nun stelle dir mein Entzücken vor, Watson, als ich kaum zwei Zoll von meinem Pflock entfernt eine trichterförmige Vertiefung im Boden bemerkte. Es war das Zeichen, welches sich Brunton bei seinen Messungen gemacht hatte. Also war ich noch immer auf seiner Fährte.

Von diesem Ausgangspunkt begann ich nun die Maße abzuschreiten, nachdem ich zuerst mit meinem Taschenkompaß die Himmelsrichtungen festgestellt hatte. Zehn Schritte mit jedem Fuß führten mich längs der Hausmauer hin, und ich bezeichnete den Punkt wieder durch einen Pflock. Nun tat ich genau je fünf Schritte nach Osten und je zwei nach Süden. Dadurch gelangte ich bis dicht an die Schwelle der alten Tür. Die zwei Schritte nach Westen mußte ich auf den Steinfliesen des Hausflurs machen, und damit hatte ich die im Katechismus bezeichnete Stelle erreicht.

Hier stand ich; aber wie groß meine Enttäuschung war, läßt sich nicht beschreiben, Watson. Im ersten Augenblick war ich fest überzeugt, daß ich mich bei meiner Berechnung gründlich geirrt haben müsse. Die untergehende Sonne schien hell in den Hausflur hinein, und ich sah, daß das alte ausgetretene graue Steinpflaster fest zusammengekittet und sicherlich seit langen Jahren nicht aufgerissen worden war. Brunton hatte hier nicht nachgegraben. Ich klopfte auf den Boden, aber es klang überall gleich, auch zeigte sich nirgends ein Riß oder eine Spalte. Zum Glück hatte aber jetzt auch Musgrave angefangen, die Bedeutung meiner Forschungen einzusehen, und seine Erregung war ebenso groß wie die meinige. Er holte das Papier heraus, um noch einmal alles nachzurechnen.

›Und darunter‹, rief er, ›und darunter – das haben Sie fortgelassen!‹

Ich hatte gedacht, man sollte ein Loch graben, aber jetzt sah ich plötzlich meinen Irrtum ein.

›Es ist also ein Keller darunter?‹ rief ich.

›Freilich; er ist ebenso alt wie das Gebäude; durch die Tür dort geht's hinab.‹

Wir stiegen eine Wendeltreppe hinunter; mein Gefährte strich ein Zündholz an und machte Licht in einer großen Laterne, die auf einem Faß in der Ecke stand. Sofort war uns beiden klar, daß wir den richtigen Platz entdeckt hatten, den auch vor uns schon andere Leute kürzlich besucht haben mußten.

Der Keller war als Holzstall benützt worden, aber die Scheiter, die offenbar zuvor zerstreut auf dem Boden umhergelegen hatten, waren jetzt an beiden Seiten aufgeschichtet, so daß der mittlere Raum frei blieb. Unser Blick fiel auf eine große schwere Steinplatte, mit einem verrosteten Eisenring in der Mitte, an welchem ein wollenes kariertes Halstuch festgebunden war.

›Das ist ja Bruntons Tuch‹, rief mein Klient, ›ich habe es ihn tragen sehen, das kann ich beschwören. Was hat der Schurke hier unten vorgehabt?‹

Auf meinen Vorschlag wurden ein paar Leute von der Ortspolizei herbeigerufen, und dann versuchte ich, die Steinplatte mit Hilfe des Halstuchs in die Höhe zu ziehen. Ich konnte sie nur wenig von der Stelle bewegen, erst als einer der Polizisten mir seinen Beistand lieh, gelang es uns mit vereinten Kräften, sie fortzuschieben. Ein schwarzes Loch gähnte zu unsern Füßen, und als Musgrave mit der Laterne hinunterleuchtete, sahen wir eine etwa sieben Fuß tiefe Kammer, die ungefähr fünf Fuß im Geviert maß. Auf einer Seite stand ein flacher, eisenbeschlagener Holzkoffer, an dessen zurückgeschlagenem Deckel ein seltsam geformter altmodischer Schlüssel steckte. Eine dicke Staubschicht lag darauf, und von dem Gewürm und der Feuchtigkeit war das Holz so zerfressen und verfault, daß sich drinnen Schwämme und Pilze in Menge angesiedelt hatten. Verschiedene runde Metallstücke – vermutlich alte Münzen – wie ich hier einige habe, lagen auf dem Boden des Koffers verstreut; etwas anderes enthielt er nicht.

In jenem Augenblick dachten wir jedoch nicht an den alten

Koffer, wir starrten nur auf die Gestalt, die davor kauerte. Es war ein Mann in schwarzem Anzug, der, die Arme nach beiden Seiten ausstreckend, mit dem Kopf auf dem Rande des Koffers lag. In dieser Stellung war ihm alles stockende Blut ins Gesicht getreten, und das verzerrte blaurote Antlitz war ganz unkenntlich; doch seine Größe, sein Haar und sein Anzug genügten, um meinem Klienten den Beweis zu liefern, daß es der verschwundene Hausmeister war. Wir zogen ihn herauf; er war schon seit mehreren Tagen eine Leiche, aber es fand sich keine Wunde oder sonstige Verletzung an seiner Person, die auf ein gewaltsames Ende schließen ließ. Als man den Leichnam zum Keller hinausgeschafft hatte, standen wir abermals einem schaurigen Rätsel gegenüber.

Ich muß gestehen, daß ich dies Ergebnis meiner Forschung als eine schwere Enttäuschung empfand. Nach meiner Berechnung sollte das Problem gelöst sein, sobald ich den Ort gefunden hatte, auf den der Katechismus hinwies; aber jetzt war ich anscheinend noch ebensoweit davon entfernt, zu ergründen, was wohl die alten Musgraves mit so außerordentlicher Vorsicht hier verbergen wollten. Zwar den unglücklichen Brunton hatte ich aufgefunden, doch galt es noch, sein Geschick zu enträtseln und zu ermitteln, welche Rolle das verschwundene Mädchen dabei gespielt hatte.

Ich setze mich auf ein Faß, das im Winkel stand, und überlegte die Sache aufs gründlichste. Du kennst meine Methoden, Watson. Ich suche mich an die Stelle des Menschen zu versetzen, um den es sich handelt, und einen Maßstab für seine geistigen Fähigkeiten zu gewinnen; dann frage ich mich, was ich selbst unter den obwaltenden Umständen getan haben würde. Daß ich auf Bruntons scharfen Verstand zählen konnte, erleichterte mir die Sache wesentlich; ich brauchte nun nur von meinem eigenen Standpunkt auszugehen. Er wußte, es war etwas Wertvolles verborgen; den Ort hatte er entdeckt, aber der Stein, der ihn verschloß, war zu schwer, als daß ein Mann ihn allein aufheben konnte. Was war nun zu tun? Sollte er sich Hilfe von außen verschaffen? –

Selbst wenn diese noch so zuverlässig war, hätte er doch die Türen aufschließen müssen, und das würde leicht zu einer Entdeckung geführt haben. Weit besser war es, wenn ihm ein Bewohner des Hauses Beistand leistete. Aber wen konnte er darum angehen? – Das Mädchen war ihm treu ergeben gewesen. Nun vermag ein Mann sich aber nur schwer vorzustellen, daß er die Liebe eines Weibes unwiederbringlich verloren haben soll, und wenn er es noch so schlecht behandelt hat. Er beschloß, der Rahel Howells ein paar Aufmerksamkeiten zu erweisen, sich mit ihr zu versöhnen und sie zu bestimmen, ihn bei seinem Vorhaben zu unterstützen. Sie gingen zur Nachtzeit miteinander in den Keller, und ihrer vereinten Anstrengung gelang es, die Steinplatte abzuheben. So weit konnte ich ihnen folgen, als hätte ich ihr Tun selbst mit angesehen.

Für zwei Leute, einen Mann und ein Mädchen, mußte es eine schwere Arbeit gewesen sein, den Stein fortzuschaffen; wir hatten uns dabei sehr anstrengen müssen, ich und der starke Polizist. Womit konnten sie sich helfen? – Was ich an ihrer Stelle getan hätte, wußte ich wohl. Ich stand auf und untersuchte die Holzstücke, die auf dem Boden umherlagen. Bald fand ich, was ich erwartete. Ein etwa drei Fuß langes Holzscheit war an einem Ende zusammengepreßt und mehrere waren platt gedrückt, als habe eine bedeutende Last darauf gelegen. Offenbar hatten sie den Stein verschoben und die Holzstücke in den Spalt gesteckt, bis sie endlich, sobald die Öffnung groß genug war, um durchzukriechen, das Scheit der Länge nach dazwischen geklemmt hatten, damit sich das Loch nicht schließen könne. Bis dahin ging ich noch sicher in meinen Folgerungen.

Aber, wie sollte ich mir nun den Fortgang des nächtlichen Trauerspiels denken? Natürlich konnte nur einer in das Loch hinuntersteigen, und das war Brunton. Das Mädchen mußte oben gewartet haben. Brunton schloß den Koffer auf, reichte den Inhalt vermutlich seiner Helfershelferin – und was geschah dann? –

War das glimmende Feuer der Rachsucht plötzlich in der leidenschaftlichen Walliserin entflammt, als sie den Mann in ihrer Gewalt sah, der sie betrogen und ihr vielleicht ein größeres Unrecht angetan hatte, als wir ahnten? – War das Scheit aus Zufall abgerutscht, so daß die Steinplatte niederfiel und dadurch Brunton sein schauerliches Grab bereitete? Hatte Rahel nur durch ihr Schweigen seinen Tod verschuldet? Oder hatte sie durch einen plötzlichen Stoß mit eigner Hand die Stütze fortgeschleudert, so daß die Platte von selbst zufiel? Wie es sich auch zugetragen – mir war, als sähe ich die Gestalt in wilder Hast die Treppe hinauf entfliehen, während ihre Hände den geraubten Schatz umklammert hielten. In den Ohren gellte ihr fort und fort das dumpfe Angstgeschrei, das ihr treuloser Geliebter ihr nachschickte; sie hörte ihn wie wahnsinnig mit aller Kraft gegen die Steinplatte hämmern, die ihn abschloß von Luft und Leben.

Deshalb ihr totenbleiches Gesicht, ihre zerrütteten Nerven, ihr hysterisches Gelächter am nächsten Morgen. – Aber was war in dem Kasten gewesen? Was hatte sie damit getan? – Es konnte nichts anderes sein, als das alte Metall und die Kiesel, die mein Klient aus dem Weiher aufgefischt hatte. Sie mußte den Leinwandsack bei der ersten Gelegenheit hineingeworfen haben, um die letzte Spur ihres Verbrechens zu tilgen.

Wohl zwanzig Minuten lang hatte ich regungslos dagesessen. Musgrave stand noch immer mit bleicher Miene vor mir, schwang die Laterne hin und her und starrte in das Loch hinunter.

›Das sind Münzen aus Karls I. Zeit‹, sagte er, mir einige Metallstücke hinhaltend, die im Koffer zurückgeblieben waren. ›Sie sehen, daß wir die Entstehungszeit des Katechismus ganz richtig angegeben haben.‹

›Vielleicht findet sich noch etwas anderes, das Karl I. angehört‹, rief ich, als mir die Bedeutung der beiden Fragen des Katechismus plötzlich aufdämmerte. ›Lassen Sie mich den Inhalt des Sackes sehen, den Sie aus dem See herausgeholt haben.‹

Wir begaben uns in sein Studierzimmer, und dort zeigte er mir die einzelnen Stücke. Daß er dem Funde keine Wichtigkeit beigelegt hatte, begriff ich wohl, als ich einen Blick darauf warf; das Metall war fast schwarz und die Steine matt und glanzlos. Ich rieb jedoch einen derselben auf meinem Ärmel, und er strahlte wie ein Feuerfunke in meiner halb geschlossenen Hand. Das Metall hatte die Form eines doppelten Ringes, war aber ganz krumm und verbogen, so daß sich nicht mehr erkennen ließ, was es ursprünglich gewesen sein mochte.

›Wir dürfen nicht vergessen‹, sagte ich, ›daß die Partei der Königstreuen sich selbst nach Karls Tode noch eine Zeitlang in England behauptet hat, und daß sie schließlich bei ihrer Flucht manche von ihren größten Kostbarkeiten vergraben und zurücklassen mußten, um sie nach ihrer Rückkehr unter friedlicheren Verhältnissen wieder in Besitz zu nehmen.‹

›Mein Urahne, Sir Ralph Musgrave, war einer der angesehensten Kavaliere und die rechte Hand Karls II. während seiner Irrfahrten in der Fremde‹, sagte mein Klient.

›Wirklich? – Nun, dann hätten wir ja das Glied, das uns noch gefehlt hat. Ich muß Ihnen Glück wünschen, daß Sie – freilich auf tragische Art – in Besitz eines Schatzes gekommen sind, der, außer seinem großen wirklichen Wert, noch als geschichtliche Merkwürdigkeit eine ganz besondere Bedeutung hat.‹

›Was ist es denn?‹ stieß er verwundert heraus.

›Nichts Geringeres als die alte Krone von England.‹

›Die Krone?‹

›Jawohl. Sie wissen ja, wie es in dem Katechismus heißt – wie lauten doch die Worte? – ›Wem gehörte sie?‹ ›Dem der nicht mehr ist.‹ Das war nach Karls Hinrichtung. – ›Wer soll sie haben?‹ ›Der welcher kommt.‹ Das deutet auf Karl II., dessen Thronbesteigung man schon voraussah. Es ist wohl außer Zweifel, daß dies formlose und zerbrochene Diadem einst die Stirne der königlichen Stuarts geschmückt hat.‹

›Und wie kam es in den Weiher?‹

›Das ist eine Frage, die nicht so schnell zu beantworten ist‹, erwiderte ich und legte ihm dann die lange Reihenfolge von Beweisen und Vermutungen vor, die sich mir aufgedrängt hatten. Die

Dämmerung brach herein, und der Mond glänzte hell am Himmel, bevor ich mit meinem Bericht zu Ende war.

›Wie kam es aber, daß Karl bei seiner Rückkehr die Krone doch nicht erhielt?‹ fragte Musgrave und steckte das Kleinod wieder in den Leinensack.

›Dies ist der einzige Punkt, der wahrscheinlich immer unaufgeklärt bleiben wird. Vermutlich war der Musgrave, der um das Geheimnis wußte, in der Zwischenzeit gestorben und hatte seinen Nachkommen die schriftliche Anweisung hinterlassen, welcher er jedoch aus irgend einem Grunde keine Erläuterung beigefügt hat. Von diesem Tage an ist das Schriftstück von Vater auf Sohn vererbt worden, bis es endlich einem Manne in die Hände fiel, der seine rätselhafte Bedeutung zu entziffern verstand, und als er den Schatz heben wollte, das Wagnis mit seinem Leben büßen mußte.‹ –

Das ist die Geschichte von dem Katechismus der Musgraves, Watson. Die Krone wird noch in Hurlstone aufbewahrt, doch hat man der Familie bei Gericht Schwierigkeiten gemacht, und sie mußte eine bedeutende Summe zahlen, bevor man ihr gestattete, das Kleinod zu behalten. Wenn du einmal dort in die Gegend kommst und dich auf mich berufen willst, wird man dir die alte Krone mit Vergnügen zeigen. – Von dem Weibe hat man nichts wieder gehört; sie ist, aller Wahrscheinlichkeit nach, in irgend ein überseeisches Land entflohen und hat die Erinnerung an ihr Verbrechen mitgenommen.«

# Der Doktor und sein Patient

Bei meiner Auswahl der Fälle, welche dazu dienen sollen, dem Leser ein Bild von den eigentümlichen Geistesgaben meines Freundes Holmes zu geben, bin ich auf mancherlei Schwierigkeiten gestoßen. Seine merkwürdigen Schlußfolgerungen und scharfsinnigsten Untersuchungen bezogen sich meist auf Begebenheiten, die an sich so geringfügig und alltäglich waren, daß sie kein allgemeines Interesse beanspruchen konnten. Andererseits kam es auch wieder häufig vor, daß er bei hochwichtigen Angelegenheiten, die einen besonders dramatischen Verlauf nahmen, zu Rate gezogen wurde, ohne daß er doch an der Erforschung ihrer Ursachen einen so hervorragenden Anteil hatte, wie es mir als seinem Biographen wünschenswert erscheinen mußte. Auch bei der hier folgenden Geschichte hat er keine entscheidende Rolle gespielt, und doch möchte ich sie, der seltsamen Umstände wegen, die damit verknüpft sind, nicht in dieser Sammlung missen.

Es war an einem schwülen Regentag im September. Wir hatten unsere Läden halb geschlossen, und Holmes lag auf dem Sofa, beschäftigt, einen Brief, den er am Morgen erhalten, immer von neuem durchzulesen. Ich selbst litt zwar seit meiner Dienstzeit in Indien stets weniger unter der Hitze als der Kälte, doch fühlte ich mich auch zu nichts recht aufgelegt. Selbst die Zeitung langweilte mich. Die Parlamentssitzungen waren zu Ende, alle Welt hatte die Stadt verlassen, und ich sehnte mich nach Berg und Wald oder dem Seestrande. Meinen Freund quälte kein solches Verlangen; mich veranlaßte nur die Ebbe in meiner Kasse, den beabsichtigten Ferienausflug zu verschieben, aber für ihn hatten Naturgenüsse überhaupt keinen Reiz. Er blieb am liebsten mitten in der Millionenstadt London, der er mit allen Fasern seines Wesens angehörte, und es brauchte nur irgend ein Gerücht oder der leiseste Verdacht eines noch unaufgeklärten Verbrechens zu entstehen, so war er gleich Feuer und Flamme. Zur Abwechslung pflegte er wohl dann und wann einmal, statt dem Übeltäter in der Stadt nachzuspüren, einer geheimnisvollen Fährte auf dem Lande zu folgen, aber der Sinn für Naturschönheit fehlte ihm gänzlich, wie groß auch seine Begabung im übrigen war.

Als ich sah, daß Holmes sich zu sehr in seinen Brief vertieft hatte, um mit mir zu plaudern, ließ ich das uninteressante Zeitungsblatt zur Erde gleiten, lehnte mich in den Armstuhl zurück und begann in wachem Zustand zu träumen. Plötzlich schreckte mich die Stimme meines Gefährten aus diesen Phantasien auf.

»Du hast ganz recht, Watson«, sagte er, »es ist vollkommen widersinnig, derartige Streitfragen auf solche Weise schlichten zu wollen.«

»Die reinste Torheit!« rief ich; – da ward mir auf einmal klar, daß er meinen innersten Gedanken Ausdruck gegeben hatte. Ich fuhr in die Höhe und starrte ihn mit maßloser Verwunderung an.

»Aber Holmes«, rief ich, »wie ist das möglich? Das geht doch über alle Begriffe.«

Er lachte herzlich, als er mein erstauntes Gesicht sah.

»Du erinnerst dich wohl noch«, sagte er, »daß ich dir kürzlich eine Stelle aus Edgar Poes Schriften vorlas, wo erzählt wird, wie ein kluger Kopf den unausgesprochenen Gedanken seines Gefährten folgt? Du warst geneigt, das nur für ein vom Verfasser erdachtes Kunststück zu halten, und wolltest mir nicht glauben, als ich behauptete, ich täte das auch ganz unwillkürlich und fast ohne Unterlaß.«

»Habe ich das gesagt?«

»Nicht mir Worten, mein lieber Watson, aber es stand dir auf der Stirn geschrieben. Als ich nun soeben sah, wie du die Zeitung hinwarfst, um in Nachdenken zu versinken, benutzte ich mit Freuden die Gelegenheit, deinem Gedankengang zu folgen, und erlaubte mir schließlich ihn zu unterbrechen, um dir einen Beweis unseres geistigen Zusammenhangs zu geben.«

Die Erklärung genügte mir keineswegs. »In dem Beispiel, das du erwähntest, hat der kluge Kopf seine Schlüsse aus den Handlungen des Mannes abgeleitet, den er beobachtete. Wenn ich mich recht entsinne, stolperte er über einen Steinhaufen, sah nach den Sternen empor und dergleichen. Ich dagegen habe hier ruhig auf dem Stuhl gesessen und dir keinerlei Anhaltspunkte für dein Gedankenlesen gegeben.«

»Da tust du dir unrecht. Die Gemütsbewegungen des Menschen spiegeln sich in seinen Gesichtszügen, und auch die deinigen sind ihr treues Abbild.«

»Du willst doch nicht etwa behaupten, daß du mir die Gedanken vom Gesicht abgelesen hast?«

»Jawohl; besonders am Ausdruck deiner Augen. Vielleicht erinnerst du dich selbst gar nicht mehr, wie du in die Träumerei geraten bist.«

»Nein, ich weiß es nicht.«

»Ich will es dir sagen: Daß du die Zeitung hinwarfst, erregte meine Aufmerksamkeit. Du saßest eine Minute lang gedankenlos da, dann schweiften deine Augen nach dem Bilde des Generals Gordon hinüber, das du dir neu hast einrahmen lassen, und ich sah an der Veränderung deines Ausdrucks, daß deine Gedanken eine bestimmte Richtung annahmen, die du jedoch nicht lange verfolgtest. Dein Blick flog zu Henry Ward Beechers Portrait hinüber, das ohne Rahmen auf deinem Büchergestell steht; dann schautest du wieder nach der Wand. Es war leicht zu erkennen, daß du dachtest, Beecher würde ein gutes Seitenstück zu Gordon abgeben, wenn er auch eingerahmt wäre.«

»Das hast du merkwürdig gut erraten.«

»So weit war kaum ein Irrtum möglich. Aber nun kehrtest du zu Beecher zurück und schienst ganz in seinen Anblick vertieft. Du zogst die Augenbrauen nicht mehr zusammen, sahst aber immer noch sinnend zu ihm hin – du überdachtest seinen Lebenslauf. Dabei konntest du nicht umhin, dich zu erinnern, welche Aufgabe er während des amerikanischen Bürgerkrieges für die Sache des Nordens übernommen hatte; ich entsinne mich noch, wie entrüstet du dich darüber aussprachst, daß ein großer Teil des englischen Volkes ihm damals einen so schlechten Empfang bereitete. Als du gleich darauf von dem Bilde fortsahst, vermutete ich, daß dir nun der Bürgerkrieg selbst in den Sinn kam; du preßtest die Lippen zusammen, dein Auge blitzte, unwillkürlich balltest du die Hände, und ich zweifelte nicht, daß du der tapferen Taten gedachtest, die in dem grimmigen Kampf auf beiden Seiten vollbracht worden waren. Aber dann sprach tiefe Trauer aus deinen Zügen, und du schütteltest den Kopf. Deine Gedanken weilten bei den Schmerzen, dem Grauen, dem nutzlosen Blutvergießen. Du preßtest die Hand auf deine alte Wunde, und ein Lächeln spielte um deine Lippen. Dir war plötzlich aufgegangen, wie lächerlich es doch im Grunde sei, internationale Fragen auf solche Art entscheiden zu wollen. In diesem Augenblick sprach ich dir meine Zustimmung aus und freute mich zu sehen, daß alle meine Schlußfolgerungen richtig gewesen waren.«

»Vollkommen richtig«, sagte ich, »aber nachdem du mir alles erklärt hast, ist mir die Sache durchaus nicht verständlicher geworden.«

»Es war nur ein kleiner Zeitvertreib, mein lieber Watson, von dem ich dir gar nichts verraten haben würde, hättest du nicht neulich etwas ungläubig dreingeschaut. – Aber mir scheint, draußen erhebt sich ein frischer Luftzug. Wollen wir nicht noch einen Abendspaziergang in den Londoner Straßen machen?«

Ich hatte es herzlich satt, in unserem engen Wohnzimmer zu sitzen, und folgte bereitwillig seiner Aufforderung. Drei Stunden lang streiften wir in Fleet Street und dem Strand umher und betrachteten das vielgestaltige Menschengetriebe, das dort fortwährend auf- und niederwogt. Holmes ließ seiner Beobachtungsgabe freien Lauf; seine anziehenden Gespräche und scharfsinnigen Bemerkungen fesselten und belustigten mich in hohem Grade.

Erst gegen zehn Uhr kehrten wir in die Baker Street zurück. Ein Einspänner wartete vor unserer Tür.

»Hm! Ein Doktorwagen, wie ich sehe«, sagte Holmes. »Offenbar ein praktischer Arzt – erst kurze Zeit im Beruf, hat aber schon viel zu tun. Er will sich vermutlich Rat bei uns holen. Ein Glück, daß wir rechtzeitig nach Hause gekommen sind.«

Ich kannte meinen Freund genugsam, um mich über seine Schlüsse nicht sonderlich zu verwundern. Ein Korb mit chirurgischen Instrumenten, der im Innern des Wagens hing und von den Laternen beschienen wurde, hatte ihm alle diese Einzelheiten verraten. Oben in unserm Fenster sahen wir Licht, ein Zeichen, daß der späte Besuch wirklich uns galt. Nicht ohne Neugier, was mein Herr Kollege um diese Stunde noch hier zu suchen kam, folgte ich Holmes in unsere Behausung.

Ein bleicher Mann mit hagerem Gesicht und blondem Bakkenbart stand vom Stuhle auf, als wir eintraten. Er mochte etwa vierunddreißig Jahre alt sein, aber seine ungesunde Farbe und die eingefallenen Wangen erzählten von einer Lebensweise, die seine Kraft verzehrt und ihn früh alt gemacht hatte. Sein Wesen war schüchtern und unsicher, und seine schmale weiße Hand, die er beim Aufstehen auf das Kaminsims legte, hätte besser für einen Künstler als für einen Chirurgen gepaßt. Er trug einen schwarzen Überrock und dunkle Beinkleider, nur seine Krawatte hatte ein wenig Farbe.

»Guten Abend, Herr Doktor«, redete ihn Holmes freundlich an; »es ist gut, daß Sie nicht länger als ein paar Minuten auf uns zu warten brauchten.«

»Sie haben wohl mit meinem Kutscher gesprochen?«

»Nein, ich sehe es an dem Licht hier auf dem Nebentisch. Bitte, nehmen Sie wieder Platz und sagen Sie mir, was zu Ihren Diensten steht.«

»Erlauben Sie, daß ich mich Ihnen vorstelle. Ich bin Doktor Percy Trevelyan und wohne in der Brookstraße 403.«

»Sind Sie vielleicht der Verfasser einer Abhandlung über ›unsichtbare krankhafte Veränderungen im Nervensystem‹?« fragte ich.

Seine bleichen Wangen färbten sich vor Vergnügen, als er hörte, daß mir sein Werk bekannt sei.

»Es kommt so selten vor, daß jemand meine Arbeit erwähnt«, sagte er, »ich glaubte schon, sie wäre ganz verschollen. Mein Verleger spricht sich äußerst entmutigend über den Absatz aus. Vermutlich sind Sie selbst Mediziner?«

»Ich war früher Regimentsarzt.«

»Nervenkrankheiten sind mir schon von jeher interessant gewesen; am liebsten würde ich sie zu meiner Spezialität machen, aber man muß natürlich nehmen, was gerade kommt. – Doch dies gehört nicht zur Sache, Herr Holmes, und ich kann mir denken, wie wertvoll Ihre Zeit ist. Bei mir in der Brookstraße haben sich merkwürdige Dinge zugetragen, und die ganze Angelegenheit hat sich heute abend so sehr zugespitzt, daß ich auch keine Stunde länger warten wollte, ohne Sie um Rat und Beistand zu bitten.«

Sherlock Holmes setzte sich und zündete seine Pfeife an. »Ich stehe ganz zu Ihrer Verfügung«, sagte er, »bitte teilen Sie mir so ausführlich wie möglich mit, was Sie beunruhigt hat.«

»Es kommen verschiedene sehr geringfügige Umstände dabei mit ins Spiel, – fast schäme ich mich, davon zu sprechen. Doch ist mir die Sache vollkommen unerklärlich, und sie hat zuletzt noch eine so außergewöhnliche Wendung genommen, daß ich Ihnen den genauen Sachverhalt darlegen muß, damit Sie selbst urteilen, was wesentlich oder nebensächlich ist.

Ich muß auf meine Studienzeit zurückgreifen. Die Professoren an der Londoner Universität, die ich besuchte, hielten große Stücke auf mich; das kann ich sagen, ohne mich zu überheben. Nach abgelegtem Examen setzte ich meine wissenschaftlichen Untersuchungen fort und erhielt eine Assistentenstelle im Kings-College-Hospital. Meine Beobachtungen der Krankheitserscheinungen bei der Starrsucht erregten einiges Aufsehen, und zugleich wurde mir auch der Pinkerton-Preis und die große Medaille für meine Abhandlung über die Veränderungen im Nervensystem zuerteilt, die Ihr Freund soeben erwähnte. Es ist keine Übertreibung, wenn ich sage, daß man mir damals eine glänzende Laufbahn prophezeite.

Das größte Hindernis, das mir im Wege stand, war mein Geldmangel. Ein Spezialist, der sich einen Namen machen will, ist genötigt, in einer der vornehmsten Straßen des Cavendish-Square sich niederzulassen, wo die Mieten fast unerschwinglich sind und die Einrichtung große Summen kostet. Auch muß er sich Wagen und Pferde halten und ein paar Jahre nur von seinen Zinsen leben können. An dies alles war bei mir nicht zu denken; ich konnte nur hoffen, in etwa zehn Jahren so viel zusammengespart zu haben, um eine selbständige Praxis anzufangen. Plötzlich aber eröffnete sich mir eine ganz neue, unerwartete Aussicht.

Ein Herr, namens Blessington, der mir völlig fremd war, trat eines Morgens zu mir ins Zimmer und begann ohne alle Einleitung:

›Sind Sie nicht derselbe Percy Trevelyan, der ein so vorzügliches Examen gemacht und kürzlich einen großen Preis erhalten hat?‹

Ich verbeugte mich.

›Antworten Sie mir frei und offen‹, fuhr er fort, ›denn das wird Ihnen nur zum Vorteil gereichen: Sie haben genügende Begabung, um Ihr Glück zu machen, aber besitzen Sie auch den erforderlichen Takt?‹

Das war eine sonderbare Frage. ›Ich hoffe, es fehlt mir nicht daran‹, erwiderte ich lächelnd.

›Sie haben keine schlechten Gewohnheiten? Neigen Sie nicht etwa zum Trunke, was?‹

›Aber mein Herr!‹ rief ich.

›Nichts für ungut. Sie haben ganz recht, aber ich muß danach fragen. – Sagen Sie einmal, warum fangen Sie denn bei Ihren Anlagen keine eigene Praxis an?‹

Ich zuckte die Achseln.

›Nur heraus mit der Sprache‹, fuhr er in seiner polternden Art fort. ›Es ist wohl die alte Geschichte. Sie haben mehr im Kopf als im Beutel, wie? – Was würden Sie dazu sagen, wenn ich Sie instand setzte, sich in der Brookstraße als Arzt niederzulassen?‹

Ich sah ihn starr vor Verwunderung an.

›Wissen Sie, ich tue es nicht Ihnen zuliebe, sondern um meinetwillen‹, rief er. ›Ich will Ihnen ganz offen sagen, wie ich mir's denke, und wenn es Ihnen paßt, bin ich's zufrieden. Ich suche nämlich mein kleines Kapital unterzubringen und habe Lust, es bei Ihnen anzulegen.‹

›Aber weshalb? –‹ stieß ich hervor.

›Nun, es ist so gut wie jede andere Spekulation und obendrein sicherer als die meisten.‹

›Was verlangen Sie denn von mir?‹

›Das will ich Ihnen erklären. Ich miete das Haus, besorge die Einrichtung, bezahle die Dienerschaft und alle Ausgaben des Haushalts. Sie brauchen nichts weiter zu tun, als im Sprechzimmer auf dem Lehnstuhl zu sitzen. Auch Taschengeld bekommen Sie von mir und alles übrige. Dafür händigen Sie mir dreiviertel von Ihren Einkünften aus und behalten den Rest für sich.‹

So lautete der merkwürdige Vorschlag, den mir Herr Blessington machte; wie viel noch darüber hin und her geredet wurde, und wie wir uns endlich verständigten, brauche ich nicht zu erwähnen. Kurz und gut – ich bezog fast unter den gleichen Bedingungen, wie er sie gestellt hatte, zu Lichtmeß das Haus. Er selbst wohnte bei mir als ständiger Patient und benutzte die zwei besten Zimmer im ersten Stock für sich zum Schlaf- und Wohnraum. Da er an Herzschwäche litt, glaubte er einer fortwährenden ärztlichen Aufsicht zu bedürfen. Es war ein wunderlicher Mensch, der alle Geselligkeit haßte und nur selten ausging. In betreff seiner täglichen Gewohnheiten band er sich an keinerlei Regel, nur in einer Sache war er die Pünktlichkeit selbst. Er pflegte nämlich jeden Abend um dieselbe Stunde in meinem Sprechzimmer zu erscheinen, die Bücher durchzusehen, mir fünf Schilling und drei Pence für jede verdiente Guinee auszuzahlen und den Rest einzustreichen, um ihn in dem eisernen Geldkasten zu verwahren, den er in seinem Zimmer stehen hatte.

Ich kann mit aller Bestimmtheit sagen, daß er niemals Ursache gehabt hat, seine Spekulation zu bereuen. Sie glückte von Anfang an. Der gute Ruf, den ich mir schon im Hospital erworben, sowie ein paar gelungene Kuren brachten mich rasch vorwärts, und während der letzten zwei Jahre habe ich ihn zum reichen Manne gemacht.

So viel mußte ich Ihnen von meiner Vergangenheit und meinen Beziehungen zu Blessington berichten, Herr Holmes. Nunmehr komme ich zu den Ereignissen, die mich veranlaßt haben, Sie heute abend aufzusuchen.

Vor einigen Wochen trat Blessington einmal in großer Aufregung bei mir ein und erzählte von einem Einbruchsdiebstahl, der im Westend verübt worden sei. Meiner Meinung nach ereiferte er sich ganz unnötig darüber, auch fand ich es höchst überflüssig, daß er sogleich an sämtlichen Fenstern und Türen die Schlösser und Riegel untersuchen und verstärken ließ. Acht Tage lang kam er nicht aus der Unruhe heraus; er schaute fortwährend verstohlen auf die Straße hinunter, auch gab er seinen kurzen Spaziergang vor Tische auf und verließ das Haus nicht mehr. Sein Benehmen machte den Eindruck, als schwebe er beständig in Todesangst vor einem Menschen oder irgend einer Gefahr. Auf alle meine Fragen antwortete er aber mit solchen persönlichen Beleidigungen, daß mir die Lust verging, das Thema noch weiter zu berühren. Mit der Zeit schwand seine Furcht allmählich, und er hatte fast die frühere Lebensweise wieder aufgenommen, als ein Ereignis eintrat, das ihn gänzlich darniederwarf und ihn in den kläglichen Zustand versetzte, in dem er sich jetzt befindet.

Der Anlaß war folgender: Vor zwei Tagen erhielt ich dies Schreiben ohne Adresse und Datum, das ich Ihnen jetzt vorlesen will:

*Ein russischer Edelmann, der gegenwärtig in England wohnt, leidet seit mehreren Jahren an Anfällen von Starrsucht. Er wünscht Dr. Trevelyan, der, wie allgemein bekannt, eine Autorität für dies Übel ist, um seinen ärztlichen Beistand zu bitten. Morgen abend wird er sich um ein viertel auf sieben im Sprechzimmer einfinden und bittet den Herrn Doktor, sich so einzurichten, daß er ihn zu Hause trifft.*

Der Brief war für mich um so bedeutsamer, weil das Studium der Starrsucht besonders durch die Seltenheit der Krankheit erschwert wird. Als daher der Diener zur bestimmten Stunde meinen ausländischen Patienten hereinließ, erwartete ich ihn bereits mit Spannung.

Es war ein ältlicher hagerer Mann von ehrbarem, etwas gewöhnlichem Aussehen – durchaus nicht, was man sich unter einem russischen Edelmann vorstellt. Sein Gefährte, ein auffallend hübscher, hochgewachsener, junger Herr mit dunkeln, finstern Gesichtszügen und wahrhaft herkulischem Gliederbau, machte mir einen weit größeren Eindruck. Als sie eintraten, stützte er den Alten und geleitete ihn bis zu einem Stuhl. Man hätte ihm eine so zärtliche Sorgfalt nach seinem Äußeren gar nicht zugetraut.

›Sie entschuldigen wohl, Herr Doktor, daß ich mitkomme‹, sagte er auf Englisch mit etwas fremdländischer Aussprache. ›Dies ist mein Vater, um dessen Gesundheit ich im höchsten Grade besorgt bin.‹

Von so viel kindlicher Liebe gerührt, fragte ich: ›Vielleicht wünschen Sie bei der Konsultation zugegen zu sein?‹

›Um nichts in der Welt‹, rief er mit entsetzter Gebärde. ›Wenn mein Vater einen seiner schrecklichen Anfälle bekäme und ich es mit ansehen müßte – ich glaube, das überlebte ich nicht. Mein eigenes Nervensystem gehört durchaus nicht zu den stärksten. Mit Ihrer Erlaubnis will ich mich in das Wartezimmer zurückziehen, während Sie meines Vaters Fall untersuchen.‹

Ich hatte natürlich nichts dagegen, und der junge Mann entfernte sich. Dann sprach ich mit dem Patienten ausführlich über seine Krankheit und notierte mir alles genau. Der alte Herr hatte keinen besonders scharfen Verstand und gab meist ziemlich undeutliche Antworten, was ich seiner mangelhaften Kenntnis der englischen Sprache zuschrieb. Plötzlich aber, während ich noch mit Schreiben beschäftigt war, antwortete er gar nicht mehr auf meine Fragen, und als ich mich nach ihm umwandte, sah ich ihn zu meinem Schrecken kerzengerade auf dem Stuhle sitzen; sein Gesicht, das er mir zuwandte, war völlig starr und leblos. Das rätselhafte Übel hatte ihn abermals befallen.

Mein erstes Gefühl war, wie gesagt, Mitleid und Grauen.

Dann aber ergriff mich, ich will es nicht leugnen, die Befriedigung des Fachmannes. Ich notierte Puls und Temperatur meines
Patienten, prüfte die Starrheit seiner Muskeln und ihre Reflex-
bewegungen. Alle Ergebnisse stimmten fast genau mit meinen
Beobachtungen in früheren Fällen überein; es war keinerlei Ab-
weichung bemerkbar. Das Einatmen von Amylnitrit hatte bei
ähnlicher Gelegenheit schon gute Dienste getan, und ich wollte
seine Wirkung auch jetzt wieder erproben. Da die Flasche unten
im Laboratorium war, ließ ich meinen Patienten auf dem Stuhl
sitzen und lief hinunter, sie zu holen. Ich mußte ein Weilchen
nach dem Mittel suchen und kehrte erst nach etwa fünf Minuten
zurück. Nun stellen Sie sich mein Erstaunen vor, als ich das Zimmer leer fand – der Kranke war verschwunden.

Natürlich stürzte ich gleich ins Wartezimmer. Der Sohn war
auch fort. Die Haustür wurde tagsüber nicht verschlossen. Mein
Diener, der die Patienten einzulassen pflegt, ist noch neu und
nicht sehr aufgeweckt. Gewöhnlich wartet er unten und kommt
erst heraufgesprungen, um die Herrschaften hinauszubegleiten,
wenn ich im Sprechzimmer klingle. Er hatte nichts gehört, und
die Sache blieb völlig rätselhaft.

Bald nachher kam Blessington von seinem Spaziergang zurück, aber ich erwähnte ihm gegenüber nichts von dem Vorfall.
Offen gestanden habe ich in letzter Zeit den Verkehr mit ihm
überhaupt so viel wie möglich gemieden.

Eigentlich war ich überzeugt, daß ich weder den Russen
noch seinen Sohn je wieder zu Gesicht bekommen würde; aber
heute abend erschienen beide zu meiner Überraschung ganz wie
das erstemal und zur nämlichen Stunde bei mir im Sprechzimmer.

›Ich muß Sie sehr um Entschuldigung bitten, Herr Doktor‹,
sagte mein Patient, ›daß ich gestern ohne Abschied fortgegangen
bin.‹

›Allerdings war ich nicht wenig verwundert darüber‹, erwiderte ich.

›Sie müssen wissen‹, fuhr er fort, ›daß mir, wenn ich nach solchem Anfall aufwache, meist jede Erinnerung an das Vorhergegangene geschwunden ist. Ich muß wohl während Ihrer Abwesenheit in noch halb bewußtlosem Zustand zum Hause hinaus und auf die Straße gegangen sein.‹

›Und ich‹, sagte der Sohn, ›sah meinen Vater an der Tür des Wartezimmers vorbeikommen und dachte natürlich nichts anderes, als daß die Konsultation zu Ende sei. Erst nachdem wir daheim angekommen waren, wurde mir der wahre Stand der Dinge klar.‹

›Nun, es ist ja kein Unglück daraus entstanden‹, versetzte ich lachend. ›Sie haben mir nur viel Kopfzerbrechen verursacht. Wenn Sie, mein Herr, sich gefälligst wieder ins Wartezimmer verfügen wollen, können wir die so plötzlich abgebrochene Konsultation gleich wieder aufnehmen.‹

Etwa eine halbe Stunde lang sprach ich mit dem alten Herrn über seine Symptome, verschrieb ihm eine Arznei und sah ihn dann sich am Arm seines Sohnes entfernen.

Ich sagte Ihnen schon, daß Blessington um diese Zeit seinen täglichen Spaziergang zu machen pflegte. Er kam bald nachher zurück, und ich hörte ihn die Treppe hinaufgehen. Im nächsten Augenblick stürmte er aber wieder herunter und in mein Sprechzimmer, wie wahnsinnig vor Angst und Schrecken.

›Wer ist bei mir im Zimmer gewesen?‹ rief er.

›Kein Mensch‹, entgegnete ich.

›Das ist eine freche Lüge!‹ kreischte er. ›Kommen Sie und überzeugen Sie sich selbst.‹

Ich hielt ihm die beleidigende Rede zu gute, da er vor Furcht ganz von Sinnen schien. Als ich mit ihm hinaufging, zeigte er mir verschiedene Fußspuren auf dem hellen Teppich.

›Sollen die etwa von mir herrühren?‹ rief er.

Die Abdrücke waren viel zu groß dazu und offenbar ganz frisch. Es hat heute nachmittag stark geregnet, wie Sie wissen, und außer den beiden Russen waren keine Patienten bei mir gewesen. – Es ließ sich nicht anders erklären, als daß der Mann im Wartezimmer aus irgend einem mir unbekannten Grunde in

Blessingtons Wohnung hinaufgegangen war, während ich mich mit seinem Vater besprach. Nichts war von der Stelle gerückt oder entwendet worden, die Fußspuren bildeten den einzigen Beweis, daß wirklich jemand im Zimmer gewesen war.

Blessington regte sich ganz maßlos über den Vorfall auf, der natürlich keinem gleichgültig gewesen wäre. Er sank laut schluchzend in seinen Stuhl und war kaum imstande, einen zusammenhängenden Satz herauszubringen. Auf seinen Wunsch beschloß ich, mir bei Ihnen Rat zu holen, Herr Holmes; die Sache ist auch wirklich höchst seltsam, obgleich er ihr entschieden eine viel zu große Wichtigkeit beilegt. Wenn Sie die Güte hätten, mit mir im Wagen zurückzukommen, würde sich Blessington vielleicht einigermaßen beruhigen. Daß es Ihnen gelingen könnte, eine Erklärung für den merkwürdigen Vorfall zu finden, wage ich kaum zu hoffen.«

Sherlock Holmes hatte dem langen Bericht so gespannt zugehört, daß ich wohl sah, wie sehr ihn die Angelegenheit interessierte. Zwar seine Gesichtszüge blieben regungslos wie immer, aber mehr und mehr senkten sich die Lider über seine Augen, und immer dichter qualmte der Rauch seiner Pfeife bei jeder überraschenden Wendung der Geschichte. Kaum hatte der Arzt geendet, als Holmes ohne ein Wort zu sagen aufsprang, mir meinen Hut in die Hand drückte, den seinigen vom Tische nahm und Doktor Trevelyan zur Tür hinaus folgte. Eine Viertelstunde später hielten wir vor seinem Wohnhause in der Brookstraße, das düster und schmucklos dalag, wie die meisten Geschäftshäuser im Westend. Der Diener ließ uns ein, und wir stiegen die teppichbelegte Treppe hinauf.

Da geschah etwas völlig Unerwartetes. Die Lampe im oberen Stock erlosch plötzlich, und wir hörten in der Dunkelheit eine schnarrende, bebende Stimme uns zurufen:

»Ich habe eine Pistole hier, und sobald ihr näher kommt, schieße ich.«

»Aber da hört denn doch alles auf, Herr Blessington«, rief Trevelyan erzürnt.

»Also Sie sind es, Doktor«, sagte die Stimme im Ton großer Erleichterung. »Aber die beiden anderen Herren – sind sie auch wirklich das, wofür sie sich ausgeben?«

Sein scharfer Blick suchte die Finsternis zu durchdringen, so gut es anging.

»Es ist richtig, Sie können heraufkommen«, sagte er endlich; »ich bedaure, daß ich Sie mit meinen Vorsichtsmaßregeln belästigen mußte.«

Er zündete die Gaslampe wieder an, und wir sahen einen sonderbaren Menschen vor uns, dessen Äußeres noch deutlicher verriet, als es seine Stimme vorhin getan hatte, wie zerrüttet seine Nerven waren. Das dünne, sandfarbene Haar stand ihm vor innerer Erregung zu Berge, er hatte eine kränkliche Gesichtsfarbe und mußte wohl in letzter Zeit sehr abgemagert sein, denn die Haut war um Hals und Wangen ganz schlaff, obgleich er noch immer für einen sehr dicken Mann gelten konnte. In der Hand hielt er eine Pistole, die er in die Tasche gleiten ließ, als er auf uns zutrat.

»Guten Abend, Herr Holmes«, sagte er, »besten Dank für Ihren Besuch. Kein Mensch braucht Ihren Rat wohl so nötig wie ich. Vermutlich hat Ihnen Doktor Trevelyan schon von dem frechen Hausfriedensbruch erzählt, der an mir verübt worden ist.«

»Jawohl«, versetzte Holmes. »Wer sind denn die beiden Männer, Herr Blessington, und was treibt sie dazu, Ihre Ruhe zu stören?«

»Ja, sehen Sie«, erwiderte der Angeredete mit nervöser Hast, »das ist eine Frage, die sich nicht so leicht beantworten läßt. Das werden Sie sich wohl selber sagen können.«

»Soll das etwa heißen, daß Sie es nicht wissen?«

»Bitte, wollen Sie nicht eintreten? Haben Sie die Güte, sich einmal hierher zu bemühen.«

Er führte uns in sein geräumiges und bequem ausgestattetes Schlafzimmer und deutete auf einen schwarzen Koffer, der zu Häupten des Bettes stand. »Ich bin nie ein reicher Mann gewesen, Herr Holmes«, sagte er; »nur eine einzige Kapitalanlage habe ich in meinem Leben gemacht, wie Doktor Trevelyan Ihnen mitteilen kann. Ich habe nun einmal kein Vertrauen zu den Bankiers und würde mich nie auf solche Geldmenschen verlassen. Unter uns gesagt, alles, was ich besitze, liegt dort im Koffer; Sie können sich daher vorstellen, wie mir zu Mute ist, wenn unbekannte Leute heimlich in mein Zimmer eindringen.«

Holmes sah Blessington mit forschendem Blicke an und schüttelte den Kopf.

»Wenn Sie versuchen wollen, mich zu täuschen, kann ich Ihnen keinen Rat geben.«

»Aber ich habe Ihnen doch alles offen kundgetan.«

Holmes wandte sich mit ärgerlicher Miene zum Gehen. »Guten Abend, Doktor Trevelyan«, sagte er.

»Und für mich haben Sie keinen Rat?« stöhnte Blessington mit brechender Stimme.

»Ich kann Ihnen nur raten, die Wahrheit zu sprechen.«

In der nächsten Minute waren wir draußen und auf dem Heimweg begriffen. Wir hatten schon die Oxfordstraße hinter uns, ehe mein Gefährte die kleinste Äußerung tat.

»Es tut mir leid, Watson, daß ich dich so vergeblich bemüht habe«, sagte er endlich. »Freilich, im Grunde ist der Fall ganz interessant.«

»Ich kann nicht recht klug daraus werden«, gestand ich.

»Es liegt doch auf der Hand, daß zwei Männer – vielleicht auch mehr, aber zwei jedenfalls – Herrn Blessington zu Leibe gehen möchten. Ich bin fest überzeugt, daß der jüngere sowohl das erste als das zweite Mal in Blessingtons Zimmer war, während sein Helfershelfer durch schlaue Vorspiegelungen die Aufmerksamkeit des Doktors zu fesseln wußte.«

»Aber die Starrsucht?«

»Ein geschickter Betrug, Watson, obgleich ich dem Herrn Spezialisten gegenüber das nicht auszusprechen wage. Gerade diese Krankheit läßt sich sehr leicht vortäuschen. Ich habe es selbst schon getan.«

»Nun, und was weiter?«

»Es traf sich bei beiden Gelegenheiten ganz zufällig, daß Blessington gerade abwesend war. Sie wählten die ungewöhnliche Stunde für ihre Besuche offenbar, damit kein anderer Patient im Wartezimmer wäre. Daß dies gerade mit Blessingtons täglichem Ausgang zusammentraf, wußten sie nicht; sie scheinen demnach mit seinen Gewohnheiten wenig vertraut. Wäre es ihnen nur um Beute zu tun gewesen, so hätten sie wenigstens den Versuch gemacht, sein Geld zu finden. Es läßt sich einem Menschen unfehlbar am Gesicht absehen, wenn ihm um seine eigene Haut bange ist. Unmöglich kann er sich Feinde gemacht haben, die ihn mit solcher Rachsucht verfolgen, ohne daß er selbst darum weiß. Ich nehme daher als gewiß an, daß er die Männer kennt und seine Gründe hat, es nicht einzugestehen. Indessen ist es möglich, daß wir ihn morgen in einer mitteilsameren Stimmung finden.«

»Noch eine andere Möglichkeit wäre vorhanden«, sagte ich. »Es ist zwar im höchsten Grade unwahrscheinlich, aber doch denkbar, daß die Begebenheit mit dem starrsüchtigen Russen und dessen Sohn auf bloßer Erfindung beruht und Trevelyan selbst zu irgend welchem Zweck in Blessingtons Zimmer gewesen ist.«

Beim Schein der Gaslaterne sah ich, wie belustigt Holmes über meinen glänzenden Einfall lächelte.

»Auch mir kam gleich zuerst diese Lösung der Angelegenheit in den Sinn, mein Junge«, sagte er. »Aber bald wurde mir die Richtigkeit von des Doktors Angaben klar. Der jüngere Mann hatte so deutliche Fußspuren auf der Treppe zurückgelassen, daß ich gar nicht erst ins Zimmer zu gehen brauchte, um sie dort zu sehen. Seine Schuhe sind vorne breit und nicht spitz wie Blessingtons, auch fast anderthalb Zoll länger als des Doktors Stiefel. Darüber, daß er der Eindringling war, besteht also nicht der leiseste Zweifel, wie du mir zugeben wirst. Wir wollen jetzt die Sache beschlafen; mich würde es sehr wundern, wenn wir nicht morgen früh neue Nachricht aus der Brookstraße erhielten.«

Sherlock Holmes' Prophezeiung sollte sich bald auf tragische Weise erfüllen. Am nächsten Morgen, gegen halb acht Uhr, als kaum der Tag graute, sah ich ihn im Schlafrock neben meinem Bette stehen.

»Draußen wartet eine Droschke auf uns, Watson«, sagte er.

»Was gibt es denn?«

»Es handelt sich um die Geschichte in der Brookstraße.«

»Ist etwas Neues geschehen?«

»Allem Anschein nach.« Holmes öffnete den Fensterladen. »Sieh her – ein Blatt aus dem Notizbuch und mit Bleistift darauf gekritzelt: ›Um Gottes willen kommen Sie schnell! – P. T.‹ Unser Freund, der Doktor, hat das in schrecklicher Aufregung geschrieben. Mach' dich fertig, alter Junge, es ist ein dringender Hilferuf.«

Etwa eine Viertelstunde später waren wir wieder in der Wohnung des Arztes. Er kam uns mit entsetzter Miene entgegengestürzt.

»Ist das eine Geschichte!« rief er, sich mit beiden Händen den Kopf haltend.

»Was gibt's denn?«

»Blessington hat sich umgebracht.«

»Wahrhaftig?«

»Ja, er hat sich heute nacht erhängt.«

Der Doktor ging voran, und wir betraten sein Wartezimmer.

»Der Schreck ist mir in alle Glieder gefahren; ich weiß kaum mehr, was ich tue«, rief er. »Die Polizei ist schon oben.«

»Wann haben Sie es entdeckt?«

»Man bringt ihm jeden Morgen eine Tasse Tee hinauf. Als das Mädchen gegen sieben Uhr ins Zimmer trat, sah sie das Unglück. Er hatte den Strick an den Haken in der Decke gebunden, wo gewöhnlich die große Lampe hängt, und war dann von demselben Koffer heruntergesprungen, den er uns gestern gezeigt hat.«

Holmes stand tief in Gedanken da.

»Wenn Sie erlauben«, sagte er endlich, »möchte ich oben den Tatbestand in Augenschein nehmen.«

Wir stiegen die Treppe hinauf, und der Doktor folgte.

Als wir ins Schlafzimmer traten, bot sich uns ein grauenhafter

226

Anblick dar. Blessington, der dort am Stricke baumelte, sah kaum noch einem Menschen gleich. Sein Hals war stark in die Länge gezogen, wie der eines gerupften Huhnes, und im Gegensatz dazu nahm sich der übrige Körper um so aufgeschwemmter und formloser aus. Er war nur mit seinem langen Nachthemd bekleidet, aus dem die geschwollenen Füße und Fußgelenke starr und steif hervorsahen. Neben der Leiche stand ein schneidig aussehender Polizeibeamter, der sich Notizen in sein Taschenbuch machte.

»Ach, Sie sind's, Herr Holmes«, sagte er, als mein Freund eintrat, »das freut mich sehr.«

»Guten Morgen, Lanner«, versetzte Holmes. »Sie werden gewiß nicht glauben, daß ich mich hier unberufen eindrängen will. Wissen Sie schon etwas von dem, was vorausgegangen ist, ehe es zu diesem Ende kam?«

»Ja, man hat mir einiges mitgeteilt.«

»Haben Sie bereits eine Ansicht darüber?«

»Soweit ich sehen kann, ist der Mann aus Furcht von Sinnen gekommen. Er hat die Nacht über im Bett gelegen und geschlafen, man sieht noch den tiefen Eindruck in den Kissen. Gegen fünf Uhr morgens wird am häufigsten Selbstmord verübt. Diese Zeit scheint er auch gewählt zu haben, um sich zu erhängen. Er hat die Tat mit allem Bedacht ausgeführt.«

»Nach der Erstarrung der Muskeln zu urteilen, muß er seit etwa drei Stunden tot sein«, sagte ich.

»Ist Ihnen irgend etwas Besonderes im Zimmer aufgefallen?« erkundigte sich Holmes.

»Ein Schraubenzieher und mehrere Schrauben lagen auf dem Waschtisch. Auch hat er die Nacht über stark geraucht. Hier sind vier Zigarrenstummel, die ich im Kamin gefunden habe.«

»Hm«, meinte Holmes. »Liegt hier irgendwo seine Zigarrenspitze?«

»Nein, ich habe keine gesehen.«

»Oder seine Zigarrentasche?«

»Die steckte im Rock.«

Holmes öffnete sie und roch an der einzigen Zigarre, die sie noch enthielt.

»Das ist eine Havannah«, sagte er, »und die andern gehören zu der eigentümlichen Sorte, welche die Holländer aus Ostindien bei uns einführen. Sie sind im Verhältnis zur Länge ungewöhnlich dünn und meist in Stroh gewickelt.« Er untersuchte die vier Zigarrenenden mit seiner Taschenlupe.

»Zwei sind durch die Spitze geraucht worden, und zwei ohne«, sagte er. »Zwei hat man mit einem etwas stumpfen Messer abgeschnitten und die andern beiden mit sehr scharfen Zähnen abgebissen. Es handelt sich hier um keinen Selbstmord, Lanner. Der Mann ist nach einem wohlüberlegten Plan von ein paar Bösewichtern mit kaltem Blut umgebracht worden.«

»Unmöglich!« rief der Polizeibeamte.

»Weshalb?«

»Wozu sollten die Verbrecher für ihr Opfer eine so unbequeme Todesart wählen?«

»Das müssen wir zu ergründen suchen.«

»Wie hätten sie hineinkommen können?«

»Durch die Haustür.«

»Die Eisenstange lag am Morgen noch vor.«

»Dann hat man sie angelegt, nachdem sie draußen waren.«

»Woher wissen Sie das alles?«

»Ich habe ihre Fußspuren gesehen. Entschuldigen Sie mich einen Augenblick, vielleicht kann ich Ihnen dann noch Näheres berichten.«

Er ging nach der Tür, untersuchte das Schloß auf seine methodische Art, zog den Schlüssel heraus, der auf der Innenseite steckte, und betrachtete ihn gleichfalls. Auch das Bett, den Teppich, die Stühle, den Kaminsims, den Leichnam und den Strick unterwarf er einer genauen Besichtigung. Hierauf schnitten wir mit Hilfe des Polizisten den Unglücklichen ab und breiteten schweigend ein Tuch über die Leiche.

»Wo kam der Strick her?« fragte Holmes.

Trevelyan zog ein zusammengerolltes Seil unter dem Bett hervor. »Es ist ein Stück hiervon«, sagte er. »Blessington schwebte in steter Furcht vor Feuersgefahr und hielt immer ein Rettungsseil in seiner Nähe bereit, damit er durchs Fenster entkommen könnte, falls die Treppe in Brand geriete.«

»Das hat Ihnen viele Mühe erspart«, äußerte Holmes nachdenklich. »Jawohl, die Tatschen liegen klar auf der Hand, und mich soll's nicht wundern, wenn ich Ihnen bis heute nachmittag auch alle Beweggründe mitteilen kann. Das Bild von Blessington dort auf dem Kaminsims will ich mitnehmen, vielleicht erleichtert es mir meine Nachforschung.«

»Aber Sie haben uns ja noch gar nichts erklärt«, rief der Doktor.

»Über die Reihenfolge der Ereignisse kann doch wohl kein Zweifel mehr bestehen. – Drei Leute waren an dem Verbrechen beteiligt, der junge Mensch, der Alte und ein Dritter, über den ich noch im Dunkeln bin. Die ersten beiden stellten den russischen Edelmann und seinen Sohn vor, wir sind also imstande, sie genau zu beschreiben. Sie wurden von ihrem Helfershelfer ins Haus eingelassen. Wenn ich Ihnen einen Rat geben darf, Lanner, so wäre es der, den Diener zu verhaften, der, wie ich höre, erst kürzlich bei dem Herrn Doktor eingetreten ist.«

»Der Mensch ist nirgends zu finden«, sagte Trevelyan, »die Köchin und das Hausmädchen haben schon vergebens nach ihm gesucht.«

Holmes zuckte die Achseln. »Er hat eine ziemlich bedeutende Rolle in dem Trauerspiel gehabt. Die drei Leute sind auf den Fußspitzen die Treppe hinangeschlichen, der Alte voraus, dann der junge Mann und der Unbekannte zuletzt.«

»Aber bester Holmes!« rief ich.

»Die Fußspuren lassen sich nicht verwechseln; schon gestern abend habe ich gelernt, sie zu unterscheiden. – Als die drei an Blessingtons Stube kamen, fanden sie zwar die Tür verschlossen, doch gelang es ihnen mit Hilfe eines Drahtes den Schlüssel umzudrehen. Selbst ohne Lupe können Sie die Kratzer hier am Schlüsselbart erkennen. Vielleicht schlief er noch oder war so von Furcht gelähmt, daß er nicht nach Hilfe rufen konnte. Aber selbst wenn er noch Zeit dazu hatte, ist der Schrei wohl ungehört verhallt. Das Haus hat dicke Wände.

Nachdem sie ihrer Beute sicher waren, haben sie vermutlich eine Beratung gehalten – eine Art Gerichtssitzung. Sie muß einige Zeit in Anspruch genommen haben, denn währenddem sind die Zigarren geraucht worden. Der Alte saß im Lehnstuhl und rauchte aus der Zigarrenspitze, der Jüngere hat dort drüben Platz genommen und die Zigarrenasche an der Kommode abgestrichen. Der Dritte ist im Zimmer auf- und abgegangen. Blessington wird wohl aufrecht im Bett gesessen haben; das läßt sich aber nicht mit voller Gewißheit behaupten.

Die Sache endete damit, daß sie Blessington packten und aufhängten. Es war schon alles so genau überlegt und vorbereitet, daß sie, wie ich glaube, eine Art Kloben und kleine Winde oder Rolle mitgebracht haben, die als Galgen dienen und mittels der Schrauben an der Wand befestigt werden sollten. Als sie aber den Haken sahen, sparten sie sich natürlich die Mühe. Sobald ihr Werk getan war, machten sie sich aus dem Staube, und der Helfershelfer sperrte die Tür wieder hinter ihnen zu.«

Wir hatten alle mit der größten Spannung auf den Bericht über die nächtlichen Ereignisse gehorcht, für welchen Holmes nur so kleine und geringfügige Anhaltspunkte besaß, daß wir seinen Schlüssen kaum zu folgen vermochten. Der Polizeibeamte eilte nun spornstreichs fort, um des Dieners habhaft zu werden, Holmes und ich aber kehrten in die Baker Street zurück.

Gleich nach dem Frühstück stand mein Freund vom Tische auf. »Um drei Uhr bin ich wieder hier«, sagte er. »Ich habe für diese Stunde den Doktor und den Polizeibeamten zu einer Zusammenkunft hierher bestellt; dann werde ich hoffentlich alles aufklären können, was an der Sache jetzt noch dunkel ist.«

Die beiden Herren fanden sich zur bestimmten Zeit ein, aber es wurde drei viertel auf vier, bevor mein Freund erschien. Als er eintrat, sah ich sofort an seiner Miene, daß ihm sein Vorhaben geglückt sein müsse.

»Was gibt es Neues, Lanner?«

»Wir haben den Diener.«

»Vortrefflich, und ich habe die andern.«

»Was – gefangen!?« riefen wir alle drei.

»Das nicht, aber ich weiß, wer sie sind. Der Mann, der sich Blessington nannte, ist auf dem Polizeiamt genau bekannt und seine Mörder nicht minder. Sie heißen Biddle, Hayward und Moffat.«

»Die Räuberbande, die Worthingdons Bank geplündert hat«, rief Lanner erstaunt.

»Ganz recht«, versetzte Holmes.

»So war Blessington kein anderer als Sutton.«

»Jawohl.«

»Dann ist ja alles sonnenklar.«

Trevelyan und ich sahen einander ganz verwirrt an.

»Ihr werdet doch von dem großen Einbruchsdiebstahl in Worthingdons Bankhaus gehört haben«, sagte Holmes; »fünf Leute waren daran beteiligt, jene vier und ein Fünfter, namens Cartwright. Der Türhüter Tobin wurde ermordet, und die Diebe entkamen mit siebentausend Pfund. Das geschah im Jahre 1875. Sie wurden alle fünf festgenommen, aber die Beweise genügten nicht, sie zu überführen. Da wurde Blessington oder vielmehr Sutton, der Schlimmste der ganzen Bande, zum Verräter. Auf seine Aussage hin kam Cartwright an den Galgen, und die drei andern erhielten jeder fünfzehn Jahre Zuchthaus. Kürzlich wurden sie entlassen, einige Jahre, bevor ihre Strafzeit um war, und sie hatten nichts Eiligeres zu tun als den Verräter ausfindig zu machen und den Tod ihres Kameraden zu rächen. Ihre beiden ersten Versuche, ihm zu Leibe zu gehen, mißlangen, aber beim drittenmal erreichten sie ihren Zweck. – Verstehen Sie nun alles, Herr Doktor, oder kann ich Ihnen noch irgend eine Aufklärung geben?«

»Sie haben uns alles merkwürdig übersichtlich dargestellt«, sagte Trevelyan. »Wahrscheinlich hatte er an dem Tage, als er so aufgeregt war, ihre Entlassung aus dem Zuchthaus in der Zeitung gelesen.«

»Natürlich. Was er von dem Einbruch gefaselt hat, war die reinste Erfindung.«

»Aber warum vertraute er sich Ihnen nicht an?«

»Er wollte seine wahre Persönlichkeit so lange wie möglich vor aller Welt verbergen, denn die Rachsucht seiner früheren Kameraden war ihm wohlbekannt. Deshalb verschwieg er sein schmachvolles Geheimnis. Und doch hätte das Gesetz seinen Schutz selbst einem so erbärmlichen Menschen, wie er war, nicht vorenthalten. Ja, ja, Lanner, der Schild des Gesetzes deckt den Verfolgten nicht immer in der Stunde der Gefahr, aber das Schwert der Gerechtigkeit ist stets bereit, die Missetat zu rächen.«

Das ist die merkwürdige Geschichte des Doktors in der Brookstraße und seines Patienten. Von den Mördern hat die Polizei seit jener Nacht keine Spur entdeckt; man vermutet, daß sie sich unter den Passagieren des englischen Dampfers ›Nora Creina‹ befanden, der vor einigen Jahren an der portugiesischen Küste, wenige Meilen nördlich von Oporto, mit Mann und Maus untergegangen ist. Das Verfahren gegen den Diener mußte aus Mangel an vollgültigen Beweisen eingestellt werden, und der Mord in der Brookstraße blieb ein Geheimnis.

# Das letzte Problem

Mit schwerem Herzen greife ich zur Feder, um den hervorragenden Geistesgaben meines Freundes Holmes für alle Zeiten das
letzte Denkmal zu setzen. Was meine frühere Darstellung der
merkwürdigen Fälle betrifft, welche ich in Gemeinschaft mit ihm
von Beginn unserer Bekanntschaft an bis in die neueste Zeit hinein erleben durfte, so bin ich mir lebhaft bewußt, wieviel dieselbe
zu wünschen übrig läßt. Ich hatte mir deshalb vorgenommen, es
dabei bewenden zu lassen und den Vorfall, der vor zwei Jahren
eine Lücke in mein Leben gerissen hat, welche ich heute noch in
fast ungeschwächtem Maße empfinde, nicht in den Kreis meiner
Darstellung zu ziehen. Die jüngst erschienenen Briefe, worin
Oberst James Mariarty das Andenken seines Bruders zu vertei-
digen sucht, haben mir jedoch die Feder in die Hand gedrückt
und mir keine andere Wahl gelassen, als von dem Hergang der
Sache eine streng der Wirklichkeit entsprechende öffentliche
Darlegung zu geben. Ich bin der einzige, der den Verlauf der Sa-
che in allen seinen Einzelheiten aufs genaueste kennt, und er-
freulicherweise liegt jetzt keinerlei vernünftiger Grund mehr
vor, solchen zu verschweigen. Die, soviel mir bekannt, über den
Fall erschienenen Zeitungsberichte enthalten nur eine ganz ge-
drängte Darstellung desselben, während die vorerwähnten
Briefe, wie sich aus dem folgenden ergeben wird, auf eine völlige
Verdrehung der Wahrheit hinauslaufen. So kann ich mich der
Aufgabe nicht entschlagen, die Vorgänge zwischen Professor
Mariarty und Sherlock Holmes zum erstenmale genau der Wirk-
lichkeit gemäß zu schildern.

Infolge meiner Verheiratung und des Beginns meiner ärztlichen
Privatpraxis war, wie man sich vielleicht erinnern wird, mein
Verkehr mit Holmes ein etwas beschränkterer geworden. Er
suchte mich zwar noch immer von Zeit zu Zeit auf, wenn er ei-

nen Gefährten bei seinen Nachforschungen wünschte, allein diese Anlässe wurden immer seltener, so daß im Jahre 1890 meinen Aufzeichnungen zufolge ein derartiger Fall nur noch dreimal vorkam. Wie meine Aufzeichnungen weiter ergeben, war Holmes Ende 1890 und Anfang 1891 für die französische Regierung in einer hochwichtigen Angelegenheit tätig, und ich hatte zwei Mitteilungen von ihm erhalten, die eine aus Narbonne, die andere aus Nimes, aus denen ich entnehmen mußte, daß sein Aufenthalt in Frankreich vermutlich von längerer Dauer sein werde. Ich war daher einigermaßen überrascht, als ich ihn am 24. April abends in mein Arbeitszimmer treten sah. Dabei fand ich zu meiner weiteren Überraschung, daß sein Aussehen noch blasser und magerer war als sonst.

»Ja, ich habe etwas zu rücksichtslos auf mich hinein gehaust«, bemerkte er und beantwortete damit mehr die Blicke, mit denen ich ihn betrachtete, als die Worte, die ich an ihn gerichtet hatte, »ich war in letzter Zeit etwas sehr abgespannt. Hast du etwas dagegen, wenn ich deine Läden schließe?«

Das einzige Licht in meinem Zimmer kam von der Lampe auf dem Tisch, an dem ich gesessen hatte. Holmes ging dicht an der Wand hin und zog dann die Läden zu, die er sorgfältig verriegelte.

»Du hast, scheint es, Angst vor etwas?« fragte ich.

»Allerdings.«

»Wovor?«

»Vor Windbüchsen.«

»Was soll das heißen, mein lieber Holmes?«

»Ich glaube, du kennst mich hinreichend, Watson, um zu wissen, daß Ängstlichkeit durchaus nicht meine Schwäche ist. Trotzdem wäre es in meinen Augen vielmehr eine Torheit als ein Beweis von Mut, eine unmittelbar drohende Gefahr geflissentlich übersehen zu wollen. Darf ich dich zum Feuer bitten?«

Damit steckte er sich eine Zigarette an, deren beruhigenden Duft er mit sichtlichem Behagen einsog.

»Ich muß mich entschuldigen, daß ich so spät bei dir vorspreche«, fuhr er fort, »und muß dich weiter um die eigentümliche Gunst bitten, mir zu gestatten, daß ich mich nachher über deine Gartenmauer empfehle.«

»Aber was hat das alles zu bedeuten?« fragte ich.

Er streckte seine Hand aus, und im Schein der Lampe sah ich, daß zwei seiner Knöchel geschürft waren und bluteten.

»Wie du siehst, handelt es sich um keine Hirngespinste«, bemerkte er lächelnd, »die Sache ist im Gegenteil so greifbarer Natur, daß dabei die Hand zu Schaden kommen kann. Ist deine Frau zu Hause?«

»Nein, sie ist auswärts zu Besuch.«

»Wirklich? Du bist allein?«

»Völlig allein.«

»Dann fällt es mir um so weniger schwer, dir den Vorschlag zu machen, mich für eine Woche nach dem Kontinent zu begleiten.«

»Wohin?«

»O, irgend wohin, das ist mir ganz gleichgültig.«

Das alles kam mir höchst auffallend vor. Daß Holmes sich einen zwecklosen Urlaub gönnen sollte, sah ihm schon an sich durchaus nicht ähnlich, und in seinem blassen, müden Gesicht lag etwas, das mir zeigte, daß seine Nerven im höchsten Grade überreizt waren. Als er meinem fragenden Blick begegnete, legte er die Fingerspitzen aneinander, stützte die Ellbogen auf die Knie und schickte sich an, mir die Sachlage auseinanderzusetzen.

»Du hast vermutlich nie etwas von Professor Mariarty gehört?« begann er.

»Niemals.«

»Ja, ja, darin steckt eben das Geniale und das Wunderbare bei der Sache!« rief er aus. »Der Mann treibt sich in ganz London herum, und kein Mensch hat je von ihm gehört. Das weist ihm einen der hervorragendsten Plätze in den Annalen des Verbrechertums an. Ich sage dir, Watson, in allem Ernste, könnte ich über diesen Menschen triumphieren, könnte ich die Menschheit von ihm befreien, so hätte ich das Bewußtsein, das höchste Ziel in meiner Laufbahn erreicht zu haben, und wäre bereit, mich einer beschaulicheren Lebensaufgabe zuzuwenden. Unter uns gesagt, haben die Dienste, die ich in neuester Zeit dem schwedischen Königshause und der französischen Republik geleistet habe, mir so reichlichen Lohn eingebracht, daß ich sofort in der Lage wäre, mir eine ruhige Lebensweise, wie sie meinen Neigungen entspricht, zu erwählen und mich völlig meinen chemischen Untersuchungen zu widmen. Aber es ließe mir keine Ruhe, Watson, nicht einen Augenblick vermöchte ich still zu sitzen bei dem Gedanken, daß ein Mensch wie dieser Mariarty durch unsere Straßen wandelt, ohne daß jemand den Kampf mit ihm aufnimmt.«

»Was hat er denn begangen?«

»Er hat eine merkwürdige Laufbahn hinter sich. Er ist aus guter Familie, hat eine vortreffliche Bildung genossen und besitzt eine phänomenale Begabung für Mathematik. Mit einundzwanzig Jahren schrieb er eine Abhandlung über die Theorie der Binome, die in ganz Europa Aufsehen gemacht hat. Dadurch errang er sich einen mathematischen Lehrstuhl an einer unserer kleinen Hochschulen, so daß er allem Anschein nach am Anfang einer glänzenden Laufbahn stand. Allein der Mann war erblich belastet mit einem ihm tief im Blute liegenden wahrhaft teuflischen Hang zum Verbrechen, der durch seine außerordentlichen Geistesgaben nicht nur eingedämmt wurde, sondern im Gegenteil dadurch noch bedeutend an Stärke und selbstverständlich vor allem an Gefährlichkeit zunahm. Es bildete sich um seine Person am Ort seiner Tätigkeit ein Dunstkreis von allerlei dunklen Gerüchten, so daß er sich schließlich genötigt sah, sein Lehramt niederzulegen und sich in London als Einpauker für die Offizierprüfung niederzulassen. So viel ist überall von ihm bekannt, dagegen habe ich das, was ich dir jetzt sagen will, durch eigene Nachforschungen ermittelt.

Du weißt ja wohl, Watson, daß niemand die höhere Verbrecherwelt so gut kennt als ich. Nun fiel mir schon seit Jahren fortwährend auf, daß hinter dem Verbrecher irgend eine Macht stehen müsse, eine geheimnisvolle Macht, die dem Gesetze überall planmäßig und systematisch in den Weg trat, dagegen den Übeltätern ihren Schutz lieh. Immer und immer wieder bei Fällen der verschiedensten Art, bei Einbrüchen, bei sonstigen Diebstählen, bei Mordtaten stieß ich auf die Spuren dieser Macht, und bei einer ganzen Reihe von unaufgeklärt gebliebenen Verbrechensfällen, in denen ich keinen persönlichen Rat erteilt hatte, mußte ich zu der Überzeugung gelangen, daß dieser Umstand nur dem Walten jener Macht zuzuschreiben sei. Jahrelang habe ich daran gearbeitet, den Schleier zu lüften, in den dieselbe sich hüllte, und endlich war ich so weit, daß ich meinen Faden aufnehmen und verfolgen konnte, bis er mich auf tausendfachen künstlichen Irrwegen zu dem berühmten Mathematiker, dem vormaligen Professor Mariarty, hinleitete.

Er ist der Napoleon des Verbrechens, Watson. Die Hälfte aller Verbrechen in dieser Weltstadt überhaupt, und nahezu alle diejenigen, die unentdeckt bleiben, sind von ihm ins Werk gesetzt. Er ist ein Genie, ein Philosoph, ein Denker. Er besitzt ein Gehirn ersten Ranges. Regungslos sitzt er gleich einer Spinne im Mittelpunkt eines Netzes, allein dieses läuft in Tausende von Fäden aus, und er spürt das leiseste Zucken eines jeden derselben.

Er selbst tut nur wenig, er entwirft nur den Plan. Aber er besitzt zahlreiche trefflich organisierte Hilfskräfte. Handelt es sich darum, ein Verbrechen auszuführen, wir wollen zum Beispiel sagen, eine Urkunde zu entwenden, ein Haus auszurauben, einen Menschen zu beseitigen – man gibt dem Professor die Losung, und sofort wird die Sache ins Werk gesetzt und zur Ausführung gebracht. Der Helfershelfer fällt vielleicht der Polizei in die Hände. In diesem Falle fehlt es niemals an Geld zur Sicherheitsleistung für seine Person oder zu seiner Verteidigung vor Gericht. Aber die leitende Macht, in deren Diensten der Betreffende steht, wird niemals gefaßt – nicht eine Spur von Verdacht fällt auf sie. Dies war das Ergebnis meiner Feststellungen, und ich habe meine volle Kraft daran gesetzt, um dieses ganze Gewebe klar zu legen und zu vernichten.

Allein der Professor war rings von einem so schlau ausgedachten Schutzwall umgeben, daß alle meine Bemühungen, seine Überweisung vor Gericht zu ermöglichen, vergeblich schienen. Du weißt, was ich leisten kann, mein lieber Watson, trotzdem sah ich mich nach drei Monaten zu dem Bekenntnis genötigt, daß ich diesmal zum wenigsten einen mir geistig gleichstehenden Gegner gefunden habe.

Ich war nicht mehr imstande, mich über sein verbrecherisches Treiben zu entsetzen, so groß war meine Bewunderung für seine Schlauheit. Allein endlich ließ er sich doch ein Versehen beikommen – nur ein einziges ganz kleines Versehen – aber das genügte, nachdem ich ihm bereits so dicht auf den Fersen saß. Jetzt hatte ich gewonnenes Spiel. Auf jenem Punkte fußend habe ich ihm ein Netz über den Kopf geworfen, und es ist alles so weit, um dasselbe nun vollends zuzuziehen. Binnen drei Tagen, d. h. also nächsten Montag, ist die Sache reif zum Eingreifen, und der Professor samt den Hauptmitgliedern seiner Bande wird sich dann in den Händen der Polizei befinden. Das gibt den großartigsten Kriminalprozeß des Jahrhunderts, der über vierzig rätselhafte Fälle Licht verbreitet und die ganze Gesellschaft an den Galgen bringt – aber wohlverstanden nur, falls wir keine Stunde zu früh losschlagen, sonst entschlüpfen sie uns noch im letzten Augenblick unter den Händen.

Hätte sich nun dies alles ausführen lassen ohne Wissen des Professors, so wäre die Sache ganz glatt abgegangen. Allein dazu war dieser viel zu schlau. Keiner meiner Schritte zu seiner Umgarnung blieb ihm verborgen. Immer und immer wieder suchte er den Kopf aus der Schlinge zu ziehen, und jedesmal fing ich ihn wieder ein. Ich sage dir, mein Lieber, ließe sich eine genaue Schilderung dieses stummen, in Angriff und Abwehr gleich großartigen Ringens geben – es würde ein Kabinettsstück in den Annalen der Geheimpolizei bilden. Noch nie hatte ich mich zu solcher Höhe aufgeschwungen, und noch nie hatte ein Gegner mir so heiß gemacht. Er ging fest ins Zeug, und doch war ich ihm noch ein wenig über. Heute morgen wurden die letzten Maßregeln getroffen, und in drei Tagen sollte vollends alles bereit sein. Während ich nun in meinem Zimmer saß und über die Angelegenheit nachsann, ging plötzlich meine Tür auf, und der Professor stand vor mir. Meine Nerven können einen ziemlichen Puff vertragen, Watson, aber ich muß gestehen, es fuhr mir doch in die Glieder, als ich diesen Mann, mit dem sich meine Gedanken so viel beschäftigt hatten, leibhaftig auf meiner Schwelle stehen sah. Seine Erscheinung selbst hatte gar nichts Überraschendes für mich. Er ist außerordentlich groß und mager, seine Stirn springt in weitem Bogen vor, und seine Augen liegen tief in ihren Höhlen. Er ist glatt rasiert, blaß und von asketischem Aussehen, dabei kann er in seinen Zügen den Gelehrten nicht ganz verleugnen. Seine Schultern sind von vieler geistiger Arbeit gewölbt und sein Gesicht stark nach vorwärts geneigt, was ihm zusammen mit einem fortwährenden Hin- und Herwiegen des Kopfes etwas eigentümlich Schlangenartiges verleiht. Er heftete den Blick seiner von zahllosen Runzeln umzogenen Augen voll Neugier auf mich.

›Die Entwickelung Ihrer oberen Schädelhälfte entspricht nicht ganz meinen Erwartungen‹, begann er endlich. ›Eine gefährliche Gewohnheit, geladene Feuerwaffen in die Taschen seines Schlafrocks zu stecken.‹

Ich hatte nämlich bei seinem Eintritt augenblicklich die große Gefahr erkannt, in der ich schwebte. Es gab für ihn *nur eine* Möglichkeit der Rettung: – mich stumm zu machen. Mit Blitzesschnelle hatte ich den Revolver aus der Schublade in meine Tasche geschoben, wo ich ihn von außen festhielt. Auf seine Bemerkung zog ich denselben nun heraus und legte ihn mit gespanntem Hahn vor mich auf den Tisch. Er lächelte und blinzelte zwar noch immer, aber in seinen Augen lag ein Ausdruck, der mir die Gewißheit, eine geladene Waffe zur Hand zu haben, sehr beruhigend erscheinen ließ.

›Sie wissen offenbar nicht, wer ich bin‹, fuhr er fort.

›Im Gegenteil, ich meine, man könne deutlich sehen, daß Sie mir sehr wohl bekannt sind. Lassen Sie sich nieder. Fünf Minuten kann ich Ihnen schon widmen, falls Sie mir etwas mitzuteilen haben.‹

›Was ich Ihnen sagen könnte, ist Ihnen bereits alles durch den Sinn gegangen.‹

›Dann ist Ihnen auch bereits durch den Sinn gegangen, was ich darauf zu erwidern hätte‹, versetzte ich.

›Sie weichen also nicht?‹

›Niemals.‹

Jetzt griff er in die Tasche, worauf ich sofort die Waffe aufnahm. Er zog jedoch nur ein Notizbuch mit einigen Aufzeichnungen hervor.

›Am 4. Januar haben Sie zum erstenmal meinen Weg gekreuzt‹, fing er wieder an, ›am 23. wurden Sie mir unbequem; Mitte Februar bereiteten Sie mir ernstlich Schwierigkeiten, Ende März war ich in meinen Unternehmungen völlig lahm gelegt, – nun, Ende April, hat sich durch Ihre unablässige Verfolgung meine Lage derart gestaltet, daß ich mich der ernstlichen Gefahr gegenübersehe, meine Freiheit einzubüßen. Die Lage wird nachgerade unhaltbar.‹

›Haben Sie irgend einen Vorschlag zu machen?‹ fragte ich darauf.

›Sie müssen zurückweichen‹, erwiderte er, den Kopf hin und herwiegend. ›Es muß durchaus sein, hören Sie.‹

›Ja, aber nicht vor kommendem Montag‹, war meine Antwort.

›Pah, Pah!‹ versetzte er wieder. ›Ein Mann von Ihrem Verstande muß meiner Überzeugung nach einsehen, daß es aus dieser Angelegenheit nur *einen* Ausweg gibt, und daß Sie sich ganz unfehlbar zurückziehen müssen. Sie selbst haben durch Ihre Tätigkeit die Sache in dieser Weise auf die Spitze getrieben. Die Art und Weise, wie Sie die Sache anfaßten, hat mir übrigens wirklichen geistigen Genuß verschafft, und ich versichere Ihnen aufrichtig, daß es mir leid tun würde, falls ich mich zum Äußersten genötigt sähe. Sie lächeln, aber ich versichere Ihnen, es ist mein voller Ernst.‹

›Gefahr gehört zu meinem Handwerk‹, versetzte ich.

›Hier handelt es sich nicht bloß um Gefahr, sondern um unvermeidliche Vernichtung. Es ist nicht ein Einzelner, mit dem Sie es aufgenommen haben, sondern eine mächtige Organisation, die Sie mit all Ihrem Scharfsinn in ihrem vollen Umfang zu ergründen nicht imstande waren. Sie müssen Raum geben, oder Sie werden niedergetreten.‹

›Ich bedauere sehr‹, erwiderte ich, indem ich mich erhob, ›mich dieser angenehmen Unterhaltung nicht länger widmen zu können, da ich sonst anderweitige dringende Geschäfte versäumen müßte.‹

Er stand gleichfalls auf und sah mich mit traurigem Kopfschütteln stillschweigend an.

›Ei, ei‹, sagte er schließlich, ›es ist leider, scheint es, nichts zu machen; aber ich habe getan, was ich konnte. Ich kenne jeden Zug in Ihrem Spiel. Vor Montag können Sie nichts tun. Das Ganze ist ein Waffengang zwischen uns beiden. Sie hoffen, mich in den Korb legen zu können. Niemals wird das geschehen, sage ich Ihnen. Sie hoffen den Sieg über mich davonzutragen. Ich sage Ihnen, es wird Ihnen nicht gelingen. Reicht Ihr Scharfsinn hin, mir den Untergang zu bereiten, so seien Sie fest überzeugt, daß ich Ihnen Gleiches mit Gleichem vergelten werde.‹

›Sie haben mir heute mehrfach Artigkeiten gesagt‹, erwiderte ich. ›Ich will Ihnen gleichfalls ein Kompliment machen. Wäre ich sicher, die erste Alternative verwirklichen zu können, so würde ich die letztere mit Freuden auf mich nehmen.‹

›Ich kann Ihnen nur diese eine in sichere Aussicht stellen, die andere nicht‹, knurrte er – und damit wandte er mir seinen gekrümmten Rücken zu und verließ das Zimmer unter beständigem Blinzeln seiner stechenden Augen.

Dies war mein merkwürdiges Zusammentreffen mit meinem Gegner. Ich muß gestehen, dasselbe hinterließ mir ein Gefühl des Unbehagens. Die sanfte und knappe Art seiner Äußerungen sprach mehr für seine Aufrichtigkeit, als wenn der Mann kurzweg großsprecherisch aufgetreten wäre. Du wirst nun natürlich sagen: Warum rufst du denn nicht polizeilichen Schutz gegen ihn an? Nun, weil ich fest überzeugt bin, daß der Schlag nicht von ihm, sondern von seinen Helfershelfern ausgehen würde. Ich habe dafür bereits die allerbesten Beweise.«

»Man hat schon Angriffe auf dich gemacht?«

»Mein lieber Watson, Mariarty ist nicht der Mann, der Gras unter seinen Füßen wachsen läßt. Gegen Mittag ging ich in Geschäften nach der Oxfordstraße. An einer Straßenkreuzung kam plötzlich ein zweispänniger Korbwagen in rasender Eile um die eine Ecke und war mir mit Blitzesschnelle dicht auf dem Leib; durch einen Sprung auf den Fußsteig konnte ich mich gerade noch mit knapper Not retten, der Wagen aber war in einem Augenblick um die nächste Ecke gesaust und verschwunden. Ich hielt mich von da an auf dem Fußsteig, allein ein paar Straßenlängen weiter fiel dicht vor meinen Füßen ein Ziegel vom Dach eines Hauses herunter und zerschellte auf dem Pflaster. Ich rief die Polizei und ließ eine Besichtigung der Örtlichkeit vornehmen. Es sollten Ausbesserungen auf dem Dache stattfinden, und zu diesem Zwecke waren Schieferplatten und Ziegelsteine dort aufgeschichtet. Man wollte mir einreden, einen von diesen habe der Wind herunter geweht. Natürlich wußte ich es besser, aber beweisen konnte ich nichts. Daraufhin nahm ich einen Wagen und fuhr zu meinem Bruder in Pall Mall, wo ich den Tag vollends verbrachte. Auf meinem Wege von dort zu dir hat mich nun vorhin' ein Strolch mit einem Knüttel angefallen. Ich habe ihn zwar niedergeschlagen und der Polizei in sicheren Gewahrsam übergeben, aber ich kann dir mir größter Bestimmtheit voraussagen, daß man niemals auch nur die geringste Spur einer Verbindung zwischen dem sauberen Herrn, an dessen Vorderzähnen ich mir die Knöchel blutig geschlagen habe, und dem obskuren Mathematikus entdecken wird, der jedenfalls ein paar Stunden weit davon ruhig seine Aufgaben an der schwarzen Tafel ausrechnet. Du wirst jetzt begreifen, Watson, warum es mein Erstes nach meinem Eintreffen bei dir war, deine Läden zu schließen, und warum ich dich bitten mußte, dein Haus anstatt durch die vordere Tür auf einem minder auffälligen Wege verlassen zu dürfen.«

»Du bleibst die Nacht hier?«

»Nein, mein Lieber, diese Gastfreundschaft könnte dir gefährlich werden. Ich bin über mein Verhalten mit mir im reinen, und es wird alles gut ablaufen. Die Angelegenheit ist so weit gefördert, daß sie ohne meine Mitwirkung ihren Fortgang nehmen kann, soweit die Rechtswirkung des ergangenen Gerichtsbeschlusses reicht; erst zur Beweisaufnahme ist mein persönliches Erscheinen erforderlich. Ich kann also offenbar nichts Vernünftigeres tun, als für die paar Tage zu verreisen, bis die Polizei vollends freie Hand hat. Es wäre mir deshalb äußerst angenehm, wenn du mich nach dem Kontinent begleiten könntest.«

»Meine Praxis macht mir eben nicht viel zu tun«, versetzte ich, »und mein Nachbar ist gerne bereit, meine Stellvertretung zu übernehmen. Ich würde mit Vergnügen mitgehen.«

»Und gleich morgen früh abreisen?«

»Wenn es sein muß, auch das.«

»O ja, das ist durchaus notwendig. Und somit gebe ich dir deine Weisungen, die ich dich bitten muß, mein lieber Watson, ganz wortgetreu zu befolgen, denn du bist jetzt mein Partner in meinem Spiel gegen den abgefeimtesten Schurken und die mächtigste Verbrecherbande von ganz Europa. Also merke wohl auf! Dein sämtliches Reisegepäck schickst du noch heute abend ohne Adresse durch einen zuverlässigen Boten nach dem Viktoriabahnhof. Morgen früh verschaffst du dir eine Droschke, machst jedoch dem, der sie holt, strengstens zur Pflicht, weder die erste noch die zweite zu nehmen, die ihm begegnet. In dieser Droschke fährst du zu dem Strandende der Lowther-Arkaden. Das Ziel der Fahrt schreibst du auf ein Zettelchen und steckst dieses dem Kutscher mit dem gemessenen Befehl zu, solches unter keinen Umständen wegzuwerfen. Das Fahrgeld hältst du bereit, und sobald du an Ort und Stelle bist, begibst du dich schleunigst nach der anderen Seite der Arkaden, so daß du unfehlbar ein viertel nach neun dort bist. Dicht bei dem Zaun wirst du einen kleinen Brougham finden, dessen Kutscher einen schweren schwarzen Mantel mit rot ausgeschlagenem Kragen trägt. In diesen Wagen steigst du ein. Derselbe wird dich gerade noch recht zum Abgang des Kontinentexpreßzuges nach dem Viktoria-bahnhof bringen.«

»Wo werde ich dich treffen?«

»Auf dem Bahnhof. Der zweite Wagen erster Klasse von vorne wird für uns belegt sein.«

»Im Wagen selbst geben wir uns also das Stelldichein?«

»Jawohl.«

Vergeblich bat ich Holmes nochmals, den Abend bei mir zu verbringen. Offenbar war er überzeugt, daß seine Anwesenheit dem Dach, unter dem er weilte, Gefahr bringen könnte, und deshalb ließ er sich um keinen Preis halten. Mit einigen eiligen Bemerkungen betreffs unserer Reisepläne für den nächsten Tag erhob er sich und ließ sich von mir in den Garten geleiten. Dort kletterte er über die Mauer nach der Mortimerstraße hinaus und pfiff augenblicklich eine Droschke herbei, in der ich ihn dann wegfahren hörte.

Mein Verhalten am nächsten Morgen richtete ich wortgetreu nach Holmes' Weisungen ein. Bei der Beschaffung einer Droschke wurde jede mögliche Vorsicht beobachtet, und sofort nach dem Frühstück fuhr ich nach den Lowther-Arkaden, wo ich in möglichster Eile dem andern Ausgang zustrebte. Dort stand in der Tat der Brougham mit dem sehr wohlbeleibten Kutscher in dunklem Mantel, der, sobald ich eingestiegen war, mit mir dem Viktoriabahnhofe zusauste. Nachdem ich dort ausgestiegen, drehte er sogleich um und verschwand eiligst, ohne auch nur nach mir umzuschauen. So weit war alles vortrefflich gegangen. Mein Gepäck harrte meiner, und den von Holmes bezeichneten Wagen fand ich um so leichter, als sonst keiner den Vermerk ›Belegt‹ trug. Das einzige, was mir jetzt noch Sorgen machte, war, daß Holmes nicht erschien. Nach der Bahnuhr fehlten nur noch sieben Minuten bis zur Abfahrtszeit unseres Zuges. Umsonst suchte ich unter den Reisenden, die sich auf dem Bahnsteig und an den Schaltern drängten, nach der kleinen Gestalt meines Freundes. Nirgends war eine Spur von ihm zu sehen. Ein

paar Minuten verbrachte ich damit, einem ehrwürdigen italienischen Priester meinen Beistand zu leihen, der in seinem gebro-
chenen Englisch sich bemühte, einem Gepäckträger klar zu machen, daß sein Gepäck direkt nach Paris eingeschrieben werden
solle. Hierauf schaute ich mich noch einmal rings um und ging
dann wieder zu meinem Wagen zurück, wo ich fand, daß der
Schaffner im Widerspruch mit meiner Fahrkarte mir meinen ge-
brechlichen italienischen Freund zum Reisegefährten gegeben
hatte. Vergebens suchte ich ihm verständlich zu machen, daß er
nicht hier herein gehöre, denn mein Italienisch war noch näher
beisammen als sein Englisch; so fügte ich mich eben schließlich
achselzuckend in die Sachlage und schaute aufs neue voll Unruhe
nach meinem Freund aus. Es überlief mich kalt bei dem Gedanken, sein Ausbleiben könnte in einem während der Nacht gegen
ihn geführten Streich seinen Grund haben. Schon waren sämtliche Türen geschlossen und das Zeichen zur Abfahrt gegeben, als
ich plötzlich die Worte vernahm: »Mein lieber Watson, du hast ja
noch nicht einmal geruht, mir Guten Morgen zu wünschen.« Vor
Überraschung fuhr ich unwillkürlich herum. Der alte, gräßliche
Herr hatte mir sein Gesicht zugewendet. Auf einen Augenblick
glätteten sich die Runzeln, die Nase entfernte sich vom Kinn, die
Unterlippe schob sich nicht mehr vor, und der Mund stellte seine
murmelnde Bewegung ein; die trüben Augen gewannen ihr
Feuer wieder, und die gebückte Gestalt richtete sich auf. Im
nächsten Augenblick jedoch sank diese aufs neue in sich zusammen, und mein Freund war ebenso plötzlich wieder verschwunden, als er zuvor erschienen war.

»Guter Himmel«, rief ich, »hast du mich erschreckt!«

»Es bedarf noch immer der größten Vorsicht«, flüsterte er dagegen. »Ich habe Grund anzunehmen, daß sie uns scharf auf den
Fersen sind. Ha, da ist Mariarty selber!« Der Zug hatte sich bei
Holmes' letzten Worten bereits in Bewegung gesetzt. Ich blickte
zurück und sah noch, wie ein hochgewachsener Mann wütend
durch das Gedränge stürmte und mit der Hand winkte, als wollte
er den Zug anhalten lassen. Es war jedoch bereits zu spät, denn

wir kamen schon in vollen Lauf und hatten im nächsten Augenblick den Bahnhof hinter uns.

»Unsere Maßnahmen haben, wie du siehst, ihren Zweck doch ganz hübsch erreicht«, meinte Holmes nun lachend. Er stand auf, warf seine Verkleidung ab und steckte Talar und Hut in einen Reisesack. »Hast du schon ins Morgenblatt geblickt?« fuhr er dann fort.

»Nein.«

»Dann hast du also nichts von der Baker Street gelesen?«

»Baker Street?«

»Man hat heute nacht Feuer an meine Wohnung gelegt; es hat übrigens nicht viel Schaden angerichtet.«

»Um des Himmels willen, Holmes, das ist ja nicht mehr auszuhalten!«

»Nachdem ich den Kerl mit dem Knüttel habe festnehmen lassen, müssen sie meine Spur völlig verloren haben. Sonst hätten sie sich unmöglich einbilden können, daß ich wieder in meine Wohnung zurückgegangen sei. Dagegen haben sie offenbar nicht versäumt, dich zu überwachen, sonst wäre Mariarty nicht auf den Viktoriabahnhof gekommen. Könnte dir nicht auf deinem Wege dahin irgend ein Versehen begegnet sein?«

»Ich habe mich strengstens an deine Weisungen gehalten.«

»Hast du an den Arkaden den Wagen gefunden?«

»Jawohl, er stand schon da, wie ich kam.«

»Hast du den Kutscher erkannt?«

»Nein.«

»Es war mein Bruder Mycroft. Es ist viel wert, wenn man in einem solchen Falle nicht nötig hat, einen Mietling ins Vertrauen zu ziehen. Aber wir müssen nun ausmachen, was wir wegen Mariarty tun wollen.«

»Wir haben ja einen Expreßzug mit Anschluß an das Dampfboot, damit werden wir ihn doch wohl endgültig losgeworden sein!«

»Mein lieber Watson, du hast offenbar die Tragweite meiner Bemerkung nicht erfaßt, daß man diesen Mann in geistiger Beziehung füglich auf eine Linie mit mir stellen dürfe. Du bildest dir doch nicht ein, daß ich mich bei der Verfolgung meines Gegners durch ein so geringfügiges Hindernis lahm legen lassen würde. Warum solltest du nun so gering von *ihm* denken?«

»Was wird er aber tun?«

»Was ich auch tun würde.«

»Und was wäre das?«

»Einen Sonderzug nehmen.«

»Der käme aber doch zu spät.«

»Keineswegs. Unser Zug hält in Canterbury, und am Dampfboot gibt es einen Aufenthalt von mindestens einer halben Stunde. Dort holt er uns ein.«

»Man sollte gerade glauben, wir wären die Verbrecher! – Wollen wir ihn nicht bei unserer Ankunft verhaften lassen?«

»Damit wäre die Arbeit von drei Monaten zu nichte gemacht. Den großen Fisch hätten wir dann allerdings gefangen, aber die kleinen würden uns rechts und links aus dem Netze schlüpfen, während wir sie am Montag alle miteinander bekommen. Nein, von Verhaftung kann keine Rede sein.«

»Was aber dann tun?«

»Wir steigen in Canterbury aus.«

»Und dann?«

»Nun, dann müssen wir eben eine Querfahrt über Land nach Newhaven machen und von dort nach Dieppe übersetzen. Mariarty wird dann wiederum genau so handeln, wie ich an seiner Stelle gehandelt haben würde. Er wird nach Paris weiterfahren, dort unser Gepäck abfangen und zwei Tage an der Abgabestelle auf uns warten. Mittlerweile leisten wir uns jeder einen neuen Reisesack, lassen die Geschäfte in den Gegenden, durch die wir kommen, auch etwas verdienen und fahren in aller Gemütlichkeit über Luxemburg und Basel nach der Schweiz.«

Ich bin des Reisens zu sehr gewohnt, als daß ich mir aus dem Verlust meines Gepäckes sonderlich viel machen sollte, dagegen verdroß mich, offen gestanden der Gedanke nicht wenig, mich durch allerlei Kreuz- und Querfahrten vor einem Menschen verstecken zu müssen, der eine Unzahl der schwärzesten Schurkereien auf dem Kerbholz hatte.

Allein offenbar beurteilte Holmes die Lage richtiger als ich. Wir stiegen daher in Canterbury aus – lediglich um zu entdekken, daß der nächste Zug nach Newhaven erst in einer Stunde abgehe.

Noch schaute ich recht betrübt meinem rasch entschwindenden Gepäcke nach, als mich Holmes anstieß und auf die Bahnlinie deutete.

»Da ist er schon, siehst du«, sagte er.

Ganz in weiter Ferne am Waldrand stieg ein Rauchstreifen empor. Nach einer Minute konnte man eine Maschine und einen Wagen unterscheiden, die mit Windeseile auf der offenen Kurve gegen den Bahnhof herjagten. Wir hatten kaum Zeit, uns hinter einen Haufen von Gepäckstücken zu stellen, als der Zug mit Donnergetöse an uns vorübersauste und uns eine ganze Wolke heißer Luft ins Gesicht blies.

»Da fährt er nun davon«, sagte Holmes, während wir dem Wagen nachblickten, wie er auf den Schienen hin und her schwankte. »Auch unseres Feindes Scharfsinn hat seine Grenzen, wie du siehst. Das wäre erst ein wahres Meisterstück von ihm gewesen, wenn er meine Gedanken völlig erraten und genau darnach gehandelt hätte.«

»Und hätte er uns eingeholt, was würde er getan haben?«

»Einen Mordanfall auf mich würde er gemacht haben, daran ist nicht der mindeste Zweifel. Allein dazu gehören zwei, wie man zu sagen pflegt. Die Frage ist jetzt, sollen wir hier vor der Zeit etwas zu uns nehmen, oder zusehen, ob wir es noch aushalten, bis wir in Newhaven etwas zu essen bekommen?«

Wir fuhren abends noch bis Brüssel, wo wir zwei Tage verbrachten, und am dritten Tage bis Straßburg. Am Montag früh hatte Holmes an die Londoner Polizeibehörde telegraphiert, und abends fanden wie die Antwort im Hotel vor. Kaum hatte Holmes die Depesche aufgerissen, so schleuderte er sie mit einem bitteren Fluche in den Kamin.

»Ich hätte mir's denken können!« brummte er. »Er ist richtig durchgekommen!«

»Mariarty?«

»Die ganze Bande haben sie dingfest gemacht, nur ihn nicht. Er hat ihnen eine Nase gedreht. Natürlich, da ich fort war, wo wäre jemand gewesen, um es mit ihm aufzunehmen? Aber ich hatte doch wirklich gedacht, ich habe ihnen alle Trümpfe in die Hände gegeben. Ich glaube, du tust jetzt am besten, wieder heim zu reisen, Watson.«

»Warum denn?«

»Weil dir meine Gesellschaft von nun an gefährlich werden kann. Der Mann ist um seine Existenz gebracht. Er ist verloren, sobald er sich wieder in London blicken läßt. Beurteile ich ihn richtig, so wird er seine ganze Kraft daran setzen, um dafür Rache an mir zu nehmen. Dahin hat er sich bei unserem kurzen Gespräche geäußert, und ich bin überzeugt, es war ihm ernst damit. Ich würde dir wirklich raten, wieder an deinen Beruf zu gehen.«

Dieser Rat war selbstverständlich nicht eben dazu angetan, bei einem alten Freunde und treuen Begleiter, wie ich, geneigtes Gehör zu finden. Eine halbe Stunde lang erörterten wir die Frage während unsres Mittagsmahles in Straßburg, allein noch am selben Abend befanden wir uns bereits wieder auf der Weiterfahrt nach Genf.

Wir machten nun zunächst eine siebentägige herrliche Wanderung das Rhonetal aufwärts, bogen dann in Leuk ab und gingen nun über den noch tief verschneiten Gemmipaß nach Interlaken und weiter nach Meiringen. Es war allerliebst, unten das zarte Frühlingsgrün, oben das jungfräuliche Weiß des Winters, aber ich sah sehr wohl, daß Holmes trotzdem nicht einen Augenblick den Schatten vergaß, der über ihm schwebte. In den heimlichen Alpendörfern wie auf den lieblichen Gebirgspfaden verriet sein unruhiger Blick und die Genauigkeit, mit der er die Züge eines jeden uns Begegnenden prüfte, seine unerschütterliche Überzeugung, daß wir, wohin wir gingen, uns doch niemals der Gefahr zu entziehen vermochten, die sich an unsere Spuren heftete.

So erinnere ich mich, daß, während wir auf unserem Wege über den Gemmipaß am Ufer des düsteren Daubensees hinschritten, ein großes Felsstück, das sich von dem Abhang abgelöst hatte, mit lautem Krachen herab- und dröhnend hinter uns in den See stürzte. In einem Augenblick war Holmes den Abhang hinaufgestürmt, wo er, auf einer luftigen Felszacke stehend, den Hals nach allen Seiten reckte. Vergebens versicherte ihm unser Führer, daß Felsstürze zur Frühlingszeit in dieser Gegend etwas ganz Gewöhnliches seien. Er sagte nichts, aber er lächelte mir zu, als wollte er mir damit andeuten, etwas dergleichen habe er längst erwartet.

Und doch war er trotz all seiner Wachsamkeit niemals niedergeschlagen, im Gegenteil, ich kann mich nicht erinnern, ihn jemals in solch überschäumender Laune gesehen zu haben. Immer und immer kam er wieder darauf zurück, wie gerne er seine Laufbahn zum Abschluß bringen würde, dürfte er sicher sein, die Menschheit von Mariarty befreit zu haben.

»Ich glaube, ich darf wohl sagen, Watson, ich habe nicht ganz umsonst gelebt«, bemerkte er dabei. »Fände meine Tätigkeit noch heute abend ihren Abschluß, ich hätte nichts dagegen. Mein Aufenthalt in London würde dadurch an Annehmlichkeit für mich nur gewinnen. In den mehr als tausend Fällen, die mich beschäftigt haben, bin ich mir nicht bewußt, auch nur ein einziges Mal meine Fähigkeit in den Dienst des Unrechts gestellt zu haben. Seit einiger Zeit fühle ich mich mehr von den Problemen angezogen, die uns die Natur selbst aufgibt, als von den weit oberflächlicheren Aufgaben, die sich aus unseren unnatürlichen gesellschaftlichen Zuständen ergeben. An dem Tage, wo mir schließlich noch der Triumph zuteil wird, durch meine Tätigkeit die Gefangennahme oder die Vernichtung des gefährlichsten Verbrechergenies der ganzen gesitteten Welt erreicht zu haben, kannst du die Feder aus der Hand legen, Watson.«

Das Wenige, was mir noch zu sagen bleibt, will ich in Kürze und doch genau zu berichten suchen.

Am 3. Mai erreichten wir das Dorf Meiringen, wo wir im Englischen Hof abstiegen. Der Wirt, Peter Steiler der Ältere, war ein verständiger Mann, der auch vortrefflich englisch sprach. Auf seinen Rat brachen wir am 4. zusammen auf, um über die Höhen nach dem Weiler Rosenlaui zu gehen, wo wir übernachten wollten. Er hatte uns übrigens strengstens eingeschärft, hierbei den erforderlichen kleinen Umweg nicht zu scheuen, um die auf halber Höhe liegenden Reichenbachfälle zu besichtigen. Diese machen mit ihrer Umgebung einen wirklich grauenerregenden Eindruck. Der Bach, durch die schmelzenden Schneemassen geschwellt, stürzt in einen furchtbaren Abgrund, aus dem der Schaum emporwirbelt, wie der Rauch aus einem brennenden Hause.

Die ungeheure, von glänzenden, kohlschwarzen Felsen umsäumte Kluft, in welche die Wasser hinabstürzen, verengt sich schließlich zu einem brodelnden Kessel von unberechenbarer Tiefe, über dessen gezackten Rand der Strom dann weiter zu Tale schießt. Man wird schwindelig von dem unablässigen Donnergetöse der riesigen weißen Wassersäule und von der ewigen Wirbelbewegung des aufspritzenden, flackernden Gischtes, der sich gleich einem dichten Vorhang aus der Tiefe emporzieht. Ganz außen am Rande schauten wir den Wassern zu, wie sie sich in sprühendem Glanze tief unten an den schwarzen Felsen brachen, und lauschten den Tönen, die – einem menschlichen Jauchzen vergleichbar – mit dem aufspritzenden Gischt aus der Schlucht herauf schallten.

Auf der einen Seite ist um den Fall herum ein Pfad gehauen, um eine vollständige Ansicht des ersteren zu ermöglichen, allein derselbe hört plötzlich auf, so daß man auf demselben Wege wieder umkehren muß. In dem Augenblicke, wo wir uns an dieser Stelle wieder zurückwandten, erblickten wir einen jungen Burschen aus der Gegend, der mit einem Brief in der Hand dahergerannt kam. Dieser trug den Stempel des Gasthofes, den wir soeben verlassen hatten, und war vom Wirt an mich gerichtet. Es schien wenige Minuten nach unserem Weggang eine Engländerin im letzten Stadium der Schwindsucht dort eingetroffen zu sein.

Dieselbe hatte den Winter in Davos zugebracht und war nun, auf dem Wege nach Luzern, wo sie mit Bekannten zusammentreffen wollte, plötzlich von einem Blutsturz befallen worden. Sie habe zwar aller Wahrscheinlichkeit nach nur noch wenige Stunden zu leben, aber es würde ihr doch ein großer Trost sein, wenn sie einen englischen Arzt bei sich sehen könnte, ich möchte doch zurückkommen u. s. w. In einer Nachschrift versicherte mir der gute Mann noch besonders, wie er die Erfüllung seines Wunsches als eine sehr große persönliche Gefälligkeit ihm gegenüber ansehen würde, denn die Fremde wolle durchaus keinen Schweizer Arzt, und er sehe sich infolgedessen in eine recht verantwortungsvolle Lage versetzt.

Dieses Ansuchen ließ sich nicht abweisen; ich konnte doch einer Landsmännin, die in einem fremden Lande im Sterben lag, ihre Bitte nicht abschlagen, doch machte ich mir auch wieder darüber Gedanken, daß ich Holmes allein lassen sollte. Schließleich einigten wir uns doch dahin, daß er den Burschen als Führer bei sich behalten sollte, während ich nach Meiringen zurückkehrte. Holmes wollte, so sagte er, noch einige Zeit an dem Wasserfall verweilen und dann langsam über den Berg hinüber nach Rosenlaui wandern, wo ich ihn am Abend wieder treffen sollte. Im Weggehen sah ich noch, wie Holmes an die Felswand gelehnt mit gekreuzten Armen dastand und in den Wasserfall hinabschaute. Es war nach des Schicksals Willen das letztemal, daß ich ihn sah. Beinahe unten im Tal angekommen, wandte ich mich noch einmal zurück. Den Fall konnte ich von dieser Stelle aus nicht erblicken, wohl aber den Pfad, der sich über den Bergrücken zu demselben hinauf windet. Auf diesem Pfad sah ich, wie mir erst wieder einfällt, einen Mann rasch emporschreiten. Seine schwarze Gestalt hob sich deutlich von dem Grün hinter ihm ab. Seine Erscheinung ebenso wie sein eiliger Schritt war mir aufgefallen, allein bei der Hast, mit der ich meinem Ziele zustrebte, entschwanden mir diese Umstände aus der Erinnerung.

Ich mag etwas über eine Stunde bis Meiringen gebraucht haben. Der alte Steiler stand unter dem Torbogen seines Hauses.

»Es geht ihr hoffentlich nicht schlechter«, rief ich ihm, noch in eiligem Laufe, entgegen. Ein Ausdruck des Erstaunens überflog seine Züge, und schon beim ersten Zucken seiner Augenbrauen fiel es mir zentnerschwer aufs Herz.

»Ist das nicht von Ihrer Hand?« fragte ich ihn, indem ich den Brief aus der Tasche zog. »Liegt keine Engländerin krank hier im Hause?«

»Davon weiß ich nichts!« rief er aus. »Auf dem Brief ist freilich der Hotelstempel! Ha! Das muß der große Engländer geschrieben haben, der nach Ihrem Weggang eintraf. Er sagte –«

Doch ich wartete die weiteren Enthüllungen des Alten nicht ab. Bebend vor Angst rannte ich bereits wieder die Straße hinab und weiter auf dem Wege, den ich soeben erst zurückgelegt hatte. Herunter hatte ich eine Stunde gebraucht; so sehr ich mich anstrengte, es dauerte zwei gute Stunden, bis ich wieder an dem Wasserfall eintraf.

Da lehnte Holmes' Alpenstock noch an demselben Felsen, wo ich ihn verlassen hatte. Aber von ihm selbst nirgends eine Spur. Mein Rufen blieb vergeblich; nur von den Felswänden ringsum tönte mir in hundertfältigem Widerhall der Klang meiner eigenen Stimme zurück.

Beim Anblick des Alpenstockes überlief es mich eiskalt. Er war also nicht nach Rosenlaui gegangen. Er war auf dem drei Fuß breiten Pfade geblieben, links die himmelhohe Felswand, rechts den gähnenden Abgrund neben sich, bis sein Feind ihn eingeholt hatte. Der junge Schweizer war gleichfalls verschwunden. Dieser stand vermutlich in Mariartys Solde und hatte die beiden miteinander allein gelassen. Und was war dann geschehen? Wer sollte uns das sagen? Einige Augenblicke hielt ich an, denn ich war vor Schreck völlig betäubt. Dann kam mir allmählich die Erinnerung wieder an die Methode, nach der Holmes in solchen Fällen zu verfahren pflegte, und mit Hilfe derselben wollte ich nun den Versuch machen, mir über den erschütternden Vorfall Klarheit zu verschaffen. Es war – ach! – nur zu leicht. Holmes' Gebirgsstock lehnte noch an derselben Stelle, wo wir auf dem schmalen

Pfade im Gespräch Halt gemacht hatten. Der unaufhörlich heraufsprühende Wasserstaub erhält den schwärzlichen Grund des Pfades stets weich, so daß sich jede leiseste Spur darin abdrückt. Eine doppelte Reihe von Fußstapfen lief auf dem Pfade ganz deutlich wahrnehmbar in der Richtung gegen dessen hinteres Ende hin. Zurück führte keine Fußspur. Wenige Meter vor dem Ausgang des Pfades war dieser gänzlich aufgewühlt und in eine Schmutzlache verwandelt, und die Brombeersträucher und Farne am Saume des Abgrundes waren zertreten und beschmutzt. Auf dem Gesichte liegend, spähte ich hinab in den Wasserstaub, der mich von allen Seiten umsprühte. Es war seit meinem Aufbruch allmählich dunkel geworden, und so war ich jetzt nur noch imstande, den Schimmer der Feuchtigkeit auf den schwarzen Felswänden und weit unten am Ausgang der Schlucht das Aufspritzen der Sturzwellen zu unterscheiden. Abermals rief ich; aber nichts traf mein Ohr, als wiederum jener einem menschlichen Schrei ähnelnde Klang des Wasserfalles.

Allein es war mir doch vom Schicksal bestimmt, noch einen letzten Gruß von meinem Freund und Gefährten zu erhalten.

Wie schon erwähnt, lehnte Holmes' Alpenstock noch an einem der über den Pfad hereinragenden Felsen. Vom oberen Rande des letzteren schimmerte mir etwas Helles entgegen; ich griff danach und fand, daß es die silberne Zigarettendose war, die Holmes stets bei sich trug. Als ich dieselbe aufhob, flatterten einige Papierblättchen zu Boden. Es zeigte sich, daß es drei von Holmes beschriebene für mich bestimmte Blätter aus seinem Notizbuch waren. Ganz bezeichnenderweise waren die Züge so gerade, fest und deutlich, als hätte Holmes sie an seinem Schreibtisch niedergeschrieben.

*»Mein lieber Watson«, lauteten die Worte, »im Begriff, mit Professor Mariarty zu einer endgültigen Auseinandersetzung über die zwischen uns schwebenden Fragen zu kommen, benütze ich die mir von ihm freundlichst gewährte Erlaubnis, zuvor noch diese wenigen Zeilen an Dich zu richten.*

*Ich habe soeben von ihm kurzen Aufschluß darüber erhalten,*
*wie er es angriff, um sich einerseits dem Auge der Polizei zu ent-*
*ziehen, andererseits sich über jede Bewegung von uns auf dem*
*laufenden zu halten. Meine hohe Meinung von seinen Geistesfä-*
*higkeiten hat dadurch lediglich die weitgehendste Bestätigung*
*gefunden. Ich darf mich der frohen Hoffnung hingeben, daß es*
*mir gelingen werde, seinem ferneren Treiben ein Ziel zu setzen,*
*nur leider um einen Preis, der allen, die mir nahe stehen, und be-*
*sonders Dir, mein lieber Watson, schmerzlich sein wird. Wie ich*
*Dir übrigens bereits erklärt habe, mußte es mit meiner Tätigkeit*
*unter allen Umständen zu einer entscheidenden Wendung kom-*
*men, und der Abschluß, den dieselbe nunmehr findet, entspricht*
*völlig meinen Wünschen. Ich gestehe Dir ganz offen, daß ich den*
*Schwindel mit dem Briefe aus Meiringen sofort durchschaute und*
*mich mit der festen Überzeugung von Dir verabschiedete, daß*
*etwas der Art daraus erfolgen werde. Dem Inspektor Patterson*
*lasse ich mitteilen, daß die Akten, deren er zur Überführung der*
*Verbrecherbande bedarf, sich in dem Fach M in einem blauen*
*Umschlag mit der Aufschrift ›Mariarty‹ befinden. Über mein*
*Vermögen habe ich vor meiner Abreise von Hause umfassende*
*Verfügung getroffen und solche meinem Bruder eingehändigt.*
*Mit der Bitte, Deiner Gattin meine Grüße zu bestellen, verbleibe*
*ich, mein lieber Junge, in aufrichtigster Anhänglichkeit*

*Dein*

*Sherlock Holmes.«*

Ich habe dem Erzählten nur noch wenige Worte beizufügen.
Nach dem von sachgemäßer Seite eingenommenen Augenschein
ist fast als sicher anzunehmen, daß die beiden bei ihrem Wort-
streit schließlich handgemein wurden und – wie es unter den gegebenen Verhältnissen sich ja kaum anders denken läßt – in ge-
genseitiger Umschlingung zusammen in den Abgrund stürzten.
Jeder Versuch, die Leichname auffinden zu wollen, hätte
schlechterdings hoffnungslos bleiben müssen; und so ruhen
denn tief unten in dem schauerlichen Kessel inmitten der tosen-

den Sturzwellen und des kochenden Gischtes für immerdar Seite an Seite der gefährlichste Verbrecher und der kühnste Vorkämpfer des Rechtes. Der Bauernbursche war auf keine Weise zu ermitteln; ganz zweifellos gehörte derselbe zu den zahlreichen Helfershelfern, die Mariarty in seinem Solde hatte. Was die Verbrecherbande betrifft, so wird es wohl noch in jedermanns Erinnerung sein, wie durch das von Holmes aufgehäufte Beweismaterial deren Organisation völlig aufgedeckt worden ist, und wie schwer die Hand meines Freundes noch nach seinem Tode auf den Schuldigen lastete. Über den Ruchlosen, der an ihrer Spitze stand, brachte die Gerichtsverhandlung nur wenige Einzelheiten ans Licht, und wenn ich mich genötigt gesehen habe, sein Treiben so genau als möglich darzulegen, so haben den Anlaß dazu nur seine unverständigen Verteidiger gegeben, welche zur Rettung der Ehre jenes Elenden ihre Angriffe gegen den richten zu sollen glaubten, der in meiner Erinnerung stets als der edelste und begabteste aller Menschen fortleben wird, mit dem mich das Leben jemals in Berührung gebracht hat.

# Im leeren Hause

Im Frühling des Jahres 1894 war ganz London in Aufregung. Besonders die vornehme Welt war durch die Ermordung des Herrn Ronald Adair tief erschüttert. Dieser junge Baron hatte unter höchst eigentümlichen Umständen und auf ganz unerklärliche Weise das Leben verloren. Das Publikum hat von diesem Verbrechen seinerzeit nur wenig Näheres erfahren, weil die polizeilichen Nachforschungen keinen Erfolg gehabt hatten, und überdies das meiste im Interesse der weiteren Verfolgung des an und für sich schon außerordentlich schwierigen Falles geheim gehalten werden mußte. Erst jetzt nach Verlauf von zehn Jahren bin ich in der Lage, die fehlenden Glieder der Kette sowie den Schluß der Untersuchung bekannt zu geben. Aber trotz dieser langen Zeit empfinde ich noch ein Schaudern, wenn ich an das Verbrechen und seine tragische Aufdeckung denke, fühle aber auch von neuem jene Freude und jene Bewunderung, die mich damals erfüllte, als es endlich gesühnt war. Die Öffentlichkeit möge mir's zu gut halten, daß ich ihr nicht *gleich* alles, was ich wußte, mitgeteilt habe, nachdem sie bereits meinen früheren Erzählungen über das Tun und Denken eines merkwürdigen Mannes ein lebhaftes Interesse geschenkt hatte. Ich würde es sicherlich nicht verabsäumt haben, denn ich hielt es für meine vornehmste Pflicht; aber eine Bitte aus dem eigenen Munde eben dieses Mannes verhinderte mich daran, und erst vor ein paar Monaten bin ich von meinem Versprechen entbunden worden.

Wie man sich leicht denken kann, hatte ich infolge meiner intimen Freundschaft mit Sherlock Holmes an dem Verbrechen ein hervorragendes Interesse, und habe, weil er selbst nicht mehr da war, die verschiedenen Fragen, die daran geknüpft wurden, genau verfolgt und geprüft. Zu meiner Beruhigung habe ich sogar seine eigenen Methoden zur Aufklärung angewandt, freilich mit nur geringem Erfolge. Als ich las, daß in dem wegen der Ermordung des Ronald Adair eingeleiteten Verfahren auf Grund der Voruntersuchung die Anklage wegen vorsätzlichen Mordes gegen ›Unbekannt‹ erhoben worden war, kam es mir wieder deutlicher als je zuvor zum Bewußtsein, was die Gesellschaft an Sherlock Holmes verloren hatte. In dieser dunkeln Angelegenheit gab es Punkte klarzustellen, die gerade etwas für ihn gewesen wären, und die Anstrengungen der Polizei würden durch die Beobachtungen, die Gewandtheit und den Scharfsinn dieses ersten Detektivs Europas wesentlich ergänzt und in die richtigen Bahnen gelenkt worden sein. Jeden Tag, wenn ich meine Runde machte, überlegte ich mir den Fall von neuem, ohne jedoch zu einer ausreichenden und vollkommen befriedigenden Erklärung gelangen zu können.

Auf die Gefahr hin, einigen Lesern eine bekannte Geschichte zu erzählen, will ich hier doch die Tatsachen rekapitulieren, soweit sie am Schluß der Vorverhandlung bekannt waren:

Ronald Adair war der zweite Sohn des Grafen Maynooth, des damaligen Gouverneurs in einer australischen Kolonie. Adairs Mutter war von Australien nach England gekommen, um sich hier einer Augenoperation zu unterziehen; sie bewohnte mit ihrem Sohne Adair und ihrer Tochter Hilda das Haus Parkstraße 427 in London. Der junge Mann verkehrte in der besten Gesellschaft und hatte, soviel man wußte, keine Feinde und auch keine besonderen Laster. Er war mit einem Fräulein Edith Woodley aus Carstairs verlobt gewesen; dieses Verhältnis war einige Monate vor seinem Tode mit beiderseitiger Einwilligung gelöst worden, und nichts hatte darauf hingedeutet, daß dadurch ein tieferes Gefühl verletzt worden wäre. Im übrigen spielte sich das Leben des jungen Herrn in einem vornehmen kleinen Kreise ab, denn er war von ruhiger Natur und kein Freund von Extravaganzen. Trotzdem wurde dieser friedliche junge Edelmann in der Nacht des 30. März 1894 zwischen zehn und elf Uhr zwanzig Minuten auf eine höchst merkwürdige Weise und gänzlich unerwartet vom Tode ereilt.

Ronald Adair spielte gerne Karten, aber nie so hoch, daß ihn

Verluste geschmerzt hätten. Er war Mitglied des Baldwin-, des Cavendish- und des Bagatelle-Kartenklubs. Nach dem Abendessen hatte er an jenem Tage nachgewiesenermaßen in dem letztgenannten Klub eine Partie Whist gespielt. Er hatte auch bereits am Nachmittag dort gespielt. Nach Aussage seiner Mitspieler – des Herrn Murray, des Barons Hardy und des Obersten Moran – hatte es sich ebenfalls um Whist gehandelt, und waren die Karten ziemlich gleichmäßig gefallen. Adair konnte höchstens fünf Pfund verloren haben. Er besaß ein beträchtliches Vermögen, sodaß ihn ein derartiger Verlust nicht weiter rühren konnte. Er hatte fast jeden Tag in dem einen oder anderen Klub gespielt, aber er war ein vorsichtiger Spieler und gewann gewöhnlich. Es wurde durch Zeugen festgestellt, daß er einige Wochen vorher an einem einzigen Abend in Gemeinschaft mit dem Obersten Moran tatsächlich gegen 420 Pfund von Godfrey Milner und Lord Balmoral gewonnen hatte. Diese Angaben, die im Laufe der Untersuchung über sein Vorleben gemacht wurden, mögen genügen.

Am Abend des Verbrechens kehrte er Punkt zehn Uhr aus dem Klub zurück. Seine Mutter und Schwester waren zu Besuch bei einer Verwandten. Das Dienstmädchen hat unter Eid ausgesagt, daß sie ihn in das Vorderzimmer im zweiten Stock, wo er sich gewöhnlich aufhielt, hat eintreten hören. Sie hatte dort Feuer angemacht und, weil es rauchte, die Fenster geöffnet. Kein Laut war aus dem Zimmer an ihr Ohr gedrungen. Als um elf Uhr zwanzig Minuten die Gräfin mit ihrer Tochter zurückkehrte, wollte sie ihrem Sohn Gute Nacht sagen. Sie fand jedoch die Türe seines Zimmers von innen verschlossen, und bekam keine Antwort auf ihr Rufen und Klopfen. Sie holte Hilfe und ließ die Türe aufbrechen. Der unglückliche junge Mann lag in der Nähe des Tisches auf dem Boden. Sein Kopf war von einer Revolverkugel zerschmettert, aber in dem ganzen Raum war keine Waffe zu sehen. Auf dem Tische lagen zwei Zehnpfundscheine und siebzehn Pfund zehn Schilling in Gold und Silber; das Geld war in kleine Häufchen von verschiedenen Beträgen abgezählt. Daneben befand sich ein Blatt Papier, worauf einige seiner Klubfreunde gezeichnet waren. Unter jedem Bild stand der Name des Betreffenden; daraus wurde geschlossen, daß er vor seinem Ende die Verluste und Gewinne beim Kartenspiel hatte regeln wollen.

Die genauere Prüfung aller obwaltenden Umstände ließ die Sache nur immer rätselhafter erscheinen. In erster Linie war kein Grund einzusehen, warum der junge Mann von innen abgeriegelt haben sollte. Zwar war die Möglichkeit nicht ausgeschlossen, daß es der Mörder getan hatte, und dann durch das Fenster entflohen war. Doch war dieses mindestens zwanzig Fuß über dem Boden, und das Beet mit blühenden Blumen unter dem Fenster zeigte keinerlei Fußspuren; die Blüten wie der Erdboden selbst waren vollkommen unversehrt. Auch der schmale Rasenstreifen zwischen dem Haus und der Straße wies keine Fährte auf. Demnach mußte der junge Herr selbst die Tür abgeschlossen haben. Wie hatte er aber den Tod gefunden? Kein Mensch konnte durch das Fenster ein- oder ausgestiegen sein, ohne Spuren zu hinterlassen. Angenommen, es habe jemand durch das Fenster geschossen, so mußte es wahrhaftig mit merkwürdigen Dingen zugegangen sein, daß eine Revolverkugel so sicher getroffen hatte. Außerdem ist die Parkstraße sehr belebt, und kaum hundert Meter vom Haus befindet sich ein Droschkenhalteplatz, aber kein Mensch hatte einen Schuß gehört.

Und doch war die Leiche mit der Schußwunde ein untrügliches Zeichen, daß geschossen worden war, und zwar war die Verwundung derart, daß der Tod augenblicklich eingetreten sein mußte. – So lagen die Verhältnisse; sie wurden dadurch noch verwickelter, daß jeder ersichtliche Beweggrund zur Tat fehlte, denn, wie ich erwähnt habe, war der junge Adair ein Mann, der keinen Feind hatte, und außerdem war noch nicht einmal der Versuch gemacht worden, Geld oder Wertgegenstände im Zimmer zu entwenden.

Ich ließ mir den Tatbestand häufiger durch den Kopf gehen und bemühte mich immer wieder, eine Erklärung zu finden, unter welche man alle diese verschiedenen Tatsachen zusammenreimen, und von der aus man einen Ausgangspunkt finden könnte, was nach dem Ausspruch meines armen Freundes die Vorbedingung jeder weiteren Nachforschung bilden mußte. Ich machte jedoch, offen gestanden, nur sehr geringe Fortschritte in der Sache. Eines Abends wanderte ich durch die Parkstraße und befand mich gegen sechs Uhr an der Ecke der Oxfordstraße. Vor dem Hause, das ich mir ansehen wollte, war eine große Menschenmenge versammelt und richtete ihre Blicke auf ein bestimmtes Fenster desselben. Ein schlanker, hagerer Mann mit blauer Brille, in dem ich stark einen Geheimpolizisten vermutete, gab seine Ansicht über den Vorfall zum besten, während die übrigen um ihn herumstanden und seinen Ausführungen lauschten. Ich drängte mich möglichst nahe an den Sprecher heran, aber seine Ausführungen erschienen mir so unsinnig, daß ich bald verstimmt von dannen ging. Dabei stieß ich einen ältlichen Mann an, der hinter mir gestanden hatte, und eine Anzahl Bücher, die er unter dem Arm trug, fielen zu Boden. Ich half sie ihm schnell aufheben, erinnere mich aber trotzdem noch genau eines seltsamen Titels auf einem derselben: ›Der Ursprung der Baum-Verehrung‹. Ich schloß daraus, daß der Mann irgend ein armer Bücherfreund wäre, der entweder gewerbsmäßig oder aus Liebhaberei alte Druckwerke sammelte. Ich stammelte eine Entschuldigung; die Bücher, die ich unglücklicherweise so übel behandelt hatte, waren aber offenbar in den Augen ihres Eigentümers unschätzbare Wertobjekte, denn er knurrte nur ein paar unverständliche Worte und drehte mir verächtlich den Rücken zu; und ich sah seinen Buckel und den weißen Backenbart in der Menge verschwinden.

Meine Wahrnehmungen in der Parkstraße 427 waren wenig dazu angetan, in das dunkle Problem, das mich beschäftigte, Licht zu bringen. Das Haus war durch eine niedrige Mauer mit einem Zaun von der Straße getrennt; beide zusammen konnten etwa fünf Fuß hoch sein. Es fiel also nicht besonders schwer, darüber hinweg in den Garten zu steigen, aber das Fenster war vollkommen unerreichbar: es führte weder eine Dachrinne noch sonst etwas hinauf, woran auch der gewandteste Kletterer hätte emporklimmen können. Ratloser als je zuvor, lenkte ich meine Schritte nach Kensington zurück. Ich hatte kaum fünf Minuten in meinem Arbeitszimmer gesessen, als das Dienstmädchen hereintrat und meldete, daß mich jemand zu sprechen wünsche. Zu meinem Erstaunen war es kein anderer als mein merkwürdiger alter Büchersammler. Er hatte ein scharfgeschnittenes, hageres Gesicht, von weißem Haar umrahmt, unter dem rechten Arm trug er seine kostbaren Bände, mindestens ein Dutzend an der Zahl.

»Sie werden sich wundern, mich hier zu sehen, mein Herr«, sagte er mit eigentümlicher, krächzender Stimme.

Ich gab das ohne weiteres zu.

»Nun«, fuhr er fort, »als ich hinter Ihnen her humpelte und Sie in dieses Haus gehen sah, dachte ich als pflichtschuldiger Mann, du willst gleich mal diesen freundlichen Herrn aufsuchen und ihm sagen, daß, wenn du vorhin ein bißchen schroff gewesen bist, es nicht so gemeint war, und ihm für seine Liebenswürdigkeit, daß er die Bücher wieder aufgehoben hat, deinen Dank abstatten.«

»Sie machen zuviel Aufhebens von dieser Kleinigkeit«, antwortete ich ihm. »Darf ich vielleicht fragen, woher Sie mich kennen?«

»Ich bin so frei, Ihnen zu sagen, daß ich Ihr Nachbar bin, mein kleiner Bücherladen liegt an der Ecke der Domstraße, und es würde mir eine große Ehre sein, wenn Sie mich mal besuchten. Vielleicht sind Sie auch ein Liebhaber interessanter Bücher. Ich habe die ›Britischen Vögel‹, den ›Catullus‹ und den ›Heiligen Krieg‹, Werke, von denen jedes einzelne ein kostbarer Schatz ist. Mit fünf solchen Bänden würden Sie jenes leere Fach dort in Ihrem Bücherschrank gerade ausfüllen können. Es sieht so nicht hübsch aus, nicht wahr?«

Ich drehte mich nach dem Bücherspind um. Als ich mich wieder zurückwandte, stand am Schreibtisch mir gegenüber mit lächelnder Miene *Sherlock Holmes*. Ich sprang auf, sah ihm ein paar Sekunden verwundert ins Gesicht, und bin dann allem Anschein nach zum ersten- und letztenmal in meinem Leben in Ohnmacht gefallen. Ich weiß nur noch so viel, daß mein Auge umnebelt wurde, und ich beim Erwachen meinen Kragen aufgeknöpft fand, und den brennenden Nachgeschmack von Branntwein auf den Lippen spürte. Holmes war über meinen Stuhl gebeugt und hielt das Fläschchen noch in der Hand.

»Mein lieber Watson«, erklang die wohlbekannte Stimme, »ich bitte dich tausendmal um Entschuldigung. Ich hatte keine Ahnung, daß du so nervenschwach geworden seist.«

Ich ergriff seine Hand.

»Holmes!« rief ich. »Bist du's wirklich? Ist's möglich, daß du noch lebst? Ist's möglich, daß du aus jenem fürchterlichen Abgrund herausgeklettert bist?«

»Einen Augenblick«, sagte er. »Fühlst du dich auch tatsächlich kräftig genug, um meiner Erzählung folgen zu können? Ich habe dich durch mein überflüssiges dramatisches Auftreten ernstlich erschreckt.«

»Ich bin wieder ganz auf dem Damm, aber wahrhaftig, Holmes, ich kann kaum meinen Augen trauen. Weiß Gott, ich kann mir gar nicht vorstellen, daß du – du in aller Welt – in meinem Studierzimmer stehen sollst!« Ich erfaßte wiederum den Ärmel seines Rockes und fühlte den mageren sehnigen Arm hindurch. »Wirklich, du bist kein Geist«, sagte ich. »Lieber Junge, ich freue mich über alle Maßen, dich wiederzusehen. Setz' dich und erzähl mir, wie du aus dem schrecklichen Abgrund lebend herausgekommen bist.«

Er nahm mir gegenüber Platz und zündete sich mit der ihm eigenen Gemütsruhe eine Zigarre an. Den langen Gehrock des Buchhändlers hatte er anbehalten, dagegen die übrige Kostümierung, das weiße Haar, den Bart und auch die Bücher auf den Tisch gelegt. Er sah noch hagerer und scharfsinniger aus als ehedem, aber sein Adlergesicht war so leichenblaß, als ob er in der letzten Zeit eine Krankheit durchgemacht hätte.

»Ich bin froh, daß ich mich wieder ordentlich ausstrecken

kann«, begann er dann. »Für einen großen Mann ist es kein Vergnügen, wenn er stundenlang seine Körperlänge um einen Fuß verkürzen muß. Im übrigen, mein Lieber, mußt du mir zuerst sagen, ob du bei meiner Sache heute nacht mitwirken willst; es handelt sich um eine harte und gefährliche Arbeit. Es würde überhaupt am besten sein, wenn ich dir erst nach getaner Arbeit alles auseinandersetzte.«

»Ich bin äußerst gespannt und möchte es lieber jetzt gleich erfahren.«

»Du willst also heute nacht mitgekommen?«

»Wann und wohin du willst.«

»Du bist wahrhaftig noch der Alte. Ehe wir gehen müssen, können wir einen kleinen Imbiß nehmen. Also, was den Abgrund betrifft, war es nicht allzu schwer, herauszukommen, aus dem einfachen Grunde, weil ich gar nie drin war.«

»Du warst nie drin?«

»Nein, Watson, ich war niemals drin. Mein Schreiben an dich beruhte zwar vollständig auf Wahrheit. Ich zweifelte selbst nicht im geringsten daran, daß ich bald aufgehoben sein würde, als ich in einiger Entfernung die verdächtige Gestalt des ehemaligen Professors Mariarty auftauchen sah. Ich las in seinen grauen Augen einen unabänderlichen Entschluß. Ich wechselte ein paar Worte mit ihm und erhielt die gütige Erlaubnis, dir jene kurze Notiz zukommen zu lassen, die du später gefunden hast. Ich legte sie samt Zigarettentasche und Spazierstock auf den schmalen Pfad und wanderte weiter, während mir Mariarty immer auf den Fersen folgte. Als ich am Ende des engen und steilen Weges angelangt war, blieb ich stehen und leistete ihm Widerstand. Da er keine Waffe bei sich hatte, stürzte er einfach auf mich los und umschlang mich mit seinen langen Armen. Er war sich bewußt, was für ihn auf dem Spiel stand, und versuchte mit aller Gewalt, an mir Rache zu nehmen. Wir gerieten zusammen an den Rand des Wasserfalls. Ich besitze jedoch einige Kenntnis von dem Baritsu, dem japanischen Ringen, welche mir schon häufiger zu statten gekommen ist. Ich riß mich los und versetzte ihm einen

Stoß, sodaß er einen Augenblick taumelte und mit beiden Händen in der Luft herumfuchtelte; er verlor aber trotz aller Anstrengungen das Gleichgewicht und stürzte unter einem entsetzlichen Aufschrei hintenüber. Ich sah, wie er in die Tiefe fiel, an einen Felsenvorsprung aufschlug und unten ins Wasser plumpste.«

Staunend hörte ich Holmes' Schilderung, er selbst rauchte gemächlich seine Zigarre dabei.

»Aber zum Teufel!« warf ich ein, »ich habe doch mit eigenen Augen gesehen, daß zwei Fußspuren hinführten, aber keine zurück.«

»Das ging so zu: Im selben Moment, als der Professor verschwand, kam mir meine eigene Lage klar zum Bewußtsein. Sie war nicht ungünstig. Einerseits wußte ich allerdings, daß nicht Mariarty allein mir den Tod geschworen hatte; es blieben wenigstens noch drei andere, deren Rachebedürfnis nach dem Tode ihres Anführers sicher nicht abnehmen würde; lauter gefährliche Kunden, von denen mich der eine oder der andere gewiß einmal erwischen würde. Andererseits unterlag es für mich keinem Zweifel, daß sie freier und offener auftreten würden, wenn mich alle Welt für tot hielt. Sobald sich dann eine günstige Gelegenheit bieten würde, sie unschädlich zu machen, wollte ich wieder auftauchen und der Menschheit zeigen, daß ich doch noch am Leben wäre. Dies alles hatte ich, glaube ich, eher überdacht, als der Professor auf dem Grunde des Reichenbachfalles angekommen war; so schnell arbeitete damals mein Gehirn.

Ich stand auf und prüfte die Felswand hinter mir. In deinem malerischen Bericht, den ich einige Monate danach mit großem Interesse gelesen habe, gibst du an, daß sie ganz glatt sei. Das stimmt nicht genau. Sie hat ein paar vorspringende Stellen, wo die Gesteinsschichten sich von einander absetzen, und worauf man mit dem Fuß haften kann. Sie ist aber so hoch, daß mir ein Emporklettern bis zur Spitze der Klippe unmöglich schien. Aber ich durfte auch nicht auf dem feuchten Pfad hinansteigen, denn ich würde Fußspuren darauf zurückgelassen haben. Ich hätte zwar die Schuhe verstellen können, wie ich das in ähnlichen Fällen öfter getan habe, aber das Vorhandensein dreier verschiedener Fußstapfen würde die Annahme einer absichtlichen Irreführung zu nahe gelegt haben. So mußte ich mich denn doch für das Kletterkunststück entschließen. Es war keine beneidenswerte Tätigkeit, mein lieber Watson. Ich leide wahrhaftig nicht an Einbildung, aber ich gebe dir mein Wort, ich glaubte, aus dem Abgrund die Stimme des Professors zu vernehmen. Unter mir toste der Wasserfall. Jeder Fehltritt konnte verhängnisvoll werden. Mehr als einmal, wenn die Grasbüschel in meiner Hand abrissen, oder wenn meine Füße auf den schlüpfrigen Felsrändern ausglitten, hielt ich mich für verloren. Ich arbeitete mich jedoch allmählich in die Höhe, und gelangte endlich auf einen mehrere Fuß breiten, mit Moos bewachsenen Vorsprung, wo ich mich bequem verbergen konnte. Dort lag ich ganz behaglich ausgestreckt, lieber Watson, als ihr herbeikamet, um die näheren Umstände meines Todes festzustellen.

Nachdem ihr endlich die unvermeidlichen, aber sehr irrigen Schlüsse gezogen hattet, begabt ihr euch ins Hotel zurück, während ich in meinem Versteck blieb. Ich hatte mir eingebildet, am Ende meiner Fährnisse angekommen zu sein, aber ein gänzlich unerwartetes Ereignis machte mir klar, daß mir noch mancherlei Überraschungen bevorstanden. Ein riesiger Felsblock kam plötzlich von oben herunter, sauste an mir vorüber und fiel donnernd hinab in die Tiefe. Im ersten Augenblick wähnte ich, es wäre ein Zufall, aber im nächsten erkannte ich bereits den wahren Sachverhalt. Als ich aufblickte, gewahrte ich nämlich das Gesicht eines Mannes, und ein zweiter Stein traf gerade meine Lagerstätte, kaum einen Fuß von meinem Kopf entfernt. Ich wußte nun, woran ich war. Mariarty hatte Helfershelfer gehabt, von denen einer – ich hatte auf einen Blick erkannt, was für ein gefährlicher Bursche er war – Wache gestanden hatte, während der Professor den Angriff ausgeführt hatte. Aus einer gewissen Entfernung, ohne daß ich ihn hatte sehen können, war er Zeuge vom Tode seines Freundes und von meiner Rettung gewesen. Er hatte gewartet, bis ihr weg waret, Watson, und war dann auf die Felswand geklettert, um womöglich das zu vollbringen, was seinem Gefährten nicht gelungen war.

Es blieb mir nicht viel Zeit zum Besinnen, mein Lieber. Ich sah das grimmige Gesicht wieder über die Klippe lugen und merkte daraus, daß bald noch mehr Steinblöcke folgen würden. Ich kroch rückwärts die steile Wand hinunter. Ich glaube kaum, daß ich mit kühler Überlegung die Rückreise angetreten habe, denn sie war tausendmal schwieriger, als das Hinaufklettern. Doch hatte ich keine Muße, lange über die Gefahr nachzudenken, ein neuer Stein rollte an mir vorbei, als ich an der Kante des Vorsprungs hing. In der Mitte des Weges rutschte ich aus und kam durch ein gnädiges Geschick, wenn auch zerschunden und blutend, glücklich unten auf dem Pfade an. Ich machte mich gleich auf die Beine, marschierte in der Nacht noch zehn Meilen weit durch das Gebirge und befand mich eine Woche später, in dem sicheren Bewußtsein, daß kein Mensch in der Welt wisse, was aus mir geworden sei, in Florenz.

Ich hatte nur einen einzigen Vertrauten – meinen Bruder Mycroft. Ich bitte dich vielmals um Verzeihung, lieber Watson, aber es war unbedingt notwendig, daß ich für tot gehalten wurde, und du würdest keine so überzeugende Schilderung meines unglücklichen Endes geschrieben haben, wenn du nicht selbst daran geglaubt hättest. Verschiedene Male in den letzten drei Jahren war ich im Begriff, dir Nachricht zukommen zu lassen, aber immer wieder hielt mich die Furcht davon ab, deine Zuneigung zu mir könnte dich zu einer Unvorsichtigkeit verleiten und mein Geheimnis an den Tag bringen. Aus diesem Grunde drehte ich mich auch heute abend um, als du die Bücher aufhobst, denn jedes Zeichen der Überraschung und Erregung deinerseits hätte die Aufmerksamkeit auf meine Person gelenkt, und sehr unerwünschte und nie wieder gut zu machende Folgen haben können. Mycroft mußte ich mich anvertrauen, um die nötigen Geldmittel zu erhalten. Die Ereignisse in London nahmen nicht den gewünschten Verlauf, denn von der Mariartyschen Bande befanden sich noch zwei Mitglieder, und gerade meine erbittertsten Feinde, auf freiem Fuße. Ich bereiste daher zwei Jahre lang Tibet, besuchte Lhassa und hielt mich mehrere Tage beim Lama auf. Du hast gewiß die Aufsehen erregenden Forschungen eines Norwegers, namens Sigerson, gelesen, aber wohl nie geahnt, daß du damit Nachrichten von deinem Freund erhieltest. Danach wanderte ich durch Persien, machte einen Abstecher nach Mekka und stattete in Chartum dem Kalifen einen kurzen, aber interessanten Besuch ab, dessen Ergebnisse ich im ›Foreign Office‹ veröffentlicht habe. Nach meiner Rückkehr nach Frankreich verbrachte ich einige Monate im Süden dieses Landes, in Montpellier, wo ich in einem chemischen Laboratorium dem Studium der Steinkohlenteerverbindungen oblag. Nachdem ich meine Untersuchungen zu einem befriedigenden Abschluß gebracht und erfahren hatte, daß nur noch einer meiner Feinde in London sei, wollte ich zurückkommen. Das mysteriöse Verbrechen in der Parkstraße hat meine Rückkehr noch beschleunigt. Es interessierte mich nicht nur an sich, sondern schien mir auch eine günstige Gelegenheit zur Ausführung meines Vorhabens zu sein. Ich fuhr also schleunigst nach London, begab mich nach der Baker Street, versetzte Frau Hudson in heftige Krämpfe und fand, daß Mycroft meine Zimmer und meine Sachen genau in derselben Ordnung gelassen hatte, wie ich sie verlassen. So saß ich denn, mein lieber Watson, heute nachmittag um zwei Uhr in meinem alten Lehnstuhl, in meinem alten Zimmer, und hatte weiter keinen Wunsch, als meinen alten Freund Watson in dem anderen Stuhl zu sehen, den er so oft geziert hatte.«

Das war die merkwürdige Erzählung, die ich an jenem April-Abend zu hören bekam – eine Erzählung, die ich nie geglaubt haben würde, wenn ich nicht die lange, hagere Gestalt und das scharfe, lebhafte Gesicht vor mir gesehen hätte, das ich nie wiederzuschauen gemeint hatte. Auf irgend eine Weise mußte mein Freund auch von meinem eigenen Mißgeschick gehört haben. Sein Mitleid zeigte sich mehr in seinem Benehmen als in Worten. »Arbeit ist das beste Mittel gegen Kummer und Verdruß«, sagte er nur, »und ich habe für heute nacht ein Stück Arbeit, das allein, wenn wir's glücklich vollenden, für einen Mann das Leben wertvoll macht.« Meine Bitte um näheren Aufschluß darüber war vergeblich. »Bis morgen wirst du genug erfahren«, antwortete er. »Jetzt haben wir uns noch über die letzten drei Jahre zu unterhalten. Dieser Gesprächsstoff wird bis halb zehn genügen und dann wird's Zeit, daß wir zu unserem vielverheißenden Abenteuer nach dem leeren Hause aufbrechen.«

Es war tatsächlich wieder wie in den alten Zeiten, als ich um die angegebene Zeit neben ihm in der Droschke saß, den Revolver in der Tasche und gespannt auf die kommenden Dinge. Holmes war ernst und schweigsam. Im Schein der Straßenlaternen sah ich, wie er nachdenklich die Stirn in Falten gelegt und die Lippen fest aufeinander gepreßt hatte. Ich wußte nicht, was für Wild wir in den dunkeln Revieren des Londoner Verbrecherviertels jagen wollten, aber an dem Gesicht dieses ausgezeichneten Jägers erkannte ich wohl, daß es sich um eine sehr gefährliche Art handeln müsse, und das gelegentliche Lächeln auf seinem sonst unbeweglichen, finsteren Antlitz war wenig glückverheißend für unsere Feinde.

Ich glaubte, wir würden nach der Baker Street fahren, aber an der Ecke des Cavendish-Platzes ließ Holmes halten. Ich bemerkte, wie er sich beim Aussteigen nach allen Seiten umschaute und auch ferner an jeder Straßenecke vergewisserte, daß ihm niemand folgte. Wir schritten durch die dunkelsten Straßen und Gassen. Holmes hatte eine erstaunliche Ortskenntnis, und er führte mich mit größter Sicherheit und in eiligem Tempo durch ein wahres Labyrinth von Remisen, Ställen und Lagerräumen, von deren Existenz ich noch nicht einmal eine Ahnung hatte. Endlich gelangten wir durch eine enge Gasse, die von alten düsteren Gebäuden eingeschlossen war, in die Manchester- und in die Blandfordstraße. Hier bog er rasch in einen schmalen Gang ein, ging durch ein großes hölzernes Tor über einen öden Hof und schloß dann mit einem Schlüssel die hintere Türe eines Hauses auf. Wir traten zusammen ein, und hinter uns schloß er wieder zu.

Obwohl es stockdunkel war, merkte ich doch gleich, daß das Haus leer war. Der Fußboden knarrte, und an der Wand fühlte ich mit meiner tastenden Hand herabhängende Tapetenfetzen. Holmes faßte mich mit seinen kalten dünnen Fingern bei der Hand und führte mich in dem langen Gang weiter, bis ich den trüben Lichtschimmer von einem Fenster über einer Tür gewahrte. In dieser Ecke wandte er sich nach rechts, und wir kamen in einen großen leeren Raum. Es war ganz dunkel darin, nur in der Mitte war ein matter Lichtschein, der von der Straße her kam. Die Laterne war aber so weit entfernt und das Fenster so verstaubt und schmutzig, daß wir mit knapper Not gerade erkennen konnten, wo wir standen. Mein Gefährte klopfte mich leise auf die Schulter und flüsterte mir ins Ohr:

»Weißt du, wo wir sind, Watson?«

»Das ist sicher die Baker Street«, antwortete ich, während ich durch das matte Fenster blickte.

»Allerdings. Wir sind im Camden House, unserer alten Wohnung gegenüber.«

»Aber was wollen wir hier?«

»Wir haben von hier eine ausgezeichnete Aussicht auf jenen malerischen Pfeiler dort drüben. Komm’, bitte, etwas näher ans Fenster, lieber Watson, nimm dich aber in acht, daß du nicht gesehen wirst, und guck’ mal nach unserem alten Heim hinüber – dem Ausgangspunkt von so manchem unserer kleinen Erlebnisse. Ich will sehen, ob ich dich nach dreijähriger Abwesenheit noch überraschen kann.«

Ich schlich mich vor und sah nach dem wohlbekannten Fenster. Ein Ausruf der Verwunderung und des Erstaunens entfuhr meinen Lippen. Die Rolljalousien waren heruntergelassen, das Zimmer war hell erleuchtet und auf dem Fenstervorhang war der Schatten eines Mannes auf einem Stuhl in scharfen Umrissen deutlich wahrnehmbar. Man konnte den eckigen Kopf, die breiten Schultern und das scharfgeschnittene Gesicht genau erkennen. Das Bild sah wie eine große schwarze Silhouette aus der Zeit unserer Großeltern aus. Es war ein getreues Konterfei von Holmes. Ich war dermaßen erstaunt, daß ich meine Hand ausstreckte, um mich zu überzeugen, ob er selbst wirklich noch neben mir stände. Er barst bald vor verhaltenem Lachen.

»Gut so?« fragte er.

»Bei Gott!« rief ich aus, »wunderbar!«

»Ich hoffe, daß ich in der Zwischenzeit meine Erfindungskraft nicht eingebüßt habe«, sagte er in jenem Tone der Freude und des Stolzes, den der Künstler beim Anblick seiner eigenen Schöpfung empfindet. »Es sieht mir tatsächlich ähnlich, nicht wahr?«

»Ich hätte geschworen, du wärst's.«

»Das Verdienst der Ausführung gebührt dem Herrn Oskar Meunier in Grenoble, der ein paar Tage auf die Anfertigung des Modells verwandt hat. Es ist eine Wachsbüste. Die Aufstellung und alles übrige habe ich heute nachmittag während meines Aufenthaltes in der Baker Street selbst besorgt.«

»Aber wozu das alles?«

»Aus sehr gewichtigen Gründen, lieber Watson, weil ich gewisse Leute glauben machen will, ich sei zu Hause, während ich in Wirklichkeit anderswo bin.«

»Du denkst also, die Zimmer werden beobachtet?«

»Ich *weiß*, daß sie beobachtet werden.«

»Von wem?«

»Von meinen alten Feinden, Watson, von der reizenden Gesellschaft, deren Vorstand im Reichenbachfall ruht. Du mußt bedenken, daß ihnen, und nur ihnen allein, bekannt ist, daß ich noch lebe. Sie haben vermutet, daß ich früher oder später doch wieder in meine Wohnung zurückkehren würde, sie daher fortwährend beobachten lassen und meine Ankunft heute früh erfahren.«

»Woher weißt du das?«

»Weil ich ihre Wache wiedererkannte, als ich zum Fenster hinaussah. Es ist ein ungefährlicher Mensch, namens Parker, ein armer Drehorgelspieler. Ich schere mich den Teufel um ihn, kümmere mich aber um so mehr um seinen gefährlichen Auftraggeber, den Busenfreund Mariartys, den Mann, der die Steine geschleudert hat, den schlauesten und verwegensten Verbrecher Londons. Dieser Bursche ist heute nacht hinter mir her, Watson, und hat keine Ahnung, daß *wir* hinter *ihm* her sind.«

Auf diese Weise erfuhr ich allmählich, was mein Freund vorhatte. Von diesem stillen Platze aus sollte den Aufpassern aufgepaßt und sollten die Verfolger verfolgt werden. Jener Schatten drüben war der Köder, und wir waren die Jäger. Lautlos standen wir in der Dunkelheit und beobachteten die Vorübergehenden. Holmes rührte und regte sich nicht, aber er war zweifellos auf seiner Hut und richtete ein wachsames Auge auf alle Passanten. Es war kaltes, stürmisches Wetter, der Wind pfiff durch die lange Straße. Die meisten Leute trugen Überzieher und hatten den Kragen in die Höhe geschlagen. Ein paarmal hatte ich den Eindruck, als ob dieselbe Person wiederholt vorbeikäme, und besonders fielen mir zwei Männer auf, die vor dem Sturm im Torweg eines ein paar Häuser weiter oben liegenden Gebäudes Zuflucht zu suchen schienen. Ich machte meinen Freund darauf aufmerksam. Er zeigte jedoch nur einen gewissen Unwillen und blickte unausgesetzt auf die Straße hinaus. Er stampfte zuweilen mit den Füßen auf den Boden und trommelte mit den Händen an die Wand, ein Zeichen, daß er ungehalten war, weil seine Voraussetzungen nicht so ganz in der gehofften Weise eintrafen. Als die Straße allmählich leer geworden war, ging er unruhig auf und ab. Ich wollte gerade eine Bemerkung machen, als mein Blick zufällig auf das bekannte Fenster hinüberfiel und ich eine fast ebenso große Überraschung sah wie vorher.

»Der Schatten hat sich bewegt!« rief ich ihm zu. In der Tat war uns nicht mehr das Profil, sondern der Rücken zugekehrt.

»Natürlich hat er sich bewegt«, antwortete Holmes. »Hältst du mich für einen solchen Stümper, Watson, daß ich eine offenkundige Vogelscheuche aufstelle und damit die geriebensten Verbrecher Europas täuschen will? Wir sind seit zwei Stunden hier und Frau Hudson hat die Figur alle Viertelstunde etwas gedreht, also in der ganzen Zeit vielleicht achtmal. Sie macht es selbstverständlich so, daß ihr eigener Schatten nicht gesehen werden kann.«

»Ha!« stieß ich aus und hielt dann den Atem an. In dem trüben Licht sah ich, wie er den Kopf in die Höhe richtete und sich in der stärksten Spannung befand. Die Straße war jedoch vollkommen menschenleer. Jene beiden Männer mochten sich noch in dem Torweg verborgen halten, ich konnte sie jedenfalls nicht mehr sehen. Alles war ruhig und dunkel. Nur der Fenstervorhang mit dem schwarzen Schatten in der Mitte war noch erleuchtet. In dem tiefen Schweigen vernahm ich wieder Laute von Holmes, aus denen ich seine furchtbare, unterdrückte Erregung hörte. Im nächsten Augenblick zog er mich in die finsterste Ecke des Zimmers und hielt mir warnend die Hand auf den Mund. Ich fühlte, wie seine Finger zitterten. Ich hatte meinen Freund niemals in einer solchen Aufregung gesehen, und doch konnte ich auf der Straße durchaus nichts Verdächtiges entdecken.

Aber auf einmal merkte ich, was er mit seinen schärferen Sinnen wohl schon früher gehört hatte. Ein schwaches, unheimliches Geräusch drang an mein Ohr, freilich nicht von der Baker Street, sondern von der Hofseite des Hauses her, in dem wir uns verborgen hielten. Eine Türe wurde auf- und wieder zugemacht. Kurz darauf wurden leise Schritte hörbar – Schritte, die man nicht hören sollte, die aber in den leeren Räumen doch stark widerhallten. Holmes drückte sich an die dunkle Wand, und ich tat dasselbe, indem ich meinen Revolver in die Hand nahm. In der Türe gewahrte ich die undeutlichen Umrisse eines Mannes. Er stand einen Moment still, dann kroch er vorwärts. Die schwarze Gestalt war kaum drei Meter von uns entfernt; ich war schußbereit. Da wurde mir plötzlich klar, daß sie keine Ahnung von unserer Anwesenheit hatte. Sie schlich dicht an uns vorbei; hinüber nach dem Fenster. Sie öffnete es leise, etwa einen halben Fuß weit. Das Licht von der Straße wurde nun nicht mehr durch die schmutzigen Scheiben abgeschwächt, es fiel jetzt direkt auf das Gesicht des Mannes. Er schien sich in der furchtbarsten Aufregung zu befinden. Seine Augen funkelten, seine Gesichtszüge zeigten krampfhafte Zuckungen. Es war nicht mehr jung, hatte eine schmale vorspringende Nase, eine glatte, hohe Stirne und einen starken graumelierten

Schnurrbart. Sein Gesicht war hager, von wilden Furchen durchzogen und von bräunlicher Farbe. In der Hand hatte er ein stockähnliches Instrument. Als er es auf den Boden legte, gab es aber einen metallischen Klang. Dann zog er etwas aus der Überziehertasche. Er hantierte längere Zeit daran herum, endlich gab es einen lauten Knacks, als wenn eine Feder oder ein Schloß einspringt. Er kniete noch immer auf dem Fußboden und mühte sich mit aller Kraft an irgend einem Hebel oder dergleichen ab, bis man wieder ein ähnliches, aber stärkeres Einschnappen hörte, wie vorher. Nun richtete er sich auf, und ich sah, daß das Werkzeug in seiner Hand eine besondere Art Schießgewehr vorstellte. Er öffnete es hinten, steckte etwas hinein und ließ den Bolzen wieder einschlagen. Dann kauerte er sich nieder, legte den Lauf auf die Fensterbrüstung und nahm, indem sein mächtiger Schnurrbart auf den Schaft herunterhing, mit blitzenden Augen das Visier. Er atmete tief auf, als er angelegt hatte. Einen Augenblick war er mäuschenstill und zuckte mit keiner Wimper. Endlich drückte er ab. Ein eigentümliches ›Ptsch‹ und der charakteristische Ton beim Aufschlagen eines Geschosses! Im selben Moment sprang ihm Holmes in den Nacken und warf ihn flach auf den Boden, mit dem Gesicht nach unten. Doch mit übermenschlicher Kraft arbeitete sich der Schurke herum und erwischte Holmes an der Kehle. Da schlug ich ihn mit dem Revolvergriff auf den Schädel, warf mich auf ihn und hielt in fest. Mein Gefährte ließ einen schrillen Pfiff ertönen. Gleich wurden Schritte auf dem Pflaster draußen hörbar, und zwei Schutzleute und ein Geheimpolizist stürzten durch den Vordereingang ins Zimmer.

»Sind Sie's, Herr Lestrade?« sagte Holmes.

»Jawohl, Herr Holmes. Ich habe diese Arbeit selbst übernommen. Es ist gut, daß Sie wieder in London sind.«

»Ich glaube wohl, daß Ihnen ein bißchen Mithilfe nicht unwillkommen sein wird. Drei unaufgeklärte Morde in einem Jahre ist des Guten etwas zuviel, Lestrade. Aber in der Moleseyschen Sache sind Sie geschickter zu Werke gegangen als sonst – ich meine, das haben Sie wirklich gut gemacht.«

Wir waren alle auf den Beinen. Unser Gefangener befand sich wutschnaubend zwischen zwei handfesten Polizisten. Auf der Straße hatten sich natürlich einige Gaffer versammelt. Holmes schloß das Fenster und ließ die Rolläden herunter. Lestrade zündete zwei Kerzen an, und die Schutzleute machten ihre verhängten Laternen frei. Endlich konnte ich mir unseren Mann genauer bei Licht betrachten.

Ich sah ein sehr männliches, aber auch sehr bösartiges Gesicht. Die Stirne war diejenige des Philosophen, die Kiefer verrieten den Genußmenschen; dieser Mann war mit großen Anlagen ausgestattet, zum Guten wie zum Bösen. Die trotzigen blauen Augen mit den hündischen Brauen und Wimpern, die starke gebogene Nase und die drohende tiefgefurchte Stirn zeigten den geborenen Verbrecher an. Er nahm von niemandem Notiz, sondern starrte unausgesetzt auf Holmes. Haß und Bewunderung lagen in seinem Ausdruck. »Sie Teufelskerl! Sie ganz geriebener Teufel!« knirschte er immer wieder zwischen den Zähnen.

»Ja, ja, Herr Oberst«, sagte Holmes, während er seinen Kragen in Ordnung brachte, »der Krug geht so lange zum Brunnen, bis er bricht. Ich glaube, seitdem Sie mir am Reichenbachfall jene Aufmerksamkeit erwiesen, habe ich nicht wieder das Vergnügen gehabt, Sie zu sehen.«

Der Oberst stierte meinen Freund noch immer mit haßerfüllten Blicken an. »Sie verfluchter, ganz verfluchter Teufel!« war alles, was er herausbringen konnte.

»Ich habe Sie noch nicht miteinander bekannt gemacht«, sagte Holmes. »Dies, meine Herren, ist der Oberst Sebastian Moran, ehemaliger Offizier Ihrer Majestät im britischen Heer in Indien und der beste Schütze, den es je dort gegeben hat. Ich glaube, die Behauptung ist nicht übertrieben, Herr Oberst, daß Sie als Tigerjäger unerreicht waren.«

Der wütende Graubart erwiderte kein Wort, sondern blickte meinen Gefährten noch immer unverwandt an. Mit den leuchtenden Augen und dem sich sträubenden Schnurrbart sah er selbst wie ein Tiger aus.

»Es wundert mich eigentlich«, fuhr Holmes fort, »daß ein so alter Shikari auf meinen einfachen Trick hineingefallen ist. Er mußte Ihnen doch bekannt sein. Sie haben doch schon selbst, mit einem Zicklein als Köder und das Gewehr in der Hand, unter einem Baume gelegen und auf den Tiger gelauert? Nun, dieses leere Haus ist mein Baum, und Sie sind mein Tiger. Sie haben wohl auch Reservegewehre mitgenommen für den Fall, daß mehrere Tiger kommen, oder, was kaum anzunehmen war, daß Sie fehlschießen sollten? Diese hier«, er zeigte auf die Umstehenden, »sind meine Reservegewehre. Paßt der Vergleich nicht sehr schön?«

Oberst Moran tat einen Satz nach vorne, auf Holmes zu, und knurrte wie ein wildes Tier, aber die Polizisten rissen ihn wieder zurück. Sein wütendes Gesicht war schrecklich anzusehen, es war ganz verzerrt.

»Ich gebe allerdings zu, daß Sie mir eine kleine Überraschung bereitet haben«, sagte Holmes weiter. »Ich hatte nicht damit gerechnet, daß Sie selbst auch dieses Haus und dieses Fenster zu Ihrer Operation ausersehen hätten. Ich hatte geglaubt, Sie würden von der Straße aus vorgehen. Deshalb ließ ich meinen Freund Lestrade mit seinen Leuten dort Wache halten. Aber von dieser Kleinigkeit abgesehen, ist alles meinen Erwartungen entsprechend eingetroffen.«

Jetzt wandte sich der Oberst an den offiziellen Detektiv.

»Sie mögen mich nun zu recht oder unrecht verhaftet haben«, sagte er, »jedenfalls habe ich keine Lust, mir die Sticheleien dieses Menschen länger gefallen zu lassen. Ich befinde mich in der Gewalt der Justiz und kann verlangen, daß die Dinge ihren gesetzlichen Verlauf nehmen.«

»Dagegen läßt sich nichts einwenden«, antwortete Lestrade. »Haben Sie noch etwas zu sagen, Herr Holmes, ehe wir aufbrechen?«

Holmes hatte die mächtige Windbüchse vom Boden aufgehoben und prüfte ihren Mechanismus.

»Eine wunderbare und eigenartige Waffe«, sagte er, »schießt

geräuschlos und hat eine furchtbare Durchschlagskraft. Ich habe Herder, den blinden deutschen Mechaniker, der sie auf Bestellung des seligen Professors Mariarty konstruiert hat, persönlich gekannt. Ihre Existenz war mir schon jahrelang kein Geheimnis mehr, aber ich hatte noch nie die Gelegenheit, sie in die Hand zu bekommen. Ich empfehle sie Ihrer besonderen Beachtung, Herr Lestrade, und die zugehörigen Kugeln ebenfalls.«

»Sie können sich darauf verlassen, Herr Holmes, daß wir beiden unsere Aufmerksamkeit schenken werden«, erwiderte Lestrade, als wir alle zusammen nach der Türe zugingen. »Noch etwas?«

»Ich möchte Sie noch fragen, was Sie als Grund zur Festnahme angeben wollen?«

»Was? Nun selbstverständlich den Mordanschlag auf Sherlock Holmes.«

»Ach nein, Lestrade. Ich möchte mit meiner Person ganz aus dem Spiel bleiben. Ihnen, und Ihnen ganz allein, soll das Verdienst der denkwürdigen Verhaftung zugeschrieben werden, die Sie eben ausgeführt haben. Jawohl, Herr Lestrade, ich gratuliere Ihnen! Mit Ihrer gewohnten glücklichen Mischung von Schlauheit und Kühnheit haben Sie ihn gefangen.«

»Ihn gefangen, Herr Holmes?«

»Den Mann, den die ganze Polizei vergeblich gesucht hat – den Oberst Sebastian Moran, der den Baron Ronald Adair im zweiten Stock des Hauses Parkstraße 427 am 30. des vergangenen Monats durch das offene Fenster mit einer Büchsenkugel erschossen hat. Um *dieses* Verbrechen handelt es sich, Herr Lestrade. Und nun, mein lieber Watson, können wir uns in meinem Arbeitszimmer bei einer Zigarre noch ein Plauderstündchen gönnen.«

Unsere alten Räumlichkeiten waren dank der Aufsicht Mycrofts und der Fürsorglichkeit der Frau Hudson vollkommen unverändert geblieben. Beim Eintreten fiel mir zwar die ungewohnte Ordnung auf, aber es stand noch alles an seinem alten Platz. Die

chemische Ecke mit dem Tisch aus Tannenholz und den Säure-
flecken war noch vorhanden. Das Regal mit den Büchern, worin
sich viele Aufzeichnungen befanden, die wohl viele unserer Mit-
bürger gerne in Flammen hätten aufgehen sehen, stand noch auf
dem alten Fleck. Die Pläne und Karten, den Geigenkasten und
den Pfeifenhalter – ja selbst den persischen Pantoffel mit dem Tabak – alles sah ich wieder, als ich mich umschaute. Neu im Zimmer war nur die merkwürdige Figur, die eine so bedeutende
Rolle bei unserem nächtlichen Abenteuer gespielt hatte. Es war
eine Nachbildung meines Freundes aus Wachs, so wunderbar
ausgeführt, daß sie ihm täuschend ähnlich sah. Sie stand auf einem Tischchen und war mit einem alten Arbeitsrock von Holmes so angetan, daß die Täuschung von der Straße aus vollkommen sein mußte.

Frau Hudson war uns freudestrahlend entgegengeeilt, als wir
eingetreten waren.

»Ich hoffe, Sie haben keine Vorsichtsmaßregel außer acht gelassen, Frau Hudson?« fragte Holmes.

»Ich bin auf den Knien hingerutscht, genau wie Sie mir befohlen hatten, Herr Holmes.«

»Ausgezeichnet. Sie haben Ihre Sache vorzüglich gemacht.
Haben Sie gesehen, wo die Kugel hingeflogen ist?«

»Jawohl. Ich fürchte, sie hat die schöne Büste verdorben; sie
ist nämlich gerade durch den Kopf gegangen und an der Wand
abgeprallt. Ich hab' sie vom Teppich aufgehoben. Hier ist sie.«

Holmes reichte sie mir hin. »Eine richtige Revolverkugel, wie
du siehst. In dieser Sache steckt eine feine Überlegung, Watson,
denn kein Mensch konnte glauben, daß ein solches Ding aus einer Büchse kommt. Ich danke Ihnen schön, Frau Hudson, für
Ihre freundliche Mitwirkung. Und nun setz' dich wieder auf
deinen alten Stuhl, Watson, ich muß dir noch manches erzählen.«

Er hatte den langen Schoßrock ausgezogen und war in seinem
mausgrauen Schlafrock wieder der alte Holmes von ehedem.

»Des alten Schikaris Nerven sind noch gut und ruhig«, sagte

er lachend, als er den zerschmetterten Schädel seiner Büste in Augenschein nahm.

»Gerade mitten durchs Gehirn. Er war der beste Schütze in Indien, und er wird auch in London schwerlich seinesgleichen haben. Ist er dir dem Namen nach bekannt?«

»Nein, ich kenne ihn nicht.«

»Ei, ei, das ist merkwürdig! Aber, wenn ich nicht irre, hattest du ja auch den Namen des Professors Mariarty, eines der feinsten Köpfe des Jahrhunderts, vorher nicht gehört. Du kannst mir mal das Buch mit den Biographien herreichen.«

Er blätterte gemächlich, während er in seinen Stuhl zurückgelehnt lag und riesige Rauchwolken aus der Zigarre von sich blies.

»Ich habe eine niedliche Sammlung von Namen, die mit ›M‹ anfangen«, sagte er endlich. »Da ist Mariarty selbst, ein Mann, über den man ein ganzes Buch schreiben könnte, ferner Morgan, der Giftmischer, dann kommt Merridew schrecklichen Angedenkens und mein Freund Mathews vom Wartesaal in Charing Cross und hier endlich Herr Moran. Er gab mir das Buch, und ich las:

»*Moran, Sebastian, Oberst a. D.* Früherer Offizier beim ersten Pionierregiment in Bengalore. Im Jahre 1840 in London geboren, als Sohn des Abgeordneten und ehemaligen britischen Gesandten in Persien, August Moran. Besuchte die Hochschulen in Eton und Oxford. Machte die Feldzüge in Jowaki und Afghanistan mit und stand in Charasiab, Scherpur und Kabul. Verfasser von: ›Hochjagden im westlichen Himalaja‹, 1881; ›Drei Monate im Dschungel‹, 1884. Adresse: Conduitstraße. Mitglied des Anglo-indischen, des Tankerville- und des Bagatellespielklubs.«

Am Rande hatte Holmes selbst bemerkt: »Der zweitgefährlichste Mann in London.«

»Sonderbar!« sagte ich, als ich ihm den Band zurückgab. »Der Mann hat eine sehr achtbare Soldatenlaufbahn hinter sich.«

»Das ist richtig«, versetzte Holmes. »Bis zu einem gewissen Zeitpunkt war er anständig. Er hatte stets eiserne Nerven. Man erzählt jetzt noch die Geschichte, wie er in Indien in einem Gra-

ben sich an einen Tiger heranschlich, der einen Menschen ver-
zehrte, und ihm die Beute abjagte. Es gibt Wesen, Watson, die
sich bis zu einem bestimmten Punkte normal entwickeln und
sich dann mit einem Male vollkommen verändern. Man kann das
öfter beobachten. Meiner Ansicht nach spiegelt sich in der Entwickelung jedes Einzelwesens diejenige der ganzen Vorfahren-
kette wieder, und ein plötzlicher Umschlag zum Guten oder zum
Bösen stellt den Ausfluß aus der Reihe seiner Ahnen dar. Das In-
dividuum wiederholt gewissenmaßen die Geschichte seiner Familie.«

»Diese Theorie erscheint mir etwas phantastisch.«

»Nun, ich will nicht näher darauf eingehen, wie ihm aber auch
sei, Oberst Moran geriet allmählich auf Abwege. Wenn es auch
nicht zum öffentlichen Skandal gekommen ist, in Indien wurde
ihm der Boden doch zu heiß unter den Füßen, er konnte sich
nicht mehr länger dort halten. Er kam also nach London und er-
freute sich auch hier nicht lange eines guten Rufes. Damals nahm
sich Professor Mariarty seiner an, er war eine Zeitlang seine
rechte Hand. Mariarty unterstütze ihn reichlich mit Geldmitteln
und verwandte ihn nur ein oder zwei Male bei ganz großen Sachen, die kein gewöhnlicher Verbrecher hätte durchführen können. Kannst du dich vielleicht noch auf den Tod der Frau Stewart
in Lander im Jahre 1887 besinnen? Ich bin fest überzeugt, daß
Moran der Hauptbeteiligte dabei war, wenn ihm auch nichts
nachgewiesen werden konnte. Auch als die Mariartysche Bande
ergriffen wurde, verstand er sich so geschickt aus der Schlinge zu
ziehen, daß wir ihm nichts am Zeug flicken konnten. Erinnerst
du dich noch, wie ich dazumal, als ich in deiner Wohnung war,
aus Furcht vor der Windbüchse die Fensterläden schloß? Du
hieltst mich sicher für krankhaft erregt und übermäßig ängstlich.
Ich wußte jedoch wohl was ich tat, denn ich kannte die Existenz
dieses eigentümlichen Gewehrs und wußte auch, daß einer der
besten Schützen dahinter stand. Als wir in die Schweiz gingen,
folgte er uns mit Mariarty, und es war kein anderer als er, der
mich am Reichenbachfall fünf Minuten lang bombardierte.

Du kannst dir vorstellen, daß ich während meines Aufenthaltes in Frankreich die Zeitungen sehr aufmerksam studierte, um ihn bei irgend einer Gelegenheit fassen zu können. So lange er sich auf freiem Fuß befand, würde ich in London keinen Augenblick meines Lebens sicher gewesen sein. Tag und Nacht hätte ich keine Ruhe gehabt, und früher oder später wäre ich ihm doch zum Opfer gefallen. Was hätte ich dagegen tun können? Ich konnte ihn nicht erschießen, wollte ich mich nicht selbst in Ungelegenheiten bringen. Mich an die Behörde zu wenden, hätte keinen Zweck gehabt, denn auf bloßen Verdacht hin darf sie nicht einschreiten. Ich war also vollständig machtlos. Ich verfolgte daher die Kriminalnachrichten, weil ich überzeugt war, ihn doch einmal erwischen zu können. Da kam die Meldung von der Ermordung des jungen Adair. Meine Stunde war endlich gekommen! Nach dem, was ich wußte, war es da nicht sicher, daß Moran der Mörder sein mußte? Er hatte mit dem jungen Manne Karten gespielt, er war ihm vom Klub nach Hause gefolgt und hatte ihn durch das offene Fenster erschossen. Das unterlag für mich keinem Zweifel. Die Kugeln allein werden zu seiner Überführung genügen. Ich kehrte rasch zurück. Seine Wache sah mich und setzte ihn selbstverständlich sofort von meiner Anwesenheit in Kenntnis. Er mußte meine schleunige Rückkehr unbedingt mit seinem Verbrechen in Zusammenhang bringen und darüber stark beunruhigt sein. Es war mir daher klar, daß er sofort mich aus dem Wege zu schaffen versuchen, und zu diesem Zweck sein Mordgewehr mitbringen würde. Ich hinterließ ihm am Fenster ein ausgezeichnetes Ziel. Ich unterrichtete die Polizei – du wirst, nebenbei bemerkt, ihre Anwesenheit in jenem Torweg gewiß nicht vermutet haben – und nahm jenen Beobachtungsposten ein, der mir dazu besonders geeignet erschien; freilich ließ ich mir nicht träumen, daß er denselben Fleck zu seinem Angriff wählen würde. Ist dir die Sache nun klar, mein Lieber?«

»Nicht ganz«, antwortete ich. »Du hast mir nicht erklärt, *warum* er den jungen Ronald Adair getötet hat.«

»Ach so! Damit kommen wir auf das Gebiet, wo auch ein

streng logisch denkender Mensch irren kann. Darüber mag sich jeder auf Grund der Tatsachen seine eigene Meinung bilden, und dabei gilt die eine so viel wie die andere.«

»Hast du dir deine schon gebildet?«

»Mir erscheint es nicht allzu schwer, ein Motiv zu finden. Es ist nachgewiesen, daß Moran und Adair nicht unbedeutende Summen im Spiel umgesetzt haben. Nun hat Moran zweifellos falsch gespielt – davon war ich schon lange überzeugt. Ich glaube, daß Adair am Tage der Ermordung den Betrug entdeckt und ihm höchstwahrscheinlich die vertrauliche Mitteilung gemacht hatte, daß er seine Ausschließung aus dem Klub veranlassen würde, wenn er nicht freiwillig austräte und vom Kartenspiel wegbliebe. Es ist kaum anzunehmen, daß ein junger Mann wie Adair *sofort* einen riesigen Skandal machen und einen bekannten und viel älteren Herrn in dieser Weise bloßstellen wollte. Meine Vermutung hat insofern viel für sich. Die Ausstoßung aus dem Klub bedeutete aber für Moran, der von den Erträgnissen des falschen Spielens lebte, zugleich den materiellen Ruin. Aus diesem Grunde ermordete er Adair, als dieser gerade ausrechnete, wieviel Geld er selbst zurückzahlen müßte, um an dem Falschspiel seines Partners keinen Anteil zu haben. Er verschloß die Türe, um von den Damen nicht überrascht und gefragt zu werden, was alle die Namen und Geldhäufchen bedeuten sollten. Leuchtet dir's ein?«

»Ich zweifle nicht, daß du das Richtige getroffen hast.«

»Bei der Verhandlung wird sich herausstellen, ob ich recht habe oder nicht. Im übrigen, es mag damit werden wie's will, Oberst Moran wird uns nicht mehr beunruhigen, die berühmte Büchse, System Herder, wird das Kriminalmuseum zieren, und Herr Sherlock Holmes kann sich wieder frei und ungestört dem Studium jener interessanten kleinen Probleme widmen, an denen im Londoner Leben wahrhaftig kein Mangel ist.«

# Die tanzenden Männchen

Sherlock Holmes hatte stundenlang über eine Porzellanschale gebeugt gesessen, in der er ein besonders übelriechendes chemisches Produkt braute. Sein Kopf war auf die Brust herabgesunken, und der lange, schmale Rücken war so gekrümmt, daß die Gestalt meines Freundes einem schlanken Vogel mit grauem Gefieder und schwarzer Haube glich.

»Du willst also keine südafrikanischen Papiere kaufen, Watson?« sagte er urplötzlich.

Ich konnte mein Erstaunen über diese Frage nicht unterdrükken. Obgleich er mir schon häufig Beweise bewundernswerter Fähigkeiten gegeben hatte, war mir doch dieses Erraten meiner innersten Gedanken gänzlich unfaßbar.

»Woher in aller Welt weiß du das?« fragte ich ihn.

Holmes drehte sich auf seinem Stuhl um. Er hatte ein rauchendes Reagenzröhrchen in der Hand, und seine tiefliegenden Augen zeigten eine vergnügte Stimmung an.

»Nun, Watson, du bist *überrascht*?« sagte er.

»Das bin ich allerdings.«

»Dieses Zugeständnis sollte ich mir eigentlich schriftlich von dir geben lassen.«

»Warum?«

»Weil du in fünf Minuten sagen wirst, auf diesen Gedanken zu kommen, sei ungeheuer einfach gewesen.«

»Das werde ich sicher nicht sagen.«

»Paß' mal auf, mein lieber Watson«, – er steckte das Probierröhrchen in das Gestell und begann mit der Miene eines Lehrers zu reden, der zu seinen Schülern spricht – »es ist tatsächlich nicht so schwer, eine Reihe von Schlüssen zu ziehen, von denen jeder aus dem vorhergehenden folgt, und von denen jeder einzelne sehr leicht ist. Wenn man das tut, und dann die mittleren wegläßt, und seinen Zuhörern nur den ersten und letzten sagt, so kann man eine verblüffende, mitunter eine geradezu wunderbare Wirkung erzielen. So war es wahrhaftig keine Kunst, an deinem linken Zeigefinger und Daumen zu erkennen, daß du die Absicht, dein kleines Vermögen in afrikanischen Minen-Werten anzulegen, aufgegeben hattest.«

»Hier sehe ich keinerlei Verbindung.«

»Das ist wohl möglich, aber ich kann dir schnell die einzelnen Glieder der Kette der Reihe nach zeigen. Erstens: Als du gestern abend aus dem Klub kamst, hattest du Kreidespuren an Daumen und Zeigefinger der linken Hand. Zweitens: Das ist nur der Fall, wenn du Billard gespielt und das Queue mit Kreide bestrichen hast. Drittens: Du spielst nur mit Thurston Billard. Viertens: Du erzähltest mir vor vier Wochen, daß Thurston südafrikanische Aktien, die nach einem Monat ausgegeben würden, zu kaufen gedenke, und du dich daran beteiligen wolltest. Fünftens: Dein Scheckbuch ist in meinem Schrank eingeschlossen, und du hast bis heute noch nicht nach dem Schlüssel gefragt. Sechstens: Du hast also die Absicht aufgegeben, dein Geld in diesen Werten anzulegen.«

»Wie ungeheuer einfach!« rief ich unwillkürlich aus.

»Genau, wie ich gesagt hatte«, fuhr mein Freund etwas ärgerlich fort. »Jedes Problem erscheint dir kinderleicht, nachdem man dir's erklärt hat. Hier habe ich aber eins, das noch nicht erklärt ist. Sieh, was du damit machen kannst, alter Freund.« Er warf mir ein Blatt Papier auf den Tisch und wandte sich selbst wieder seiner chemischen Analyse zu. Ich betrachtete erstaunt die merkwürdigen Hieroglyphen auf dem Papier.

»Ei, nun, Holmes«, rief ich, »das hat ein Kind gemacht!«

»Das ist deine Ansicht!«

»Was soll es denn sonst sein?«

»Ja, das möchte Herr Hilton Cubitt aus Riding in Norfolk auch gerne wissen. Das kleine Rätsel ist mit der ersten Post eingelaufen, und der Absender selbst will mit dem nächsten Zug kommen. ... Es klingelt, Watson, und es sollte mich gar nicht überraschen, wenn er's schon wäre.«

Auf der Treppe wurden schwere Tritte hörbar, und im nächsten Moment machte ein großer, frisch aussehender Herr mit glattrasiertem Gesicht unsere Stubentür auf. Seine klaren Augen und seine blühende Gesichtsfarbe sagten uns, daß er entschieden keinen Beruf hatte, der ihn an die Baker Street fesselte. Er schien bei seinem Eintritt einen Hauch der kräftigen, nervenstärkenden Seeluft seiner Heimat mitzubringen. Als er jedem von uns die Hand geschüttelt hatte und Platz nehmen wollte, fiel sein Blick auf das Papier mit den sonderbaren Zeichen, das ich eben in der Hand gehabt und wieder auf den Tisch gelegt hatte.

»Nun, Herr Holmes, was meinen Sie dazu?« rief er mit markiger Stimme aus. »Man hat mir erzählt, daß Ihnen solche rätselhaften Sachen Spaß machten, und ich glaube kaum, daß es eine rätselhaftere gibt als diese. Ich habe den Zettel vorausgeschickt, damit Sie ihn vor meiner Ankunft studieren könnten.«

»Es ist wirklich eine seltsame Schreiberei«, erwiderte Holmes. »Auf den ersten Blick könnte man es für das Gekritzel eines Kindes halten. Es besteht aus einer Anzahl kleiner Figuren, die über das Papier tanzen. Warum legen Sie diesem dummen Zeug überhaupt eine besondere Bedeutung und so große Wichtigkeit bei?«

»Mir würde es gar nicht einfallen, aber meine Frau tut's. Sie ist darüber zu Tod erschrocken. Sie sagt zwar nichts, ich kann ihr aber die Furcht aus den Augen ablesen, und darum möchte ich der Sache auf den Grund kommen.«

Holmes nahm den Zettel und hielt ihn gegen das helle Tageslicht. Es war ein Blatt aus einem Notizbuch. Die Zeilen waren mit Bleistift gemacht und sahen ungefähr so aus:

Holmes prüfte das Blatt eine Zeitlang, faltete es dann sorgfältig zusammen und legte es in sein Notizbuch.

»Es verspricht, ein äußerst interessanter und ungewöhnlicher Fall zu werden«, sagte er. »Sie haben mir in Ihrem Briefe bereits einige nähere Angaben gemacht, es würde mir aber angenehm sein, wenn Sie im Interesse meines Freundes Dr. Watson hier das Ganze noch einmal im Zusammenhang erzählen wollten.«

»Ich bin nichts weniger als ein glänzender Erzähler«, sagte unser Besucher und rieb sich nervös die großen, kräftigen Hände; »Sie müssen mich fragen, wenn ich die Sache nicht ordentlich klar mache. Ich muß mit meiner Verehelichung im vorigen Jahr anfangen. Ich will noch vorausschicken, daß, wenn ich auch kein reicher Mann bin, meine Vorfahren doch seit fünfhundert Jahren in Riding ansässig sind, und meine Familie die bekannteste in der ganzen Grafschaft ist. Vergangenes Jahr kam ich zum Jubiläum nach London 'rauf und logierte in einem Haus am Russell-Platz, weil der Geistliche unserer Gemeinde, Pastor Parker, auch da wohnte. Dort war auch 'ne junge Amerikanerin – namens Patrick – Elsie Patrick. Wir befreundeten uns, und ehe noch ein Monat um war, war ich so in sie verliebt, wie's ein Mann nur sein kann. Wir ließen uns in aller Stille trauen und kehrten als junges Ehepaar nach Norfolk zurück. Es wird Ihnen als recht leichtsinnig erscheinen, Herr Holmes, daß ein Mann aus einer guten alten Familie sich in dieser Weise eine Frau nimmt, das heißt, ohne etwas über ihre Herkunft und ihre Vergangenheit zu wissen; wenn Sie sie aber sähen und näher kennten, würden Sie's begreiflich finden.

Sie war sehr offen in dieser Beziehung, die Elsie. Sie hielt wahrhaftig nicht damit hinter'm Berge, als ich sie fragte. ›Ich habe sehr unangenehme Verhältnisse in meinem Leben durchgemacht‹, antwortete sie, ›ich suche sie zu vergessen. Ich spreche nicht gerne davon, denn es ruft stets peinliche Erinnerungen in mir wach. Wenn du mich zur Frau nimmst, bekommst du eine, die nichts auf dem Gewissen hat, dessen sie sich persönlich zu schämen braucht; aber du mußt dich mit meinem Wort zufrieden geben und mir versichern, daß du mich über das, was bis zu meiner Verheiratung vorgefallen ist, nicht fragen willst. Wenn du diese Bedingung nicht einhalten zu können glaubst, so gehst du lieber allein nach Norfolk und läßt mich das einsame Leben weiter führen, das ich bisher geführt habe.‹ Erst am Tage vor der Hochzeit sprach sie in dieser Weise zu mir. Ich antwortete darauf, daß ich sie unter der von ihr selbst gestellten Bedingung nehmen wollte, und habe mein Wort seither gehalten.

Wir sind nun ein Jahr verheiratet und haben sehr glücklich miteinander gelebt. Doch vor etwa einem Monat, Ende Juni, bemerkte ich die ersten Anzeichen einer Veränderung in unserem Verhältnis. Eines Tages bekam meine Frau aus Amerika einen Brief. Ich erkannte die amerikanische Marke. Sie wurde leichenblaß, las das Schreiben und warf es ins Feuer. Sie erwähnte die Sache später mit keinem Wort, und ich fing auch nicht davon an, denn versprochen bleibt versprochen; aber sie hat seit jener Zeit keine vergnügte Stunde mehr gehabt. Ihr Gesicht verrät stets eine gewisse Angst, sie sieht aus, als ob sie etwas Schlimmes befürchte. Es würde besser sein, wenn sie sich mir anvertraute. Sie würde in mir ihren besten Freund finden. Aber wenn sie sich nicht selbst zu reden entschließt – ich darf den Anfang nicht machen. Wohlverstanden, sie ist ein treues Weib, Herr Holmes, und was auch früher vorgefallen sein mag, sie trägt sicher nicht die Schuld daran. Ich bin ein einfacher Gutsbesitzer in Norfolk, aber in ganz England hält niemand seine Familie höher als ich. Das weiß sie sehr genau, und sie wußte es auch bereits vor unserer Verheiratung. Sie würde nie einen Makel darauf geladen haben – deß' bin ich sicher.

Ich komme nun erst auf den Kern der ganzen beunruhigenden Angelegenheit, auf den Teil, zu dessen Lösung ich Ihre Hilfe in Anspruch nehmen möchte. Vor ungefähr acht Tagen – es war am Dienstag voriger Woche – entdeckte ich auf einer Fensterschwelle eine Anzahl kleiner tanzender Figuren, wie die hier auf dem Papier. Sie waren mit Kreide d'rauf gekritzelt. Ich dachte, der Stelljunge wäre es gewesen, er schwor jedoch, nichts davon zu wissen. Wie dem auch sein mochte, sie waren während der Nacht dahin gekommen. Ich wischte sie aus und erwähnte es meiner Frau gegenüber erst später. Zu meiner Überraschung nahm sie die Sache sehr ernst und bat mich, wenn ich wieder welche fände, sie ihr gleich zu zeigen. Eine Woche lang erschienen keine neuen Männchen, aber gestern morgen lag dieses Papier hier auf der Sonnenuhr im Garten. Ich gab es Elsie, und sie fiel in Ohnmacht. Seitdem trägt sie ein ganz träumerisches Wesen zur Schau, ist vollkommen verstört, und die Furcht guckt ihr aus beiden Augen. Ich schrieb sofort an Sie, Herr Holmes, und legte Ihnen den Zettel bei. Ich konnte die Sache nicht der Polizei übergeben, denn sie würde mich ausgelacht haben, aber Sie werden mir raten können, was ich tun soll. Ich bin kein reicher Mann; aber wenn meiner Frau Unheil droht, bin ich bereit, den letzten Heller zu opfern.«

Er war eine sympathische Erscheinung, dieser Mann von altem Schrot und Korn, einfach, gerade und edel, mit treuen blauen Augen und einem offenen hübschen Gesicht. Die Liebe und das Vertrauen zu seiner Frau sprachen aus seinen Zügen und aus seinen Äußerungen. Holmes hatte der Erzählung aufmerksam zugehört und saß, in Nachdenken versunken, schweigend auf seinem Stuhl.

»Meinen Sie nicht, Herr Cubitt«, sagte er nach einiger Zeit, »daß es die beste Lösung wäre, wenn Sie sich direkt mit Ihrer Frau verständigten und sie bäten, Ihnen ihr Geheimnis anzuvertrauen?«

Hilton Cubitt schüttelte sein Haupt.

»Versprechen bleibt Versprechen, Herr Holmes. Wenn mir's Elsie mitteilen wollte, würde sie's freiwillig tun. Wenn sie's nicht will, kann ich sie nicht zwingen. Aber das Recht habe ich, anderweitig die nötigen Schritte zur Aufklärung der Sache zu tun – und das will ich.«

»Dann will ich Ihnen mit allen Kräften beistehen. Also, vor allen Dingen, haben Sie etwas von Fremden in Ihrer Nachbarschaft gesehen oder gehört?«

»Nein.«

»In Ihrer Heimat ist doch wohl wenig Verkehr, sodaß jedes fremde Gesicht auffallen würde?«

»In der unmittelbaren Umgebung, ja. Aber etwas weiter ab

liegen einige kleine Badeorte, deren Bewohner im Sommer Gäste aufnehmen.«

»Diese Hieroglyphen sind sicher nicht ohne Bedeutung. Wenn sie rein willkürlich gewählt sind, wird es uns kaum möglich sein, sie zu entziffern. Liegt dagegen ein System darin, so zweifle ich nicht, daß wir eine Lösung finden werden. Das vorliegende Muster ist jedoch zu klein, um etwas damit anfangen zu können, und die Tatsachen, die Sie uns erzählt haben, sind zu unbestimmt, um eine sichere Unterlage für die weitere Untersuchung abgeben zu können. Ich möchte Ihnen daher den Vorschlag machen, jetzt wieder nach Norfolk zurückzukehren, genau auf alles aufzupassen und irgend welche neuen tanzenden Männchen getreu zu kopieren. Es ist außerordentlich schade, daß wir keine Abschrift der ersten Zeichen haben, die mit Kreide auf das Fensterbrett geschrieben waren. Erkundigen Sie sich auch vorsichtig nach etwaigen Fremden in der Umgegend. Sobald Sie etwas Neues in Erfahrung gebracht haben, kommen Sie gleich wieder zu mir. Einen anderen Rat kann ich Ihnen vorläufig nicht geben, Herr Cubitt. In dringenden Fällen bin ich stets bereit, hinunter zu fahren und Sie persönlich aufzusuchen.«

Nach diesem Interview war mein Freund sehr nachdenklich, und im Lauf der nächsten Tage sah ich ihn wiederholt das Blättchen Papier aus dem Notizbuch nehmen und lange und ernst die merkwürdigen Zeichen betrachten. Er sprach jedoch nie wieder von dieser Angelegenheit, bis ich, nach vierzehn Tagen oder noch später, ausgehen wollte und er mir plötzlich zurief:

»Du würdest besser hier bleiben, Watson.«

»Warum?«

»Weil ich heute morgen von Cubitt – du erinnerst dich doch noch des Mannes mit den tanzenden Figuren? – ein Telegramm erhalten habe. Er will ein Uhr zwanzig auf der Station Liverpoolstraße ankommen, und muß also jeden Augenblick hier sein. Ich schließe aus der Depesche, daß er wichtige Nachrichten mitbringen wird.«

Es dauerte gar nicht lange, als unser Norfolker Klient auch

schon in schnellstem Tempo in einer Droschke vorgefahren kam. Er sah sehr niedergeschlagen und abgespannt aus, die klaren Augen waren trübe, und die heitere Stirne war in Falten gezogen.

»Die Geschichte fällt mir allmählich auf die Nerven, Herr Holmes«, begann er, und ließ sich ermattet in einen Lehnstuhl sinken. »Es ist schon ein ziemlich unbehagliches Gefühl, sich heimlich von unbekannten Menschen umgeben zu wissen, die etwas gegen einen im Schild führen; wenn man aber zudem mit-ansehen muß, wie die eigene Frau dabei zugrunde geht, wird die Sache nachgerade unerträglich. Sie wird immer siecher, zusehends siecher.«

»Hat sie noch nichts geäußert?«

»Nein, Herr Holmes; kein Wort. Und doch hat das arme Weib manchmal das Bedürfnis gehabt, zu sprechen – ich hab's ihr angesehen – aber sie hat's nicht über sich gebracht. Ich hab's ihr erleichtern wollen, aber ich muß sagen, ich hab's so ungeschickt angefangen, daß ich's ihr vielmehr erschwert und sie davon abgebracht habe. Sie redete von meiner alten Familie, von unserem guten Ruf in der Grafschaft und von unserem Stolz auf unsere unbefleckte Ehre. Ich merkte, daß sie etwas auf dem Herzen hatte, aber auf einmal sprang sie von diesem Thema ab, ohne zu Ende gekommen zu sein.«

»Aber Sie haben für sich neue Entdeckungen gemacht?«

»Mancherlei, Herr Holmes. Ich bringe Ihnen hier verschiedene frische tanzende Männchen zur Prüfung mit, und, was das Wichtigste ist, ich habe den Kerl gesehen.«

»Was, den Schreiber der Figuren?«

»Jawohl, ich habe ihn bei der Arbeit beobachtet. Aber ich will Ihnen alles in der richtigen Reihenfolge berichten. Als ich nach dem Besuche bei Ihnen nach Hause zurückgekehrt war, fand ich gleich am nächsten Morgen wieder neue tanzende Männchen. Sie waren mit Kreide an das schwarze hölzerne Tor der Wagenremise gezeichnet, die man von den vorderen Fenstern unseres Wohnhauses direkt vor Augen hat. Ich habe sie genau nachgemacht, hier ist die Kopie.« Er faltete einen Zettel auseinander

und legte ihn auf den Tisch. Die Zeichen sahen folgendermaßen
aus:

»Ausgezeichnet!« sagte Holmes. »Ausgezeichnet! Bitte, fahren
Sie fort.«

»Nachdem ich die Abschrift genommen hatte, löschte ich die
Dinger aus; am übernächsten Morgen war jedoch wieder eine
neue Serie dort, deren Kopie ich hier habe.

Holmes rieb sich die Hände und lachte vor Vergnügen über die
günstige Weiterentwicklung.

»Unser Material mehrt sich erfreulich schnell«, sagte er.

»Drei Tage darauf fand ich wieder ein Blatt Papier mit den rätselhaften Figuren an der Sonnenuhr. Ich habe es hier. Es sind, wie
Sie sehen, genau dieselben Zeichen darauf, wie auf dem letzten.
Nun entschloß ich mich endlich, dem Schreiber aufzulauern. Ich
nahm meinen Revolver und setzte mich in mein Zimmer, von
dem aus ich den Hof und den Garten überblicken konnte. Im
Zimmer hatte ich kein Licht, draußen war es mondhell. Als ich so
gegen zwei Uhr nachts am Fenster saß, hörte ich Schritte; es war
meine Frau im Schlafgewand. Sie bat mich inständig, zu Bett zu
gehen. Ich erklärte ihr frei heraus, daß ich den Menschen sehen
wollte, der ein so eigentümliches Spiel mit uns trieb. Sie antwortete, es handle sich nur um einen schlechten Scherz, und ich solle
gar keine Notiz davon nehmen.

›Wenn es dich wirklich beunruhigt, Hilton, können wir ja zusammen verreisen und uns so dieser Störung entziehen.‹

291

›Was, uns von einem übeln Witzbold aus unserem eigenen Haus treiben lassen?‹ erwiderte ich. ›Die ganze Nachbarschaft würde uns ja auslachen.‹

›Wir können morgen früh weiter darüber reden, komm’ jetzt, bitte, zu Bett‹, versetzte sie zärtlich.

Während sie noch sprach, sah ich in dem Mondschein ihr bleiches Gesicht plötzlich noch bleicher werden. Im Schatten der Remise bewegte sich etwas. Ein dunkle Gestalt kroch um die Ecke und kauerte vor dem Tor nieder. Ich ergriff meine Waffe und wollte hinausstürzen. Aber meine Frau schlang die Arme um meine Brust und hielt mich krampfhaft fest. Ich versuchte, sie abzuschütteln, sie ließ aber nicht los. Endlich machte ich mich frei, aber ehe ich zur Tür hinauskam und das Gebäude erreichte, war der Kerl verschwunden. Er hatte jedoch eine Spur hinterlassen; an dem Tor befand sich wieder dieselbe Reihe tanzender Figuren wie die beiden vorhergehenden Male, und wie ich sie auf jenem Blatt nachgezeichnet habe. Sonst war nichts von ihm zu sehen, obwohl ich das ganze Terrain absuchte. Das ist umso auffallender, als er sich auch später noch in der Nähe aufgehalten haben muß, denn, als ich am Morgen das Tor wieder untersuchte, hatte er unter die Zeile, die ich bereits gesehen hatte, neue Zeichen gesetzt.«

»Haben Sie diese frischen Figuren auch kopiert?«

»Ja, es sind nur wenige; hier sind sie.«

Er zog abermals ein Papier aus der Tasche, das folgende Zeichen enthielt:

»Sagen Sie mal«, fragte Holmes, dem ich die starke Erregung an den Augen ansehen konnte, »war dies ein bloßer Zusatz zu der ersten Reihe, oder machte es den Eindruck, als ob es gar nicht dazu gehörte?«

»Es stand auf einem ganz anderen Teil des Tores.«

»Großartig! Das ist von der größten Bedeutung zur Erreichung unseres Zwecks. Es erfüllt mich mit neuen Hoffnungen. Nun, erzählen Sie weiter, Herr Cubitt.«

»Ich kann nur noch hinzufügen, Herr Holmes, daß ich auf meine Frau sehr böse war, weil sie mich in jener Nacht verhindert hatte, den heimtückischen Burschen womöglich in meine Gewalt zu bekommen. Sie sagte zwar, sie hätte sich gefürchtet, es möchte mir ein Leid geschehen, aber einen Augenblick kam mir der Gedanke, daß sie in Wirklichkeit gefürchtet haben möchte, daß *er* Schaden nehme, denn ich konnte nicht daran zweifeln, daß sie den Mann und auch die Bedeutung dieser Zeichen kannte. Doch in der Stimme meiner Frau liegt ein Klang und in ihren Augen ein Ausdruck, der alle Zweifel verscheucht, und ich bin jetzt wieder der festen Überzeugung, Herr Holmes, daß sie tatsächlich um mein eigenes Wohl besorgt war. – Ich habe Ihnen hiermit den ganzen Fall genau dargestellt und bitte Sie nun um Ihren Rat, was zu tun ist. Ich selbst möchte am liebsten ein halbes Dutzend meiner Leute aufstellen und dem Kerl, wenn er wieder kommt, eine so derbe Lektion erteilen lassen, daß er uns in Zukunft in Frieden läßt.«

»Ich fürchte, dieser Fall ist schon zu weit vorgeschritten und nicht mehr durch eine so einfache Kur zu heilen«, sagte Holmes. »Wie lange können Sie in London bleiben?«

»Ich muß heute wieder zurück, unbedingt. Ich möchte meine Frau um alles in der Welt nicht allein lassen während der Nacht. Sie ist sehr nervös und bat mich dringend, zurückzukehren.«

»Wenn's so steht, kann ich Ihnen nur recht geben. Aber wenn Sie einen oder zwei Tage Zeit gehabt hätten, würde ich dann vielleicht mit Ihnen nach Hause gefahren sein. Lassen Sie mir alle diese Zettel unterdessen hier. Ich denke, ich werde Ihnen höchstwahrscheinlich in kurzem einen Besuch machen und einiges Licht in diese dunkle Sache bringen können.«

Holmes bewahrte während der Anwesenheit unseres Besuchers seine geschäftsmäßige Ruhe, obgleich er stark erregt war, wie ich wohl merkte. Sobald aber Hilton Cubitts breiter Rücken in der Tür verschwunden war, schritt er schnell zum Schreibtisch, breitete die sämtlichen Papierzettel darauf vor sich aus und begann eine schwierige und mühsame Berechnung. Zwei Stunden lang beobachtete ich ihn, wie er ein Blatt nach dem anderen mit Figuren und Zeichen beschrieb und so sehr in die Arbeit vertieft war, daß er meine Gegenwart augenscheinlich ganz vergessen hatte. Manchmal, wenn es mit seiner Lösung vorwärts ging, fing er an zu pfeifen und zu singen, manchmal, wenn er in Verlegenheit kam, sah er längere Zeit mit gerunzelter Stirn starr vor sich hin. Endlich sprang er mit einem Ausruf der Befriedigung vom Stuhl auf und ging, sich die Hände reibend, im Zimmer auf und ab. Dann nahm er ein Depeschenformular und setzte ein langes Telegramm auf. »Wenn ich darauf die gewünschte Antwort erhalte, wirst du einen sehr hübschen Fall für deine Sammlung bekommen, Watson«, sagte er dann zu mir. »Ich hoffe, daß wir morgen nach Norfolk hinunter fahren können, um unserem Freund definitiven Bescheid bezüglich seiner Kümmernis zu bringen.«

Ich muß gestehen, daß ich neugierig war. Da ich aber wußte, daß Holmes seine Enthüllungen zu seiner Zeit und auf seine eigene Weise bekannt zu geben pflegte, so wartete ich geduldig, bis es ihm passen würde, mich ins Vertrauen zu ziehen.

In der Beantwortung des Telegramms trat jedoch eine Verzögerung ein. Es folgten zwei Tage, während deren Holmes sehr ungeduldig war und bei jedem Klingeln emporfuhr. Am Abend des zweiten Tages traf dagegen wieder eine Nachricht von Cubitt ein. Es sei alles ruhig geworden, nur heute morgen habe er an der Sonnenuhr eine lange Reihe tanzender Männchen gefunden. Er lege eine Abschrift derselben bei. Sie sah folgendermaßen aus:

* Die Breite der Buchseite gestattete die Wiedergabe in *einer* Reihe nicht.

Holmes beugte sich einige Minuten über diese seltsamen Zeichen, dann stieß er plötzlich einen Schrei der Überraschung und des Entsetzens aus. Sein Gesicht war ganz entstellt von Schrekken.

»Wir haben der Sache nun lange genug ihren Lauf gelassen«, sagte er, »es ist die höchste Zeit, daß wir einschreiten. Geht heute nacht noch ein Zug nach North Walsham?«

Ich sah sofort auf dem Fahrplan nach. Der letzte war gerade abgegangen.

»Dann müssen wir morgen bald frühstücken und gleich den ersten Zug benutzen«, war seine Antwort. »Unsere Anwesenheit ist dringend nötig. Aha, hier kommt auch die erwartete Depesche. Einen Augenblick, Frau Hudson, vielleicht muß ich darauf antworten. Nein, es ist gut so. Diese Nachricht zeigt noch deutlicher, daß wir keine Minute Zeit verlieren dürfen, um Cubitt vom Stand der Dinge in Kenntnis zu setzen. Der gute Mann ist in ein gefährliches Netz geraten.«

Tatsächlich erwies es sich so. Und auch jetzt, wo ich nun das Ende dieser tragischen Geschichte erzählen muß, die mir anfangs kindisch und töricht erschienen war, empfinde ich wieder von neuem jenen Schauder und Schrecken, der mir damals durch die Glieder ging. Ich wünschte, meinen Lesern einen glücklicheren Ausgang berichten zu können. Ich muß jedoch den Vorgang so schildern, wie er sich wirklich zugetragen hat, und darf auch das schreckliche Ende nicht verschweigen, das Riding eine Zeitlang zu einer traurigen Berühmtheit verholfen hat.

Wir waren kaum in North Walsham ausgestiegen und hatten einen Wagen zu unserer Weiterreise bestellt, als der Stationsvorstand auf uns zueilte und uns anredete:

»Ich vermute, daß Sie die Londoner Geheimpolizisten sind?«

Holmes war durch diese Frage unangenehm berührt.

»Woraus schließen Sie das?«

»Weil Inspektor Martin aus Norwich auch eben durchgekommen ist. Vielleicht sind Sie auch die Ärzte. Sie ist nicht tot – wenigstens nach den letzten Nachrichten noch nicht. Möglicher-

weise treffen Sie noch rechtzeitig ein, um sie vom Tode zu retten
– wenn's auch nur für den Galgen ist.«

Holmes' Antlitz verfinsterte sich.

»Wir wollen allerdings nach Riding«, sagte er, »aber von dem,
was sich nach Ihren Reden dort zugetragen hat, haben wir noch
nichts gehört.«

»Ein furchtbares Blutbad«, fuhr der Bahnhofsvorsteher fort,
»sie sind beide erschossen, Herr Cubitt und seine Frau. Sie hat
ihn erschossen und dann sich selbst – wenigstens sagt das Personal so aus. Er ist bereits gestorben, und sie schwebt in Lebensge-
fahr. Heiliger Herr! eine der ältesten und geachtetsten Familien
in der ganzen Grafschaft.«

Ohne ein Wort zu verlieren, sprang Holmes in den Wagen. Er
sprach während der ganzen Fahrt kein Wort. Ich habe ihn selten
in einer so verzweifelten Stimmung gesehen. Er war schon von
Anfang an unruhig gewesen, und hatte, wie mir nicht entgangen
war, die Morgenzeitungen ängstlich durchgeblättert; aber diese
plötzliche Verwirklichung seiner schlimmsten Befürchtungen
hatte ihn vollends niedergedrückt. Er saß zurückgelehnt in seiner Ecke und war in düsteres Nachdenken versunken, trotzdem
es vielerlei Interessantes zu sehen gab, denn wir fuhren durch
eine der schönsten und eigenartigsten Gegenden in ganz England. Kleine, zerstreut liegende Häuschen repräsentierten die
heutige Zeit, während die gewaltigen Kirchen mit den viereckigen Türmen, welche sich zu beiden Seiten des Weges aus der fla-
chen, grünen Landschaft hervorhoben, von dem Reichtum und
der Macht Alt-Englands Zeugnis ablegten. Endlich sah man hinter der grünen Küste von Norfolk die blauen Fluten der Nordsee
auftauchen, und der Kutscher zeigte mit der Peitsche auf zwei
alte Giebel aus Stein- und Holzfachwerk, die hinter einem Haine
hervorlugten. »Das ist Riding«, sagte er.

Als wir durch das Parktor die Allee entlang fuhren, erblickte
ich gerade vor uns die alte Remise und die Sonnenuhr, an die sich
so merkwürdige Beziehungen knüpften. Aus einem Jagdwagen
war eben ein flinker, kleiner Mann mit einem großen, gewichsten

Schnurrbart ausgestiegen. Er stellte sich uns selbst als Inspektor Martin von der Norfolker Kriminalpolizei vor, und zeigte sich nicht wenig erstaunt, als er den Namen meines Gefährten hörte.

»Ei, Herr Holmes, das Verbrechen ist erst heute nacht um drei Uhr verübt worden, wie konnten Sie das schon in London wissen und so früh am Tatort eintreffen wie ich?«

»Ich ahnte es. Ich kam in der Absicht, es zu verhüten.«

»Dann müssen Sie Material haben, das wir nicht kennen; denn soviel uns gesagt worden ist, hat das Ehepaar sehr einig gelebt.«

»Ich kenne nur die Geschichte von den tanzenden Männchen«, erwiderte Holmes. »Ich werde Ihnen das später auseinandersetzen. Zunächst will ich, da ich das Unglück nicht habe verhüten können, diese meine Kenntnis benutzen, um den Täter zu ermitteln. Wollen Sie mich bei diesen Nachforschungen unterstützen, oder wollen Sie lieber unabhängig von mir vorgehen?«

»Es würde mich außerordentlich freuen, wenn ich mit Ihnen zusammen arbeiten dürfte, Herr Holmes«, antwortete der Inspektor ernst.

»Dann wollen wir unverzüglich den Tatbestand aufnehmen und danach gleich mit den Vorarbeiten anfangen.«

Inspektor Martin war so vernünftig, meinen Freund allein gewähren zu lassen und sich damit zu begnügen, die Resultate sorgfältig zu notieren. Der Arzt des Ortes, ein älterer Herr mit weißem Haar und Bart, kam gerade aus dem Zimmer der Frau Cubitt. Er teilte uns mit, daß ihre Verletzungen zwar schwer, aber nicht unbedingt tödlich seien. Die Kugel sei durch das Stirnbein ins Gehirn gedrungen, und es würde voraussichtlich längere Zeit dauern, ehe sie das Bewußtsein wieder erlangen würde. Auf die Frage, ob sie erschossen worden sei, oder sich selbst erschossen habe, wagte er keine bindende Antwort zu geben. Es sei nur soviel sicher, daß die Kugel aus unmittelbarer Nähe gekommen sei. Im Zimmer sei nur *ein* Revolver gefunden worden, aus dem zwei Patronen abgefeuert worden seien. Herr Cubitt sei mitten ins Herz getroffen. Es wäre ebenso gut denkbar, daß er sie zuerst und dann sich selbst getötet habe, denn die Schußwaffe läge auf dem Boden in der Mitte zwischen beiden.

»Ist die Leiche schon von der Stelle geschafft worden?« fragte Holmes.

»Es wurde nur die schwerverwundete Frau weggetragen, denn man konnte sie unmöglich auf dem Boden liegen lassen.«

»Wie lange sind Sie schon hier, Herr Doktor?«

»Seit vier Uhr.«

»Ist sonst noch jemand hier?«

»Ja, der Polizeidiener hier.«

»Und Sie haben nichts angefaßt?«

»Gar nichts.«

»Dann sind Sie sehr vernünftig gewesen. Wer hat Sie holen lassen?«

»Das Hausmädchen Saunders.«

»Hat sie Lärm geschlagen?«

»Sie und die Köchin, Fräulein King.«

»Wo sind die Mädchen jetzt?«

»Ich glaube, in der Küche.«

»Dann wollen wir sie sofort verhören.«

Die alte Vorhalle mit Eichenholztäfelung und den hohen Fenstern wurde in einen Gerichtssaal verwandelt. Holmes nahm auf einem großen altmodischen Lehnstuhl Platz. Er war ernst und niedergeschlagen, aber in seinem Blick lag Trotz und Unerbittlichkeit. Ich konnte in seinen Augen den festen Vorsatz lesen, daß er seinen Klienten, den er leider nicht gerettet hatte, wenigstens unter allen Umständen rächen wollte. Der Inspektor, der alte grauhaarige Landdoktor, ein Ortspolizist und ich bildeten die Beisitzer dieses eigenartigen Gerichtshofes.

Die beiden Mädchen gaben eine ziemlich klare Darstellung des Vorfalls. Sie waren bei einem lauten Knall aus dem Schlaf aufgewacht; kurz darauf hatten sie einen zweiten gehört. Sie schliefen in zwei aneinander stoßenden Kammern. Fräulein King war zur Saunders gestürzt, und sie waren zusammen die Treppe hinuntergelaufen. Die Tür des Arbeitszimmers stand offen, und auf dem Tisch brannte eine Kerze. Ihr Herr lag mitten im Zimmer auf dem Fußboden, das Gesicht nach unten gekehrt.

Er war vollständig tot. In der Nähe des Fensters lag seine Frau, mit dem Kopf an die Wand gelehnt. Sie hatte eine furchtbare Verwundung, und die eine Seite war ganz von Blut überströmt. Sie gab noch Lebenszeichen von sich, konnte aber nicht sprechen. Gang und Zimmer waren voll von Pulverdampf. Das Fenster war zu und von innen geschlossen. In diesem Punkt stimmten die Aussagen beider Mädchen vollständig überein. Sie hatten sofort zum Arzt und zur Polizei geschickt. Dann hatten sie mit Hilfe des Dieners und des Stallburschen ihre verwundete Herrin in ihr Zimmer gebracht. Beide Ehegatten hatten vorher das Bett benutzt. Die Frau war angekleidet, der Mann hatte über den Unterkleidern seinen Schlafrock an. Im Arbeitszimmer war nichts angerührt, es stand noch jedes Ding an seinem Platz. Soweit die Mädchen wußten, hatten die Eheleute im besten Einvernehmen gelebt und allgemein als ein sehr glückliches Paar gegolten.

Das waren die hauptsächlichen Angaben. Auf eine Frage des Inspektors Martin konnten sie bestimmt behaupten, daß alle Haustüren von innen geschlossen gewesen waren, und niemand aus dem Haus entwischt sein konnte. Holmes antworteten sie, daß ihnen, sobald sie aus ihren Zimmern auf den Flur gestürzt, augenblicklich ein starker Pulvergeruch aufgefallen sei. »Auf diesen Punkt mache ich Sie ganz besonders aufmerksam«, sagte Holmes zu seinem Berufsgenossen Martin. »Und nun können wir uns, glaube ich, an die Untersuchung des Zimmers begeben.«

Das Arbeitszimmer des Herrn Cubitt war nicht allzu groß; an drei Wänden standen Bücherregale, an einem gewöhnlichen Fenster stand ein Schreibtisch. Von hier aus konnte man den Hof und den Garten überschauen. Unsere erste Aufmerksamkeit galt der Leiche des unglücklichen Besitzers, dessen kolossaler Körper ausgestreckt am Boden lag. Daraus, daß seine Kleidung nicht ganz geordnet war, konnte man entnehmen, daß er Eile gehabt hatte. Die Kugel war von vorne gekommen, und, nachdem sie das Herz durchbohrt hatte, im Körper stecken geblieben. Der Tod mußte augenblicklich und schmerzlos eingetreten sein. Weder sein Schlafrock, noch seine Hände zeigten irgendwelche Pulverspuren. Nach Aussage des Arztes waren dagegen im Gesicht der Frau solche Flecken wahrnehmbar, aber an ihren Händen auch nicht.

»Das Fehlen dieser Flecken beweist nichts, wenn auch ihr Vorhandensein sehr vielsagend ist«, bemerkte Holmes. »Wenn man nicht gerade schlechte Patronen hat, bei denen der Boden reißt und das Pulver rückwärts fliegt, kann man eine Menge Schüsse abfeuern, ohne Pulverspuren an die Hand zu bekommen. Ich glaube, wir können Herrn Cubitts Leiche nun wegtragen lassen. Die Kugel, welche die Frau getroffen hat, haben Sie wohl nicht gefunden, Herr Doktor?«

»Dazu ist eine schwierige Operation nötig. Aber im Revolver stecken noch vier Kugeln. Zwei Schüsse sind abgegeben, und zwei Verwundungen sind zu konstatieren; es muß also jede Kugel getroffen haben.«

»So könnte es scheinen«, sagte Holmes. »Aber welche Kugel hat denn den Fensterrahmen durchschlagen?«

Er drehte sich rasch um und zeigte mit seinem langen dünnen Finger auf ein Loch im unteren Fensterrahmen, ungefähr einen Zoll über dem Fensterbrett.

»Weiß Gott!« rief der Inspektor. »Wie haben Sie das nur sehen können?«

»Weil ich danach gesucht habe.«

»Wunderbar!« sagte der Arzt. »Sie haben sicher recht. Dann muß ein dritter Schuß gefallen und auch eine dritte Person zugegen gewesen sein. Aber wer mag dies gewesen und wie mag sie hinausgekommen sein?«

»Diese Frage müssen wir nun zu beantworten suchen«, sagte Holmes. »Sie erinnern sich noch, Herr Martin, daß ich Ihnen den Umstand, daß die beiden Mädchen beim Verlassen ihrer Kammern sofort Pulvergeruch wahrgenommen haben, als außerordentlich wichtig bezeichnete?«

»Jawohl; aber ich muß offen gestehen, daß ich Ihnen nicht ganz zu folgen vermochte.«

»Im Augenblick, als die Schüsse fielen, hat wahrscheinlich sowohl die Tür wie das Fenster offengestanden. Wenn es nicht gezogen hätte, würde sich der Pulvergeruch nicht so schnell durch das ganze Haus verbreitet haben. Aber Tür und Fenster sind bald wieder zugemacht worden.«

»Woraus schließen Sie das?«

»Daraus, daß das Licht nicht ausgeblasen worden ist.«

»Großartig!« rief der Inspektor, »großartig!«

»Ich hatte die feste Überzeugung, daß das Fenster, während das Unheil passiert ist, offen war. Daraus schloß ich weiter, daß eine dritte Person ihre Hand im Spiel gehabt habe. Diese mußte draußen gestanden und geschossen haben. Ein Schuß hinwieder auf diese Person konnte leicht den Fensterrahmen getroffen haben. Ich sah nach und fand denn auch das Loch.«

»Aber wer soll das Fenster zugemacht und von innen verriegelt haben?«

»Das hat sicher gleich die Frau getan. Aber, hallo! was seh' ich hier?«

Auf dem Schreibtisch lag das Handtäschchen einer Dame, ein niedliches kleines Täschchen aus Krokodilleder und mit Silber beschlagen. Holmes öffnete es und stülpte es um. Was kam zum Vorschein? – Ein Bündel von zwanzig Fünfzigpfundscheinen der Bank von England, die mit einem roten Bändchen zusammengebunden waren – weiter nichts.

»Das muß aufgehoben werden, denn es wird in der Verhandlung eine Rolle spielen«, sagte Holmes und händigte das Täschchen nebst Inhalt dem Polizeiinspektor ein. »Wir müssen uns zunächst nun mit dieser dritten Kugel etwas eingehender beschäftigen. Wie sich an den Splittern im Holz erkennen läßt, ist sie vom Zimmer aus gekommen. Ich möchte die Köchin gerne noch etwas fragen. – Sie sagten vorhin, Fräulein King, daß Sie durch einen *lauten* Knall geweckt worden seien. Wollten Sie mit diesem Beiwort sagen, daß Ihnen der erste Schuß lauter vorgekommen ist als der zweite?«

»Nun, ich erwachte gerade aus dem Schlaf, und kann daher

nicht allzu genau urteilen, mein Herr; er erschien mir allerdings sehr laut.«

»Glauben Sie nicht, daß vielleicht im selben Moment zwei Schüsse gefallen sind?«

»Das kann ich nicht mit Bestimmtheit sagen, Herr.«

»Ich glaube das ganz sicher. Im übrigen, Herr Martin, bin ich der Meinung, daß wir hier in diesem Zimmer nichts mehr zu suchen haben. Wir wollen nun lieber einen Rundgang durch den Garten machen und sehen, was wir dort für neues Beweismaterial finden.«

Vor dem Fenster von Herrn Cubitts Arbeitszimmer war ein Blumenbeet. Als wir in dessen Nähe kamen, sahen wir zu unserer größten Überraschung, daß die Blumen zusammengetreten waren. Der weiche Erdboden zeigte noch deutlich zahlreiche Spuren von großen Mannsfüßen mit auffallend langen, spitzen Schuhen. Holmes spürte wie ein Jagdhund, der ein verwundetes Stück Wild sucht, in dem Gras und den Blättern herum. Plötzlich stieß er einen Ruf der Befriedigung aus, bückte sich und hob eine kleine Metallhülse auf.

»Das dachte ich mir gleich«, sagte er, »der Revolver hat einen Auswerfer gehabt, das ist also die dritte Patrone. Ich glaube wahrhaftig, Herr Martin, unsere Untersuchung ist schon ziemlich beendigt.«

Der Inspektor war über die raschen Fortschritte, die seines Kollegen Nachforschungen machten, ganz erstaunt. Er war verwundert über die meisterhafte Leitung und folgte ihr, ohne selbst einzugreifen.

»Wen haben Sie in Verdacht?« fragte er.

»Darauf werde ich erst später eingehen, ich muß Ihnen dann überhaupt noch Verschiedenes erklären. Nachdem ich nun soweit gediehen bin, muß ich vorläufig diesen Weg weiter verfolgen und Ihnen dann die ganze Sache auf *einmal* und im Zusammenhang auseinandersetzen.«

»Ganz wie Sie meinen, Herr Holmes. Wenn wir nur unseren Mann bekommen.«

»Ich bin sonst kein Freund von Geheimtuerei, aber jetzt in dem Augenblick, wo wir handeln müssen, fehlt mir die Zeit zu langen und schwierigen Erörterungen. Ich habe jetzt alle Fäden in meiner Hand. Selbst wenn die Frau das Bewußtsein nie wieder erlangen sollte, können wir doch das Drama der vergangenen Nacht aufklären und die gerichtliche Bestrafung des Schuldigen herbeiführen. Zunächst möchte ich nun wissen, ob in der Nachbarschaft eine Örtlichkeit, ein Gutshof oder dergleichen, unter dem Namen ›Elrige‹ bekannt ist.«

Die Bediensteten wurden in ein Kreuzverhör genommen, aber keiner hatte von einer solchen gehört. Endlich fiel dem Stalljungen ein, daß ein Landwirt dieses Namens einige Meilen von hier nach Ost-Ruston zu ein Besitztum habe.

»Ist es abgelegen?«

»Ganz abgelegen, Herr,«

»Man wird also dort von dem hiesigen Unglück wahrscheinlich noch keine Nachricht haben?«

»Das kann sein.«

Holmes überlegte einige Sekunden, dann spielte ein zufriedenes Lächeln um seinen Mund.

»Sattele ein Pferd, mein Junge«, sagte er zu dem Burschen. »Du sollst einen Brief nach Elrige's Hof bringen.«

Er nahm die verschiedenen Blätter mit den tanzenden Männchen aus der Tasche, breitete sie vor sich auf dem Schreibtisch aus und schrieb eine Zeitlang. Endlich übergab er dem Jungen ein Schreiben mit der Anweisung, es dem Adressaten persönlich einzuhändigen und auf keinerlei Fragen, die man etwa an ihn richten sollte, Aufschluß zu geben.

Ich bemerkte, daß die Adresse auf dem Umschlag nicht Holmes' gewöhnliche feste Handschrift zeigte, sondern weitläufige, unzusammenhängende, ungleichmäßige Schriftzüge; sie lautete:

Herrn Abe Slaney

Elrige's Hof
Ost-Ruston, Norfolk.

»Ich halte es für ratsam, wenn Sie um Verstärkung telegraphieren, Herr Inspektor, denn wenn sich meine Berechnung als richtig erweist, werden Sie einen besonders gefährlichen Gefangenen zu transportieren haben. Der Junge, der den Brief besorgt, könnte gleich das Telegramm aufgeben. – Wenn nachmittags ein Zug nach London abgeht, wollen wir wieder zurückfahren, Watson, ich habe nämlich eine interessante chemische Analyse fertig zu machen, und diese Untersuchung hier wird bald zum Abschluß kommen.«

Als der Junge mit dem Brief fort war, gab Holmes der Dienerschaft die nötigen Anweisungen. Wenn irgend jemand nach Frau Cubitt fragen sollte, dürfe ihm nichts über ihr Befinden gesagt werden, sondern er müsse sofort ins Empfangszimmer geführt werden. Er schärfte ihnen das sehr ernstlich ein. Darauf ging er selbst mit uns ins Empfangszimmer und sagte uns, daß wir einstweilen in der Sache nichts mehr tun könnten. Wir sollten ruhig abwarten, wie sich die Angelegenheit weiter entwickeln würde, und uns unterdessen nach Belieben die Zeit vertreiben. Der Arzt ging auf seine Praxis, und nur der Inspektor und ich blieben bei Holmes zurück.

»Ich glaube, wir können diese Wartezeit ganz angenehm und nützlich ausfüllen«, sagte er, indem er seinen Stuhl an den Tisch rückte und die verschiedenen Papiere mit den rätselhaften tanzenden Figuren vor sich ausbreitete. »Dir, mein Freund Watson, zolle ich die größte Hochachtung dafür, daß du deine natürliche Neugierde so lange bemeistert hast. Ihnen, Herr Inspektor Martin, mag der Fall als eine interessante Fachstudie dienen. Ich muß Ihnen vor allen Dingen das mitteilen, was ich durch Herrn Cubitt erfahren habe; er hat mich zweimal in der Baker Street aufgesucht.« Holmes wiederholte dann kurz die Tatsachen, die ich oben bereits erzählt habe. »Ich habe hier diese eigentümlichen Produkte vor mir liegen; wenn sie nicht die Vorläufer einer so furchtbaren Tragödie gewesen wären, möchte man darüber lachen. Ich bin mit allen Arten von Geheimschriften ziemlich vertraut, ich habe sogar eine kleine Abhandlung darüber veröffentlicht und darin hundertundsechzig verschiedene Chiffren nachgewiesen. Doch muß ich gestehen, daß mir diese Form vollkommen neu ist. Der Erfinder dieses Systems hat offenbar den Glauben erwecken wollen, als ob diese Figuren gar nicht zur Übermittlung irgend welcher Nachrichten dienten, sondern das zufällige Gekritzel von Kinderhand wären.

Nachdem ich aber einmal erkannt hatte, daß die Zeichen an Stelle von Buchstaben standen, und gefunden hatte, daß dieselben Regeln wie bei allen übrigen Geheimschriften befolgt waren, machte mir ihre Lösung keine allzu großen Schwierigkeiten mehr. Die erste Probe, die mir übermittelt wurde, war zu kurz, um mehr herauszubringen, als daß das Zeichen

ein *e* vorstellen müßte. Wie Sie wissen, ist *e* der häufigste Buchstabe im Englischen; er ist so vorherrschend, daß man das schon in einem kurzen Satze bestätigt findet. Von fünfzehn Zeichen in der ersten Nachricht waren vier gleich, was meine Annahme also ziemlich rechtfertigte. Nun trug diese Figur manchmal eine Flagge und manchmal nicht, aber aus der Art ihrer Verteilung ging mit einiger Wahrscheinlichkeit hervor, daß diese Fähnchen dazu dienen sollten, den Satz in einzelne Worte zu zergliedern. Ich legte diese Annahme zugrunde und setzte für dieses

ein *e*.

»Die weitere Untersuchung gestaltete sich jedoch nicht so einfach. Die Häufigkeit der übrigen Buchstaben im Englischen ist durchaus nicht feststehend. Die Reihenfolge auf einer Druckseite ergab ungefähr folgendes Resultat: *t, a, o, i, n, s, h, r, d, l*. Nun sind aber die Unterschiede in der Häufigkeit des Vorkommens zwischen *t, a, o* und *i* sehr gering, und es war unmöglich, alle Kombinationen zu versuchen, bis sich aus dem Satze ein Sinn ergab. Ich wartete also auf neues Material. Bei seinem zweiten Besuche konnte mir Herr Cubitt zwei andere kurze Sätze und ein einzelnes Wort übergeben. Daß das letztere kein Satz war, sondern nur ein Wort, schien daraus hervorzugehen, daß kein Fähnchen dabei war. Da habe ich diese Zeichen. In diesem einzelnen Wort kannte ich nun die beiden *e*; das eine steht an zweiter, das andere an vierter Stelle bei fünf Buchstaben. Es konnte also *sever, lever* oder *never* (niemals) heißen. Es unterliegt nun keinem Zweifel, daß die letzte Bedeutung als Antwort auf eine Aufforderung die wahrscheinlichste war, und aus den Umständen ging hervor, dass es eine Erwiderung auf einen Vorschlag der Frau Cubitt war. Nehmen wir diese Vermutung als richtig an, so können wir bereits sagen, daß die Zeichen

den Buchstaben *n, v, r* entsprechen.

Aber auch jetzt waren noch nicht alle Schwierigkeiten überwunden; doch ein glücklicher Einfall ließ mich mehrere andere Zeichen enträtseln. Ich kam auf den Gedanken, daß, wenn diese Zuschreibung meiner Vermutung entsprechend von jemand herrührte, der früher in näheren Beziehungen zu der Dame gestanden hatte, ein Wort mit je einem *e* am Anfang und am Ende und mit drei anderen Buchstaben dazwischen wohl den Namen Elsie bedeuten könnte. Bei genauer Prüfung fand ich denn auch, daß diese Zeichenverbindung in drei aufeinanderfolgenden Fällen den Schluß der Mitteilung bildete. Es war also sicher eine Aufforderung an Elsie. Auf diese Weise kannte ich *l*, *s* und *i*. Aber was war der Inhalt dieser vorausgehenden Mitteilung? Das Wort vor Elsie bestand aus vier Buchstaben, deren letzter ein *e* war. Es mußte wohl *come* (komm!) heißen. Ich probierte alle anderen Wörter mit vier Buchstaben und einem *e* am Schluß durch, aber kein anderes paßte in diesen Zusammenhang. So hatte ich denn auch *c*, *o* und *m* herausgebracht und konnte nunmehr die Auflösung der ersten Zuschrift wieder von neuem in Angriff nehmen. Ich teilte sie in Worte ab und ersetzte die bekannten Zeichen durch die entsprechenden Buchstaben und die unbekannten durch Punkte. Auf diese Weise erhielt ich folgendes:

.m .ere ..e sl.ne.

Der erste Buchstabe kann nur ein *a* sein. Diese Entdeckung war sehr wichtig, weil dasselbe Zeichen in dem kurzen Satz dreimal vorkommt. Im zweiten Wort fehlt vorne offenbar ein *h*; setzen wir das ein, so ergibt sich:

*am here a.e slane*

und wenn man die leeren Stellen im dritten und vierten Wort, was sicher der Name ist, noch durch die offenbar fehlenden Buchstaben ergänzt:

*am here abe slaney*

[Bin hier Abe Slaney]

Ich hatte nun so viele Buchstaben gefunden, daß ich zuversichtlich an die Entzifferung der zweiten Nachricht gehen konnte, die vorläufig folgende Gestalt annahm:

*a. elri.es*

Das ergab nur einen Sinn, wenn ich an die Stelle der Punkte ein *t* beziehungsweise ein *g* setzte, sodaß die Botschaft hieß: *at elriges* [in Elriges], und annahm, daß es der Name irgend eines Wirtshauses oder Hofes sei, wo der Schreiber wohnte.«

Inspektor Martin und ich hatten mit größtem Interesse den klaren und ausführlichen Auseinandersetzungen meines Freundes zugehört, wodurch er alle Schwierigkeiten dieses verzwickten Falles aus dem Weg geräumt hatte.

»Was taten Sie dann weiter?« fragte der Inspektor.

»Ich vermutete mit gutem Grunde, daß dieser Abe Slaney ein Amerikaner sei, seil Abe eine amerikanische Zusammenziehung ist, und weil mit einem Brief aus Amerika die ganze Geschichte ihren Anfang genommen hatte. Ich hatte ferner alle Ursache, anzunehmen, daß irgend ein heimliches Verbrechen dahintersteckte. Die Anspielungen der Dame auf ihre Vergangenheit und ihre Weigerung, ihrem Gatten das Geheimnis anzuvertrauen, wiesen stark darauf hin. Ich telegraphierte daher an meinen Freund Wilson Hargreave von der New Yorker Polizei, dem ich auch schon verschiedentlich zu Diensten gestanden hatte, und fragte an, ob ihm der Name Abe Slaney bekannt sei. Hier habe ich seine Antwort: ›Ist der gefährlichste Kunde in Chicago‹. An demselben Abend, kurz bevor ich diese Nachricht erhielt, bekam ich auch einen Brief von Herrn Cubitt, worin er mir die letzte Nachricht Slaneys zusandte. Mit Hilfe meiner mittlerweile erlangten Kenntnisse konnte ich sie folgendermaßen entziffern:

*elsie .re.are to meet thy go.*

Durch Hinzufügung zweier *p* und eines *d* am Ende erhielt ich den Satz: *elsie prepare to meet thy god* [Elsie, mache dich bereit, deinem Gott gegenüberzutreten]. Aus dieser Mitteilung konnte ich entnehmen, daß der Kerl von Überredungen zu Drohungen übergegangen war, und soweit ich die Chicagoer Verbrecher kannte, ließen sie den Worten rasch die Tat folgen. Ich eilte also, sobald es möglich war, mit meinem Freunde und Kollegen Dr. Watson nach Norfolk, wo ich leider aber schon zu spät eintraf, und das Unglück bereits geschehen war.«

»Es ist ein großer Vorzug, mit Ihnen gemeinsam einen Fall behandeln zu können«, sagte der Inspektor gerührt. »Sie werden jedoch entschuldigen, wenn ich so frei bin, Ihnen zu sagen, daß

Sie nur sich selbst Rechenschaft zu geben brauchen, während ich mich aber vor meinen Vorgesetzten zu verantworten habe. Wenn dieser Abe Slaney in Elriges wirklich der Mörder ist, und, während ich untätig hier sitze, die Flucht ergreift, würde ich große Unannehmlichkeiten bekommen.«

»Sie brauchen sich in keiner Weise zu beunruhigen. Er wird noch nicht einmal den Versuch machen, zu entfliehen.«

»Woher wissen Sie das?«

»Durch die Flucht würde er sich ja schuldig bekennen.«

»Dann wollen wir ihn in seiner Wohnung festnehmen?«

»Ich erwarte ihn jeden Augenblick hier.«

»Aber warum sollte er hierher kommen?«

»Weil ich ihm geschrieben und ihn darum gebeten habe.«

»Das ist doch nicht sehr glaubwürdig, Herr Holmes! Warum sollte er kommen, weil Sie ihn darum ersucht haben. Sollte ihm diese Bitte nicht eher verdächtig vorkommen und ihn zur Flucht veranlassen?«

»Sie können mir wohl zutrauen, daß ich den Brief danach abgefaßt habe«, erwiderte Holmes. »Übrigens, wenn ich nicht irre, kommt er dort schon den Weg herauf.«

Auf dem Gartenweg kam nach der Haustüre zu ein Mann einhergeschritten. Es war ein großer, stattlicher Kerl mit sonnverbranntem Gesicht. Er trug einen grauen Sommeranzug und einen Panamahut, hatte einen struppigen, schwarzen Bart, eine starke, gebogene Nase und schwang einen Spazierstock in der Hand. Er kam an wie der Herr des Hauses und klingelte laut und zuversichtlich.

»Ich glaube, meine Herren«, sagte Holmes in aller Ruhe, »es ist am besten, wenn wir uns hinter der Türe aufstellen. Wenn man es mit einem solchen Burschen zu tun hat, ist die größte Vorsicht am Platze. Sie werden die Handschellen anwenden müssen, Herr Martin; die mündliche Unterhaltung können Sie mir überlassen.«

Wir warteten schweigend eine Minute – eine jener Minuten, die ich nie vergessen werde. Dann ging die Tür auf, und herein trat unser Mann. Im Nu setzte ihm Holmes die Pistole an die Brust, und Martin und ich legten ihm die Handschellen an. Es geschah dies so plötzlich und rasch, daß er bereits überwältigt war, ehe er seine Lage richtig erkannte. Er starrte uns mit seinen flammenden, schwarzen Augen nacheinander an und begann dann bitter zu lachen.

»Nun, meine Herren, diesmal haben Sie mich allerdings überrumpelt. Ich scheine an die verkehrte Adresse gekommen zu sein. Ich folgte einer Einladung der Frau Cubitt. Ich hoffe nicht, daß sie an diesem Anschlag beteiligt ist, nein, ich glaube nicht, daß sie dazu geholfen hat, mich in die Falle zu locken.«

»Frau Hilton ist schwer verwundet und kann jeden Augenblick sterben.«

Als er das hörte, stieß der Mann einen Schmerzensschrei aus, der durch das ganze Haus drang.

»Sie sind nicht recht bei Trost!« schrie er wütend. »*Er* wurde verletzt, nicht *sie*. Wer könnte der kleinen Elsie ein Leid antun? Ich mag ihr gedroht haben, Gott verzeih' mir's, aber ich würde ihr doch kein Haar krümmen können. Nehmen Sie dies Wort zurück! Sagen Sie, daß sie nicht verletzt ist!«

»Sie wurde schwerverwundet neben der Leiche ihres Gatten gefunden.«

Da sank der Mann stöhnend auf einen Lehnstuhl und verbarg das Gesicht in seinen gefesselten Händen. Einige Minuten saß er ganz regungslos und gab keinen Laut von sich. Dann hob er den Kopf in die Höhe und sprach mit der kalten Ruhe der Verzweiflung:

»Ich brauche Ihnen nichts mehr zu verheimlichen, meine Herren«, begann er. »Wenn ich den Mann getötet habe, so geschah es, nachdem er auf mich einen Schuß abgegeben hatte; das ist kein Mord. Wenn Sie aber glauben, ich hätte die Frau verwundet, kennen Sie weder mich, noch sie. Ich schwöre Ihnen, noch kein Mann auf Erden hat ein Weib mehr geliebt, als ich sie geliebt habe. Ich hatte ein Anrecht auf sie. Sie war vor Jahren meine Braut. Warum mußte dieser Engländer dazwischen treten? Ich versichere Ihnen nochmals, ich hatte das erste Recht an sie, und nur das beanspruchte ich.«

»Sie entzog sich aber Ihrem Einfluß, als sie merkte, was Sie für ein Mensch sind«, erwiderte Holmes. »Sie floh von Amerika, um Sie los zu werden, und heiratete in England einen ehrbaren Mann. Sie spürten sie auf und verfolgten sie und verbitterten ihr das Leben, indem Sie sie aufforderten, ihren Gatten zu verlassen, den sie liebte und achtete, und mit Ihnen zu fliehen, den sie fürchtete und haßte. Sie haben schließlich einen braven Mann erschossen und seiner Frau den Revolver in die Hand gedrückt, um sich selbst zu töten. Das haben Sie erreicht, Herr Abe Slaney, und vor Gericht zu verantworten.«

»Wenn Elsie stirbt, ist mir's gleichgültig, was aus mir wird«, sagte der Amerikaner. Er machte die eine Hand auf und starrte lange auf ein zerknittertes Papier, das er darin hielt. »Sehen Sie hier, Herr«, rief er, und Verdacht leuchtete aus seinen Augen. »Das schafft mir schlimmen Argwohn und schwere Sorge. Wie soll ich mir das erklären? Wenn die Dame so schwer verwundet ist, wie Sie behaupten, wer hat dann diese Notiz geschrieben? Sagen Sie mir das!« Und damit warf er den Zettel auf den Tisch.

»Die habe ich geschrieben, um Sie hierher zu bringen.«

»Das haben Sie geschrieben? Kein Mensch auf der Welt außer unserer Gesellschaft kannte das Geheimnis der tanzenden Männchen. Wie konnten Sie in dieser Schrift schreiben?«

»Was ein Mensch erfindet, kann ein anderer aufdecken«, antwortete Holmes. »Es ist übrigens eine Droschke unterwegs, die Sie nach Norwich bringen wird, Herr Slaney. Die Zeit bis zu ihrer Ankunft können Sie noch benutzen, um das begangene Unrecht wenigstens einigermaßen wieder gutzumachen. Wissen Sie, daß Frau Cubitt stark im Verdacht stand, ihren Mann ermordet zu haben, und es nur meiner Gegenwart und meiner zufälligen Kenntnis des ganzen Falls verdankt, daß sie nicht unter Anklage gestellt wird? Zum wenigsten sind Sie ihr schuldig, vor aller Welt offen auszusprechen, daß sie in keiner Weise, weder direkt, noch indirekt, an dem tragischen Ende ihres Gatten eine Schuld trifft.«

»Nichts tue ich lieber als das«, versetzte der Amerikaner. »Ich halte es selbst für das beste, was ich tun kann, die volle Wahrheit zu sagen.«

»Ich habe die Pflicht, Sie darauf aufmerksam zu machen, daß Sie nichts Belastendes gegen sich selbst auszusagen brauchen«, rief der Inspektor dazwischen – der bekannte Paragraph des englischen Strafgesetzbuches.

Slaney zuckte mit der Schulter.

»Ich werde mich danach richten«, sagte er. »Vor allem, meine Herren, muß ich Ihnen mitteilen, daß ich die Dame von Kindheit an kenne. Wir waren sieben Mann in Chicago, und Elsies Vater war die Stütze unseres Bundes. Er war 'n feiner Kerl, der alte Patrick. Er hat auch diese Schrift erfunden, die für das Gekritzel von Kindern gehalten worden wäre, wenn Sie nicht jetzt die Lösung gefunden hätten. Auch Elsie lernte einige unserer Schliche, aber ihr sagte diese Tätigkeit nicht zu; sie nahm ihr bißchen ehrlich erworbenes Vermögen, verließ uns und ging nach London. Sie war mit mir verlobt und würde mich, glaube ich, auch geheiratet haben, wenn ich eine andere Laufbahn eingeschlagen hätte; aber von einem solchen Leben wollte sie nichts wissen. Erst nach ihrer Verheiratung mit diesem Engländer gelang es mir, ihren Aufenthaltsort ausfindig zu machen. Ich schrieb ihr, erhielt jedoch keine Antwort. Dann kam ich selbst herüber, und da Briefe nichts nützten, schrieb ich meine Mitteilungen dahin, wo sie sie sehen und lesen mußte.

Ich bin nun einen Monat hier. Ich wohnte auf jenem Hof, wo ich im Erdgeschoß ein Zimmer inne hatte und alle Nacht nach Belieben ein- und ausgehen konnte. Ich kam aber nicht weiter. Ich versuchte alles, was ich konnte, um Elsie zur Trennung von ihrem Mann zu bewegen. Ich wandte zuerst Schmeicheleien an, später ging ich zu Drohungen über. Daß sie meine Nachrichten las, wußte ich, denn sie hatte einmal eine Antwort darunter geschrieben. Zuletzt schickte sie mir einen Brief, worin sie mich inständig bat, fortzugehen; es würde ihr das Herz brechen, wenn ihr Mann einen Skandal erleben müßte. Sie schrieb, daß sie um drei Uhr morgens, während ihr Mann schliefe, ans Fenster herunterkommen und mit mir sprechen wollte. Sie erschien und brachte Geld mit, um mich dadurch zur Abreise zu bewegen. Das machte mich wahnsinnig. Ich ergriff ihren Arm und suchte sie durchs Fenster zu ziehen. In diesem Moment stürzte der Mann ins Zimmer. Er hatte einen Revolver in der Hand. Elsie war zu Boden gesunken, und wir Männer standen uns gegenüber, von Angesicht zu Angesicht. Ich war ebenfalls bewaffnet und hielt ihm den Revolver entgegen. Er schoß, und ich beinahe zugleich mit ihm; er aber fehlte, während mein Schuß tödlich war. Ich machte mich sofort durch den Garten aus dem Staub; ich hörte nur noch, wie hinter mir das Fenster geschlossen wurde. So, bei Gott, ist es gewesen, das ist die volle Wahrheit, meine Herren. Ich habe dann weiter nichts mehr über die Sache erfahren, bis vorhin der Junge zu mir geritten kam und mir die Botschaft brachte, die mich veranlaßte, hierher zu kommen und wie ein Vogel ins Garn zu gehen.«

Während der Amerikaner dieses Geständnis abgelegt hatte, war der Wagen mit zwei uniformierten Schutzleuten vorgefahren. Inspektor Martin stand auf und klopfte seinem Gefangenen auf die Schulter:

»Wir müssen gehen.«

»Kann ich sie erst noch mal sehen?«

»Nein, sie ist bewußtlos. – Herr Holmes, ich hoffe weiter nichts, als daß mir in schwierigen Fällen stets das Glück zuteil wird, Sie an der Seite zu haben.«

Wir standen am Fenster und sahen dem davonfahrenden Wagen nach. Als ich mich umwandte, fiel mein Blick auf das zerknitterte Papier, das der Gefangene auf den Tisch geworfen hatte. Es enthielt die Notiz, womit ihn Holmes hinters Licht geführt hatte.

»Sieh mal, ob du's lesen kannst, Watson«, sagte er lächelnd.

Es stand weiter nichts darauf als folgende Reihe tanzender Männchen:

»Wenn du meine Ausführungen von vorhin begriffen hast, wirst du leicht finden, daß es einfach heißt: *come here at once* [komme sofort hierher]. Ich war überzeugt, daß er diese Einladung nicht ausschlagen würde, weil er sich nicht denken konnte, daß sie von einem anderen Menschen als von ihr käme. Auf diese Weise, mein lieber Watson, haben wir die tanzenden Männchen auch einmal in den Dienst des Guten gestellt, nachdem sie so oft bösen Zwecken gedient haben, und ich glaube, mein Versprechen, dir etwas Ungewöhnliches für dein Buch zu liefern, gehalten zu haben. Drei Uhr vierzig geht unser Zug, sodaß wir zum Essen wieder in der Baker Street sein können.«

Noch ein paar Worte zum Schluß! Der Amerikaner Abe Slaney wurde zum Tode verurteilt, aber in Anbetracht der mildernden Umstände, und weil feststand, daß Hilton Cubitt zuerst geschossen hatte, zu lebenslänglicher Zuchthausstrafe begnadigt. Von Frau Cubitt habe ich nur gehört, daß sie noch Witwe ist. Sie ist vollständig wiederhergestellt und widmet ihr Leben der Fürsorge für die Armen und der Verwaltung des Gutes ihres Gatten.

# Die sechs Napoleonbüsten

Es war nichts Ungewöhnliches, wenn Inspektor Lestrade von Scotland Yard sich des Abends bei uns einfand. Seine Besuche waren Holmes schon aus dem Grunde nicht unangenehm, weil er dadurch mit den Vorgängen im Hauptpolizeiamt in Fühlung blieb. Er hörte die Erzählungen Lestrades aufmerksam an und gab ihm aus seinem reichen Schatz von Kenntnissen und Erfahrungen gerne einen Wink oder eine Andeutung, ohne selbst handelnd einzugreifen.

Eines Abends nun war Lestrade, nachdem er die üblichen Bemerkungen über die Witterung und die letzten Zeitungsneuigkeiten gemacht hatte, auffallend still und beschränkte sich darauf, nachdenklich an seiner Zigarre zu ziehen. Holmes sah ihn scharf an.

»Sonst nichts los?« fragte er nach einer Weile.

»Nichts von Bedeutung, Herr Holmes.«

»Nur 'raus mit der Sprache!«

Lestrade lachte.

»Nun, Herr Holmes, Leugnen hat Ihnen gegenüber ja doch keinen Zweck; ich hab' tatsächlich etwas auf dem Herzen, aber 's ist 'ne so dumme Geschichte, daß ich Sie eigentlich nicht damit belästigen wollte. Auf der anderen Seite ist die Sache doch wieder merkwürdig, und meines Wissens haben Sie ja gerade für das Außergewöhnliche eine besondere Vorliebe. Freilich schlägt es nach meinem Dafürhalten mehr in Dr. Watsons Fach als in unseres.«

»Also was Krankhaftes?« fragte ich.

»Ja, was Verrücktes«, antwortete er, »sogar was besonders Verrücktes. Können Sie sich vorstellen, daß es heute noch einen Menschen gibt, der von einem solchen Haß gegen Napoleon I. erfüllt ist, daß er alle Büsten von ihm, deren er habhaft werden kann, in Stücke zerschlägt?«

Holmes sank teilnahmslos in seinen Stuhl zurück.

»Das ist nichts für mich«, sagte er.

»Das hab' ich mir auch gedacht. Aber immerhin, wenn jemand nächtlicherweise einbricht und fremde Büsten stiehlt und vernichtet, so muß sich außer dem Arzt auch die Polizei mit ihm beschäftigen.«

Holmes setzte sich wieder aufrecht.

»Einbruch! Das klingt schon interessanter. Erzählen Sie weiter.«

Lestrade zog sein amtliches Notizbuch aus der Tasche, um an der Hand seiner Aufzeichnungen die Einzelheiten in sein Gedächtnis zurückzurufen.

»Der erste Fall hat sich vor vier Tagen ereignet«, fuhr er fort. »Es war bei Morse Hudson, der einen Verkaufsladen für Bilder und Büsten in der Kenningtonstraße hat. Der Verkäufer hatte den vorderen Verkaufsraum einen Augenblick verlassen, als er plötzlich einen starken Krach hörte. Er stürzte rasch herbei und fand eine Gipsfigur Napoleons, die mit mehreren anderen Kunstwerken auf dem Ladentisch gestanden hatte, zertrümmert am Boden liegen. Er lief schnell 'naus auf die Straße, konnte aber, trotzdem ihm verschiedene Leute erklärten, sie hätten einen Mann aus dem Laden herauskommen sehen, weder diesen Menschen selbst erblicken, noch einen Anhaltspunkt zu seiner Ermittlung finden. Es schien sich um einen jener sinnlosen Akte von Zerstörungswut zu handeln, wie sie von Zeit zu Zeit vorkommen; und als solcher wurde er auch dem diensttuenden Polizisten gemeldet. Der Wert der Figur betrug nur wenige Schillinge, und die ganze Sache erschien zu unbedeutend, um eine eingehendere Untersuchung einzuleiten. Der zweite Fall war jedoch schon ernster und auch eigentümlicher. Er hat sich erst vergangene Nacht zugetragen.

In der Kenningtonstraße, nur ein paar Hundert Meter von dem Hudsonschen Geschäft entfernt, wohnt ein sehr bekannter praktischer Arzt namens Barnicot, der eine sehr ausgedehnte Praxis südlich der Themse hat. Seine Wohnung und sein Hauptsprechzimmer befinden sich in der Kenningtonstraße, außerdem hält er aber noch in einem Hause der Lower Brixton-Straße, zwei Meilen entfernt, Sprechstunden ab. Dieser Dr. Barnicot ist ein begeisterter Verehrer Napoleons und besitzt eine Menge Bilder, Bücher und sonstige Andenken von dem französischen Kaiser. Vor kurzem hat er auch bei Hudson zwei Gipsbüsten des berühmten Napoleonkopfes von dem französischen Bildhauer Devine gekauft. Die eine derselben stellte er im Eingang seines Hauses in der Kenningtonstraße auf, die andere auf dem Kaminsims seines Sprechzimmers in der Lower Brixton-Straße. Als Dr. Barnicot heute früh nun herunter kam, fand er zu seiner Überraschung, daß während der Nacht in seiner Wohnung eingebrochen, aber weiter nichts gestohlen worden war als die Napoleonbüste in der Vorhalle. Sie war hinausgetragen und mit Gewalt gegen die Gartenmauer geworfen worden, wo man die Bruchstücke noch liegen sehen konnte.«

Holmes rieb sich die Hände.

»Das ist entschieden merkwürdig«, sagte er.

»Ich dachte mir, daß Sie's interessieren würde. So lassen Sie mich weiter erzählen, die Sache ist noch nicht zu Ende. Mittags ging Dr. Barnicot in sein zweites Sprechzimmer, und, siehe da, dort war das Fenster geöffnet und die Trümmer der zweiten Büste lagen am Boden umher; sie war an ihrem Standorte vollständig in Stücke zerschlagen worden. In beiden Fällen hat der Verbrecher oder Geisteskranke keine Spur zurückgelassen, die uns auch nur den geringsten Anhaltspunkt zu seiner Ergreifung liefern könnte. Das sind die Tatsachen, Herr Holmes.«

»Sie sind eigenartig, ganz seltsam«, sagte Holmes. »Können Sie mir vielleicht angeben, ob die beiden Büsten des Dr. Barnicot genau eben so waren wie die bei Hudson zerschlagene?«

»Es waren ganz gleiche Nachbildungen desselben Modells.«

»Dieser Umstand spricht gegen die Annahme, daß der Täter von einem allgemeinen Haß gegen Napoleon geleitet worden sei. Denn wenn man bedenkt, wieviel Hundert Statuen des großen Kaisers in London stehen, ist es äußerst unwahrscheinlich, daß ein wahnsinniger Bilderstürmer zufällig gerade hintereinander drei Stück von demselben Modell erwischen sollte.«

»Das habe ich mir auch gesagt«, antwortete Lestrade. »Andererseits ist Hudson der Büstenlieferant für diesen ganzen Stadtteil, und diese drei Köpfe waren die einzigen dieser Art und hatten schon jahrelang in seinem Laden gestanden. Daher ist es, obwohl es, wie Sie ganz richtig bemerken, in London Hunderte von Napoleonbüsten gibt, doch nicht unwahrscheinlich, daß in diesem Bezirk nur diese drei existierten. Ein Fanatiker aus jener Gegend könnte also sehr wohl damit sein allgemeines Zerstörungswerk angefangen haben. Wie denken Sie darüber, Herr Dr. Watson?«

»Bei dieser Krankheitsform ist alles möglich«, erklärte ich. »Es handelt sich offenbar um jene geistige Störung, die die neuere Psychopathie als ›fixe Idee‹ bezeichnet. Dieselbe äußert sich oft nur in unmerklichen Anzeichen, und der Kranke kann sonst vollkommen normal sein. Bei einem Mann, der sich stark in die Lektüre Napoleonischer Geschichte vertieft oder dessen Familie womöglich infolge der Kriege Unbill erlitten hat, könnte sich leicht eine solche ›fixe Idee‹ gebildet haben, unter deren Einfluß er zu jeder Gewalttat in dieser Richtung fähig wäre.«

»Deine medizinischen Ausführungen vermögen meinem Laienverstand nicht recht einzuleuchten, mein lieber Watson«, sagte Holmes kopfschüttelnd. »Ich kann mir nicht vorstellen, wie auch die stärkste ›fixe Idee‹ deinen interessanten Kranken in den Stand setzen sollte, die zwei Büsten des Dr. Barnicot ausfindig zu machen.«

»Nun, wie erklärst *du* dir's denn?«

»Ich kann die Sache überhaupt noch nicht ganz durchschauen. Ich wollte vorläufig nur soviel bemerken, daß dieser exzentrische Herr nach einer ganz bestimmten Methode vorgeht und mit Überlegung handelt. So hat er zum Beispiel im Wohnhaus des Dr. Barnicot, wo ein Geräusch die Familie hätte wecken können, die Büste mit hinausgenommen und erst draußen zerschlagen, wohingegen er sie in dem anderen Sprechzimmer, wo diese Gefahr geringer war, gleich an Ort und Stelle zertrümmert hat. Die ganze Sache ist scheinbar sehr geringfügig, wenn ich aber bedenke, daß meine berühmtesten Fälle immer einen wenig versprechenden Anfang hatten, so wage ich nichts mehr als unbedeutend anzusehen. Erinnerst du dich noch, Watson, wie die furchtbare Tragödie der Familie Abernetty zuerst in Gestalt eines kaum wahrnehmbaren Eindrucks, den an einem heißen Sommertage ein Stengelchen Petersilie auf der Butter hinterlassen hatte, zu meiner Kenntnis gelangte? Ich kann mich also einstweilen nicht mit einem erhabenen Lächeln über die Sache hinwegsetzen, Lestrade, und Sie werden mich sehr verbinden, wenn Sie mir von irgend welchen neuen Vorfällen in dieser sonderbaren Angelegenheit sofort Mitteilung machen.«

Diese Nachricht traf rascher ein und lautete ernster, als sich mein Freund gedacht haben mochte. Als ich am nächsten Morgen noch mit Ankleiden beschäftigt war, klopfte es an die Tür meines Schlafzimmers und herein trat Holmes mit einem Telegramm in der Hand. Er las es laut vor:

»Sofort kommen, Pittstraße 131, Kensington. – Lestrade.«

»Was mag denn los sein?« fragte ich.

»Weiß auch nicht – irgend ’was. Aber ich vermute, es ist die Fortsetzung der Geschichte von den Statuen. In diesem Falle würde unser Freund Bilderstürmer den Schauplatz seiner Tätigkeit in ein anderes Viertel verlegt haben. Das Frühstück steht schon auf dem Tisch, Watson, und die Droschke vor der Tür.«

Nach einer halben Stunde waren wir bereits in der Pittstraße, einer kleinen, ruhigen Straße, ganz in der Nähe der belebtesten Londoner Geschäftsgegend. Nr. 131 war eins der schmucklosen, alten Häuser, wo man möglichst unromantisch wohnt. Als wir vorfuhren, fanden wir das Gitter vor dem Hause von einer neugierigen Menge umlagert. Holmes gab ein Zeichen mit der Pfeife.

»Wahrhaftig, Watson, es ist zum mindesten ein Mordversuch gemacht worden, sonst würde kein Berichterstatter hier sein; sieh ’mal, wie er sich vorbeugt und beinahe den Hals ausrenkt!

's deutet alles auf eine Gewalttat hin. Und was soll das heißen? Die oberen Treppenstufen sind naß und die unteren trocken. Ah, dort am Fenster sehe ich Lestrade, er wird uns bald den nötigen Aufschluß geben können.«

Er empfing uns mit ernster Miene und geleitete uns in ein Empfangszimmer, in dem ein unsauber aussehender älterer Herr in einem Schlafrock aufgeregt auf- und abging. Lestrade stellte ihn uns als den Eigentümer des Hauses – Herrn Horace Harker vom ›Zentral-Presse-Syndikat‹ vor.

Dann sagte er: »Es handelt sich um die alte Geschichte von den Napoleonbüsten. Sie schienen sich gestern abend dafür zu interessieren, Herr Holmes, und daher glaubte ich, es würde Ihnen nicht unangenehm sein, die Fortsetzung zu erfahren. Die Sache hat schon eine ernstere Wendung genommen.«

»Wie weit hat sie sich denn entwickelt?«

»Bis zum Mord. – Herr Harker, wollen Sie diesen Herren den Vorgang genau erzählen?«

Der Mann im Schlafrock wandte sich uns zu. Er war gänzlich niedergeschlagen.

»Es ist eine der eigentümlichsten Begebenheiten«, begann er, »ich habe mich mein Lebtag damit beschäftigt, alle möglichen Neuigkeiten zu erfahren und journalistisch zu verwerten, und jetzt, wo sich bei mir selbst ein Aufsehen erregender Fall ereignet hat, bin ich nun derartig verwirrt, daß ich keinen Satz ordentlich zusammenbringen kann. Wenn das in einem fremden Haus passiert wäre, würde ich im Abendblatt zwei Spalten darüber gebracht haben. Aber so bin ich ganz unfähig, erzähle die Sache anderen und muß untätig zusehen, wie sie sie ausschlachten. Wenn Sie aber diese rätselhafte Angelegenheit aufklären, Herr Holmes, – ich kenne Ihren Namen, – so habe ich eine hinreichende Entschädigung für meinen Bericht.«

Holmes setzte sich und hörte zu.

»Der springende Punkt bei der ganzen Sache scheint mir die Napoleonbüste zu sein, die ich vor etwa vier Monaten für dieses Zimmer angeschafft habe. Ich erstand sie für ein billiges Geld bei den Gebrüdern Harding, die zwei Häuser von der Station High Street ihr Geschäft haben. Meine journalistische Tätigkeit nötigt mich, vielfach die Nacht über aufzubleiben, und ich schreibe häufig bis zum frühen Morgen. Das war auch vergangene Nacht wieder der Fall. Ich saß wie gewöhnlich in meinem Studierzimmer hinten im obersten Stock; es mochte gegen drei Uhr sein, da hörte ich von unten ein Geräusch. Ich horchte auf, aber es regte sich nichts weiter, und ich dachte daher, der Lärm wäre von außen gekommen. Doch kaum fünf Minuten später, Herr Holmes, drang ein schreckliches Geschrei an mein Ohr – das furchtbarste, das ich je gehört habe. Es wird mir mein Leben lang in den Ohren gellen. Eine oder zwei Minuten saß ich, vom Schreck wie angenagelt, auf meinem Stuhl, dann ergriff ich den Ofenhaken und lief die Treppe hinunter. Als ich in dieses Zimmer hier trat, stand das Fenster weit offen, und meine Büste war verschwunden. Wie ein Dieb sich an einem solchen Ding vergreifen konnte, war mir unverständlich, denn es war ein einfacher Gipsabguß ohne besonderen Wert.

Wie Sie selbst sehen können, war nur ein Mann mit sehr langen Beinen imstande, durch einen Sprung durch das offene Fenster die obere Treppenstufe zu erreichen. Als ich nun die Haustüre öffnete und hinaustrat, fiel ich in der Dunkelheit beinahe über eine Leiche. Ich lief zurück und holte ein Licht. Auf dem obersten Treppenstein lag ein Mann mit angezogenen Knien und weit geöffnetem Munde, er hatte eine klaffende Wunde am Hals und schwamm in seinem Blute – sein Bild wird mir noch im Traum erscheinen. Ich gab schnell einen Notpfiff und muß dann in Ohnmacht gefallen sein, denn ich kann mich auf nichts mehr besinnen, bis ich die Schutzleute erblickte, die mir zu Hilfe geeilt und über mich gebeugt waren.«

»Und wer war der Ermordete?« fragte Holmes.

»Wir haben noch keine Zeit gehabt, seine Persönlichkeit festzustellen«, antwortete Lestrade. »Sie werden ihn in der Leichenhalle sehen. Er ist ein großer, kräftiger Mann mit sonnengebräuntem Gesicht und kann höchstens dreißig Jahre alt sein. Er ist zwar ärmlich gekleidet, macht aber doch nicht den Eindruck, als ob er dem Arbeiterstand angehöre. Neben ihm in einer Blutlache lag ein schwedisches Messer mit Horngriff. Ob der Mord damit ausgeführt ist, weiß ich nicht. Die Kleidungsstücke des Toten zeigten keinen Namenszug, und in den Taschen fanden wir weiter nichts als einen Apfel, einen Strick, einen Plan von London und eine Photographie. Ich habe sie hier.«

Es war allem Anschein nach eine Momentaufnahme. Sie stellte einen lebhaften, flinken Mann dar mit affenartigen Zügen und tierischen Augenbrauen, sodaß die untere Gesichtspartie wie bei einem Pavian aussah.

»Und was ist aus der Büste geworden?« fragte Holmes, nachdem er die Photographie genau betrachtet hatte.

»Darüber haben wir erst kurz vor Ihrer Ankunft Mitteilung bekommen. Sie ist in dem Vorgarten eines unbewohnten Hauses in der Campdonstraße gefunden worden. Sie ist in Stücke zerschlagen. Ich will eben hingehen und sie in Augenschein nehmen. Wenn Sie mitkommen wollen – –?«

»Gewiß. Ich will mich nur erst hier einen Augenblick umsehen.« Er untersuchte das Fenster und das Gärtchen. »Der Kerl hat entweder außergewöhnlich lange Beine, oder er ist ein ausgezeichneter Springer«, sagte er. »Vom Garten aus war es sehr schwer, das Fenster zu erreichen und zu öffnen. Der Rückweg war verhältnismäßig einfach. Wollen Sie auch mitkommen, Herr Harker, um die Überreste der Büste zu sehen?«

Der untröstliche Journalist hatte sich mittlerweile an den Schreibtisch gesetzt.

»Ich muß doch noch versuchen, die Sache auszunutzen«, erwiderte er, »wenn auch jedenfalls die ersten Ausgaben der Abendblätter schon ausführliche Berichte bringen werden. Es ist eben mein gewohntes Pech! Wissen Sie noch, wie der Posten in Doncaster erschossen wurde? Damals war ich der einzige Zeitungsmann am Tatort, und meine Zeitung die einzige, in der nichts über den Vorfall stand, weil ich auch zu erschüttert war, um schreiben zu können. Und jetzt werde ich sogar mit der Meldung eines Mordes, der vor meiner eigenen Haustür passiert ist, zu spät herauskommen.«

Als wir hinausgingen, hörten wir seine Feder kratzend über das Papier fahren.

Die Stelle, wo die Bruchstücke der Büste gefunden worden waren, war nur ein paar hundert Meter entfernt. Hier sahen wir zum ersten Male die Scherben der Büste des großen Kaisers, der einen so furchtbaren Haß in der Seele des Unbekannten erregt zu haben schien. Holmes hob einige auf und unterwarf sie einer genauen Untersuchung. Die Spannung auf seinem Gesicht und sein ganzes Benehmen verrieten mir, daß sie nicht ganz ergebnislos gewesen war, daß er wenigstens eine Spur gefunden haben mußte.

»Nun?« fragte Lestrade.

Holmes zuckte die Achseln.

»Wir sind noch weit vom Ziel«, sagte er. »Immerhin – nun, immerhin haben wir einige Hinweise, denen wir folgen können. Der Besitz dieser Gipsbrocken war dem merkwürdigen Verbrecher mehr wert als ein Menschenleben. Das ist *ein* Punkt. Weiter besteht die auffällige Tatsache, daß er die Büste nicht im Hause oder unmittelbar davor zertrümmert hat, wenn es ihm überhaupt lediglich auf ihre Vernichtung angekommen ist.«

»Er ist wahrscheinlich von dem anderen Burschen überrascht worden und wußte kaum, was er tat.«

»Jawohl, das ist nicht unmöglich. Ich möchte aber doch nicht verfehlen, Ihr Augenmerk besonders auf die Lage dieses Grundstücks zu richten.«

Lestrade sah meinen Freund an.

»Das Haus ist nicht bewohnt; er wußte also, daß er in diesem Garten nicht gestört würde.«

»Allerdings, aber in dieser selben Straße liegt noch ein leeres Haus, an dem er vorbei mußte, um hierher zu kommen. Warum hat er die Büste nicht in jenem Vorgarten zerbrochen, mußte doch jeder Schritt weiter die Gefahr, gesehen zu werden, erhöhen?«

»Ich bin am Ende meines Witzes«, antwortete Lestrade.

Holmes deutete auf die Straßenlaterne über uns.

»Hier konnte er sehen, dort nicht. Das wird wohl der Grund gewesen sein.«

»Wirklich! Das ist richtig«, sagte Lestrade. »Nun fällt mir auch wieder ein, daß Dr. Barnicots Büste in der Nähe der Lampe zerschlagen worden ist. Aber was schließen Sie aus diesem Umstand, Herr Holmes?«

»Man darf ihn nicht vergessen – muß ihn stets im Auge behalten. Vielleicht werden wir im späteren Verlauf der Sache darauf zurückkommen müssen. Welche Schritte beabsichtigen Sie nun weiter zu tun, Herr Lestrade?«

»Am besten wird es meiner Ansicht nach sein, zunächst die Leiche zu identifizieren. Das wird keine Schwierigkeiten machen. Wenn wir dann wissen, wer er ist und wer seine Genossen sind, werden wir auch leicht herausbekommen, was er vergangene Nacht in der Pittstraße getan hat, mit wem er hier zusammengestoßen ist und wer ihn auf der Treppe des Herrn Harker erstochen hat. Meinen Sie das nicht auch?«

»Das hört sich nicht übel an; aber doch ist es nicht genau der Weg, den ich einschlagen würde, um der Sache auf den Grund zu kommen.«

»Wie würden Sie's denn machen?«

»O, lassen Sie sich durch mich in keiner Weise beeinflussen! Es ist besser, wenn jeder von uns seinen eigenen Weg geht. Wir können dann hinterher vergleichen und einander ergänzen.«

»Gut«, sagte Lestrade.

»Wenn Sie in die Pittstraße zurückgehen und Herrn Harker sehen, können Sie ihm sagen, ich wäre zu dem sicheren Schluß gelangt, daß ein gefährlicher, blutdürstiger Irrsinniger mit Napoleon-Wahnvorstellungen ihm nächtlicherweise einen Besuch abgestattet hätte. Er kann dieses Urteil in seinem Artikel gut verwerten.«

Lestrade sah Holmes erstaunt an.

»Das ist doch nicht Ihre ernstliche Überzeugung?«

Mein Freund lächelte.

»Vielleicht, vielleicht auch nicht. Auf alle Fälle wird sie Herrn Harker und den Abonnenten des ›Zentral-Presse-Syndikats‹ interessant sein. Nun, lieber Watson, wir wollen aufbrechen. Wir haben heute ein langes und ziemlich anstrengendes Tagewerk vor uns. Sie, Herr Lestrade, würde ich gerne, wenn Sie's irgendwie möglich machen können, heute abend um sechs Uhr in der Baker Street wieder sprechen. Bis dorthin möchte ich die Photographie, die bei dem Toten gefunden worden ist, bei mir behalten. Möglicherweise muß ich Sie um Ihr Geleit zu einer kleinen Expedition in der kommenden Nacht ersuchen. Wenn meine Vermutungen sich als richtig erweisen, wird es sich nicht umgehen lassen. Bis dahin, adieu und viel Glück!«

Sherlock Holmes und ich wanderten zusammen nach der Hochstraße, wo wir den Laden der Gebrüder Harding besuchten, von denen die Büste gekauft worden war. Ein junger Mann erklärte uns, daß Herr Harding erst am Nachmittag wieder ins Geschäft zurückkehren würde und er selbst nicht in der Lage sei, uns Aufschluß zu geben, weil er erst vor kurzem eingetreten sei. Holmes war anfangs etwas verstimmt, dann sagte er aber:

»Nun ja, Watson, wir können nicht erwarten, daß alles gleich nach Wunsch geht. Wir müssen eben am Nachmittag wieder nachfragen. Wie du ohne Zweifel bereits geahnt haben wirst, bin ich im Begriff, den Ursprung dieser Büsten zu ermitteln. Auf diese Weise könnte man womöglich herausbekommen, ob es eine besondere Bewandtnis damit hat, und daraus vielleicht ihr merkwürdiges Geschick erklären. Wir wollen deshalb jetzt zu Hudson in der Kenningtonstraße fahren und sehen, ob wir dort irgendwelchen Bescheid bekommen.«

Nach einer Stunde befanden wir uns in jenem Geschäft dem Besitzer gegenüber. Er war ein kleiner, dicker Mann mit rotem Gesicht und von hitzigem Temperament.

»Jawohl, mein Herr. Auf meinem Ladentisch«, antwortete er eifrig auf Holmes' Frage. »Ich weiß wirklich nicht, wozu wir Steuern und Abgaben zahlen, wenn jeder Schurke eindringen und unentdeckt und ungestraft einem die Waren zerstören darf. Allerdings, Dr. Barnicot hat die beiden Statuen bei mir gekauft. 's ist 'ne Schande! 'ne Nihilistentat, denk' ich mir. Nur ein Anarchist kann solche Statuen vernichten! Rote Republikaner! Von wem ich die Büsten bezogen habe? Ich seh' zwar nicht ein, was das mit der Sache zu tun hat, wenn Sie's aber durchaus wissen wollen: ich hab' sie von Gelder & Co. in Church Street, Stepney. Es ist 'ne bekannte Firma, schon seit zwanzig Jahren. Wieviel ich hatte? Drei – eins und zwei ist drei – die eine, die in meinem eigenen Laden am hellichten Tag zerschlagen worden ist, und die zwei, die ich an Dr. Barnicot verkauft hatte. Ob ich die Photographie kenne? Nein, die kenn' ich nicht. Ja, ich kenn' sie doch. Ei, 's ist Beppo! Er war 'n Italiener, der sich im Geschäft nützlich machte. Er konnte anstreichen, vergolden, einrahmen und dergleichen mehr. Er ist vorige Woche von mir fortgegangen, und ich hab' seitdem nichts wieder von ihm gehört. Nein, ich weiß weder wo er hergekommen, noch wo er hingegangen ist. Ich war nicht unzufrieden mit ihm, so lange er hier war. Als die Büste heruntergeworfen wurde, war er zwei Tage von mir weg.«

»Mehr konnten wir vernünftigerweise nicht verlangen, von Herrn Hudson zu hören«, sagte mein Freund zu mir, als wir hinaustraten. »Dieser Beppo spielt sowohl in Kennington wie in Kensington eine gewisse Rolle, es dürfte sich also eine Fahrt von zehn Meilen wohl lohnen. Wir wollen nun ohne Verzug nach Stepney zu Gelder fahren, wo die Büsten fabriziert worden sind. Es sollte mich sehr wundern, wenn wir dort keinen nennenswerten Aufschluß bekämen.«

Unser Weg führte durch das vornehme London, durch die Hotel- und Theatergegend, durch das Zeitungs- und Geschäftsviertel und endlich durch das Hafenviertel, bis wir in einem Themse-Stadtteil von ungefähr 100 000 Einwohnern ankamen, wo in schwarzgeräucherten Mietskasernen die Ausgestoßenen Europas hausen. Hier fanden wir in einer breiten Nebenstraße, wo einst reiche Kaufleute gewohnt hatten, die Bildhauerei, die wir suchten. Draußen im Hof befanden sich viele Denkmäler und Statuen, im Innern des Gebäudes waren in einem großen Saal etwa fünfzig Arbeiter mit Aushauen und Formen beschäftigt. Der Werkmeister, ein großer, blonder Deutscher, empfing uns höflich und gab Holmes auf alle Fragen klare Antworten. Aus seinen Büchern ging hervor, daß von einer Marmorkopie des Devineschen Napoleonkopfes Hunderte von Gipsnachbildungen angefertigt worden waren, daß aber die drei, die vor etwa einem Jahre an Morse Hudson gegangen waren, aus einem gemeinschaftlichen Teig für sechs Abgüsse stammten, von denen die anderen drei die Gebrüder Harding in Kensington geliefert erhielten. Es lag kein Grund vor, daß diese sechs von denen irgend einer anderen Serie verschieden sein sollten. Er konnte auch nicht einsehen, weshalb sie jemand gerne vernichten möchte – er mußte bei dem Gedanken wirklich lachen. Der Fabrikpreis betrug sechs Schilling, der Händler nehme zwölf und drüber. Die Herstellung geschah so, daß von dem Modell von jeder Gesichtshälfte ein Abguß gemacht und dann diese beiden Profile zusammengesetzt wurden, womit die Büste fertig war. Dann kamen die nassen Büsten zum Trocknen auf einen Tisch im Flur und endlich ins Magazin. Die Hauptarbeit wurde von Italienern verrichtet. Soweit setzte er uns alles ganz ruhig auseinander.

Als er aber die Photographie sah, ging eine plötzliche Veränderung mit ihm vor, er zog die Stirn in Falten und wurde rot vor Wut und Zorn.

»Ah, dieser Schurke!« rief er. »Ja, in der Tat, ich erkenne ihn wieder. Wir waren immer eine geachtete Firma, und das einzigemal, wo die Polizei bei uns war, war es auch wegen dieses Schufts. Es ist jetzt ein Jahr her. Er hatte auf der Straße einen Landsmann mit dem Messer gestochen, kam dann zur Arbeit hierher, die Polizei folgte ihm auf den Fersen und nahm ihn fort. Beppo hieß er – den Zunamen habe ich nie gekannt. Gott behüte mich davor, daß ich je wieder 'nen Menschen mit 'nem solchen Affengesicht einstelle. Aber er war 'n tüchtiger Arbeiter, einer von den besten.«

»Wieviel Strafe hat er damals bekommen?«

»Der Verletzte ist nicht gestorben, und so ist er mit einem Jahr davongekommen. Ich glaube, daß er jetzt wieder 'raus ist; er hat sich aber noch nicht wieder hier sehen lassen. Ein Vetter von ihm steht noch in unseren Diensten, ich nehme an, daß der Ihnen Näheres sagen kann.«

»Nein, nein«, rief Holmes. »Sagen Sie seinem Vetter um Gottes willen kein Wort – kein Wort, ich bitte Sie darum. Die Sache ist von größter Wichtigkeit, und je weiter ich sie verfolge und je mehr ich darüber nachdenke, um so wichtiger erscheint sie mir. – Als Sie im Buch nachsahen, wann diese Büsten verkauft worden sind, bemerkte ich, daß es am dritten Juni vergangenen Jahres gewesen ist. Wissen Sie vielleicht noch das Datum von Beppos Verhaftung?«

»Aus der Lohnliste läßt es sich ungefähr ersehen«, antwortete der Werkmeister. »Jawohl«, fuhr er fort, nachdem er eine Zeitlang nachgeblättert hatte, »zum letztenmal hat er am zwanzigsten Mai Lohn bekommen.«

»Ich danke Ihnen«, sagte Holmes, »Ich glaube nicht, daß ich Sie noch weiter zu bemühen brauche.«

Nachdem er der Vorsicht halber nochmals gebeten hatte, über unsere Nachforschungen strengstes Schweigen zu beobachten, entfernten wir uns und lenkten unsere Schritte nach Westen zurück.

Es war bereits am späten Nachmittag, als wie endlich Zeit fanden, in einem Restaurant einen Imbiß zu nehmen. Am Eingang desselben erblickten wir ein Extrablatt mit der Überschrift: ›Schreckenstat in Kensington. Mord eines Irrsinnigen.‹ Holmes ließ sich eines geben, um es beim Essen zu lesen. In zwei Spalten war in höchst sensationeller Weise das ganze Ereignis in den grellsten Farben geschildert. Ein paarmal mußte Holmes lachen.

»Unser Freund Harker hat seine Sache noch gut gemacht – sehr gut, Watson; hör' mal folgende Stelle:

»*Zu unserer Befriedigung können wir feststellen, daß in diesem Fall keinerlei Meinungsverschiedenheit besteht, denn Herr Lestrade, einer der erfahrensten Beamten von Scotland Yard, und der bekannte Privat-Detektiv Sherlock Holmes sind ganz unabhängig von einander zu dem Ergebnis gelangt, daß die verschiedenen auffälligen Vorkommnisse der letzten Tage, die nun ein so tragisches Ende genommen haben, eher die Tat eines Irrsinnigen als eines überlegenden Verbrechers sind. Den Umständen nach kann nur ein Geisteskranker der Täter sein.*«

»Die Presse«, fügte er dann selbst hinzu, »ist eine sehr schätzenswerte Einrichtung, wenn man sie zu benutzen versteht. – Und nun wollen wir, sobald du mit dem Essen fertig bist, wieder nach Kensington zurück und sehen, was wir bei den Gebrüdern Harding über die Sache in Erfahrung bringen können.«

Der Gründer dieses großen Kaufhauses war ein lebhafter kleiner Herr, körperlich und geistig gewandt.

»Jawohl, mein Herr, ich habe den Bericht schon in den Abendblättern gelesen. Herr Harker ist ein Kunde von mir. Wir haben ihm den Kopf vor einigen Monaten geliefert. Wir hatten drei von Gelder & Co., sie sind alle verkauft. An wen? Das können wir Ihnen an der Hand unserer Bücher ganz leicht sagen. Jawohl, hier habe ich's schon: eine an Herrn Harker, eine an Herrn Josiah Brown in Chiswick und eine an Herrn Sandeford in Reading – wollen Sie sich, bitte, selbst überzeugen? Nein, das Gesicht auf der Photographie habe ich nie gesehen. Man würde es wegen seiner auffallenden Häßlichkeit schwerlich vergessen, ich habe kaum jemals ein häßlicheres Bild gesehen. Ob bei uns irgend welche Italiener in Diensten stehen? Ja, wir haben einige als Arbeiter und als Putzer. Dieselben konnten gut einen Einblick in das Verkaufsbuch nehmen, wenn sie Lust dazu hatten. Wir haben keinen Grund, es unter Verschluß zu halten. Ja, ja, es ist allerdings 'ne eigentümliche, verzwickte Sache. Ich will hoffen, daß Ihre Nachforschungen von Erfolg sind, und daß Sie mir dann 'mal Nachricht geben.«

Holmes hatte sich, während Herr Harding mit ihm sprach, einige Notizen gemacht, und ich konnte ihm ansehen, daß ihn der Verlauf der Angelegenheit vollauf befriedigte. Er sagte freilich nichts, sondern bemerkte nur, daß wir zu unserer Verabredung mit Lestrade zu spät kommen würden, wenn wir uns nicht sehr beeilten. Als wir in der Baker Street ankamen, war der Inspektor denn auch schon da und schritt ungeduldig in unserem Zimmer auf und ab. An seiner wichtigen Miene war zu erkennen, daß seine Arbeit an diesem Tage nicht vergeblich gewesen war.

»Nun?« fragte er. »Glück gehabt, Herr Holmes?«

»Wir haben heute ein gutes Stück Arbeit hinter uns, und zwar erfolgreiche«, antwortete mein Freund. »Wir haben sowohl die Verkäufer wie die Fabrikanten der Büsten aufgesucht. Ich kann ihre Spuren nun von Anfang an verfolgen.«

»Der Büsten!« rief Lestrade. »Ja, ja, Sie haben Ihre eigenen Methoden, und es kommt mir nicht zu, etwas dagegen zu sagen, doch glaube ich, ein besseres Tagewerk verrichtet zu haben als Sie. Ich habe die Leiche identifiziert.«

»Was Sie sagen!?«

»Und den Grund zum Verbrechen gefunden.«

»Ausgezeichnet!«

»Wir haben nämlich einen Inspektor Saffron Hill, einen genauen Kenner des italienischen Viertels. Aus einem Wahrzeichen der katholischen Kirche, das der Ermordete um den Hals trug, und aus seiner braunen Gesichtsfarbe schloß ich, daß er ein Italiener sei; und Hill, den ich hinzuzog, erkannte die Leiche sofort wieder. Er heißt Pietro Venucci, stammt aus Neapel und ist einer der gefährlichsten Burschen in London. Er ist Mitglied der Mafia, wie Sie wissen ein Geheimbund, der den Mord auf sein Banner geschrieben hat. Die Sache klärt sich nun folgendermaßen auf: Sein Mörder ist auch 'n Italiener und gehört ebenfalls der Mafia an. Dieser hat sich aber gegen die Vorschriften vergangen, und Pietro ist mit seiner Verfolgung betraut worden. Die Photographie, die wir bei der Leiche gefunden haben, ist wahrscheinlich die des Mörders; Pietro hat sie bekommen, um keinen Falschen niederzustechen. Er hat ihn nun verfolgt, in ein Haus einbrechen sehen, ihm draußen aufgelauert und in dem entstandenen Handgemenge selbst den Todesstoß bekommen. Was sagen Sie dazu, Herr Holmes?«

Holmes klatschte beifällig in die Hände.

»Großartig, Herr Lestrade, großartig!« rief er. »Aber ich habe Ihre Erklärung von der Zerstörung der Büsten nicht recht verstanden.«

»Der Büsten?! Spuken Ihnen die Büsten immer noch im Kopf 'rum? Das ist ganz nebensächlich; gewöhnlicher Diebstahl, sechs Monate Gefängnis im höchsten Fall. In erster Linie müssen wir doch den Mörder suchen, und ich kann Ihnen sagen, daß ich alle Fäden bereits in der Hand halte.«

»Und was gedenken Sie nun zunächst zu tun?«

»Das ist sehr einfach. Ich werde mit Hill ins italienische Viertel gehen, den Mann mit Hilfe unserer Photographie ausfindig machen und ihn wegen Mordes verhaften. Wollen Sie mitkommen?«

»Ich denke nicht. Ich glaube, wir können unser Ziel auf noch einfachere Weise erreichen. Ich kann's zwar nicht mit Bestimmtheit sagen, weil alles davon abhängt – nun, weil alles von einem Punkte abhängt, der sich unserer Kontrolle vollständig entzieht. Aber ich hege große Hoffnung – in der Tat, ich möchte zwei gegen eins wetten – daß, wenn Sie sich heute nacht uns anschließen, ich Ihnen behilflich sein kann, ihn dingfest zu machen.«

»Im italienischen Viertel?«

»Nein; in Chiswick ist eine Adresse, wo wir ihn, glaube ich, eher finden werden. Wenn Sie heute nacht mit mir nach Chiswick kommen wollen, Lestrade, verspreche ich Ihnen, Sie morgen ins italienische Viertel zu begleiten; die Verzögerung kann ja nichts schaden. Nun werden uns allen ein paar Stunden Schlaf gut tun, und ich schlage vor, nicht vor elf Uhr aufzubrechen, denn wir werden aller Voraussicht nach vor Tagesanbruch nicht zurückkommen. Sie können mit uns essen, Lestrade, und sich dann auf dem Sofa etwas ausruhen. Du kannst einstweilen nach einem Extraboten klingeln, Watson, denn ich muß vorher noch einen sehr wichtigen Brief wegschicken.«

Holmes durchstöberte den ganzen Abend die alten Zeitungen in unserer Rumpelkammer. Als er endlich herunter kam, machte er ein triumphierendes Gesicht, sagte aber keinem von uns beiden ein Wort über das Ergebnis seiner Tätigkeit. Ich für meinen Teil, der ich den Methoden, womit er die verschiedenen Irrwege dieses verwickelten Falles aufgespürt hatte, genau gefolgt war, verstand sehr wohl, wenn ich auch das Endziel seines Strebens noch nicht erkennen konnte, daß er diesen eigenartigen Verbrecher bei dem Diebstahl der zwei übrig gebliebenen Büsten abfassen wollte, von denen sich die eine, wie ich mich erinnerte, in Chiswick befand. Zweifellos sollte er von uns auf frischer Tat ertappt werden, und ich wunderte mich über die Schlauheit, womit mein Freund eine falsche Fährte in die Abendblätter lanciert hatte, um den Kerl in dem Wahn zu lassen, daß er sein Handwerk ruhig fortsetzen könnte. Es überraschte mich daher auch nicht, als mir Holmes den guten Rat gab, mich mit einem Revolver zu versehen. Er selbst hatte seine geladene Pistole, seine Lieblingswaffe, zu sich gesteckt.

Um elf stand ein Wagen vor unserem Haus. Wir fuhren in demselben bis zur Hammersmith-Brücke, wo der Kutscher halten mußte. Wir gingen von hier noch eine kurze Strecke zu Fuß und kamen dann in eine Straße von niedlichen Häusern mit hübschen Vorgärten. Am Eingang eines derselben konnten wir im Scheine einer Straßenlaterne den Namen ›Laburnum-Villa‹ lesen. Die Bewohner waren offenbar schon zu Bett gegangen, denn es war alles dunkel, nur durch ein kleines rundes Fenster über der Haustür fiel schwaches Licht auf den Gartenweg. Ein dichter hölzerner Zaun, der das Grundstück von der Straße trennte, warf seinen schwarzen Schatten nach innen. Hier versteckten wir uns.

»Ich fürchte, wir können lange warten«, flüsterte Holmes. »Wir müssen froh sein, daß es nicht regnet. Ich glaube, wir dürfen nicht einmal rauchen, um uns die Zeit zu vertreiben. Aber wir haben die doppelte Aussicht, unsere Mühe belohnt zu sehen.«

Unsere Wache war jedoch nicht von so langer Dauer, wie Holmes vermutet hatte. Nach gar nicht langer Zeit, ohne daß wir vorher auch nur einen Laut gehört hatten, ging plötzlich die Gartentüre auf und eine geschmeidige dunkele Gestalt bewegte sich, so gewandt und flink wie ein Affe, auf dem Gartenpfad nach dem Haus zu. Wir sahen sie durch den Lichtschein huschen und im Schatten des Hauses verschwinden. Es trat eine längere Pause ein, und es war so still, daß wir den Atem anhalten mußten, dann drang ein knarrendes Geräusch an unsere Ohren. Das Fenster wurde aufgemacht. Eine neue Ruhepause – und der Kerl stieg ein. Wir sahen einen Moment den Schein einer Laterne. Was der Einbrecher suchte, schien er nicht gefunden zu haben, denn bald darauf bemerkten wir denselben Lichtschein durch ein anderes Fenster und noch durch ein drittes.

»Jetzt müssen wir uns an das offene Fenster schleichen«, flüsterte uns Lestrade zu. »Wir wollen ihn packen, wenn er 'rausklettert.«

Ehe wir aber seiner Aufforderung nachkommen konnten, war der Kerl schon wieder herausgesprungen. Als er in den Lichtschein des Haustürfensters kam, sahen wir, daß er etwas Weißes unter dem Arm hatte. Er blickte sich verstohlen um. Die Ruhe auf der leblosen Straße machte ihn sicher. Er legte seinen Raub auf die Erde, und im nächsten Augenblick hörten wir einen scharfen Schlag, dem ein Klirren und Rasseln folgte. Der Mann hatte uns den Rücken zugekehrt und war derart in seine Arbeit vertieft, daß er nicht merkte, wie wir über den Rasen krochen. Wie ein Tiger sprang ihm Holmes mit einem gewaltigen Satz in den Nacken, und im Nu hatten Lestrade und ich seine Hände erfaßt und ihm die Schellen angelegt. Als wir ihn auf den Rücken legten, stierte uns ein häßliches, fahles Gesicht mit verzerrten, wütenden Zügen entgegen. Ich erkannte an der affenartigen Bildung desselben sofort den Mann auf der Photographie.

Holmes kümmerte sich weiter nicht um unseren Gefangenen.

Er hockte auf der Haustreppe und prüfte in der sorgfältigsten Weise die Trümmer des weißen Gegenstandes, den der Dieb gestohlen und zerschlagen hatte. Es war eine ebensolche Büste Napoleons gewesen, wie wir bereits am Morgen eine gesehen hatten, und sie war in gleicher Weise in Stücke zerbrochen. Holmes hielt jeden Teil einzeln gegen das Licht, aber keiner unterschied sich irgendwie von einem beliebigen anderen Stück Gips. Er war gerade mit seiner Untersuchung fertig, als im Hausflur ein neues Licht auftauchte und gleich darauf die Haustür geöffnet wurde. Es schien der Eigentümer des Grundstücks, ein jovialer, wohlbeleibter Herr, in Hemd und Hosen.

»Herr Josiah Brown?« fragte Holmes.

»Zu dienen, mein Herr; und Sie sind gewiß Herr Sherlock Holmes? Ich empfing Ihren Brief, den Sie mir durch einen Sonderboten zusandten, und handelte genau nach Ihren Vorschriften. Wir verschlossen sämtliche Türen im Innern des Hauses und warteten ruhig der Dinge, die da kommen sollten. Nun, es freut mich, daß Sie den Kunden erwischt haben. Ich darf Sie wohl einladen, herein zu kommen und eine kleine Stärkung zu sich zu nehmen.«

Lestrade wollte jedoch seinen Mann möglichst schnell in Sicherheit bringen. Daher wurde unser Aufenthalt nicht lange ausgedehnt. Als nach einigen Minuten unser Wagen kam, stiegen wir alsbald ein und fuhren zusammen nach London. Unser Gefangener gab keinen Ton von sich; er stierte uns unheimlich an, und als ich zufällig einmal mit der Hand in den Bereich seiner Zähne kam, schnappte er darnach wie ein wildes Tier. Die Untersuchung auf der Polizeiwache nahm ziemlich viel Zeit in Anspruch, sie förderte aber weiter nichts zutage als ein paar Schilling Geld und ein langes, dolchartiges Messer mit Scheide, was allerdings insofern von Bedeutung war, als sich noch frische Blutspuren daran befanden.

»Alles Weitere wird sich schon finden«, sagte Lestrade, als wir uns trennten. »Hill kennt die ganze Gesellschaft, er wird auch diesen kennen. Sie werden sehen, daß meine Theorie von der Mafia richtig ist und die ganze Sache erklärt. Vorläufig spreche ich Ihnen meinen besten Dank aus für die rasche und kunstgerechte Ergreifung des Mordgesellen. Ganz klar ist mir die Geschichte übrigens augenblicklich doch noch nicht.«

»Zu längeren Auseinandersetzungen ist es etwas zu spät geworden«, erwiderte Holmes. »Außerdem ist ein Punkt auch für mich noch nicht vollständig aufgeklärt. Der Fall scheint es jedoch zu lohnen, daß man ihn bis zum letzten Ende verfolgt. Wenn Sie morgen abend um sechs Uhr wieder in meine Wohnung kommen wollen, glaube ich Ihnen zeigen zu können, daß Sie die Sache auch jetzt noch nicht begriffen haben; sie ist in mancher Beziehung ohne Beispiel in der Kriminalgeschichte. Wenn ich dir je die Erlaubnis erteile, meine kleinen Erlebnisse weiter zu veröffentlichen, wird voraussichtlich die Erzählung von den sechs Napoleonbüsten ein besonders interessantes Kapitel in deinem Buche bilden, lieber Watson.«

Als Lestrade am Abend zu uns kam, war er in der Lage, über unseren Gefangenen viele Angaben zu machen. Sein Vorname sei wahrscheinlich Beppo, der Zuname sei noch nicht bekannt. Er sei ein bekannter Taugenichts in der italienischen Kolonie, aber vordem ein geschickter und fleißiger Bildhauer gewesen. Er sei eben auf Abwege geraten und schon zweimal mit Gefängnis vorbestraft – einmal wegen Diebstahls und einmal wegen einer Stecherei. Er könne perfekt Englisch. Seine Gründe zur Vernichtung der Büsten seien noch unbekannt, und er verweigere jede Auskunft darüber. Die Polizei habe jedoch ermittelt, daß er diese Büsten sehr wohl selbst angefertigt haben könne, weil er solche Arbeiten bei Gelder & Co. ausgeführt habe. Holmes hörte diese Mitteilungen, obwohl sie uns meistenteils bekannt waren, freundlich an, aber ich kannte ihn zu gut, um deutlich zu sehen, daß er mit seinen Gedanken anderswo war. Trotzdem er seine gewöhnliche Miene zur Schau trug, merkte ich ihm eine gewisse Ungeduld und Erwartung an. Endlich sprang er vom Stuhl auf, seine Augen glänzten. Es hatte geklingelt. Gleich darauf vernahmen wir Schritte, und ein ältlicher Herr mit gerötetem Gesicht und grauem Backenbart wurde hereingeführt. Er hatte in der rechten Hand eine große, altmodische Reisetasche, die er vorsichtig auf den Tisch setzte.

»Bin ich hier recht bei Herrn Sherlock Holmes?«

Mein Freund verbeugte sich lächelnd und sagte: »Sie sind gewiß Herr Sandeford aus Reading?«

»Jawohl, mein Herr; ich habe mich leider etwas verspätet, aber die Züge lagen ungünstig. Sie schrieben mir wegen einer Büste, die sich in meinem Besitz befindet.«

»Gewiß.«

»Ich habe Ihren Brief mitgebracht. Sie schreiben: ›Ich beabsichtige, eine Kopie von Devines Napoleon zu kaufen, und würde Ihnen für die Ihrige zehn Pfund zahlen.‹ Stimmt das?«

»Allerdings.«

»Ihr Brief hat mich etwas überrascht. Ich konnte mir nicht denken, woher Sie wissen sollten, daß ich ein solches Ding hatte.«

»Natürlich müssen Sie darüber erstaunt gewesen sein. Die Erklärung ist jedoch sehr einfach. Herr Harding, der Inhaber der Firma Gebrüder Harding, teilte mir mit, daß Sie die letzte derartige Büste bekommen hätten, und gab mir gleichzeitig Ihre Adresse.«

»So verhält sich also die Sache! Hat er Ihnen auch den Preis gesagt?«

»Nein, das hat er nicht getan.«

»Nun, ich bin ein ehrlicher, wenn auch kein reicher Mann. Ich habe fünfzehn Schilling bezahlt; ich will Ihnen das nicht verheimlichen, ehe ich die zehn Pfund annehme.«

»Ihre Rechtschaffenheit macht Ihnen alle Ehre, Herr Sandeford, aber nachdem ich Ihnen nun 'mal diese Summe geboten habe, will ich auch dabei bleiben.«

»Gut, Sie sind sehr nobel. Ich habe den Kopf Ihrem Wunsche gemäß gleich mitgebracht. Hier ist er!« Er machte die Reisetasche auf, und heraus kam eine getreue Nachbildung des Devineschen Napoleon aus Gips, wie wir sie in ihren Stücken schon ein paarmal gesehen hatten.

Holmes zog ein Papier aus der Tasche und legte eine Zehn-pfundnote auf den Tisch.

»Wollen Sie, bitte, dieses Schreiben in Gegenwart dieser Zeugen unterzeichnen, Herr Sandeford? Es besagt nur, daß Sie jedwedes Recht, das Sie an der Büste haben, auf mich übertragen. Ich bin ein vorsichtiger Mann, wie Sie sehen; und man weiß nie, was sich später aus einer Sache entspinnt. – Danke, Herr Sandeford; hier ist Ihr Geld. Ich wünsche Ihnen einen schönen guten Abend.«

Sobald unser Besucher hinaus war, zeigte mein Freund ein eigentümliches Verhalten. Er nahm aus einer Schublade ein reines Tuch und breitete es auf dem Tisch aus. Dann stellte er seine eben erworbene Büste darauf. Zum Schluß nahm er seine Pistole und gab einen scharfen Schuß auf das Haupt Napoleons ab. Die Figur zerbrach in Stücke, die Holmes begierig betrachtete. Im nächsten Moment stieß er einen Freudenschrei aus und hob ein Stück in die Höhe, in dem ein runder, dunkeler Gegenstand steckte, wie eine Rosine in einem Kuchen.

»Meine Herren!« rief er triumphierend, »darf ich Ihnen die berühmte schwarze Perle der Borgia zeigen?«

Lestrade und ich waren eine Weile sprachlos, dann aber brachen wir ganz unwillkürlich in lautes Beifallklatschen aus, wie ein Theaterpublikum, wenn die Lösung des Stückes kommt. Eine flüchtige Röte überflog meines Freundes bleiche Wangen und er verbeugte sich wie der dramatische Künstler, der für den Beifall des Auditoriums dankt. In solchen Augenblicken war er nicht mehr die denkende, fühllose Maschine, sondern verriet die allgemein menschliche Liebe für Bewunderung und Beifall. Wenn er auch als stolzer und zurückhaltender Mann öffentliches Lob verabscheute, so konnte er doch durch die unwillkürliche Beifallskundgebung eines Freundes tief erschüttert werden.

»Ja, meine Herren«, sagte er, »es ist die berühmteste Perle der Welt, und ich habe Glück gehabt, ihre Spur durch eine Reihe logischer Schlüsse vom Schlafzimmer des Fürsten Calonna im Dacre-Hotel, wo sie abhanden kam, bis in das Innere dieser letzten von sechs Napoleonbüsten von Gelder & Co. in Stepney verfolgt zu haben. Sie werden sich noch des Aufsehens erinnern, Lestrade, welches das Verschwinden dieses kostbaren Kleinods damals erregte, und wie die Londoner Polizei sich vergeblich bemühte, es wieder zu finden. Ich wurde auch zurate gezogen, vermochte aber damals ebensowenig Licht in das Dunkel zu bringen wie die übrigen. Der Verdacht fiel auf die Zofe der Gräfin, eine junge Italienerin. Es konnte ihr aber nur nachgewiesen werden, daß ein Bruder von ihr in London lebte; ein engerer Zusammenhang war jedoch nicht zu finden. Das Mädchen hieß Lucretia Venucci, und dieser Pietro, der in der vorgestrigen Nacht ermordet worden ist, ist kein anderer als ihr Bruder. Ich habe in den alten Zeitungen nach den Daten gesucht und daraus ersehen, daß die Perle gerade zwei Tage vor Beppos Verhaftung verschwunden war – er wurde damals wegen einer Messeraffäre verfolgt und in der Werkstatt bei Gelder & Co. im selben Moment ergriffen, als diese Büsten hergestellt wurden. Sie werden nun das Folgende, wenn auch in anderer Reihenfolge als ich, ohne Schwierigkeiten begreifen können. Beppo hatte die Perle in seinem Besitz, vielleicht hatte er sie von Pietro gestohlen, vielleicht war er auch sein Komplize, womöglich gar der Zwischenträger zwischen Pietro und seiner Schwester. Ob die eine oder die andere Annahme richtig ist, tut nichts zur Sache.

Es kommt nur darauf an, daß er die Perle *hatte*, und zur Zeit, als ihn die Polizei verfolgte, bei sich trug. Er lief in die Werkstatt, er wußte, daß er in etlichen Minuten eine Durchsuchung zu gewärtigen hatte, bei der man die Perle finden würde, da sah er sechs Napoleonbüsten im Gang zum Trocknen stehen. Eine derselben war noch weich. Ohne Besinnen machte Beppo, ein geschickter Arbeiter, ein kleines Loch in die feuchte Gipsmasse, steckte rasch die Perle hinein und machte die Öffnung durch ein paar kunstgerechte Fingerbewegungen wieder zu. Es war ein vortreffliches Versteck. Kein Mensch konnte die Perle an dieser Stelle vermuten und finden. Beppo mußte nun ein Jahr ins Gefängnis, währenddessen die sechs Büsten über ganz London zerstreut wurden. Er wußte selbstverständlich nicht, in welcher der Schatz verborgen war. Er konnte ihn nur finden, wenn er sie nacheinander zerschlug, denn einfaches Schütteln half nichts, weil die Perle in dem nassen Gips wahrscheinlich festgeklebt war – wie es tatsächlich auch der Fall ist. Beppo begab sich mit anerkennenswertem Eifer und der nötigen Zähigkeit auf die Suche. Durch einen Vetter, der bei Gelder arbeitet, erfuhr er die Namen der Käufer jener Büsten. Es gelang ihm, bei Morse Hudson Beschäftigung zu finden, wo er drei davon auskundschaftete. Die Perle war nicht drin. Mit Hilfe eines italienischen Angestellten von Harding brachte er in Erfahrung, wo die drei anderen hingekommen waren. Die eine hatte Harker bekommen. Dorthin folgte ihm sein Genosse Pietro, um ihn wegen des Verlustes der Perle zur Rechenschaft zu ziehen, wurde aber im Verlauf des darüber entbrannten Streites erstochen.«

»Wenn Beppo sein Genosse war, warum hatte Pietro dann seine Photographie in der Tasche?« warf ich ein.

»Um ihn aufzufinden, wenn er sich bei dritten Personen nach ihm erkundigen wollte. Einen anderen Grund kann es wohl kaum gehabt haben. Nach dieser Tat mußte Beppo meiner Berechnung nach seine Nachforschungen eher beschleunigen als verzögern, denn er hatte zu befürchten, daß die Polizei das Geheimnis durchschaue, und er mußte deshalb die Perle auf jeden Fall eher wiederzuerlangen suchen, als die Polizei seiner habhaft werden konnte. Selbstverständlich wußte ich nicht, ob er sie nicht schon in der Harkerschen Büste gefunden hatte, ja ich wußte nicht einmal genau, ob es sich um diese Perle handelte; nur soviel war mir klar, daß er etwas in der Büste gesucht hatte, denn sonst würde er sie nicht an verschiedenen Häusern vorbei gerade in den Garten getragen haben, wo eine Laterne Licht verbreitete. Da Harkers Büste eine von dreien war, so standen meine Chancen wie zwei zu eins, wie ich gestern abend schon sagte. Es waren noch zwei Büsten übrig, und es war anzunehmen, daß er zuerst die in der Stadt befindliche holen würde. Ich schickte daher an die Bewohner dieses Hauses einen Brief, worin ich sie auf das Bevorstehende aufmerksam machte, und wir begaben uns dann selbst dorthin und hatten das beste Resultat. Nun wurde es mir natürlich zur Gewißheit, daß es sich um die Borgia-Perle handelte. Der Name des Ermordeten bildete das Verbindungsglied zwischen den zwei Fällen. Es war nun nur noch eine einzige Gipsfigur vorhanden – die in Reading – in dieser mußte die Perle sein. Ich habe diese letzte Büste in Ihrer Gegenwart ihrem Besitzer abgekauft – und hier ist die Perle.«

Wir waren eine Weile stumm.

»Ich habe Sie schon viele Fälle behandeln sehen, Herr Holmes«, sagte dann Lestrade, »mehr Scharfsinn und Umsicht haben Sie aber, soviel ich mich entsinnen kann, noch bei keinem an den Tag gelegt. Wir sind nicht eifersüchtig auf Sie in Scotland Yard. Nein, im Gegenteil, wir sind stolz auf Sie, und wenn Sie morgen zu uns hinunterkommen, wird Ihnen jeder, vom ältesten Inspektor bis zum jüngsten Schutzmann, mit Freuden die Hand schütteln und gratulieren.«

»Ich danke Ihnen«, sagte Holmes, »ich danke Ihnen!« Er drehte sich um und schien mir stärker gerührt zu sein als je zuvor. Einen Augenblick später war er aber schon wieder der kalte, geschäftsmäßige Denker. »Lege die Perle in den Schrank, Watson«, sagte er, »und nimm die Akten über den Conk-Singleton-Münzprozeß heraus. Adieu, Herr Lestrade. Wenn Sie wieder mal eine kleine Aufgabe haben, bin ich gern bereit, soweit es in meinen Kräften steht, Ihnen bei der Lösung behilflich zu sein.«

# ANHANG

# Editorische Notiz

Die vorliegenden Übersetzungen sind folgenden Ausgaben entnommen:

Der Bund der Rothaarigen und andere Detektivgeschichten von Conan Doyle. Stuttgart 1906. [Darin: Eine Skandalgeschichte im Fürstentum O., Ein Fall geschickter Täuschung]

Die tanzenden Männchen und andere Detektivgeschichten von Conan Doyle. Stuttgart 1906. [Darin: Die tanzenden Männchen, Die sechs Napoleonbüsten]

Das getupfte Band und andere Detektivgeschichten von Conan Doyle. Stuttgart [1907]. [Darin: Das getupfte Band, Silberstrahl]

Fünf Apfelsinenkerne und andere Detektivgeschichten von Conan Doyle. Stuttgart [1907]. [Darin: Fünf Apfelsinenkerne, Der Katechismus der Familie Musgrave, Der Doktor und sein Patient, Das letzte Problem]

Als Sherlock Holmes aus Lhasa kam. Sieben neue Detektivgeschichten von Conan Doyle. Stuttgart 1907. [Darin: Im leeren Hause, Das gelbe Gesicht, Holmes' erstes Abenteuer]

Die Reihenfolge der ausgewählten Erzählungen folgt den Erscheinungsdaten der englischen Originalausgaben.

›Eine Skandalgeschichte im Fürstentum O.‹ (*A Scandal in Bohemia*), ›Ein Fall geschickter Täuschung‹ (*A Case of Identity*), ›Fünf Apfelsinenkerne‹ (*The Five Orange Pips*) und ›Das Getupfte Band‹ (*The Speckled Band*) entstammen der ersten Sammlung mit Sherlock-Holmes-Geschichten, die 1891/92 unter dem Titel *The Adventures of Sherlock Holmes* erschien.

›Silberstrahl‹ (*Silver Blaze*), ›Das gelbe Gesicht‹ (*The Yellow Face*), ›Holmes' erstes Abenteuer‹ (*The ›Gloria Scott‹*), ›Der Katechismus der Familie Musgrave‹ (*The Musgrave Ritual*), ›Der Doktor und sein Patient‹ (*The Resident Patient*) sowie ›Das letzte Problem‹ (*The Final Problem*) sind der zweiten Sammlung mit Sherlock-Holmes-Geschichten entnommen, die 1893 unter dem Titel *The Memoirs of Sherlock Holmes* erschien.

›Im leeren Hause‹ (*The Empty House*), ›Die tanzenden Männchen‹ (*The Dancing Men*) und ›Die sechs Napoleonbüsten‹ (*The Six Napoleons*) entstammen der dritten Sammlung mit Sherlock-Holmes-Geschichten, die 1904 unter dem Titel *The Return of Sherlock Holmes* erschien.

# Daten zu Leben und Werk

**1859**
22. Mai: Arthur Conan Doyle wird als Sohn eines Beamten in Edinburgh geboren.

**1882**
Abschluss des Medizinstudiums in Edinburgh. Doyle wird praktischer Arzt in Southsea.

**1885**
Heirat mit Louisa Hawkins.

**1887**
Erstes Auftauchen der Detektivfigur Sherlock Holmes in der Erzählung *A Study in Scarlet*.

**1890**
Doyle arbeitet als Schiffsarzt.

**1891**
Doyle etabliert sich als freier Schriftsteller. Im *Strand Magazine* erscheinen regelmäßig kurze Abenteuer von Sherlock Holmes und Dr. Watson. Noch 1891 erscheint auch der sehr erfolgreiche erste Sammelband *The Adventures of Sherlock Holmes*.

**1893**
Mit Erscheinen des zweiten Sammelbands, *The Memoirs of Sherlock Holmes*, will Doyle seinen Helden eigentlich sterben lassen. Verleger und Publikum wünschen sich aber mit Erfolg, dass Sherlock Holmes am Leben bleibt, so dass weitere Fortsetzungen entstehen.

1896
Doyle meldet sich freiwillig, um als Arzt auf britischer Seite am Burenkrieg in Südafrika teilzunehmen.

1900
Nach der Rückkehr nach England publiziert Doyle *The Great Boer War*, eine ausführliche Darstellung der Burenkriege mit der patriotisch-propagandistischen Tendenz, die englische Kolonialherrschaft zu rechtfertigen.

1901
Die Erzählung *The Hound of the Baskervilles* erscheint.

1902
Doyle wird wegen seiner Verdienste im Burenkrieg geadelt und darf sich fortan Sir Arthur Conan Doyle nennen.

1904
Publikation des dritten Sammelbandes: *The Return of Sherlock Holmes*.

1906
Tod der Ehefrau Louisa.

1907
Zweite Ehe mit Jean Leckie.

1918
Doyles Sohn Kingsley fällt im Ersten Weltkrieg. Der trauernde Vater entwickelt einen Hang zum Mystizismus und Spiritismus.

1927
Publikation des vierten Sammelbandes: *The Case-Book of Sherlock Holmes*.

1930
7. Juli: Doyle stirbt in Crowborough (Sussex).

## Aus Kindlers Literatur Lexikon:
## Arthur Conan Doyle, ›Sherlock Holmes‹

Auf die 1891/92 erschienenen zwölf Detektivgeschichten *The Adventures of Sherlock Holmes* (*Die Abenteuer von Sherlock Holmes*, 2005, G. Haefs) folgten 1893 *The Memoirs of Sherlock Holmes* (*Die Memoiren des Sherlock Holmes*, 2005, N. Stingl). Nachdem Doyle, dem die erste Serie von Holmes-Geschichten finanziellen Erfolg gebracht hatte, den Meisterdetektiv zum Schluss der zweiten Serie aus Überdruss an der Figur im November 1893 in der Schweiz umkommen ließ, setzte ein Entrüstungssturm ein. Doyle ließ seinen Protagonisten deshalb 1904 mit dem Hinweis, er habe sich doch retten können, in *The Return of Sherlock Holmes* (*Die Rückkehr des Sherlock Holmes*, 2005, W. Schmitz) wieder auferstehen. 1917 erschien die Sammlung *His Last Bow* (*Seine Abschiedsvorstellung*, 2005, L. Giger) und 1927 *The Case-Book of Sherlock Holmes* (*Sherlock Holmes' Buch der Fälle*, 2005, H. Wolf). Insgesamt handelt es sich um 56 Kurzgeschichten.

Holmes' Fälle reichen von der Verhinderung von Skandalen bis zur Aufdeckung von Morden. Der nicht an finanziellem Gewinn interessierte Detektiv, der sich als ›Berater‹ bezeichnet und stets dem Gentlemanideal verpflichtet bleibt, will – obwohl er nicht nach den Ursachen von Kriminalität fragt – zur Wiederherstellung einer heilen bürgerlichen Welt jenseits offiziellen staatlichen Handelns beitragen. Die Geschichten folgen einem fixen Aufbauschema. Auf eine Szene in Holmes' Wohnung in der Baker Street, wo ihn Klienten aufsuchen und er selbst eine erste Probe seiner geistigen Fähigkeiten geben kann, folgt – meist mit der Arbeit von Scotland Yard kontrastiert – seine Aufklärungstätigkeit, die in eine den Täter entlarvende und dessen Schuldbekenntnis provozierende Szene mündet, ehe Holmes seinem verblüfften Begleiter Watson die falschen Fährten und die richtigen Schlüsse erläutert, die nach Aussage des Autors in der medizinischen Krankheitsdiagnostik des Dr. Bell, Doyles Lehrer an der Universität von Edinburgh, ihr Vorbild hatten.

Während die ersten beiden Detektiverzählungen Doyles mehrsträngige, wenn auch kurze Romane waren, ermöglichte das 1891 gegründete *Strand Magazine* die Publikation abgeschlossener, aber durch das Personal miteinander verknüpfter und in Fortsetzungen erscheinender Kurzgeschichten von fünf- bis sechstausend Wörtern. Zur neuen Publikationspolitik des *Strand Magazine* gehörten zudem Illustrationen: Holmes ist der bohemienhafte, mit unverwechselbaren Merkmalen ausgestattete, künstlerisch dilettierende, Opium rauchende, nicht verheiratete Meisterdetektiv – auch graphisch einprägsam vermittelt.

Doyle, der eigentlich historische Romane schreiben wollte, hatte bereits im Kurzroman *The Study in Scarlet*, 1887 (*Eine Studie in Scharlachrot*, 2005, G. Haefs), die Figur des Holmes vorgestellt, dessen Kenntnis der Sensationsliteratur seinem Begleiter Dr. Watson als immens groß erschien und der E. A. Poes und E. Gaboriaus Detektive bei seiner Erläuterung der »Wissenschaft der Deduktion« als Stümper bezeichnete. Diese ›Wissenschaft‹, die erneut in einem Kapitel des Romans *The Sign of Four*, 1890 (*Das Zeichen der Vier*, 2005, L. Giger), erläutert wird und die späteren Falllösungen zugrunde liegt, basiert auf der naturwissenschaftlich-empirisch genauen Beobachtung von Fakten, die in einer durch Gesetzmäßigkeiten (auch im sozialen Bereich) bestimmten Welt gültige Schlüsse zulässt. Nur deshalb ist es dem Detektiv möglich, sich wie Poes Dupin imaginativ in andere Personen hineinzuversetzen und deren Gedankengänge nachzuvollziehen. Doyle knüpfte an Poes intellektuellen Anspruch an, führte aber mit dem gebildeten, doch geringer befähigten Dr. Watson auch einen Vermittler zwischen Rezipienten und Detektivheld ein, einen Frager in dialogischen Situationen, der Holmes zur Preisgabe seiner Schlüsse veranlasst. Wenn sich Doyle auch (wie Poe) der Techniken der zeitlich-kausalen Umstellung und der Spannung erzeugenden elliptischen Handlungspräsentation bediente, legte er doch mehr Gewicht auf die szenisch-dialogische Vermittlung der Lösung, die nicht mehr nur vom Lehnstuhl aus erfolgt, sondern mit physischem Einsatz an verschiedenen Orten geleistet wird.

Obwohl Poes Detektivgeschichten ab 1850 in England von Juristen und Unterhaltungsschriftstellern rezipiert wurden, verhinderten die Vorliebe der Verlage und Leihbüchereien für die Romanform zunächst eine breitere Aufnahme des als Begründer der Gattung geltenden Amerikaners. Erst als sich mit der Schulreform von 1871 das Lesepublikum erweiterte und neue Verfahren die Massenproduktion von Druckerzeugnissen, vor allem von Magazinen für die gehobene Unterhaltung, ermöglichten, konnte sich in England die Gattung der Kurzgeschichte weiterentwickeln. Trotz der Reorganisation der Detektivabteilung bei Scotland Yard (1878) und des Schwindens der Vorbehalte gegenüber der häufig der ›Spionage‹ verdächtigten Polizei wurde Doyles Privatdetektiv, der den Vertretern von Scotland Yard überlegen ist, in der Öffentlichkeit berühmt. Hinzu kam, dass der intellektuelle Anspruch der neuen Detektivliteratur offensichtlich größere Anziehungskraft bewies als die sogenannten Sensationsromane einer Mrs. Braddon oder eines Wilkie Collins.

Doyle wurde von vielen spätviktorianischen und edwardianischen Autoren – wie etwa dem Realisten A. Morrison – nachgeahmt. Gegen die Übersteigerung des Superdetektivs, der ähnlich bei A. Christie wieder auftaucht, entstand bald als Gegenreaktion die Figur des großen Verbrechers (E. W. Hornungs Raffles) bzw. die des unscheinbaren, menschlichen und tiefsinnigen Priesterdetektivs in G. K. Chestertons *Father Brown Stories*. Während die Doyle'sche Struktur der Detektivgeschichte in den Erzählungen der 1930er und 1940er Jahre zum ›Kreuzworträtsel-Typus‹ führte, präsentierte die US-amerikanische Form der ›hard-boiled novel‹ (R. Chandler, D. Hammett) eine neue Variante.

Uwe Böker

Aus: Kindlers Literatur Lexikon. 3., völlig neu bearbeitete Auflage. Herausgegeben von Heinz Ludwig Arnold (ISBN 978-3-476-04000-8). – © der deutschsprachigen Originalausgabe 2009 J. B. Metzler'sche Verlagsbuchhandlung und Carl Ernst Poeschel Verlag, Stuttgart (in Lizenz der Kindler Verlag GmbH).